U0638999

社会史丛书

# 曲折的现代性：

## 扩充近代天津经济社会史的面相

李金铮 ◎ 主编

天津出版传媒集团

天津人民出版社

图书在版编目（CIP）数据

曲折的现代性：扩充近代天津经济社会史的面相 /
李金铮主编 . -- 天津：天津人民出版社，2025. 2.
(社会史丛书). -- ISBN 978-7-201-20902-9

Ⅰ. F129.5

中国国家版本馆CIP数据核字第2025HA7431号

# 曲折的现代性：扩充近代天津经济社会史的面相

QUZHE DE XIANDAIXING：KUOCHONG JINDAI TIANJIN JINGJI SHEHUISHI DE MIANXIANG

| | |
|---|---|
| 出　　版 | 天津人民出版社 |
| 出 版 人 | 刘锦泉 |
| 地　　址 | 天津市和平区西康路35号康岳大厦 |
| 邮政编码 | 300051 |
| 邮购电话 | (022)23332469 |
| 电子信箱 | reader@tjrmcbs.com |
| 责任编辑 | 吴　丹 |
| 装帧设计 | 卢炀炀 |
| 印　　刷 | 天津新华印务有限公司 |
| 经　　销 | 新华书店 |
| 开　　本 | 710毫米×1000毫米　1/16 |
| 插　　页 | 1 |
| 印　　张 | 27.5 |
| 字　　数 | 379千字 |
| 版次印次 | 2025年2月第1版　2025年2月第1次印刷 |
| 定　　价 | 88.00元 |

版权所有　侵权必究
图书如出现印装质量问题,请致电联系调换(022-23332469)

# 序　言

　　与中国其他渊源久远的城市相比,天津是一座历史不算太长的城市。然而,这座晚生的城市在演进过程中,却充满了波谲云诡、毫不逊色的历史故事。

　　明成祖朱棣的辉煌离不开在天津率军南渡,平定金陵。京都的安全,也由建卫的天津提供保障。而南来北往的漕运,不仅满足了京都的补给,也成就了天津商贸的繁荣。这短短几十个字的历史介绍,包含了太多的历史人物、历史事件、历史现象。

　　不过,天津之所以为世人所瞩目,之所以成为一个全球化城市,之所以有那么多可以讲述的故事,主要还不是明朝乃至清朝那个时代,而是由古代突向近代的转折。鸦片战争后,随着列强叩开中国的大门,中国进入千年未有之变局。天津与上海、广州、青岛、武汉、重庆等沿海沿江城市一样,被拉入近代史的激荡洪流中。特别是1860年开埠之后,经过太平天国运动、洋务运动、戊戌变法、义和团运动、都统衙门统治、北洋军阀、南京国民政府等一系列历史之变,天津演变成为"近代百年看天津"的东方大都市。

　　其实,不独天津,以上其他大城市也都可以用"近代百年看此城"来表达,原本并无先后、高下和褒贬之别,只是所谓中国近代史的多个第一发端于天津则是公认的事实。而多个第一,产生于血与火、新与旧、传统与现代的相互缠斗,集中反映了经济、社会和文化的现代性的曲折变迁。

　　我经常漫步于天津的大街小巷,愈发觉得这是一块研究明清以来中国城市史的宝地。仅仅从文化遗产来看，给我留下深刻印象的，既有古代的娘娘宫、大悲禅院、挂甲寺，更有近代的三条石、九国租界区、解放北路"东方华尔街"、众多的民国名人故居、中山公园、《大公报》旧址、义和团吕祖堂坛口、开滦矿务局大楼、饮冰室、觉悟社、劝业场、东亚毛呢纺织有限公司、静园、日本驻屯军司令部、天津市军管会旧址等等，还有许多反映天津的文学作品、学术论著，诸如此类构成了近代天津城市史的完整系列。每处遗迹的背后、每部作品的内容，都演绎着惊心动魄的天津故事。我一直视自己为客居天津的异乡人，但徜徉和受浸淫愈久，情感愈深，慢慢有了"地主"的感觉，探索近代天津的欲望愈发强烈了。

学者的一大特质就在于对变化剧烈的东西总是特别好奇，潜心欲一探究竟。与广大乡村的缓慢变化相比，近代中国城市的变化不仅十分急速，关联的因素也更加复杂，因此城市史受到学界更多的关注和研究也是必然的。从以往的学术史来看，城市史的研究伴随着近代史的进程而产生和发展。新中国成立后的一段时间，城市史和其他学术领域一样，虽历经艰难曲折，但总体上愈趋繁荣，改革开放以来的成就有目共睹。新问题、新资料、新方法和新观点已成为近代城市史的学术潮流，进而影响着整个中国近代史学界。在中国近代城市史研究的版图中，上海史研究进步最大，独占鳌头，与之相比，其他城市史包括天津史差距明显。但仍可以说，天津史研究起步还算较早，成就也居于前列，在商会、租界、城市管理、工商业、金融、社会救济、报刊等领域，皆有令人称道的成果。

作为天津本地的学者，我对已有的成绩还远未谈得上自信，更无骄傲自满的理由。以天津城市史的丰富性来衡量，仍有不少领域和课题值得开掘和重视，本书所反映的内容就基本上是此前学者所忽视的。由此可见，天津史研究仍大有可为，任重而道远。

本书内容选自我在南开大学指导的博士生、硕士生毕业论文。我指导的毕业论文选题，大致有三个方向：中国近现代乡村社会经济史、中共革命史和近代天津城市史。其中，以近代天津城市史为选题的论文几近一半，且经济、社会史方面最多。本书即由此抽选若干内容，按照经济结构与经营方式、社会问题与社会治理、市民群体与日常生活三个部分进行排列,大体反映了近代不同时期天津经济社会的变迁。在"经济结构与经营方式"方面,既有传统的商贸业、典当业,也包括现代的企业、公司、金融、报业经营。在"社会问题与社会治理"方面,包括住房、失业救济、赈灾、卫生等。在"市民群体与日常生活"方面,涉及运输苦力、手工业工人、普通邮员、普通公务员、市民参军等。

以上研究,有的为我和学生合作整理,有的为学生独立整理,但都经过了我的修改。中国茶叶博物馆朱慧颖研究员不辞辛苦,对全稿文字顺了一遍。各章作者分别为:第一章刘建华、李金铮,第二章于佳玫,第三章杜希英,第四章李莉莉、李金铮,第五章冯剑,第六章李金铮、冯剑,第七章杨莲霞,第八章咸树娜、李金铮,第九章代雅洁,第十章朱慧颖,第十一章简玉祥,第十二章鲍莹莹、李金铮,第十三章孟玲洲,第十四章张菡笑、李金铮,第十五章任利平、李金铮,第十六章迟青峰,第十七章郑帅。各章都能勾起我恍如昨日的回忆,师生教学相长之苦乐值得一再咀嚼。

本书力求达到三个目标:一是侧重研究以往学者不曾关注或研究较为薄弱处,从而有"打捞历史碎片"、扩充历史面相的意义;二是提倡到档案馆挖掘第一手资料,将"从档案中发现历史"由一个口号变为学术上的实践,本书对此下了较大功夫,比较充分地搜集和利用了天津市档案馆馆藏的资料;三是对于近代城市研究的思想指向,超越传统与现代的对立思维,注重传统与现代的交织、互动,由此呈现城市现代性的曲折历程。当然,是否达到了这些目标,还需要读者的判断和批评。

天津人民出版社吴丹编辑为此书的出版付出了艰辛的劳动,对全书表述字斟句酌,其认真负责的精神令人感佩。谨致谢意!

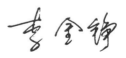

2024 年 12 月 25 日

# 目　录

## 下　篇　市民群体与日常生活

# 上 篇

# 经济结构与经营方式

# 第一章　仁立实业公司的成长及其现代性

近代以来,中国一直处于传统与现代的角力和互动过程之中,现代化趋向是贯穿全程的一条基本线索。现代性因素更多地显现于城市,尤其是城市的现代企业,现代企业最集中地体现了中国近代社会经济前进的脚步。仁立实业公司前身为1919年设于北京的仁立号,1922年扩充改组为仁立实业股份有限公司(以下皆简称"仁立公司")。到1937年,总公司迁至天津,是当时国内最大的一家民族资本地毯企业。通过仁立公司的历史演进、组织管理体制、资本经营、生产和营销活动等方面,可以反映现代企业经营方式与中国近代民族企业史的关系。

## 一、仁立公司的缘起与发展

仁立公司的发展历程,见证了中国近代民族企业的生存轨迹。

仁立公司的前身仁立号,由费兴仁、周诒春发起创立。1914年,费兴仁于美国耶鲁大学毕业后,回国在清华学校任教。其时,周诒春任清华学校校长,他也曾就读于耶鲁大学,为费兴仁学长。1918年,周诒春辞去校长职务,费兴仁也离开了清华。起先,费兴仁为了生计,在北京天桥和东安市场经营街头照相业。因经常见到外国游客寻购中国纪念品,他便凭借自己流利的英语,转为代外国游客采购商品并收取佣金。

1919年,由费兴仁发起,周诒春代邀"大卫与约拿单"①会员王宠惠、王景春、留英的王长信、清华学校职员夏廷献以及费兴仁的叔父费起鹤等人集资1.9万银元,在北京东城灯市口开设"仁立号"商店。"仁立"就是"费兴仁所立"之意,费兴仁任经理,主要业务是以外国在华人员或游客为对象,自营并代客买卖北京地毯和手工艺品。由于抓住了外国人的猎奇心理,生意颇为兴隆。

1920年,仁立号增资为2.4万元,在北京北小街烧酒胡同开设了一个地毯工厂,由费兴仁的父亲管理,雇工80人,机器有24架。②1922年,仁立号继续增资为10万元,并在王府井大街设立新的办公室和门市部,扩大改组为仁立实业股份有限公司。之后,又开办了内工监地毯厂、成记弹毛厂等,产品主要销往美国。周诒春为董事长,费兴仁、朱继圣分任正副经理。朱继圣是仁立公司发展的关键人物。他毕业于清华学校,1915年公费留美,入威斯康星大学攻读经济学和货币银行学,得硕士学位。1920年曾到纽约采斯国家大通银行实习。1921年回国,本想进银行,但未能如愿。他与周诒春有师生之谊,被周邀请担任仁立公司副经理。1926年,朱升职为公司经理,其清华校友、也是美国留学归国的凌其峻为副经理。

仁立公司崛起于地毯业的复兴时期。一战爆发以前,欧美地毯市场向来由波斯地毯、土耳其地毯等垄断,平津一带的地毯大部分销售于国内。一战爆发后,波斯、土耳其等地毯工业发达国家卷入战火,工厂相继倒闭,于是中国地毯风行于欧美市场。③但地毯业的发展和地毯的供不应求,也使织造企业出现了投机取巧的问题。企业主在羊毛内掺以棉花及其他便宜之毛,希博厚利,且多使用无经验的学徒,以致产品质量每况愈

---

① 英文名称为David and Jonathan,简称"D and J"。它是近代留美学生组织的一个兄弟会,会员之中比较著名的有周诒春、王宠惠、王正廷、贝淞荪、陈光复、聂云台、余日章、颜福庆、胡诒谷、谢元甫、王景春、刁敏谦、董显光、孔祥熙、孙多钰、韩竹萍、王正黼、郭秉文、朱友渔、阎宝航、陶行知、张伯苓、黄炎培、刘鸿生等(其中用楷体字者表示曾投资给仁立公司)。

② 彭泽益编:《中国近代手工业史资料(1840—1949)》第二卷,生活·读书·新知三联书店1957年版,第696—697页。

③ 佚名:《北平地毯工业状况》,《工商半月刊》1933年第5卷第18号。

下,商业衰落。①由于利益受到影响,他们不得不改变自身的生产方式。到1920年前后,地毯业逐渐恢复,同时兴建了大批地毯厂,如北京增加地毯工厂达40余家,大者织机20余架,小者织机二三架。②在此背景之下,仁立公司抓住了创办地毯厂的有利时机。

仁立公司一方面利用所属地毯厂、弹毛厂生产地毯,另一方面委托其他工厂加工承制。1928年,公司在天津设立办事处。之所以在此设立办事处,一是毛线等原料较多,可织成地毯以备门市交易,但北平门市有限,而天津较多;二是公司货运出口报关向来由转运公司办理,在天津设立办事处可以自办出口业务,节省各种费用;三是将来营业发达,接受地毯订货、生产地毯,可在天津进行。③同时,天津为中国地毯织造中心,据1929年统计,天津地毯厂坊达303家,织机2749台,工人1.15万余名。机制毛线织造地毯占10%,主要输往美、日、英及中国香港。1928年天津地毯出口值达565.95万余海关两,占全国地毯出口值的88.9%。④

仁立公司织造地毯的原料是手纺毛纱,而国内的外资企业已使用机纺线,生产效率较高。当时毛纺厂尚不多,市场上毛线几乎都是来自英美日的舶来品。当仁立公司购买机纺线时,常常受到外资企业的限制。为了突破限制,仁立公司决定增加资本,自行生产毛纱。1932年增资至30万元,在天津设立仁立公司毛呢纺织厂(以下简称“仁立毛呢纺织厂”),1932年正式开工生产。产品除地毯毛纱外,又增加了制服呢、毛呢、床毯等粗纺呢绒。仁立公司成为华北地区第一家民族资本毛呢厂,仁立的出口业务和生产加工等逐渐转向天津。

20世纪30年代初,日本在华北各地的走私愈益猖獗。日本呢绒尤其是精纺毛织品哔叽大量倾销,而仁立公司只有粗纺毛织品,因此无法与之

---

① 方显廷编:《天津地毯工业》,南开大学社会经济研究委员会1930年版,第3—4页。
② 彭泽益编:《中国近代手工业史资料(1840—1949)》第二卷,第696页。
③《总管理处董事会记录(四—五册)》(1934—1937年),天津市档案馆藏,J144-1-22。
④ 中国近代纺织史编委会编著:《中国近代纺织史》上卷,中国纺织出版社1997年版,第294页。

竞争。在此情况下,仁立公司一方面购买日本精纺毛纱加工织造直贡呢试销,同时增置1台梳毛机、1台走锭机;另一方面再度增资至50万元,以扩建厂房。鉴于天津公司的股本已占仁立总公司股本的85%,1937年总公司迁往天津,北京公司改为分公司,分支机构除了北京分公司,还有上海分公司、北京地毯厂、天津毛纺织厂。另外,在天津与人合资经营一家东方地毯厂,其后全部收购为仁立地毯厂。

1937年初,扩建厂房的工程竣工,机器安装也大体完成,公司的资本继续增至150万元,公司呈现出一派欣欣向荣的景象。至此,仁立毛呢纺织厂已发展为粗纺、精纺、织呢、染整全能厂。

但是,七七事变的爆发中断了中国民族企业的正常发展进程。日本在中国占领区对中国经济进行洗劫式的掠夺,在华北,日本以"军管理"为名直接没收、霸占的工厂就达900多家。[①]

北京的仁立分公司,在经理凌其峻的带领下,与日军进行了斗争。先是为防止资源遭抢,对公司库存羊毛采取分散的措施,隐藏在工人家中,并组织了护厂队。但日军甲第1820部队仍发现公司仓库里存有大批皮毛,意图征用。凌其峻带领职工在白条中掺入黑毛条,黑白混杂的毛条不合军用,逃过一劫。日军为了控制北京的地毯业,组织了皮毛公司,但仁立公司拒绝参加,日军就强行没收了公司万余斤毛纱,造成公司生产困难,工作时间也由两班缩为一班。

天津的仁立毛呢纺织厂因位于英租界,在太平洋战争爆发以前,日军未侵入,暂时未遭掠夺,损失不大。仁立公司的出口贸易虽受到一定影响,但由于天津对欧美国家的贸易继续进行,[②]仍可从事一些贸易。经朱继圣与董事会商议,还做了一项趁机大宗购买原料的重要决定。因为经营羊毛的商人多为小商贩,因时局的关系,他们的存货受到银行紧缩放款的影响,不能不降价求售,仁立公司收购了大约1000万斤羊毛,解决了原

---

① 罗澍伟主编:《近代天津城市史》,中国社会科学出版社1993年版,第641页。

② 孙德常、周祖常主编:《天津近代经济史》,天津社会科学院出版社1990年版,第277—278页。

料缺乏的问题,为沦陷时期公司的发展奠定了基础。

太平洋战争爆发后,日本进入租界,仁立公司失去屏障。为了掠夺资源并为其工业计划服务,"以谋全华北兽毛、原皮之收买、加工、配给、输出入之一元统制及其资源之培养以及斯业之圆滑发展为目的"[1],日本在1943年7月12日成立了"华北皮毛统制协会",并挟制华北许多公司、工商业团体加入。由于英美等国退出了天津的贸易活动,仁立公司获得原料的渠道受到限制,因此也被迫加入协会,希图得到协会的允许,进口澳大利亚羊毛等工业原料。但事实上,公司通过华北皮毛统制协会得到的原料配给数量很少。

抗战后期,日本对中国的经济掠夺更加疯狂。仁立公司多次受到挟制,或被日本军队掠去原料,或强迫为其加工成品。如日军甲第1820部队于1942年秋封闭该公司原料仓库,要挟其交出所存的澳大利亚毛条。经再三交涉,最后强迫仁立公司以毛条的一部分织制哔叽4875.6公尺。1943年冬,迫令仁立公司为其加工织制棉毯1.7万条。1944年3月,强征该公司所存紫绒羊毛等20926市斤。1944年冬,迫令为其加工织制棉毯7万条。又如日军甲第1821部队,于1944年7月强征仁立北平分公司地毯厂的羊毛及毛线20392市斤。[2]

此外,向日本所纳税捐也是一笔不小的数目,包括所得税、战时利得税、织物税、营业税、房地捐税等。1937—1945年所交纳的各种税捐达255万元之多(伪中联券)。[3]可见,仁立公司在日本侵华期间虽然坚持生产,但由于受到日本的掠夺,遭受了巨大损失。

1945年8月日本投降,战争结束给天津经济的复兴提供了良机。天津口岸恢复海运,仁立公司将积压的地毯抢运到美国,同时买到美国一批救济物资羊毛。1946年,又购买澳大利亚毛条9万磅,在张家口购得国产羊毛1.5万斤,在天津购得锦州水洗毛2万斤,保证了产品原料的供应。

---

[1] 《华北皮毛统制协会章程》(1944年),天津市档案馆藏,J144-1-53。

[2] 《总管理处历史沿革》(1937—1948年),天津市档案馆藏,J144-1-12。

[3] 《总管理处有关工业基本情况调查表》(1933—1947年),天津市档案馆藏,J144-1-18。

然而,由于美国商品大量倾销中国,包括仁立公司在内的中国民族企业受到了极大冲击。在1946年进口的毛制品中,美货占64.2%,品种有麦尔登、毛毯、哈味呢、女式呢、绒线及西装等。[1]国民政府中央信托局又从日本进口30多万码呢绒,抵充战争赔款,在国内市场抛售。仁立毛呢纺织厂一度被迫在天津摆摊售货,以减少积压。能源不足尤其是电力供应不足,也影响了生产。冀北电力公司所属的几个发电厂,因机器陈旧,经常停电,1947年4月甚至导致1000多家工厂停工,[2]仁立公司也深受其害。

同时,1946年爆发的内战使天津再度陷入战乱环境。国民党政府滥发纸币,造成恶性通货膨胀,市场上抢购成灾。仁立公司一方面利用银行贷款抢购和贮存工业原料,一方面又力避呢绒被抢购。此外,对出口地毯赚取的部分外汇隐匿不报,将其存至美国华尔泰公司。正是由于采取了这一策略,在1948年国民政府发行金圆券、收兑黄金、白银和外币的法令下,仁立公司幸免于难。

1949年1月,天津解放。同年3月,天津口岸恢复海运,朱继圣马上与美国华尔泰公司开展业务,将一批价值20万美元的中国女工地毯[3]出口到美国,赚取外汇。为了发展生产和进出口贸易,中国共产党鼓励私营企业到尚未解放的西北地区收购羊毛,朱继圣积极响应,成立了仁立公司与辅中公司联合办事处,借用中国银行的资金,派人前往西北大批收购羊毛并运销国外,既为人民政府赚取了外汇,又使本公司赚钱获利,公司营业很快得到恢复与发展。1949年4月刘少奇到天津视察工作后,仁立公司积压的呢绒被国营商业部门收购,并得到了中国人民银行的贷款。朱继圣一方面调查国内市场,决定将公司由生产服装用呢转向工业用呢;另一方面于1949年9月和次年1月全部调回存于美国的外汇。仁立公司利用调回的资金筹办出口销路好、利润丰厚的蛋品厂,1950年3月初步建成投

---

① 中国近代纺织史编委会编著:《中国近代纺织史》下卷,第119页。
② 孙德常、周祖常主编:《天津近代经济史》,第302—303页。
③ 地毯分为男工与女工,各自又有不同分类,后文述。

产,但朝鲜战争的爆发使蛋品出口受阻,至1954年公私合营前一直处于半停工状态。朝鲜战争爆发后,中美贸易断绝,仁立公司和美国华尔泰公司的商业往来也随之中断,中国女工地毯生产萎缩。当时国内市场上的麻袋供不应求,朱继圣就在京津两地开设了手工麻袋厂。①

1953年9月中国共产党公布了过渡时期总路线,12月朱继圣召开仁立公司董监事联席会议,作出了实现公私合营的决议。1954年12月1日,仁立公司及其所属仁立毛呢纺织厂、仁立蛋品厂均被批准公私合营,公司名称改为"公私合营仁立实业股份有限公司",仁立公司的私营历史走向终结。

## 二、仁立公司的组织管理制度

与传统企业的独资与合伙制不同,现代公司的组织管理制度,是由所有者、董事会成员以及公司的高级执行人员即专业经理人员组成的一种企业领导管理体制。具体而言,它是由形成一定委托、代理和契约关系,具有相互制衡作用的股东大会,董、监事会以及经理阶层构建的一种组织结构或者说制度安排。②仁立公司属于股份有限公司,从创办人到董事长、总经理,基本上都在西方受到学术训练,所以比较严格地遵循了西方经营管理模式,③采用了股东会、董监事会及职业经理阶层相互制衡的法人治理结构。在这里面,行政组织是法人治理结构得以贯彻的前提,新式的会计制度保证了公司的合理运转,工人管理体制激发了工人的生产积极性。

---

① 石火、张竹涛:《解放初期的朱继圣与仁立实业公司》,中国人民政治协商会议天津市委员会文史资料研究委员会编:《天津文史资料选辑》第五十一辑,天津人民出版社1990年版,第39—49页。

② 张忠民:《艰难的变迁:近代中国公司制度研究》,上海社会科学院出版社2002年版,第408页。

③ 朱荫贵认为,中国近代股份制企业的经营类型主要有儒家传统、官场衙门作风、经世传统和西方式四种类型。见朱荫贵:《中国近代股份制企业研究》,上海财经大学出版社2008年版,第149—209页。

在公司的管理结构中,股东、董事会和经理人员各自的权利、责任和利益都有明确的划分,形成了经营者与所有者之间的制衡关系,从而保证了公司决策的科学化。

股东大会是由所有出资者组成的公司的最高权力机构。仁立公司的章程规定:股东会分为常会及临时会两种,常会于每年三月举行一次,临时会于董事监察人认为有必要或有股份总数1/10以上的股东开列提议事项及其理由时,由董事会召集。[①] 1946年6月,临时会开会的条件修改为:"于董事监察人认为有必要或有股份总数二十分之一以上之股东开列提议事项及其理由请求是由董事会召集之。"并规定,召集常会应于30日以前通知,召集临时会应于会期15日以前通知。[②]

从仁立公司现存的股东常会记录可以看出,股东会的职责主要是审议董事会的年度营业报告、监察人的监察报告,议决盈利分配案、资本的扩充,选举董事和监察人人选,审批公司章程等。从1923年召开第一届股东常会开始,到1949年共举行了27届股东会(1948年、1949年没有召开股东会,到1950年才举行),基本上是一年一次。此外,还多次召开临时股东会,大多与公司增加资本有关,如1937年6月20日、1940年7月21日、1942年10月18日、1946年6月30日、1948年2月4日的临时股东会等。[③]

股东会得以召开的前提条件,是出席会议的股东人数以及所代表的股权数必须达到一定的标准。仁立公司要求必须遵照《公司法》的相关规定,即"应有认股人过半数代表股份总数过半数者出席"[④]。如1944年3月,仁立公司召开第23届股东常会,到会者17人,代表62947股、32324

---

① 《有关规章制度办法》(1933—1948年),天津市档案馆藏,J144-1-6。

② 《一九四六年增资为八百万元、照收复区各种公司登记处理办法变更登记》(1942—1943年),天津市档案馆藏,J144-1-3。

③ 《总管理处股东常会记录报告》(1934—1948年),天津市档案馆藏,J144-1-10;《总管理处董事会记录(四—五册)》(1934—1937年),天津市档案馆藏,J144-1-22;《总管理处董事会记录(八—十册)》(1939—1949年),天津市档案馆藏,J144-1-24。

④ 中国第二历史档案馆编:《中华民国史档案资料汇编》第五辑第一编,江苏古籍出版社1994年版,第21页。

权,超过法定人数。1948年2月,仁立公司在北平召开临时股东会,到会股东计529户代表108289705股(权),超过法定人数股份总数的2/3。[①]对于股东因事不能出席的,"得出具委托书,委托他股东出席,委托书格式由董事会定之"[②]。1946年6月以后,股东只要寻找一个代理人即可,委托人不一定非要局限在股东里面。

董事会是由股东大会选举产生的公司常设决策机构,监事会是股东大会选出的监督机构。董事会的职能,主要是受股东大会以及全体股东的委托,代理股东实施企业的大政方针、战略决策,具体为:主持公司一切事务,召集股东会、造具提交股东会各项册报及议案,任免公司重要职员,授以处理业务必要之事权,审定重要契约,核定公司各项办事规则。监察人的职能,主要是通过有效的监督保障公司的有序经营,具体为:审核董事会造送的各项表册,报告其意见于股东会,随时调查公司财务状况簿册文件,请求董事或其他职员释明业务情形。[③]董事会成员共9人,监察人共3人,"由股东会就股东中选任之"。董事的任期是3年,监事为1年,连选者可以连任。董事、监事当选的资格,1936年第十四届股东常会要求,当选董事必须是"持有本公司股票十五股以上之股东",当选监事必须"持有本公司股票五股以上"[④];1942年10月的股东临时会则改为董事"持有本公司股份二百四十股以上之股东",监事"持有本公司股份八十股以上之股东中选任之"[⑤];而1946年6月以后,仅限于本公司股东,对于所持的股份不再进行限制。

在董事会中,还附设经济委员会,1940年1月成立,由孙锡三、朱继

---

① 1946年6月30日召开的临时股东会议对公司章程进行修改,将第八条"本公司股东每一股有一表决权,但超过十股之股份,每两股合得一权,其表决权仍以不过股份总额五分之一为限"修改为"本公司股东每一股有一表决权"。

②《一九四七年增资为法币一百四十亿元及工矿运输重估固定资产价值调整资本材料》(1948年),天津市档案馆藏,J144-1-4。

③《一九四六年增资为八百万元、照收复区各种公司登记处理办法变更登记》(1942—1943年),天津市档案馆藏,J144-1-3。

④《总管理处股东常会记录报告》(1934—1948年),天津市档案馆藏,J144-1-10。

⑤《一九四三年增资八百万元》(1936—1943年),天津市档案馆藏,J144-1-2。

圣、凌其峻、陈礼、包培之等5人共同组成。目的是使各董事对于公司资金运用皆能明了,避免临时掮据。1946年12月,经济委员会取消。在经济委员会存在的6年里,它对于加强公司的财政建设起到了重要作用。

截至1937年7月,仁立公司共召开董事会179次,基本上1个月1次。此后,因战争关系,董事会不能如期举行,截至1949年1月召开75次董事会。[①]但从董事会召开的频率来看,仁立公司的董事会制度还是比较健全的。在实际运作中,董事会的决策基本上也能得到贯彻。同时,董事会对于经理阶层的意见也非常重视,两者的合作也是公司不断发展的条件之一。

经理阶层是由总经理、副总经理以及各部门经理组成,在董事会的授权范围内全权负责公司的日常经营和管理。

总经理的才干、能力的强弱以及个人品格的好坏,对于公司有着极为重大的影响。仁立公司设总经理1人,受董事会监督指挥,综揽本公司及所属工厂暨营业所一切业务,并监督指挥本公司其他职员。仁立公司能于短暂的20多年里在毛纺织业中崭露头角,与朱继圣的个人努力有很大的关联。朱继圣自1930年升任总经理一职,一直到公私合营时期,任期共计20余年。

朱继圣具有一套先进的经营管理理念。首先,注重实践。仁立公司起初只是从事出口贸易,后适应形势转而发展地毯工业,走出一条粗纺、精纺、织呢、染整相结合的道路。这都是从实践中逐渐摸索出来的。朱继圣曾说过:"我们本来是经营商业的,搞工业谁也不是内行。不钻进去,永远也学不会。"[②]他主张无论何事,都要先亲自下手,再委托于他人。曾为了摸清原料的情况,他在一个羊毛掮客的陪同下,到张家口、大同、包头等地购买羊毛,对大宗羊毛的拣样、过案、估算净毛率等都亲自下

① 《总管理处董事会记录(四一五册)》(1934—1937年),天津市档案馆藏,J144-1-22;《总管理处董事会记录(八一十册)》(1939—1949年),天津市档案馆藏,J144-1-24。

② 刘缉堂、吴洪:《朱继圣与仁立实业公司》,中国人民政治协商会议天津市委员会文史资料研究委员会编:《天津文史资料选辑》第二十九辑,天津人民出版社1984年版,第75页。

手。其次,重视调查研究。在生产中,朱继圣重视产品的技术资料和市场信息。地毯的图案花色与销售有很大的关系,因此他特别注重搜集并做进一步的加工,使之更新。他还订购了国外出版的各种书刊,以研究他们生产的呢绒、毛毯,并搜集国内外的呢绒样品,再进行分析研究。此外,在用人上,朱继圣唯才是用,量才录用。他不用"三爷"(少爷、舅爷、姑爷的说法),在天津工商界广为流传。即使是从家乡前来投奔的侄子朱起华、朱起澜,他也婉言拒绝。就这样,仁立公司聚集了一批专业人才,形成了以朱继圣为首的行政技术领导核心和一支专业素质过硬、工作态度踏实的公司团队。

在行政组织、会计制度、工人管理等方面,朱继圣等人通过努力,建立起一套行之有效的管理制度:

首先是行政组织。

仁立公司建立之初,行政组织处于草创阶段。总公司迁往天津后,各种产业基本定型,行政组织逐渐完善起来。总经理主持生产计划、营业方针、用人行政、调度金融、保管财产及对外一切事务;经理则辅佐总经理办理公司各项事务,总经理不在时代理其一切职责;副经理、襄理分别协助总经理、经理办理公司内外各项事务及总经理、经理临时交办的事项。在总经理、经理之下,设立一部七处。其中,出进口部主要办理地毯等商品出口及原料进口,工务处负责全厂制造部分的设计和人事,材料处办理各项材料分类整理、保管记录,采办处办理采购原料物料及机器,营业处负责办理货物、批发零售以及对外经理处之联络、货价之规定、货色之分类、样品之寄发、推销广告计划等,会计处负责编制预算决算、资产负债表、损益计算书、计算成本、管理银钞,稽核统计处负责稽核统计各组一切有关会计簿记等,总务处办理本处对内对外事务。[①]在一部七处中,进口部是一个生产营业相结合的部门,工务处、材料处、采办处属于生产部门,营业处属于营业部门,会计处、稽核统计处、总务处属

---

① 《有关规章制度办法》(1933—1948年),天津市档案馆藏,J144-1-6。

于管理部门。三个部门之间分工明确，缩短了生产时间和流通时间，加快了资本的流通速度，为公司的发展创造了有利条件。由此可见，仁立公司的组织形式基本上贯穿了现代公司治理结构的精神。

其次是会计制度。

现代企业的经营，需要配套的新式会计制度。规模较大同时又采用股份有限公司组织形式的企业，经营范围广，业务活动频繁，要编制营业报告书、资产负债表、损益计算书、财产目录、公积金，要有年终决算、股东红利分派议案等。所有这些是传统的中式簿记难以担当的。因此，新式会计制度，即西方科学的借贷记账法，开始在公司企业中逐步得到推广应用。①仁立公司的总经理朱继圣受过系统的西方经济学训练，对于财务有着自己独特的见解。在他的主持下，仁立公司实行了一套新式会计制度。

在成本会计制度方面，主要体现为采取科学的成本计算方法，即：第一，先求出每种出品每生产单位所需的原料价值；第二，再求出每部分（纺毛或织呢）每月所需下列各项费用，即工资及该部管理费用、机油及零件等费用、电费煤费、修理费用、杂项费用、各种折旧；第三，以一部生产数量除第二项费用总数得每生产单位的成本；第四，将第一项的原料价值加第三项的费用得出该生产单位的成本；第五，如某种出品须经过数个部分始得成品，则甲部分的成本即用以计算乙部分的原料价值，再加乙部分每生产单位的费用（算法照第二项）得出该生产单位的成本，多则类推。②这样有利于分析经济业务，加强经济管理；还有利于防止和减少记账差错，在账户设置上较为灵活。

在财务会计制度方面，除了整理保管各种单据传票、管理现金出入等日常事务外，会计处在每年年度终结时，要编制预算决算、资产负债表、财产目录、损益计算书、盈余分配案提交董事会。在资产负债表内，资产部分有流动资产、固定资产、递延资产、无形资产、其他资产，负债部分有短

---

① 张忠民：《艰难的变迁：近代中国公司制度研究》，第474页。

②《总管理处报送外单位的有关仁立公司的情况调查》(1934—1947年)，天津市档案馆藏，J144-1-11。

期负债、长期负债、各项准备、资本项目、年度纯益等,颇为规范、整齐。

在盈余分配方案中,根据公司章程提取公积金,先后按照1914年北洋政府颁布的《公司条例》、1929年南京国民政府颁布的《公司法》提取公积金5%和10%。尤为值得注意的是,在公积金外,还设置了"特别公积金""红利平衡准备金""改善准备基金"等科目,以此来充实公司的实力。以特别公积金为例,1929年从盈余中提取了4000元的特别公积金,占年度盈余的14.2%,几乎是公积金的3倍;1930年提取了3500元的特别公积金,占年度盈余的10.4%;1944年提取的特别公积金占年度盈余的9%。①特别公积金的设置,保证了公司的应急和资本扩张力。

最后工人管理。

如何处理劳资关系是公司发展的关键。仁立公司颁布了诸多条例法规,用现代纪律约束工人,并调动其劳动积极性。以20世纪30年代初为例,1933年、1934年颁布了《仁立公司毛呢纺织厂处理佣工规则》,1937年颁布了《仁立公司毛呢纺织厂管理规则》《织呢部规则》《暂拟赡养金计算办法》《织呢部南楼织工产额规章》《机工修理机械章程》《织工工资等级表》等,涉及人事管理、工作奖惩、生产技术管理诸方面。②

仁立公司任用工人有3道程序:首先是对身体健康状况、年龄提出基本要求,男女工人以体格健全、无传染病、无恶嗜好,经本厂指定医院做肺部检查无结核病,并能共守本厂规约者为合格,同时承做繁重工作的工人其年龄须在20岁以上,承做轻便工作者须在16岁以上。其次,工人经本厂考试后合格能订雇者,须先寻觅殷实铺保填具保单,送经人事处核定后始得上工。此项保单每年须更新一次。最后,新工人需要有1个月以上的试工时间,双方满意才可继续工作,并升为学习工。但是要成为长工,还要经过"学习工—练习工—初级工—长工"的转化阶段,大约需要1年的时间。

上工以后,工人的工资分为月薪、日给两种,其加工、旷工均照原工资

---

① 《总管理处股东常会记录报告》(1934—1948年),天津市档案馆藏,J144-1-10。
② 《有关各项规章制度办法》(1933—1948年),天津市档案馆藏,J144-1-6。

比例加减之。工资等差,视其技能、勤惰、功过、经历、责任分别酌定,以刺激工人的劳动积极性。以天津仁立毛呢纺织厂织呢部为例,工人每日工作10个小时、看两台机,产额超过两台规定额数以上,月工资13元;只看1台机者,仅能超过1台规定产额数以上,得月工资11元;如果看3台、产量超过3台定额,得月工资15元;看4台、产量超过4台定额,得月工资17元。①对于工人的工作时间,公司制定了比较严格的管理制度。1934年以前是工作10个小时,从1934年开始,工作分日夜两班,每班定为9个小时。工人上班时,须将自己的工号名牌悬挂在上工牌上,下工时须将工牌交给稽查室,上工下工均以振铃为号,不得迟到早退。对于迟到的工人,公司给以严厉的惩罚:工人于上工时迟到10分钟者扣1个小时工资,迟到20分钟者当日不得上工。工人如有以下事项之一者,依照《工厂法》的规定予以解雇:"一、本厂须一部或全部歇业者;二、遇不可抗力本厂全部或一部须停工一月以上时;三、工人对于承受之工作不能胜任时;四、工人旷工日数过多者。"如果工人违反工厂规则而情节重大、无故继续旷工3日以上或1个月之内无故旷工4日以上时,工厂不经《工厂法》即可解雇工人。公司对工人的奖惩也有明确规定,每月月中、月底结算工资时,统一进行赏罚。奖励分记功及特别奖励两种,奖金数目由主管人临时酌定。受到奖励的资格有:"一年内不请假或工作最勤苦者;举发窃盗因而破获者;发现报告危险事项或施以救护因而减少或免除本厂损失者;遇工作危险时救护同事者;爱惜材料者。"惩戒包括记过、罚薪及抵偿等3种,屡犯或情节重大者并得及时解雇。有下列情形者即应受罚:"一、违背本厂各种规约或妨害秩序,如斗殴、扰乱他人工作、不请假私自歇工或在厂内吸烟、酒醉滋事赌博等事;二、不服从主管人员监督指挥者;三、故意损坏机器物件者;四、私自制造物件者;五、糟蹋浪费材料者。"

为了使工人能够全心地投入工作,公司尽量改良工作设施,提高福利待遇。公司专门为工人建造了食堂、宿舍、医院或诊疗所、补习学校、浴

---

① 《有关各项规章制度办法》(1933—1948年),天津市档案馆藏,J144-1-6。

室、理发室、图书室、俱乐部、体育场、合作社、国剧社、话剧社,解决了职工的基本生活问题,丰富了职工的业余生活。同时,公司每年给工人检查肺痨病一次,患者由公司供给住院及一切疗养费用,按时给工人施行种痘及烈性传染病预防注射。公司每年还为长工投保寿险,若长工有死亡者,则将保险金付给其合法继承人。按长工全年工资及工作奖金所得总数的5%计算个人赡养金,在工人死亡或到60岁退休时发给本人。在战争期间,公司鉴于物价上涨、工人生活困难,在基本工资、基本津贴之外,还给予工人特别津贴、玉米面、煤等食物补助以及呢绒配给等。

仁立公司通过恩威并用的方式处理劳资关系,事实证明是比较有效的。在近代工厂工人斗争频繁的环境下,仁立公司仅发生过为数较少的几次劳资纠纷。

## 三、仁立公司的资本经营

企业处于市场环境之中,面对各方的竞争与压力,要想维持生存与发展,仅仅依靠具体的生产经营活动是不行的,还必须采用一种有效的方式整合企业资源,提高企业的经营绩效。这便是企业的资本经营,也即企业利用可以支配的资源和生产要素进行运筹、谋划和优化配置,以实现最大限度资本增值目标的一种经营方式。[①]它不仅指通过买卖股票、收购或出让产权、货币借贷等进行的经营,也包括生产经营过程中的资本经营。近代公司的发展中常出现这样的现象,即"在创立之初,认股者往往未将股款缴足,而营业者又急于开幕,工厂建筑成功,机器购进之后,大部分资金亦已固定,开业之后,流动资本已形竭缺,于是当局悉耗其精力于金融之调度,稍不注意即失信用"[②]。这就影响了公司的发展。在朱继圣的经营下,仁立公司有效地解决了这一问题。它通过合理地筹集资本,保证了公司的资金来源;适时的投资又使公司及时抓住机遇,发展壮大,并实现了

---

① 李凤云等编著:《资本经营:企业管理理念的创新》,中国发展出版社1997年版,第7页。
② 佚名:《我国毛织品之供求现状》,《河北工商月报》1929年第1卷第12期。

资本增值的目标。

首先是资本筹集方式。

资本筹集是资本经营活动的起点。仁立公司在发展的过程中采用的是以资本积聚为主、资本集中为辅的集资方式。具体来说,主要有发行股票、利用公司自有资金、银行贷款、兼并、租赁等。

发行股票是现代股份制企业筹措资本最普遍的一种形式,也是仁立公司一种重要的集资手段。仁立公司的创立就是通过发行股票增加资本实现的,依靠的主要是"成志会"[1]成员的股本。据1922年仁立公司的股东名册统计,"成志会"会员有周诒春、凌其峻、廖奉献、胡诒谷、董显光、刁信德、余日章、韩竹坪、何廉等,在全部股本中占了将近半数。[2]1932年,为添办毛织品设备之用,公司增资20万元:每股100元,共2000股。其中1500股由旧股东比照原有股数认购,每两旧股得购一新股;其余500股,照认购时之先后为准。1935年,又增资20万元,公司股本增至50万元,所增2000股系由股东57人分认。1936年,因扩充营业需要添盖厂房及机器增加资本100万元,所增新股均由旧股东按照所持原股比例分认。[3]1940年7月,鉴于原料涨价、流动资金缺乏等造成经营困难,公司议决续增招收新股伪联币350万元,改股本总额为伪联币500万元,分作5万股,每股100元,所增新股仍先尽旧股东按照原有股数比例分认,放弃购认者其不足之额由其他旧股东承购或者另招新股东招足。[4]1942年10月,因羊毛来源断绝寻求代用品,但缺乏代用品的机器,又需要增加厂房、扩大流动资金,仁立

---

① 简称"C.C.H.",由"大卫与约拿单"和"十字架与宝剑会"合并而成,前者是中国老一辈留美学生的组织,后者是年轻一辈留美学生的组织。"十字架与宝剑会",英文名称为 Cross and Sword,简称"C and S",加入该会的有何廉、蒋廷黻、朱继圣、凌其峻、沈克非、廖世承、陆志韦、刘廷芳、徐淑希、洪煨莲、胡经甫、周学章、晏阳初、刘湛恩、孟宪承、孟治、冀朝鼎、茅以升、张子高、涂羽卿、陈序经、方显廷、张纯明、黄子坚、刘崇乐、李道南、王志莘、孙瑞璜、陈鸣一、戴子骞、刘树镛等(其中用楷体字者表示曾投资给仁立公司)。

② 刘绪堂、吴洪:《朱继圣与仁立实业公司》,中国人民政治协商会议天津市委员会文史资料研究委员会编:《天津文史资料选辑》第二十九辑,第68页。

③《总管理处董事会记录(四—五册)》(1934—1937年),天津市档案馆藏,J144-1-22。

④《一九四○年增资为五百万元》(1940年),天津市档案馆藏,J144-1-1。

公司议决续招股本 300 万元,改股本总额为 800 万元,增资办法与上次相同。①1947 年,因物价上涨,货币贬值,仁立公司又增资为法币 140 亿元。②从历次增资的股东名册来看,仁立公司在增资过程中认股户数数量逐渐增多。比如 1940 年,共有 198 户认购。③1942 年,认购户数增至 247 户。而且,在增资过程中还出现了家族式的认购模式,即一人认股进而带动家族中其他人共同认购股本。④

仁立公司创立之初,为了迅速集资,主要发动"成志会"会员进行认股。之后历次增资都是先尽旧股东认购股票,再考虑招认新股东,这种方式保障了旧股东的利益,但也使得公司股本的社会化程度比较有限。当仁立公司基本上处于上升的时期,旧股东看好仁立公司的发展形势,每次增资均能积极认股,剩余股本又是先发动股东周围的人员,进入公司的新股东与旧股东或多或少都有关系,所以股本相对来说便集中于一部分人的手中。经过历次增资,股东中的孙锡三家族及其亲属所占的投资比重,加上中孚银行平津两行的投资,达到 60% 左右,以周诒春、孙锡三、朱继圣为主的"成志会"会员掌握了公司的经营实权。

利用公司自有资金,也是仁立公司集资的方式之一。仁立公司在每年的盈余分配中,除了提取法定公积金外,还设置了特别公积金、各种准备金等以充实公司的实力。当公司需要资金时,便从公积金项下拨出一部分进行抵充,从而加速了公司资本的集聚。同时公司的股息也是一笔不小的数目,1937 年以前,仁立公司的股息均能及时发放,但七七事变以后,京津地区金融紧缩,银行之间款项周转困难,公司遇到困难,于是就暂借营业盈余、延迟发放股息,以缓解经营困境。不仅如此,仁立公司还采取将股息分开发放的措施,比如 1937 年股息 1 分,先于 1938 年 4 月、10 月

---

① 《一九四三年增资八百万元》(1936—1943 年),天津市档案馆藏,J144-1-2。

② 《一九四六年增资为八百万元、照收复区各种公司登记处理办法变更登记》(1942—1943 年),天津市档案馆藏,J144-1-3。

③ 《一九四〇年增资为五百万元》(1940 年),天津市档案馆藏,J144-1-1。

④ 《一九四三年增资八百万元》(1936—1943 年),天津市档案馆藏,J144-1-2。

发过两次共7厘,12月20日又续发3厘,同样是为了缓解资金短缺,将资本用于建设当中。此外,仁立公司每年进行固定资产折旧,其资金除了用于维修添置旧机器外,也被用作企业自有资金的周转。

银行贷款,是公司筹措资本的又一种常用方式。仁立公司在发展过程中,与中国银行、中孚银行、上海银行、中国实业银行、大陆银行、交通银行等多家银行发生借贷关系。1940—1945年,仁立公司透支银行及定期借款达2300多万元。其中与中孚银行的关系最为紧密。仁立公司首任董事长周诒春,在与费兴仁合作开设仁立号之前曾受孙多钰之聘任北京中孚银行经理。1935年出任南京国民政府实业部次长前,又将仁立公司董事长一职让与孙多钰的侄子孙锡三,而孙锡三曾经担任北京中孚银行副经理。所以,在仁立公司的发展中,得到中孚银行的支持也较多。比如,1934年6月,仁立公司因生产问题解雇了纺毛部的工人,暂时造成了停工局面。天津中国银行、上海银行也向公司催缴贷款,仁立公司顿时陷入困境。孙锡三通知天津中孚银行代还全部欠款,解了燃眉之急。同年9月,仁立公司为了扩大营业,拟定了推广营业四项办法,其中之一便是向中孚银行协商透支借款至40万元以作添购厂地、加筑厂屋、增置纺织机器之用。董事长孙锡三赴上海与中孚银行总行协商,决定除了由中孚银行代替仁立公司招足当时尚未招足的股本外,仁立公司与中孚银行之前订立的40万元透支契约继续有效,而且将来扩充营业需用流动资本时,中孚银行愿意随时与其协商办法。这就为仁立公司的发展提供了保障,增强了公司的应变能力。不过,为了避免中孚银行的资本过度渗透到仁立公司,仁立公司也不断地向其他银行贷款。

除了以上3种方式,仁立公司还通过兼并、租赁的方式来扩大资本。譬如,20世纪30年代在天津与人合资经营东方地毯厂,之后将其全部收购为仁立地毯厂。1938年11月,日商华北汽车公司在仁立公司齐化门工厂的西边购置地亩以设立车库及汽车学校等,因在建设中没有练习驶车之地,在双方协议之下,仁立公司将所属工厂的空地租给该公司4个月。这也是对于闲置资源的一种利用。不过,在仁立公司的发展中,兼并、租赁并不是主要的一种方式。这与近代毛纺织业的整体发展特点有一定关系。

其次是资本运用方式。

资本运用也称为投资,是企业把资本转变为资本要素,并用于建设、形成资产的阶段。[①]仁立公司采取了实业投资、金融产品投资等方式。实业资本经营包括固定资产投资经营和流动资产投资经营两种。

固定资产投资经营主要体现为买进土地、添建厂房、购买机器等。如1931年,仁立公司在天津筹设毛纺厂,在旧英租界购地7亩建造厂屋,购买新机器的价格要比旧机器多出1倍,而旧机器的功用与新机器相差无几,公司就利用经营进出口业务的便利,从英国廉价购进旧梳毛机、旧走锭机以及旧打毛机等附属设备,聘请王福卫为工程师,他毕业于美国新贝德福德纺织专门学校,回国后先任吴淞华丰纱厂工程师两年,后又在上海宝成纱厂担任工程师两年半,有丰富的生产经验。公司又从海京毛织厂聘请一批技术工人。仁立毛呢纺织厂成立后,仁立公司由侧重于商业转为以工业为重。1934年9月,仁立公司为了扩大营业,向中孚银行协商透支借款40万元,商洽购地、添盖厂房、定购全新机器。北京地毯工厂方面,经与朝阳门大街第二工厂的房主商定,以1.2万元买进了当时已经租用的19间瓦房、4间灰房以及工厂后面的27亩空地。仁立毛呢纺织厂方面,以34072.2元将纺织厂南面的9.6分空地购下,同时买进织呢机、分段整经机、煮呢机、洗毛机等。1936年,鉴于仁立毛呢纺织厂各种出品日臻优美、行销日广,出现供不应求之势,公司决定扩大生产规模,购进德国精纺链条机全套、环锭细纱机5台2000锭和并纱机,从日本购进新织机58台、提花机4部、织呢机32部、整理机32架等。建筑厂房方面,仁立毛呢纺织厂的扩充由梁卫华建筑公司承造,将原有厂房改成3层,并改建锅炉房,另造公事房、货样陈列室、堆房等,再加上新造房屋的灯火暖气卫生设备,共用18万元。1937年6月,扩建厂房的工程结束。北平工厂方面,因订货过

---

① 李凤云等编著:《资本经营:企业管理理念的创新》,第20—21页。

多,而现有的6处男女工厂已经人满不能再添招工人,公司便在朝阳门大街的空地上加盖房屋,以便先将其中4处男女工厂归在1处,利于管理。此外,为了将来扩充,仁立公司还在天津以每亩4100元买进新华银行的空地5亩,并以4.8万元购进花旗银行12亩空地。后来因战争关系,公司扩建大多为小型工程,比如1939年,仁立毛呢纺织厂以剩余的材料添建职员寄宿舍及消费合作社各1所。1941年,北京分公司所属菜厂胡同工厂的堆房房东欲收回自用,公司便以5.5万元在王府井大街67号购得大约3亩土地。①

流动资产投资经营,主要是指企业在生产经营过程中周转资金的投资运营活动,它形成企业的流动资产,包括原材料储备、在制品和半成品等。其中,最重要的是生产原料。仁立公司的原料购买伴随了公司的整个发展过程。如1928年,因羊毛涨价,在康庄购买羊毛1.8万斤,每百斤44元。1930年,购买高秋毛2万斤,每百斤50元,又买黑毛6000斤,每百斤20元。1932年,买进7500斤羊毛,8月买进寒羊毛3万多包。1935年10月,买进羊毛2000包。1939年夏,由澳大利亚购进羊毛,计50余万元。1940年春,向澳大利亚定购羊毛300包,计7.5万磅。1946年,由张家口购得羊毛1.5万斤,又在天津购买锦州水洗毛2万斤。②以上原料的购买和供应,保证了公司正常的生产经营活动。

在资本运营过程中,公司还要正确处理固定资产与流动资产在总资产中的比重,即公司资产的结构问题。在资金总量一定的情况下,固定资产过多而流动资产占用太少,会造成停工待料,导致生产能力闲置,反之则会造成生产能力的不足,影响生产的正常进行。仁立公司属于生产型企业,流动资产应多于固定资产才能保证生产的进行。以1943—1947年为例,仁立公司的固定资产占总资产的比重分别为38.7%、35.4%、13.6%、

---

① 朱继圣、凌其峻:《四十年来的仁立公司》,中国人民政治协商会议全国委员会文史和学习委员会编:《文史资料选辑》合订本 第十三册,中国文史出版社2011年版,第32页。

② 《总管理处董事会记录(四—五册)》(1934—1937年),天津市档案馆藏,J144-1-22;《总管理处董事会记录(八—十册)》(1939—1949年),天津市档案馆藏,J144-1-24。

34.8%、13.7%,流动资产占总资产的比重分别为 61.3%、64.6%、86.4%、65.2%、86.3%。在 1946 年的生产计划书中,根据计算每月所需流动资金为 17084 万元,公司营业周转率平均 4 个月 1 次,则需流动资金 6.83 亿元才能供生产之用,1 年需流动资金 20.5 亿元,当年实际运作过程中流动资金为 20.95 亿元,基本上满足了生产的需要。①

仁立公司在实业投资以外,还进行产权资本经营,主要是在天津的仁立毛呢纺织厂建立以前。1929 年,投入西北实业公司资本 1 万元,与其合资发展实业。1930 年,由双方各筹集资本 7.5 万元合资开办和济公司,共同经营物产贸易、制造、土地开垦。和济公司规定 5 人为董事,第一年仁立公司推举 3 人、西北公司推举 2 人担任和济公司董事,以后再照认购股本之多寡商议,仁立公司的董事职员担任董事长、经理、副经理,总经理由西北公司职员担任。仁立公司打听到华洋义赈会将在西北萨拉齐开掘民生渠,考虑到这项水利工程落成后会使附近地价上涨,7 月和济公司在萨拉齐购进 28 顷荒地。但是由于华洋义赈会的美国工程师计划错误,民生渠的水利工程大部失败,和济公司所购荒地得不到灌溉之利,仁立公司的投资随之落空。此外,和济公司购买的价值 2 万多元的羊毛原预备运销美国,但因美国工业不振没有售出,当时国内羊毛价值也呈现跌落之势,便将羊毛折价卖给清河织呢厂。

应该看到,仁立公司仅有 10 年左右处于较为稳定的环境中,其他时间都是战乱不已,加之近代资本市场发展不足,这些都决定了其资本经营受到极大的限制。

## 四、仁立公司的生产与营销

在现代企业发展模式中,大多为多角化经营,即同时生产或提供两种

---

① 《总管理处股东常会记录报告》(1934—1948 年),天津市档案馆藏,J144-1-10;《总管理处报送外单位的有关仁立公司的情况调查》(1934—1947 年),天津市档案馆藏,J144-1-11;《总管理处股东常会记录报告》(1934—1948 年),天津市档案馆藏,J144-1-10。

以上基本经济用途不同的产品或劳务的一种经营战略。仁立公司以经营地毯出口发迹,之后又顺乎时势向呢绒产业进军,地毯与呢绒并行发展,实行多角化经营的生产策略。为了将产品推销出去获取利润,仁立公司采用灵活多样的方法,除运用同业联营的策略外,还在各地设立分公司、办事处,同当地商号建立包销关系以及采取广告营销方式等。

第一,地毯的生产与经营。

地毯的生产与出口,是仁立公司最重要的业务。

为了提高地毯的质量,仁立公司招收有文化的工人,对其进行严格的技术培训,同时用较高的工资吸收其他厂家的技术人员,生产高质量的地毯。公司还出资送职工到会计、绘图、英语、工艺等专科夜校进修,培养染色工程师、制图工程师等技术人才,从而大大提高了职工的业务素质。

毛纱是地毯生产的原料,直接影响着地毯的质量。仁立公司走了一条由手纺毛纱到购买机制毛纱、自己生产机制毛纱的道路。当时,外商控制着地毯出口业务,分为三类:第一类本身设有工厂,兼营生产与出口,如美商的美古绅洋行、倪克洋行、海京洋行等均设有毛纺厂;第二类是本身不设工厂,接到地毯订单后,将其发给中国人开设的地毯厂和小手工作坊加工生产,这一类多为洋行,如德商的鲁麟洋行、禅臣洋行、礼和洋行、兴隆洋行,美的瑞海洋行、公懋洋行、慎昌洋行等;第三类是既无工厂又无资金的经纪商,他们以代客买卖赚取佣金为业。海京洋行、倪克洋行、美古绅洋行在1923年、1925年、1927年相继设立毛纺厂,他们均采用机器纺制地毯毛纱,再由人工织造地毯,不但缩短了生产时间,而且所出机制毛纱条干均匀、平滑整齐,所织地毯质量优美。而仁立公司采用的是手纺毛纱,其线条粗细不均,织出的地毯质量较差,竞争不利。仁立公司便向外商所设毛纺厂购买机制毛纱,但洋行却趁机抬高毛纱价格并拖延交货,以此打击仁立公司。经过仁立公司董事会决定,1931年在天津设立毛纺厂,生产机纺毛纱以提高地毯质量,1932年正式投产。从自织地毯进而自产地毯毛纱,仁立公司由此保证了原料的供应,免受别厂压制之苦。

在地毯的制造类型和方法上,仁立公司也逐渐找到适应自己发展的道路。仁立公司的男工地毯分为两类：一类在北京生产，多是拉绞过纬的美术地毯，采用古色古香的图案；一类是在天津生产，用机纺毛纱，抽绞过纬、厚实、化学洗，在国际市场称为优质地毯。男工地毯主要由仁立公司参与合资开设的东方地毯厂加工生产。东方地毯厂起初购买仁立公司的毛纱自织地毯，后变为专门为仁立公司加工。1938年，仁立公司收购了东方地毯厂2/3的资本，于是该厂便连人带设备合并到仁立公司。女工地毯又分为两类：一类是仿照美国独立前山中妇女用钩针所制的地毯，即钩针地毯，在北京生产；一类是改进日本人的创制而发展起来的扎针地毯，在天津生产。扎针地毯质量不如钩针地毯，但生产效率却比钩针地毯高。为了得到扎针地毯的构造方法，仁立公司可谓费尽心思。当时天津的一家日本地毯厂使用这种扎针，但他们为了保密，严禁工人将生产工具携带出厂，仁立公司多方打听，最后通过与这家地毯厂有业务往来的一家生产扎针的工厂才得到了图样。这虽然有违商业道德，但通过仁立公司的改进后却争取了女工地毯在国际市场的地位。不仅如此，钩针地毯也是在朱继圣、凌其峻的努力下经过改进而仿制成功的，他们亲自钻研两种地毯的图案、花样、配色及其使用的工具，取得了良好的效果。

在地毯的出口上，仁立公司也建立了自己的渠道。以女工地毯为例，在美国，旧金山的华尔泰公司（D. N. &E. Waller & Co.）专门经营家具及室内装饰，垄断了美国西部几个主要城市乃至中部、东部一些地区的地毯市场。1929—1933年经济危机期间，美国政府加强对经济的干预，其中一项措施是为安置闲散劳动力，兴建了一批出租的民用住宅，因而对于地毯的需求量大大增加。而物美价廉的中国女工地毯，恰可适应美国房产投资的需要，于是华尔泰公司便与仁立公司取得联系，大量进口女工地毯。仁立公司还特意将女工地毯带到美国进行展示，以此加强与华尔泰公司的联系。仁立公司有良好的信誉保证，华尔泰公司经常向它发出订单。为了适应女工地毯的需求，仁立公司及时扩大生产，在北京，购置土地、建立新式厂房，大大增加了钩针地毯的生产；在天津，除利用本厂生产地毯外，还委托三四十家小地毯厂和作坊进行生产。仁立公司内部专门设有管理厂外加工的部门,负责原料供应、生产技术、图案设计、质量检验、成本结算等工作。

全面抗战初期,海运未断,地毯仍能出口。太平洋战争爆发后,地毯出口贸易被迫中断。但日本投降后,仁立公司立即将积压的地毯抢运到美国,既填补了美国市场的空隙,也为中国女工地毯创造了新的声誉。1946年,华尔泰公司地毯部经理甘伯雷访问仁立公司。1948年,朱继圣到加拿大出席国际扶轮社的国际议事会,借机到美国调查中国地毯销售情形,并在华尔泰公司逗留,共同商讨如何取得在本国市场的垄断地位。据统计,1945—1948年,仁立公司控制了天津地毯出口的1/3,其中女工地毯出口占全国第一位。[①]

此外,仁立公司还以代理商的身份经营地毯出口贸易。1932年,受经济危机的影响,美国一家大地毯商在天津的分行海瑞洋行撤销回国,将仁立公司委托为驻津代理人,替他们订购地毯运往美国。由此,仁立公司直接拥有国外的客商关系,比如纽约和费城的万纳麦克百货公司(John Wanamaker,New York City & Philadelphia)、纽约的福利兹公司(Frizz & La Due Co. N. Y. C.)和芝加哥的马绍菲公司(Marshall Filed & Co., Chicago)等,打破了历来由外商垄断地毯的外销局面。

第二,发展呢绒工业。

辛亥革命以来,中国的社会风尚发生了明显变化。城市里穿制服、西装的人士逐渐增多,毛纺织品市场需求增大,而中国的毛纺织业自1880年第一个毛纺织厂——甘肃织呢局——投产以来,直到20世纪20年代并没有得到很好的发展。外国的毛纺织品一直占据中国市场,全国经济委员会编的《毛织工业报告书》对当时各国在中国毛纺织品市场中的地位变迁情况进行了描述:"中国市场上之毛纺织品,向以英货为巨擘,1928年以前,英国输华之毛纺织品,平均占总输入之三分之一以上,数十年来未有能与之抗衡者,直至1929年以后以迄1933年,日本毛纺业兴起,输华货品

---

① 周桂兰:《毛纺名家朱继圣》,中国人民政治协商会议天津市委员会文史资料委员会编:《近代天津十大实业家》,天津人民出版社1999年版,第166页。

日渐增多,同时本国毛纺织业因得税率之保障,以及金贵银贱之利益,亦极盛一时,故当时毛纺织市场,乃成鼎足之势,演及最近,日本挟其新式之机器,廉价之工资,且于商业上用尽手腕,致产品销华一日千里,其出品售价之低廉已使久执中国毛纺织市场之牛耳英货望风披靡,今后倘无其他变故,则独霸中国毛纺织市场者,当舍日货莫属。"①但外国资本发展毛纺织业所获得的巨大利润,也刺激了中国民族资本的发展。到20世纪二三十年代,国人对于适合纺织的国产羊毛品种以及国内市场的特征有所认识,国内开始具备了发展毛纺织业的条件。在这种情况下,仁立公司经过多次调查商情,于1932年决定利用已有的机器设备,并扩充一些织呢机器,生产呢绒。

如上所述,当时市场上行销的呢绒产品,多是从英国、意大利和日本等国进口而来。为了尽快打开市场,仁立公司从价廉易销的品种入手,先生产制服呢、花呢、大衣呢等粗纺呢绒。不过,由于粗纺呢绒的原料主要是国产羊毛,掺杂外国羊毛,多供军用,不太适于裁制中装。相比之下,精纺呢绒质地细柔光滑,适宜裁制中装及西服。因此,仁立公司必须涉足精纺呢绒,在1936年增添了德国造精纺锭2000枚,织机52台,并补充染整设备,生产哔叽、直贡呢、华达呢、薄花呢等精纺呢绒。不过,仁立公司并未放弃粗纺呢绒,事实上在抗战期间也发挥了作用。太平洋战争爆发之后,海运断绝,"外国羊毛原料及毛条毛线来源断绝,毛纺织业不得不采用国产湖州、山东及天津等地羊毛,纺制毛纺织物。于是海力司、女色呢等粗毛织品逐渐为国人所采用。……在此时期中,因舶来呢绒中断,粗纺毛织物得旺销于市"②。仁立公司应时之需,大量生产各种粗纺呢绒,有效地缓解了公司的困境。

第三,仁立公司发展出一套灵活的营销方式。

其一,同业联营。

① 全国经济委员会编:《毛织工业报告书》1935年版,第130页。
② 陈真等编:《中国近代工业史资料》第四辑,生活·读书·新知三联书店1961年版,第347—348页。

同业联营是近代资本主义企业的一种共生之道,是同业内部企业组织结构调整中的一种形式。①仁立毛呢纺织厂建立后,生产制服呢等价廉易销的品种。制服呢在上海被称为军呢,销售对象是机关、铁路、邮政和学校等。上海的章华毛绒纺织公司和无锡的协新毛纺织厂也生产此种军呢,而且章华公司的产品大量行销于江南。为了加强竞争力,仁立公司试产成功后,除了在报纸上进行宣传,同时朱继圣还写信给他所结识的"成志会"会员,希望他们发动自己单位的工作人员购买使用。此外,仁立公司还委托上海大纶呢绒庄以低价推销,由此威胁到了章华公司的利益。章华公司的董事长刘鸿生与周诒春是上海圣约翰大学的同学,而且都是"成志会"会员,刘鸿生向周诒春提出,"与其竞争而两败俱伤,莫若联营而分利"②。仁立公司毛纺织厂的实力当时弱于章华公司,实行同业联营可以避免不正当竞争带来的损失,于是答应此要求。朱继圣与章华公司经理在天津、上海多次磋商,决定成立军呢联合营业所,1936年7月签订契约,主要内容为:营业比率,章华占63%,仁立占37%;两公司各推代表一人,负组织及监督之责。另设正、副主任各一人,由两公司委任管理该所业务;经费及一切收入款项、支出、运费并呆账损失等,均按照比率分配;各提保证金一万元作为违约保证,由联合营业所保管,存入指定银行生息;契约有效期间定为一年。③联合营业所总所设在上海,由章华公司经理华尔康任主任,仁立公司的刘缉堂担任副主任;分所设在天津,由仁立公司的毛从周担任主任。另外,在南京和汉口也设分所。由此,两个公司生产的军呢实现了分产合销。

　　不过,同业联营并不是企业之间的合并,它只是企业之间的松散组织,当联营体的合作伙伴同时或有一方不再获利时,便失去存在的必要。

　　① 宋美云:《试论近代天津企业规模化发展路径》,《历史档案》2004年第4期。
　　② 刘缉堂、吴洪:《朱继圣与仁立实业公司》,中国人民政治协商会议天津市委员会文史资料研究委员会编:《天津文史资料选辑》第二十九辑,第71页。
　　③ 上海社会科学院经济研究所编:《刘鸿生企业史料》中册,上海人民出版社1981年版,第69页。

仁立和章华的联营,也存在着明争暗斗。1937年,京沪铁路局招标承制全体员工的制服和官员的大衣。仁立公司和章华公司均设法拉拢,章华公司探听到铁路局经费不足,可能只做制服不做大衣,仁立公司对此则一无所知。后来两家达成协议,由章华公司得标做制服,仁立公司得标做大衣。结果显而易见,仁立公司在这场竞争中处于下风。到1938年7月,因章华公司暂行停工不出新货,且其在联合营业所内的存货仅有2.5万余码,而仁立公司尚有8万码,于是两公司重新商议协议,仁立公司提出不再按照三七与六一的比例进行营业,而是以双方存货的多寡为比例进行。但协商无果,两家各卖其货,同业联营至此结束。

其二,设立分公司、经销处进行销售。

地毯、呢绒的消费对象大多为社会中上层人士及政府机关等,普通民众基本无力消费,所以公司多在大城市、商埠设立经销处、分公司。

上海是中国最大的毛纺织品市场集中地。"上海非但为输入品之宗入口,即国产毛纺织品亦泰半荟萃于此"①。仁立公司为了打开上海市场,1932年12月与上海代销仁立公司地毯的一家公司订立合同,包含发交地毯数量、押款数目、销货限期等,使该公司成为仁立公司正式代理人。1934年5月,仁立公司又与上海大纶呢绒号订立代销军服呢的合同。1935年7月,进一步在上海设立仁立分公司。1936年5月,与上海华孚泰商工厂订立推销花呢合同。

仁立公司也在其他地方建立代销处,与呢绒商人建立包销关系。1933年6月,与青岛国货公司及烟台一公司订立代销地毯合同。12月,与汕头震东公司订立推销呢绒合同。1936年8月,与南京同丰号协定寄售办法,由上海同丰总号担保每月结账一次。此外还与汉口的福兴漂染公司、济南的中国国货公司、南京的南京国货公司等建立关系。

公司还委托国外商人销货,与其确立包销关系。1927年下半年,委托美商代售1.4万余尺地毯,获利达1.2万美元之多。已售之货中除第一批

① 全国经济委员会编:《毛织工业报告书》,第127页。

因货物不合时宜略有亏损外,第二、第三批均有赢利。1936年6月,又与英国伦敦一公司订立推销条件。

其三,广告宣传。

广告宣传,是现代企业推销产品的重要手段。仁立公司专门设有广告部,利用现代媒体如《大公报》等报刊,对产品的特点、性能、质量、品种、价格、售卖场所等大作宣传。比如毛毯的广告:"凡上等毛织床毯莫不具备美观、柔软、轻暖、耐用数点,使用毛毯既不似棉被之笨重,洗涤又极便利,卫生经济远非棉被可比,轻暖美观极合居家旅行之用。本厂天马牌毛织床毯为完全国货,具备上述各优点,每条售价自数元至十数元不等,货色毫不逊于舶来品而价格则较低数倍之多,各界爱国诸君请尝试之。"①在使读者对制服呢的一般特征有所了解的同时,又抓住了国人的爱国心理。

仁立公司的广告宣传策略有两个特点。一是强调产品的民族性,比如"中国人的资本、中国技师与职员、中国产羊毛"②,上述《大公报》上的毛毯广告正是民族意识的显示。事实证明,这是中国民族企业与国外产品竞争特别有效的手段,在毛纺织品企业也是如此。外货在中国的毛纺织市场上一直占有很大的比重,九一八事变后,国内掀起抵制日货运动,民族资本企业利用国人的爱国心理,使国货在外货充斥市场的情势下打开了市场。二是以公司取得的业绩吸引公众注意力,比如地毯的广告:"世界闻名之超特艺术出品,国人自办之最大地毯公司,国际大饭店所用之华丽地毯多为本公司织制者。"③此外,还通过展览会、陈列室等进行宣传,都提高了仁立公司产品的销售量。

第四,建立广泛的社会关系网络。

个人本身所带有的社会关系及通过参加社会活动摄取到的社会关系,是企业发展的重要的社会资本。在人际关系浓厚的中国,更是如此,不过现代公司结合了传统与现代社会关系的形式。前述仁立公司在资本

---

① 《天马牌仁立床毯》,《大公报》1934年11月25日第5版。

② 《仁立公司毛呢纺织厂》,《大公报》1934年10月9日第7版。

③ 《仁立地毯》,《大公报》1934年12月2日第2版。

运营和生产过程中,对此已有所涉及,这里再从公司董事会构成的角度,作一补充。

首先是董事长,前后两任董事长都与当时颇具实力的孙氏家族有着密切的关系,使公司有了一个强有力的依托。孙氏家族是清末民初新兴资产阶级的一个家族财团。19世纪中期跻身官场的孙家鼐为其子孙的飞黄腾达开辟了道路。1899年,其孙辈孙多鑫、孙多森在上海建立阜丰面粉厂,二人先后辅佐袁世凯、周学熙兴建北洋实业。1915年,孙多鑫、孙多钰以通惠实业公司为基础,在天津成立了中孚银行,作为资金周转调度的机构。除了通惠实业公司、阜丰面粉厂、中孚银行,孙氏家族还拥有河南新乡同丰面粉厂、烟台通益精盐公司等企业。仁立公司第一任董事长周诒春,在辞去清华学校校长后,被孙多钰邀请任北京中孚银行经理,他与孙多钰都是美国"成志会"会员。1919年,周脱离中孚银行而入仁立公司任董事长,一直到1935年担任南京国民政府实业部政务次长,才将董事长一职让与孙多钰的侄孙锡三。孙锡三比朱继圣略迟几年毕业于美国威斯康星大学,曾任中孚银行副经理。孙氏家族的强大后盾,尤其是中孚银行对仁立公司的有力支持,使外界一度传言仁立公司为中孚银行的企业,这虽不属实但可见两者关系之紧密。

再来看公司其他董事会成员的身份,以1946年仁立公司的董监事为例,除了公司总经理朱继圣、北平仁立公司经理凌其峻为董事以外,其他董事如袁涤庵为前北票煤矿总经理,包培之为天津中孚银行经理,何廉为前国民政府经济部次长,金仲廉为前麦加利银行华账房,顾佐忱为前北平财商学校教务长,周华康(周诒春之子)为北平中央医院医师;监察人潘禹言为北平中孚银行经理,顾忠弼为煤商,夏廷献为前北平英文日报经理。他们都通过各自的社会关系为公司解决了不少困难。譬如,在董事金仲廉的介绍下,1935年10月北平分公司揽到了平绥铁路局的订货。在潘禹言、孙锡三的帮助下,1934年开出1.5万元支票清偿了仁立公司向中国银行的贷款,避免了被中国银行拉走抵押地毯的危机。潘禹言的儿子潘廉志在日本高专学习纺织工程,日语运用纯熟,回国后接受仁立公司的聘请担任襄理职务,主要负责与驻津日本军部周旋,从中探听日军的企图,并协助公司计议对付日军的措施。①

不仅如此,仁立公司还延请孔祥熙、何廉、蒋廷黻、王宠惠、董显光、范旭东、余日章等经济、政治和社会名流入股,既提高了公司的知名度,又能为公司的发展寻找靠山。

总之,仁立公司通过个人本身所附带的社会关系及由社会活动而获得的社会关系,形成了广泛的社会关系网络,从而为公司聚集了雄厚的社会资本。

综上所述,在民国时期,仁立公司由一家自营并代客买卖地毯和手工艺品的商号,迅速发展成为具有粗纺、精纺、织呢、染整能力的全能厂,在华北乃至全国的毛纺织行业都具有较高的地位和影响。而后虽然经历了抗日战争、国共决战时期的动荡时期,但仍能在艰难中挣扎和生存。仁立公司在与国内外同行激烈的竞争中,之所以有如上成绩,虽然原因很多,但现代因素的成长如公司管理制度、资本筹集和运营方式、生产与营销的多样化策略,以及由此反映的企业家精神,是最值得注意的。仁立公司的发展历程及其现代性呈现,为中国近代民族企业发展史提供了一个成功案例。

---

① 朱继圣、凌其峻:《四十年来的仁立公司》,中国人民政治协商会议全国委员会文史和学习委员会编:《文史资料选辑》合订本 第十三册,中国文史出版社2011年版,第30—31页。

# 第二章　济安自来水公司的生产和销售

公用事业是现代城市发展的重要标志,自来水和电力、煤炭、交通一样都是公用事业的主要组成部分。近代以来,包括天津在内的大城市的公用事业都有了较大程度的发展。在天津自来水建设中,规模最大的自来水公司是济安自来水公司。该公司始建于清末,此后历经北京政府时期、南京国民政府时期和日伪占领时期,日本投降后由国民政府收回。随着时局动荡,民族资本、外国资本和不同政权之间的复杂关系贯穿济安自来水公司的始终,曲折地反映了清末民国时期天津公用事业的发展历程。这里主要对沦陷期间济安自来水公司的经营状况做一阐述。

## 一、济安自来水公司的成立及发展

天津第一家自来水公司始建于1898年,由英国仁记洋行发起,隆茂、新泰兴等洋行参与投资,在英租界设立。济安自来水公司是天津第二家自来水公司,创办于八国联军天津"都统衙门"时期。1901年3月,中国商人芮玉堃、马玉清和陈济易等3人联名,筹资25万两白银,以德商瑞记洋行和都统衙门总文案美国人田夏礼为担保,向天津都统衙门和清政府提出申请,成立济安自来水公司,为老城区供水。该公司以英商名义向香港英国政府注册立案,其性质为中外合办企业。1903年3月,济安自来水公司第一家水厂设于南运河南岸的芥园。除了为老城区供水,还与俄、奥、意三国租界签订合约,取得了这3个租界的供水权。济安自来水公司的供水能力不断提高,1921年设立西河泵站,以西河水源为第二水源。1929年,公司每天产水数量,夏季为400万加仑,冬季为300万加仑。1936年,增至600万加仑,水管道总长达到144公里,包含水铺在内的用水户共3500余户。[1]1935年副总工程师刘荈祺主持设计修建了华北第一座新式快滤池,加快了原水净化速度。伴随着水厂的扩容改造,经过数次增加资本,外商股份比例逐渐增高,公司控制权逐步落入外籍董事之手。1936年底,国民政府颁布《公司法》,要求中外合资公司必须在政府注册,持股人和董事会成员必须有中国人,且占比超过51%,主要职位由中国人担任。1937年1月,济安自来水公司进行改组,同年6月完成控股权变更,摘掉"英商"的帽子,后又收购经营惨淡的官营特别一区水厂,垄断了英租界以外的供水市场。[2]

1937年7月7日,七七事变爆发,日本开始全面侵华。7月30日,日军占领天津。8月1日,伪天津市治安维持会宣告成立。12月17日,伪天津市地方治安维持会改组为伪天津特别市公署。1943年11月,伪天津特别市公署改称为伪天津特别市政府。1938年,伪市公署开始着手梳理济安自来水公司档案并对公司进行监管,基本延续了沦陷前天津市政府对济安自来水公司的管理方法,承认1937年初签订的特许登记办法,包括公司提供马路用水、向政府缴纳年捐等规定。1938年7月,济安自来水公司向已经迁往汉口办公的国民政府经济部报批增加100万元资本,总资本额增至850万元。随后受战时局势影响,经济萧条物价飞涨,1941年底济安自来水公司的实际资产估价大约到达2800万~4250万元。[3]日、德、意三国也占有股份,尤其是日本籍股东4位,掌握股份423股,但占比不足总股份

① 刘荈祺:《天津的饮料——自来水》,王华棠主编:《天津——一个城市的崛起》,天津人民出版社1990年版,第192页。

② 刘海岩:《20世纪前期天津水供给与城市生活的变迁》,《近代史研究》2008年第1期;李绍泌、倪晋均:《天津自来水事业简史》,中国人民政治协商会议天津市委员会文史资料研究委员会编:《天津文史资料选辑》第二十一辑,天津人民出版社1982年版,第36~46页。

③ 济安自来水公司:《天津自来水事业亟待解决之两大问题说帖》(1941年10月),天津市档案馆藏,J0083-1-000913。

的 3‰。①

济安自来水公司的业务仍有一定的发展。1937—1942 年售水量从约 15 亿加仑增至 30 亿加仑,进一步巩固了天津市自来水供给的垄断地位。1942—1945 年,售水量基本保持稳定状态。②营业收入也持续增加,但利润却持续下降,1944 年开始为负值(见表 2-1):

表 2-1　济安自来水公司收支利润表(统一购买力)

单位:元

| 年份 | 全年收入 | 全年支出 | 批发物价年指数 | 全年收入(统一购买力) | 全年支出(统一购买力) | 年利润 |
|---|---|---|---|---|---|---|
| 1937 | 1011217.6 | 384758.5 | 1.1 | 921382.8 | 350577.2 | 570805.6 |
| 1938 | 1275612.0 | 518710.7 | 1.4 | 898128.6 | 365212.1 | 532916.5 |
| 1939 | 1499349.6 | 687928.6 | 2.1 | 708108.8 | 324893.1 | 383215.7 |
| 1940 | 1707566.9 | 937254.5 | 3.7 | 457326.8 | 251018.9 | 206307.9 |
| 1941 | 2038187.0 | 1546429.8 | 4.2 | 484705.6 | 367759.8 | 116945.8 |
| 1942 | 2644110.2 | 1946974.7 | 5.6 | 472466.3 | 347897.7 | 124568.6 |
| 1943 | 3084217.12 | 2652973.1 | 18.1 | 170284.0 | 146474.4 | 23809.6 |
| 1944 | 5679893.7 | 8382038.1 | 90.5 | 62735.0 | 92580.4 | −29845.5 |
| 1945 | 64609090.3 | 102074264.8 | 1048.7 | 61609.4 | 97335.1 | −37465174.5 |

资料来源:天津市政府编:《天津市政统计及市况辑要》,1946 年印,第 52 页;天津市物价局:《天津物价志》,1994 年印,第 15 页。

表注:该指数使用简单平均几何计算,以 1936 年 7 月—1937 年 6 月的物价为 1。

抗战胜利后,济安自来水公司的营业开始还比较正常,但随着政局愈加动荡,物价不断上涨,公司处于挣扎之中。1949 年 1 月天津解放后,济安自来水公司与天津市自来水厂于 1950 年 3 月合并,改组为天津市自来水公司,由政府管理。

① 济安自来水公司:《德意日本国之股东》(1945 年 9 月 15 日),天津市档案馆藏,J0084-1-000549。

② 天津市公用局:《本市自来水厂起水量及供水量》(1946 年),天津市档案馆藏,J0084-1-000595。

## 二、自来水的生产过程

济安自来水公司的生产过程,主要包括生产工艺及设备、扩建资金的筹建和运用两个方面。

首先,生产工艺及设备。

济安自来水公司的水源分为河水和深井水,天津沦陷期间水源并无变化。特别一区水厂的井水经过深井泵从150米以上的地下抽取,经过截沙罐简单过滤直接输入供水干管。西河水厂无整套净水设备,抽取河水简单沉淀后,运输至芥园水厂进行加工。芥园水厂既抽取南运河的河水,也承担着整个公司所有的河水净化处理任务。为了维持南运河的水源充足,日本军方曾以武力制止上游开闸放水。[①]

河水净化需两个步骤,一是消毒,二是过滤。消毒使用漂白粉,在水流经过的时候将药剂溶解在原水中,再送入过滤系统。济安自来水公司的过滤系统分为慢滤池系统和快滤池系统,慢滤池系统工艺较为传统,消毒过的原水先经过沉淀池,进行16个小时的沉淀,去除一部分颗粒较大的杂质,再进入慢滤池。慢滤池为水泥混凝土池,底部平铺1英尺半(编者注,1英尺为12英寸,约30.48厘米)厚的粗石,上面再铺1层约39英寸的细沙,水自上而下通过滤池,经集水管和量水堰口送入清水池。慢滤池的维护成本高昂,当顶部因泥沙淤积滤水不畅时,需要立即停止滤水,由人工铲除约1英寸厚的滤沙,用洗沙机进行冲洗。当细沙厚度仅剩18英寸时,需重新更换1次洗净的细沙滤层。沉淀池也需要定时清淤,既耗费人工又耽误净水,池工作效率低,生产成本较高。

快滤池的发明在很大程度上解决了慢滤池的不足。济安自来水公司的第一座快滤池于1935年修建,随后在沦陷时期又临时修建16座快滤池,共有17座快滤池投入使用。消毒过的河水在流入快滤池之前,先进入

---

① 刘荫祺:《天津的饮料——自来水》,王华棠主编:《天津——一个城市的崛起》,第195页。

混凝罐,混凝罐为铁皮罐,在入口处,人工向水流注入明矾,水流在直径50英尺的铁罐中旋转,经过四五个罐后,明矾在水中均匀溶解吸附杂质,体积较大的杂质在沉淀罐内即可沉淀,余下体积较小的杂质跟随水流进入快滤池。快滤池为钢筋混凝土池,底部平铺1层1.5英尺的粗石,上面覆盖27英寸厚的细沙。因明矾已经吸附水中的杂质,所以快速过滤即可获得净水。相同占地面积,快滤池的净水速度可达慢滤池的42倍。快滤池的清洗成本也远低于慢滤池,当泥沙堵塞滤水不畅时,只需从池底将清水加压倒灌,即可冲刷滤沙层表面的淤积物,不需要额外清理滤沙和洗沙。不过,快滤池大多修建于沦陷以后,受战时经济影响,公司财力有限,17座快滤池均为分期临时建造,在统一管理上有所不便。[①]

净水环节还需要大量机械设备的参与。抽水、沉淀过滤和运水的过程中,需要水泵提供动力。济安自来水公司有蒸汽机、电动机、柴油机、往复式水泵、深井水泵及离心式水泵等设备,还配有发电机、锅炉、启动电压补偿器、电动冷却吹风机等辅助取水。凝结和滤水环节配有排泥泵、洗砂机进行过滤。[②]为保护设备规范生产管理,在各水厂搭建进水房、泵室、井室等建筑,慢滤池建有水闸控制室。[③]

经过消毒过滤的清水汇集到蓄水池后,由高压水泵泵入干管,再由配水管网送至用户终端。因用户用水和水管的跑冒滴漏,水压随着管网与水厂间距离的增加而降低。配水管网有铸铁管和钢制管两种材质,尺寸由直径3英寸到33英寸不等。钢制管为直径15英寸以上的干管。[④]

公司还设有专门的化验部门,根据美国自来水标准进行水质检测。

---

① 刘莆祺:《天津的饮料——自来水》,王华棠主编:《天津——一个城市的崛起》,第195—197页。

② 刘莆祺:《天津的饮料——自来水》,王华棠主编:《天津——一个城市的崛起》,第197—198页。

③《济安自来水公司资产设备表》(1946年7月),"中研院"近代史研究所档案馆藏,18-23-01-74-16-001。

④《济安自来水公司资产设备表》(1946年7月),"中研院"近代史研究所档案馆藏,18-23-01-74-16-001。

化验室配有消毒器,使用千倍显微镜和比色计对水质进行基础性化验。①
此外,还委托华北卫生试验所和巴斯德试验室作为第三方机构进行更为
专业的水质检测,以保障用户的用水安全。

由上可见,济安自来水公司的机械化程度很高,使用了世界先进的净
水技术,是一家有科技含量的现代化供水企业。

其次,扩建资金的筹集和运用。

济安自来水公司遇到的最严峻的问题是扩建资金的缺乏。随着天津
市人口的增长和对自来水需求的增加,公司对输水网管道、生产设备进行
了多次改扩建。为解决特别一区水厂井水水质不佳的问题,从炮台庄水
塔沿墙子河穿过法租界、英租界铺设1条直径14英寸的管道,将水送至特
别一区水厂,以河水水源代替深井水。1937年至1940年,累次建设快滤
池,添置电泵并扩充配水管网。②到1940年底,财力不足的问题日益显露
出来。济安自来水公司以请求增加水价为名,向政府递交了一份扩建计
划,需要资金600万元,完成后每日可增加供水600万加仑(编者注,1加仑
为4.546立方米)。扩建项目包括:垫高西河水厂存水池,垫高后水靠重力
可自然由大水管流至芥园水厂,不需要电泵抽水;改装大水管,将西河水
厂至芥园水厂原有的直径22寸和24寸水管,改装为48寸水泥包钢大水
管,水管长度约6千尺;增设16座快滤池;改建市内输水管道,将西门大街
至东门大街海河边装设22寸和24寸水管;购买锅炉和蒸汽机水泵。计划
书还附带了扩充借款的偿还计划。公司计划以年息9厘的利率,分12年
等额本金来偿还600万元借款。③1941年10月,济安自来水公司又向伪市
公署递交了一份《天津自来水事业亟待解决之两大问题说帖》,"本公司急

①《济安自来水公司资产设备表》(1946年7月),"中研院"近代史研究所档案馆藏,18-23-
01-74-16-001。

②刘弗祺:《天津的饮料——自来水》,王华棠主编:《天津——一个城市的崛起》,第193页。

③公用处:《抄发关于济安自来水公司扩充水厂计划书及财政计划书给伪市公署的呈》
(1940年12月17日),天津市档案馆藏,J0001-3-004460-004;公用处:《关于济安自来水公司函呈
扩充水厂计划及补充说明等给伪市公署的呈》(1941年3月7日),天津市档案馆藏,J0001-3-
004460-013。

需工事,迫如星火,如不即刻举办,饮料必将匮竭"。申请需要立即完成的工程共8项,除此前计划中的部分项目外,又增添了几个新的内容:"1.芥园水厂修建一座200万加仑的沉淀池,用以沉淀原水中的泥沙;2.改装芥园水厂和西河水厂间的大水管,将直径24寸的水管更换为直径39寸的钢筋水泥水管;3.西河水厂建200万加仑储水池一座;4.芥园水厂增建临时快滤池,保证市区自来水的供应;5.芥园水厂增添一座200万加仑的凝结池,用以加明矾净化水质;6.兴建前两项的临时快滤池和凝结池,需要购买土地50亩;7.购买新水泵,保证生产;8.加强西门至鼓楼和鼓楼之河坝间的输水设备,保证水压,共计需要199.5万元。"①1942年3月,公司在向政府递交的扩建申请中,提出向银行借款,用以完成最为紧迫的工程。此时公司账面上只有60万元的存款,折旧准备金低于维持设备更新换代的比例,付给股东的股息也从1940年以前的8厘降为了6厘,公司财政已属捉襟见肘的局面,只有贷款能够解决燃眉之急。②同年6月,因河水泥沙量激增,快滤池临时堵塞需要维修,各地区的水压突然下降,需要购买电机,增建沉淀池、凝结池等。但资金问题仍是阻碍,济安自来水公司希望向银行贷款200万元以保证资金周转,早日完成扩建计划,增加水压。③7月,公司正式向中国银行、交通银行、上海商业储蓄银行、新华信托储蓄银行四家银行以贴现方式联合贷款200万元,期限1年,年息8厘,用以扩建水厂增加产量保证供水。贷款以公司全部财产作抵押,财产按8折作价,计2000余万元。④这笔贷款到1942年10月才得以发放。然而,200万元不过是杯水车薪。随着物价的上涨,借款处于更加不利地位。天津总物价指

① 公用处:《济安自来水公司拟具自来水事业亟待解决并收归官办诸问题》(1941年10月),天津市档案馆藏,J0083-1-000913。

② 公用处:《抄发水源地急需工事设施水价改订申请书及济安自来水公司收支比较表并蓝图等给伪市公署的呈》(1942年3月20日),天津市档案馆藏,J0001-3-004460-019。

③ 公用处:《关于函复济安自来水公司水压降低原因等事给伪市公署的呈》(1942年7月3日),天津市档案馆藏,J0001-3-004460-023。

④ 中国银行天津分行:《津中行与济安自来水公司放款业务的来往文书》(1942年7月),天津市档案馆藏,J0161-3-001281 。

数，1942 年 6 月为 581.92，到 10 月增至 633.59，仅仅 4 个月就上涨 8.88%，1943 年 5 月更飙升至 922.95。[①]本为解燃眉之急的 200 万元贷款，此时已经完全不能支持新一轮扩建。1943 年 7 月，公司再次通过抵押票据贴现的方式，向中国联合准备银行天津分行申请 640 万元贷款。[②]贷款为濒临停产的济安自来水公司迎来了短暂的转机。然而好景不长，资金缺乏引发的经营问题，很快影响了供水质量。

1945 年夏，时值用水旺季，河东和大直沽一带出现水压降低，供水不足，济安自来水公司须在各区适当区域安装加压泵，并扩充水厂的净水送水设施，加大市内配水干管容量，在重要地点增设贮水池。然而，由于资金和材料皆有困难，要完成这些巨大工程是不可能的。当务之急只能是"设法避免大直沽配水管网的末梢水压过低，拟于四纬路或六纬路的输水干管上建设简易房屋，由济安自来水公司直营售水。这两个地点距离大直沽中区不过五六百米，如果用水车输送用水，就可以保障供水"[③]。但随着抗日战争很快结束，济安自来水公司这一解决办法是否得以有效施行，不得而知。

## 三、自来水公司的销售

自来水公司的运营，在生产自来水之后，最重要的业务是销售，供应市民消费。它主要涉及销售管理制度、与水铺的互动关系和销售价格。

作为一家经营管理较为成熟的企业，济安自来水公司制定有一套详尽的供水管理办法，包括《天津济安自来水公司给水管理规章》（以下简称《给水管理规章》）和《天津济安自来水公司对于发现用户偷水行为、偷水

---

① 《上海物价月报》1942 年第 2 卷第 11 期；《上海物价月报》1943 年第 3 卷第 11—12 期。

② 中国银行天津分行：《津中行与济安自来水公司放款业务的来往文书》（1942 年 7 月），天津市档案馆藏，J0161-3-001281。

③ 济安自来水公司：《为大直沽水源不畅事致天津特别市政府的函》（1945 年 7 月 30 日），天津市档案馆藏，J0025-3-001899-006。

嫌疑以及私接分管、私自售水等情形处理之规定》。①

根据《给水管理规章》的规定，申请水管入户的用户，要先填写安装申请书，并与公司签订合同，公司派专人进行调查后确定具体费用。由干管至水表部门的水管由公司负责，水表至龙头之间的水管由用户自费安装。水表仅为用户租用，根据尺寸每月缴纳租金。为保护水表，用户要在大门附近修建1座水表井，还要负责维持井内的整洁，冬天填充稻草用以防冻。因水管冻裂造成的自来水跑冒滴漏，不在公司的赔偿范围内。安装水表之前，用户需要付押金，普通用户20元，水铺和澡堂70元，其他工厂及大宗用户押金额度依据用水情况而定。每月用水量超过押金额度时押金须上调，以上一年用水最多月份的用水量作为押金参照。水价分为普通用户、商业用户和轮船用户3类。普通用户和商业用户的水价较为接近，分别为每千加仑7角至1元和每千加仑6角至1元，先用水后结算费用。轮船用户水价较低，为每千加仑4~6角，需用现金购买。

对于用户偷水、私接分管和私自售水等情况，济安自来水公司也制定了相应的处理办法。惩罚措施主要有罚款、停水、加价3种手段。譬如，对确定有偷水行为者，有4种处罚方法：一是追征金及赔偿费，二是增收水表及水费保证金，三是临时停水，四是永久停水。②

自来水公司与水铺的关系比较复杂。

天津城区居民生活用水的水源，传统上来自海河及其各支流。在自来水出现之前，天津就已经出现比较规范的水铺（水夫供水组织）。水夫负责提取河水或井水并负责其运送，水铺则负责售水。水铺数量众多，以售卖生水为主。夏季海河及其支流泥沙量大，水铺只是对河水进行简单过滤并使用明矾净化。自来水入户管道铺设成本高昂，并不适宜普通用

① 济安自来水公司：《天津济安自来水公司给水管理规章》(1938年9月)，天津市档案馆藏，J0083-1-000443；济安自来水公司：《组织规程同人退休章程及水厂警备事项等》(1945年9月)，天津市档案馆藏，J0233-1-000144。

② 济安自来水公司：《组织规程同人退休章程及水厂警备事项等》(1945年9月)，天津市档案馆藏，J0233-1-000144。

户。济安自来水公司成立后,充分借鉴传统水铺的行业形态,设立"井口"。井口位于街区中,是水网的末端,由公司派专人管理。市民提前向公司购买水票,凭借水票去井口水管接取自来水。[1]

随着自来水在天津城区的普及,其洁净的水质和低廉的价格迅即冲击了传统河水水铺的市场,但水铺并未从此消亡。一方面自来水事业的发展需要大量资金投入,用以扩建厂房、购买设备、铺设管线,由此给了水铺喘息的空间;另一方面自来水公司采取"包井口"的方式进行售卖,以自来水为水源的新型水铺就此产生。新型水铺主营两种业务,一是零售自来水生水赚取差价,二是售卖开水热水供附近居民饮用和洗漱。水夫也由挑取河水、井水,改为为主顾挑取井口的自来水。自来水行业与传统时代的水铺水夫紧密结合,在自来水的普及和推广中起到了重要作用。[2]随着供水行业的成熟,水铺和水夫也开始联合起来,1927年,成立天津市水业工会,统领全市水铺,1931年,该会改称天津市水业职业工会。

沦陷时期,伪政府和济安自来水公司都有意进一步加强对水铺的管控。1938年秋的一个安装水管的申请案例,可见一斑。1938年9月,狮子林永兴轩水铺的店主宋发星向伪市公署申请安装济安自来水公司的水管。该水铺设于1929年,一直是雇水夫用水车拉取河水出售,但因成本不断增加,想改为出售济安自来水公司的自来水。但伪市公署公用处经过调查,发现在此附近已经有两家水铺,且永兴轩和这两家水铺的距离不足200英尺,没必要再安装一处水管。宋发星随后反映,附近的两家水铺都由白姓店主经营,与济安自来水公司的华姓账房互相勾结。本来济安自来水公司规定,水铺水价每百担6角,对外零售每担价格5小枚,但永兴轩从白姓水铺购买自来水价格却是每担6大枚。而且,他不认可伪市公署给出的距离测定,认为已经超过500英尺。后经伪市公署专门派人测量,实际距离为340英尺,仍不符合标准,并找出1938年1月1日济安自来水公

① 李绍泌、倪晋均:《天津自来水事业简史》,中国人民政治协商会议天津市委员会文史资料研究委员会编:《天津文史资料选辑》第二十一辑,天津人民出版社1982年版,第37页。

② 曹牧:《近代天津工业化供水与水夫水铺转型》,《历史教学》(下半月刊)2015年第9期。

司发布的公告,公告指出在旧有的大水管上将不再增添新水铺,于是驳回了宋发星安装济安自来水公司自来水管的请求。[1]宋发星的水铺后来承受怎样的命运,我们不得而知,但这一申请案例反映出1938年前后伪政府、济安自来水公司和水铺三者之间的关系。第一,水铺接入自来水公司的水管,要向伪市公署有关部门申报登记,井口的设立不完全由济安自来水公司决定。第二,济安自来水公司与井口水铺之间用合同约定了零售价格。第三,井口之间的距离有规定,一定程度上避免了水铺之间的商业竞争。经营井口的水铺越来越接近于济安自来水公司的下属部门,和公司一同受当局的管控。此案例中白姓水商与华姓账房勾结一事无法判定是否属实,但可以推断在公司对水铺经营有很大监管权的前提下,内部人员与水商串通是极有可能的。

济安自来水公司与水铺之间的关系,从相互合作互利共赢,转向公司力图控制和吞并水铺。1939年底,济安自来水公司在与伪政府沟通涨价事宜的信函中提道:"水铺偷水及私人洋井售水妨害本公司注册专利之情事,则较前有增无减。"[2]同时,水铺作为零售商,燃料成本和人力成本较大,加价甚高,对居民日常生活的影响也日益严峻。水铺售水以"挑"为单位计算,每千加仑约合143挑,1941年售价最低者为每挑4分,售价高者每挑7分,以每挑5分占大多数,如以每挑5分计算水铺售价,每千加仑可达7.15元,而此时济安自来水公司对水铺的售价为每千加仑7角。因此,济安自来水公司认为要减轻居民水价负担,当务之急是应该取消水铺,所有用户所需之水由公司直接供给。但直接供水需要管道铺设,对资金和建筑的要求都很高,济安自来水公司又提出了加强水铺管理的建议:政府会同公司对现存水铺加以甄别审查,将591户水铺缩减为400户;限制水铺水价,自取用水水价每挑不得超过2分,最高售价不得超过每挑3分;水铺

---

① 宋发星:《宋发星呈为请饬济安自来水公司准予按设水管》(1938年9月),天津市档案馆藏,J0001-3-000972。

② 公用处:《关于与济安自来水公司特一区自来水厂情形给伪市公署的呈》(1939年12月7日),天津市档案馆藏,J0001-3-003310。

每年都由政府会同公司审查登记1次,每次登记数目酌减,审查不通过的停业水铺由公司直接经营。①

济安自来水公司联合日伪政府当局,通过水价的管控,一步步缩减水铺经营的自主权,也将供水事业逐步统一化。

在价格管理方面,济安自来水公司自成立之初,定价就受到政府的监督。1937年初在南京国民政府重新注册时,就有明确规定:"水价按照现行市价每千加仑七角至一元,后非经政府核准不得加高。"②但与此同时,济安自来水公司与天津市政府签订的合约,规定水价为每千加仑7角。③这一合约的矛盾之处,为当年的一次调价风波埋下了伏笔。济安自来水公司收购特别一区水厂,此前特别一区水厂水价为每千加仑1元,所以在与市政府的合约中,原属特别一区水厂供水范围的区域,依然施行每千加仑1元的水价标准。④不仅如此,济安自来水公司还试图将每千加仑1元的价格标准由特别一区和特别二区开始逐渐推广至全部供水区域。涨价办法一经公布,就遭到用户和商户的反对,随即引起政府的关注。市政府召集会议希望调解矛盾,公司代表认为,注册时与中央政府的合同规定水价为每千加仑7角至1元,此次涨价完全合法。但商会方面认为,既然济安自来水公司已经收购特别一区水厂,且此前与天津市政府的合约规定水价为每千加仑7角,就应当将特别一区水价降为每千加仑7角,才符合规定。但此次约谈收效甚微,很快几个特别行政区就有用户向商会反映,济安自来水公司派人与用户签订新的用水合同,继续施行每千加仑1元的

① 济安自来水公司:《天津自来水事业亟待解决之两大问题说帖》(1941年10月),天津市档案馆藏,J0083-1-000913。

②《天津济安自来水股份有限公司特许登记办法》(1937年1月),天津市档案馆藏,J0084-1-000549。

③ 市商会:《关于天津济安自来水公司增加水价应予制止的函》(1937年8月25日),天津市档案馆藏,J0001-3-000687-001。

④《天津市政府与中国天津济安自来水有限公司订约》,天津市档案馆藏,J0001-3-002280-012。

价格方案。①

　　1937年8月17日,天津市商会召开联席会议,决议呈请伪天津市治安维持会出面交涉维持原价。②9月3日,特别二区用户代表王瑞轩向特别二区公署递交申请,呈请伪天津市治安维持会出面制止济安涨价,申请书由19家用户签章。③然而,用户和商会都没有得到伪天津市治安维持会的书面回应,水价仍按照每千加仑1元收取。10月15日,商会再次呈函伪天津市治安维持会,希望其出面制止加价。④4天过后,伪天津市治安维持会回复商会,指出并非当局沟通不力,而是济安自来水公司一再拒绝,所以才没有及时给答复。现在立即下令要求济安自来水供水全域的水价降回每千加仑7角,并表露"现以本市经此次事变,百业萧条,为体恤商民起见"的良苦用心。⑤然而,加价风波并没有就此结束。1938年2月,特别三区用水户兴泰洋行等通过商会向伪市公署反映,济安自来水公司未遵照上年10月的训令恢复水价,反而继续按照每千加仑1元的水价进行收费,威胁用户"如不付款即行撤表"⑥。3月19日,伪市公署通告济安自来水公司和市商会,仍按每千加仑7角的原价实施收费,认为"伪市面金融异常稳定,实无涨价必要"⑦。《庸报》也报道了此次

　　① 市商会:《关于天津济安自来水公司增加水价应予制止的函》(1937年8月25日),天津市档案馆藏,J0001-3-000687-001。

　　② 市商会:《关于天津济安自来水公司增加水价应予制止的函》(1937年8月25日),天津市档案馆藏,J0001-3-000687-001。

　　③ 特别二区自来水用户:《关于制止济安自来水公司按加价收款的报告》(1937年9月3日),天津市档案馆藏,J0001-3-000687-006。

　　④ 市商会:《关于天津济安自来水公司增加水价请交涉制止的函》(1937年10月15日),天津市档案馆藏,J0001-3-000687-003。

　　⑤ 津市治安维持会:《关于制止济安自来水公司增加水价规定水价仍按七角缴纳的公函》(1937年10月19日),天津市档案馆藏,J0001-3-000687-004。

　　⑥ 市商会:《关于与泰洋行函送制止济安自来水增加水收费单据的报告》(1938年2月28日),天津市档案馆藏,J0001-3-000687-011。

　　⑦ 伪市公署:《为通告该公司自来水价每千加仑仍按七角收费的指令》(1938年3月19日),天津市档案馆藏,J0001-3-000687-012。

暂缓加价的交涉结果。[①]自此,济安自来水公司的涨价计划在用户、商会和政府的夹击中宣告失败。

如果说1937年的加价风波是济安自来水公司为了获取更多的收益,那么1940年前后的涨价申请就是实际所需。受战争封锁的影响,1939—1940年的物价大幅上涨。[②]济安自来水公司认为,涨价要求完全合理而且必要,在申请时并没有使用"涨价""提价"等字眼,而是将其描述为"划一水价"。但1939年11月和1940年2月济安自来水公司连续向伪市公署提出申请,均未得到答复,1940年7月,再次呈请伪市公署。在这次申请调整之时,法租界、意租界和特别一区的水价已分别于1940年6月1日和7月1日调整至每千加仑1元。济安自来水公司拟定将供水全域的水价涨至每千加仑1元。公司深知,伪市政府的驳回理由一定是关于自来水的公用性,涨价不利于民生和社会稳定。所以这份申请材料特别指出,同为天津市公用事业,华北交通公司的公共汽车票价增长1倍,英工部局供电费上涨50%。又对比了北京、南京、上海、镇江、青岛、汕头、大连的自来水价格,其中北京最低,为每千加仑1元,青岛、大连分别为每千加仑1.25元和1.37元,南京和镇江均为每千加仑1.5元,上海每千加仑2.1元,汕头水价最高,每千加仑高达3元。申请材料特别强调了3年来物价的变化,列举了公司生产和输水中需要大量使用的物品价格,1英寸水管由每英尺0.29元增至2.5元,半英寸水表由每只25元增至91.33元,漂白粉由每磅0.07元增至0.95元,燃油由每吨98元增至670元,而工人每日的工资由0.4元增至1元。以此力图证明,增加水价实在是维持公司运营的必要举措。[③]应该说,此次涨价申请理由比上次充分,但同样没有得到伪市公署的批准。同年10月12日,济安自来水公司再次向市公用局询问对加价申

---

① 《辅治会函请济安自来水公司暂缓增加水价》,《庸报》1938年4月25日第3版。

② 天津市物价局编:《天津物价志》,天津社会科学院出版社1997年版,第15页。

③ 伪市公署公用处:《关于济安自来水公司偿付承买本市特一区水厂价款问题致温市长的呈》(1940年7月15日),天津市档案馆藏,J0001-3-004469-001。

请的意见,并重申人口增加扩充建设迫在眉睫。[①]伪市公署要求济安自来水公司提交历年营业状况报告、详尽的扩充计划报告以及预计的划一水价后增收情况。[②]在济安自来水公司1940年12月17日递交的增收计算中,营业年净亏达20万元。如果供水全域划一水价为每千加仑1元,每年不过增收28万元,依然入不敷出。但如果将水价增至每千加仑1元2角,每年即可增收60万元,帮助公司挺过难关。[③]但伪市公署因水价关乎民生大事,以扩充计划不够详尽为由,继续驳回了济安自来水公司的涨价请求。[④]12月27日,公司再次申请调价至每千加仑1元2角,增加了一个新的理由:开滦矿务局和电灯公司的用煤用电价格自本月起再度上涨,这使得自来水的生产成本进一步提高。申请中还提到,英租界水厂已经将价格增至每千加仑1元2角5分,上海水价已经依照物价和公司开支情况一月一定,而济安自来水公司营业38年以来水价始终是每千加仑7角,实在难以维持运营。[⑤]即便公司一再强调经营困难,但伪市公署仍认为,济安自来水公司在天津供水事业中占比巨大,除了英租界和日租界,其他城区均由其负责直接供水。当时天津经济萧条,物价飞涨,水价增长对稳定社会秩序极为不利。1941年3月,济安自来水公司递交更为具体的扩充计划,继续申请加价至每千加仑1元2角。这次申请,指明加价是为了在市区铺设更为密集的输水管网,扩充计划完成后,设法降低用户的安装费,

① 公用处:《关于济安自来水公司函请划一全市水价一事给伪市公署的呈》(1940年10月12日),天津市档案馆藏,J0001-3-004460-001。

② 天津伪市公署:《关于具报办理济安自来水公司函请划一全市水价一事给公用处的指令》(1940年10月17日),天津市档案馆藏,J0001-3-004460-002。

③ 公用处:《抄发关于济安自来水公司扩充水厂计划书及财政计划书给伪市公署的呈》(1940年12月17日),天津市档案馆藏,J0001-3-004460-004。

④ 天津伪市公署:《关于函达济安自来水公司函请划一增加水价案给天津陆军特务机关的函》(1940年12月24日),天津市档案馆藏,J0001-3-004460-005。

⑤ 公用处:《关于济安自来水公司函请将目前水价加价一事给伪市公署的呈》(1940年12月28日),天津市档案馆藏,J0001-3-004460-006。

进而普及用水便利,所以此次涨价从长远来看是惠及民生的。①当伪市公署了解到股东红利已由上期8厘降至6厘后,考虑到夏季即将到来,用水量将大大增加,且自来水是防范疫情的关键,在参考了日本特务机关长官的意见后,于1941年6月敦促批准济安自来水公司的涨价请求和扩充计划。②不过,这次涨价申请还是没有得到最终的批准实施。

1942年3月,济安自来水公司再次向伪市公署要求加价,价格拟调整为每千加仑1元1角。此时极管区(原英租界)水价为每千加仑1元2角5分,北京水价为每千加仑1元3角6分。这次申请对比了1941年和1930年公司的各项支出情况。煤炭及燃油费,1930年支出190668.98元,1941年支出306138.35元;电力费,1930年支出75129.96元,1941年支出120402.07元;化学材料费,1930年支出106531.46元,1941年支出214509.08元。③单是这几项大宗耗材支出,12年间就已接近翻倍,但水价仅仅是取消了澡堂等大宗用户的每千加仑减1角的优惠,并无其他增长。这次申请很快得到批准,1942年4月15日起,济安自来水公司供水全域的水价,由每千加仑7角增至每千加仑1元1角。④经过近5年的交涉,济安自来水公司的涨价请求终于得到许可。

1943年9月,济安自来水公司再次以物价上涨、成本增加为由,申请增加水价。此次要求将水价提升至每千加仑1元8角5分。申请书后附加的《主要材料值额比较表》,记录了部分大宗耗材的价格变化。材料价格与上年相比,高六七倍,材料总价比上年增加112.9万元。1943年所需直接和间接成本达552.1万元,按照上年售水量计算,即便调整水价至每千

---

① 公用处:《关于济安自来水公司函呈扩充水厂计划及补充说明等给伪市公署的呈》(1941年3月7日),天津市档案馆藏,J0001-3-004460-013。

② 公用处:《关于济安自来水公司函请批准增加水价一事给伪市公署的呈》(1941年6月17日),天津市档案馆藏,J0001-3-004460-014。

③ 公用处:《抄发水源地急需工事设施水价改订申请书及济安自来水公司收支比较表并蓝图等给伪市公署的呈》(1942年3月20日),天津市档案馆藏,J0001-3-004460-019。

④ 济安自来水公司:《为水价改订的呈》(1942年5月2日),天津市档案馆藏,J0090-1-001583-011。

加仑1.85元,公司1年的盈利也只有111.47元。尽管名义上申请水价上涨至每千加仑1元8角5分,但实际上52.2%的用水价格在此之下,其中日军方面的水价为每千加仑6角5分,中日各机关及水铺的实际价格为每千加仑1元7角5分。平均下来,价格为每千加仑1元6角2分9厘。[①]几经交涉,济安自来水公司的涨价申请在1943年11月17日,由"华北政务委员会"第二次常务会议议决通过。[②]

然而,仅仅是将水价调整至成本价格,并不能把济安自来水公司从濒临停产状态中解救出来。战争的持续使得经济处于崩溃的边缘,物价也在日益高涨。1944年5月4日,公司再次递交涨价申请书,一般供水价格由每千加仑1元7角5分上涨至3元,政府、学校用水和水铺用水价格由每千加仑1元7角5分上涨至2元9角。日本居留民团用水价格和旧兴亚三区水道处用水价格,分别由每千加仑1元2角5分和1元4角上涨至2元2角。但日本军队用水和船舶用水维持原价,每千加仑6角5分和4元5角4分。申请书比较了自上次涨价以来大宗货物和公用事业价格的变化:煤炭价格增长237%,电灯价格增长300%,电力增长238%,火车票增长130%,电话费增长125%,北京自来水增长100%,而济安水价只上涨了大约62%,涨幅远低于其他公用事业。经过计算,此时公司生产成本为每千加仑2.528元。[③]与1943年9月统计的成本为每千加仑1.85元相比,增长了近四成,而两次统计的时间仅相隔8个月。尽管如此,伪市政府认为这个拟定价格涨幅过大,要求公司从煤炭和股息两项节省开支,以降低成本。5月12日,公司重新计算了成本并递交了新的涨价方案。按照新计算方法,煤炭的年用量减少了940吨,股息也下降了1厘,二者共同减少成

---

① 济安自来水公司:《关于增加水价给天津特别伪市公署的函》(1943年9月30日),天津市档案馆藏,J0001-3-007085-002。

② 华北政务委员会:《关于呈报天津济安自来水公司请增加水价案经常会议决应准照办给天津特别市政府的指令》(1943年11月17日),天津市档案馆藏,J0001-3-007085-005。

③ 济安自来水公司:《为节约石炭股息两项开支并报料金改订表事致天津特别市政府函》(1944年5月12日),天津市档案馆藏,J0025-3-001881-002。

本 269130.9 元,[1]生产成本为每千加仑 2.435 元。涨价方案为,一般供水价格由每千加仑 1 元 8 角 5 分上涨至 2 元 9 角,政府、学校用水和水铺用水价格由每千加仑 1 元 7 角 5 分上涨至 2 元 8 角。日本居留民团用水价格和旧兴亚三区水道处用水价格,涨至每千加仑 2 元 1 角。日本军队用水和船舶用水依然维持原价。[2]按照新方案,水价上涨57%,"华北政务委员会"于 8 月 21 日通过了这次涨价提案。

1945 年 1 月,公司再次请求加价。这一次申请距离上次调价不足半年。受战争影响,物价增长速度与此前相比更是近乎直线上升。如煤炭运输费,1944 年 4 月每吨23.32元,12 月升到每吨200元。明矾价格,4 月每吨409元,12 月飙升至每吨800元。漂白粉价格,4 月每吨781元,12 月飙升至每吨2000元。[3]因此,济安自来水公司要求将一般供水价格由每千加仑 2 元 9 角涨至 10 元 5 角,政府、学校用水从每千加仑 2 元 8 角涨至 10元,水铺用水由每千加仑 2 元 8 角涨至 10 元 3 角,向居留民团和伪市政府水道课(即前英租界水厂)供水的价格由每千加仑 2 元 1 角涨至 7 元 6 角,船舶用水由每千加仑 4 元 5 角 4 分涨至 15 元 8 角 9 分。[4]尽管此次涨幅甚巨,但施行时间比上一标准更短。1945 年 5 月 24 日,公司又一次向伪市政府申请调价,理由是"现行水价原系根据去年 12 月物价在可能范围内尽力紧缩所编成之预算,衡以目前成本相差甚巨"。在上次预算中,每年煤炭消费为 4977000 元,煤炭运输消费为 3950000 元,工资支出 2940000 元,而在本次预算中,每年煤炭消费达 19552500 元,煤炭运输消费为 8295000元,工资支出 8014800 元。而其他类别的支出预算也普遍上涨2~3倍。总

① 华北政务委员会:《为常务会议决天津济安自来水公司改订水价事致天津特别市政府训令》(1944 年 5 月),天津市档案馆藏,J0025-3-001881-005。

② 济安自来水公司:《为节约石炭股息两项开支并报料金改订表事致天津特别市政府函》(1944 年 5 月 12 日),天津市档案馆藏,J0025-3-001881-002。

③ 济安自来水公司:《水道料金改订申请书及煤质分析统计表》(1945 年 1 月 18 日),天津市档案馆藏,J0025-3-001881-008。

④ 济安自来水公司:《供水成本昂腾拟请将水价准予改订》(1945 年 1 月 17 日),天津市档案馆藏,J0025-3-001881-007。

计下来,新预算下的生产成本价为每千加仑29.48元。[①] 公司申请将普通用户的水价涨至每千加仑35元。伪市政府参照了北京自来水的价格,北京水价在3月已经调整过一次,基本部分水价为每千加仑18.184元,因物价飞涨,把水价和水表租金上涨6倍。[②] 如此计算,上涨后的北京水价远超济安自来水公司申请的每千加仑35元的价格。伪市政府遂同意实施该涨价方案。[③] 这次涨价跨越了抗战胜利的前后,最终于1945年9月1日开始施行。[④]

综合本章所述,战争环境对沦陷区企业经营带来巨大挑战。日伪政权逐步收归了济安自来水公司的定价权,且处于强硬的高压态度,干扰了公司运营的独立性,减少了企业的利润,增加了经营负担。伪政权对具体扩建施工方案的干预,也打乱了公司原有的扩建进度,造成了后期生产管理上的困难。不过,济安自来水公司终究挺过了天灾人祸的洗礼,熬到了抗日战争的胜利。

---

① 济安自来水公司:《为限期改订水费事致天津特别市政府函》(1945年5月25日),天津市档案馆藏,J0025-3-001881-012。

② 社会局:《为济安自来水援例申请改订水价事的签呈》(1945年6月2日),天津市档案馆藏,J0025-3-001881-013。

③ 华北政务委员会:《为常务会议决济安自来水公司改订水价及自来水管理处比照改订水价事致天津特别市政府训令》(1945年7月4日),天津市档案馆藏,J0025-3-001881-014。

④ 社会局:《为改订水车票及用户票价等情的呈》(1945年9月3日),天津市档案馆藏,J0025-3-001881-017。

# 第三章　货栈业的市场经营与关系网络

商品流通与经济发展、民众生活有着密切的联系。近代天津货栈业，经营商品遍及大宗商品贸易的各个行业，而尤以华北等地的土产为主。其货源大部分来自华北、东北、西北各地，销售去向又可分为天津市内（本埠）、外埠、出口等3个方向。为适应市场经济条件下市场分工的需要，近代天津货栈业发展了以代客买卖为核心的多种市场职能，并借此充分介入商品运销的具体过程，且与各行业、各部门建立了密切的关系网络，充分发挥了其强大的市场作用，从而占据了重要的市场地位，成为近代天津市场上不可或缺的角色，有力地促进了天津及其腹地经济的发展。

## 一、天津货栈业的市场经营

近代天津货栈业经营商品种类，因各时期政治经济发展形势的不同而有所变化。初期的货栈业以满足城市大众消费的粮食、山干鲜货、杂货为主，主要来源于传统的五大河流域地区。此后，随着城市近代化进程与对外贸易的开展，以及城乡物资交流规模的扩大，近代天津货栈业经营商品种类日趋增加，范围不断扩展，遍及大宗商品贸易的各个行业。既有居民日常消费的大宗货品，诸如粮食、油料、山干鲜货等，也有供给工厂企业及对外出口的土特原料，诸如羊毛、猪鬃、棉花、皮张等，此外还包括工业制成品、进出口洋杂货以及土特手工艺品等，诸如面粉、棉纱、棉布、五金、木材、洋广杂货、草帽辫等。正如当时报纸所载："天津货栈业，大多专为代客买卖、转运、存放各种货物。其经营范围,包括杂粮、面粉、棉纱、布匹、干鲜果品以及各项杂货,五花八门,无所不具。"①而其中尤以华北等地土产为主,"所有华北土产之宣泄,无不由货栈业所经营"②。与此同时,近代天津货栈业的货源地也得到极大扩展。至全面抗战爆发前,"江南大米、洋面、鲜货,东北的杂粮、冀东花生米、西北豆类、京汉线的桃仁花椒、西北出的杏仁、药材,川流不息,(货栈业)可谓鼎盛时代"③。

然而全面抗战爆发后,受交通不便与政府统制政策的影响,货栈业货源地趋于缩减,且须加入各种输出入组合,经营商品多有限制。如日伪统治初期,江南大米、洋面、干鲜果、棉纱、棉布等还可以经营,后来受物资统制的影响,便不能再经营。因货源减少,各货栈除歇业与开辟自营外,多倾向于囤积与投机。新中国成立后,随着交通的恢复及响应政府扩大城乡物资交流的号召,多数货栈远赴各地开拓货源,经营商品又续有增加。据1954年的调查资料显示,除棉花、粮食因分别于1951年、1953年实行统购统销外,当时货栈业经营商品包括各种山干鲜货、皮毛、茶叶、石油、汽油、各种植物油、肥田粉、红白糖、水晶粉、毛衣、毛线、硫酸、大桶、干燥器、电焊条、锅炉盖、染料、小变压器、金刚石、汽车零件、水龙带、白钢刀头等等,共达285种之多。但多数仍为红枣、柿饼、杏仁、甘蔗、橘子、大小茴、卤水、碱面、甘草、废铁、木材、鸡子、枣仁、酸枣、楂片等土产。④

因货物产区各异,且各地需求不一,货栈业所经营各货品都有不同的来源与销售渠道。总体而言,近代天津货栈业货源大部分来自华北、东北、西北各地,少量来自华南与西南。其销售去向又可分为天津市内(本埠)、外埠、出口等3个方向。具体情况见表3-1:

---

① 《津货栈业景况日下,预计多有作改营业计划者》,《庸报》1942年8月10日第4版。
② 薛不器:《天津货栈业》,新联合出版社1941年版,第9页。
③ 《天津市行栈商业的历史发展、目前情况及改进意见(专业会议文件)》(1951年),天津市档案馆藏,X0077-C-000144。
④ 《1954年私营货栈商业公会报送行业情况总结报告等材料》(1954年),天津市档案馆藏,X0082-C-000783。

表3-1 货栈经营商品来源与销售去向概况

| 类别 | 品名 | 主要购货地区 | | 主要销售去向 |
|---|---|---|---|---|
| 粮食类 | 高粱、玉米、大豆 | 辽宁、黑龙江 | 天津市内销售 | 主要是鲜货类的西瓜、苹果、鸭梨、水蜜桃、橘子、甘蔗、香蕉等;山货类的花生、核桃、栗子、枣、柿饼、黑白瓜子、花菜等;粮食类的高粱、玉米、大豆、小麦、吉豆等;油料类的花生米、芝麻、胡麻、菜籽等;其他为棉花、羊毛、皮张等 |
| | 小米、吉豆(绿豆)、其他杂粮 | 河北省东北部、张家口一带 | | |
| 山干货 | 花生 | 铁路沿线的滦县、昌黎、雷庄、密云、德州、邹县、滕县等地 | | |
| | 核桃、核桃仁 | 河北平谷、蓟县、邯郸、邢台、山西长治、榆次、汾阳、左权等地 | | |
| | 花椒 | 河南涉县 | | |
| | 黑白瓜子 | 内蒙古通辽、河北廊坊、昌平、蓟县等地 | | |
| | 栗子 | 河北遵化、唐山等地 | | |
| | 红枣 | 山东乐陵、河北遵化 | | |
| | 黑枣 | 河南新乡 | | |
| | 熏枣 | 河北邯郸、邢台 | | |
| 鲜货类 | 花菜 | 山西大同 | 外埠销售 | 主要为山干货。具体而言,销往华北、东北、西北各地的,主要有花椒、花菜、柿饼、枣、核桃、花生等;销往上海、广州、香港、澳门的,主要有花椒、花菜、发菜、枣、梨、苹果、粉丝、豆饼、药材、白菜、土豆、洋葱等 |
| | 发菜 | 内蒙古包头 | | |
| | 柿饼 | 河南新乡、河北保定、山东益都 | | |
| | 西瓜 | 津浦线德州 | | |
| | 苹果 | 辽宁锦州、大连、山东烟台、河北昌黎 | | |
| | 梨 | 河北泊头 | | |
| | 桃 | 河北深县、山东肥城 | | |
| | 甘蔗、香蕉、橘子 | 广东、福建、浙江、江西、四川等地 | | |
| 油料类 | 芝麻 | 河南漯河、河北廊坊、张家口等地 | 国外销售 | 销往英、美、法、德各国的,主要是核桃仁、花生米、芝麻、蛋品、苦杏仁、羊毛、山羊板皮、狗皮、猪鬃、人发、马尾、草帽辫等;销往日本的,主要有棉花、废棉、皮张、花生油、栗子、酸枣面、甜杏仁、粉丝、猪鬃、马尾等 |
| | 花生米 | 铁路沿线的滦县、昌黎、雷庄、密云、德州、邹县、滕县等地 | | |
| | 棉花籽 | 山东德州、河北连镇、唐山等地 | | |
| | 胡麻籽、菜籽 | 内蒙古各地及张家口 | | |
| 皮毛类 | 羊毛、羊绒 | 内蒙古赤峰、朝阳、辽宁锦州及甘肃、宁夏、青海三省 | | |
| | 山羊板皮 | 陕西榆林 | | |
| | 狗皮 | 东北各地 | | |
| | 羊羔皮 | 河北束鹿、辛集 | | |
| | 猪鬃 | 河北胥各庄一带 | | |
| 棉花 | | 山东、河北、河南、山西四省;废棉来自华北、西北各地 | | |
| 药材 | | 河北、山西及京绥线 | | |

资料来源:据刘续亨:《天津货栈业发展沿革概述》,中国人民政治协商会议天津市委员会文史资料研究委员会编:《天津文史资料选辑》第二十辑,天津人民出版社1982年版,第173—174页相关资料整理制成。

近代天津货栈业的市场职能以代客买卖为核心,具体包括交易媒介、代客买卖、寄宿客商与存储客货、代客垫款、担保买卖双方信用、提供行情等六大方面。

交易媒介是货栈最原始最基本的功能。"在传统的农产品贸易行业,行栈的功能一开始都是以媒介说合为主,尽管后来随着交易的演变衍生出其他功能,但直到20世纪30年代,媒介交易仍是若干行业行栈商参与交易的基本方式"①。近代天津货栈业中部分货栈,就以中介说合为主,仍然保持或承袭了传统牙行的基本职能。天津的斗店、米栈以及丁字沽一带的粮栈,主要职能都为中间介绍交易,只是介绍货品具体种类不一样,斗店介绍杂粮买卖,米栈负责介绍稻米买卖,丁字沽一带的粮栈也介绍杂粮买卖,但规模比斗店小而已。各店(栈)都雇有经纪人,斗店或米栈中又称为成盘子,专门负责为买卖双方撮合交易,成交后从中取佣。以斗店为例,"其职务专在拉拢粮食之买客与卖客,以求其交易之完成,借此从中取利。故斗店广接粮商为其最大责任,往来粮商多,交易大,则佣金亦大,否则,粮商少,交易小,则赚利亦有限矣"②。关于粮店营业习惯的调查资料也称:"查粮店为负责介绍之营业,一经成交,即为权利义务之主体。粮店对于卖主则为买主,对于买主则为卖主。且凡来店买货者,不问其用何名义,即目为买主,凡来店卖货者,亦不问其用何名义,即目为卖主,均发生直接关系。不能以买主卖主方面之故相诿卸。至介绍手续,一经介绍成交后,由粮店书立批票二纸,载明粮数、价额,一纸交与买主,一纸交与卖主,同时粮店方面记明账目,向例如此,并不用存根方式。"③各斗店内的天井就是杂粮交易的市场,"凡一切杂粮之买卖,皆行交易于此"④,买卖双方

① 庄维民:《中间商与中国近代交易制度的变迁:近代行栈与行栈制度研究》,中华书局2012年版,第122页。

② 金城银行总经理处天津调查分部编:《天津粮食业概况》,金城银行总经理处天津调查分部1937年版,第89页。

③《为介绍粮店营业习惯事致天津总商会的函》(1927年7月17日),天津市档案馆藏,J0128-2-002589-052。

④ 金城银行总经理处天津调查分部编:《天津粮食业概况》,第91页。

聚于斗店内,经成盘的撮合介绍而直接交易,先看小样,后议价格,待价格定妥,再看大样,如果没有疑义,就由成盘过斗、写票成交。栗商交易,也大都以货栈为居间人,"议价、看货、过秤、付款,皆由货栈转手,其程序,先看小样,议妥价值,再看大样,然后用五厘洋秤秤之,即一百零五斤合为一百斤,互交货款,交易遂成"①。

代客买卖是近代天津货栈业最核心的职能。这种职能是在传统经纪人居中说合的基础上发展而来的,"经纪之职务,在介绍卖方与买方之交易,卖者买者本非相识,且因各方为图自身利益,价格难趋一致,若非有中间人从中说合则难以成交,此为经纪之基本职务。此种职务之演进,即有代客买卖之方式"②。天津的粮栈、棉栈、干鲜果栈、皮毛栈等都以代客买卖为主要业务,属于代理行性质,从中赚取佣金。天津粮栈起初职能为代客运输粮食,随着与客商关系的日益密切,职能得到扩展,不仅代客运输,还代客买卖,而且后来代客买卖还超过代客运输,成为主要业务。天津的斗店以介绍买卖客商交易为主,但随着历史发展,也渐渐增加了代客买卖的功能,斗店中的成盘便时常受外客委托,在某种价格之下代为购买粮食,而且客商运粮食来津,如果急于回乡,同样可以委托斗店代售。天津的棉栈起初也仅是中介说合交易,随着业务的增多,逐渐发展到代客买卖,而中介说合的职能多交由专业的经纪人(跑合)执行。以上所述多为货栈代客销售货物情形。当然,货栈也可代客购买,如据记载,20世纪初,来自山西、直隶的客商,到天津后寄居于熟识的客栈或行栈内,经行栈跑街(买货手)介绍,自天津棉纱商(洋货店)购入棉纱,买卖佣金为每包3钱。③不过,近代天津货栈的主要职能是接受买主或卖主的委托,代客买卖(购销),而又以代销为主。④

---

① 《天津栗子调查》,《工商半月刊》1929年第1卷第20期。
② 叶谦吉:《西河棉花之生产与运销概况》,《大公报》1934年9月1日第14版。
③ [日]根岸佶主编:《清国商业综览》第5卷《清国重要商品誌》,转引自庄维民:《中间商与中国近代交易制度的变迁:近代行栈与行栈制度研究》,第283页。
④ 《天津市行栈商业的历史发展、目前情况及改进意见(专业会议文件)》(1951年),天津市档案馆藏,X0077-C-000144。

近代天津货栈业以代客买卖土产为主,而客商多来自较远的货物产区。客商运货入津后,往往并不能马上出售,而且为获得更多利润,也需静待时日以求售得好的行市。而在货物运津直至售出这段时间,客商的寄宿与货物的存储便成为亟待解决的问题。适应此种现实需要,货栈还具有客栈与仓库两种职能,对客商照顾备至,不仅为客商提供住宿、供给饭食,还备有存贮客货用的仓库或货场,而且收费较一般旅馆、客栈低廉,甚至有为招徕客商而不收取费用者。这样,客商食宿、存货都比较方便,可以安心寄宿于货栈,其他一切手续完全委托货栈代办,而货栈也可以借此机会拉拢双方感情,增进业务,从而实现双方互利。

客货入栈后,货栈不仅负责为客商销货,而且还为客商垫借资金。"查货栈习惯,客货入栈,向赖栈房代客投主,所存货客应用各款,由栈垫借或指货向栈借款,均不写立字据,由栈房代售货物得价扣还本利,此津埠货栈普通习惯也"[1]。可见,近代天津货栈业代客垫款具有行业普遍性。天津的斗店、棉栈、粮栈、干鲜货栈、皮毛栈等都有为客商代垫款项的职能。以天津干果业为例,干果客商如果资金不敷周转,"可以货品向栈主抵押借款,每百元货品可押现款五六十元,利息以月计,由一分五厘至一分八厘不等。其利息之大小,则视银根之松紧及主客感情如何为定"[2]。又如驼毛业贸易,据调查资料称:"卖商将货存入栈房后,倘有必需时,可向栈房借贷,其数目不得超过货价十分之四,而利息则不一致,少至一分二厘,多至一分八厘,按月计算。利息之大小,恒视主客双方之感情及当时银根之松紧为转移。"[3]再如天津斗店,"查津埠粮石向依外运之供给,多赖各粮店之周旋。往往粮客运粮来津投店后,无论售出与否,粮店先行垫付汇票,或粮客借款,粮店均为接济,以示信用,必期各客运粮来津视为坦途",1916年天津7家斗店,"每年总计周流客商垫款约在二三百万之谱。每次

① 天津市档案馆等编:《天津商会档案汇编(1912—1928)》,天津人民出版社1992年版,第1992页。

②《天津干果业调查》,《工商半月刊》1930年第2卷第11期。

③《天津驼毛贸易状况》,《工商半月刊》1931年第3卷第2期。

买主迟押期间总在二十余日之多,始行归讨"①。此外,近代天津货栈业还采取预付货款的形式贷款给客商。这种形式主要是资金雄厚的货栈为了发展业务,往往由设在货物产区的外庄预先贷给生产者或贩运商部分资金,但要求客商必须在货物收获后运津求售时由其代为交易,以便争取货源。

货栈除对外埠客商垫款外,对本埠零售店等买主、工商企业也给予资金融通。如据记载,近代天津千余家米面铺都由斗店赊期购粮,"天津全埠米铺磨房无虑千数百家,概属小本营业,所有接济全埠及附近一带民食,唯恃向斗店购粮不用现款,赊期二十天,迨二十天后将粮卖出,再为归还斗店。而斗店对粮客则必将款先行垫出,玉米铺磨房到期归还斗店与否,粮客向不过问,均由斗店担负全责,此为津埠百余年来相因之善良习惯,既便粮客,复益民生,尤利中间之商贩"②。又如1930年天津荣华泰仁记洋布庄倒闭,呈请商会办理清理内外欠款,在该号欠款清单中便列有抵押借贷全合栈3028.75两,其他还有大恒货栈5000元、通成货栈1200元。③再如交通货栈不仅贷款给外地客商,还经常贷借资金给永利碱厂。④

商业信用是保证交易能够顺畅进行的必要条件。"行栈生意恒视信用之范围以定营业之荣枯"⑤,近代天津货栈业以代客买卖为主,处于买卖双方中间,其之所以能顺利开展业务,正是基于自身的信用。货栈对买主要担保货物品质、按期交货,对卖主担保按时收付货款,等等。以斗店为例,买卖粮商素昧平生,即使认识也很少有交情,因而对于彼此的信用难免不无怀疑。斗店居于买卖双方中间地位,便负责向双方担保信用。天津粮

① 天津市档案馆等编:《天津商会档案汇编(1912—1928)》,第1851—1852页。
② 天津市档案馆等编:《天津商会档案汇编(1912—1928)》,第1861页。
③ 天津市档案馆等编:《天津商会档案汇编(1928—1937)》,天津人民出版社1996年版,第1219—1220页。
④ 丁广安:《交通货栈发展述略》,中国人民政治协商会议天津市委员会文史资料研究委员会编:《天津文史资料选辑》第五十二辑,天津人民出版社1990年版,第134页。
⑤《锦记货栈以有些作质押透支借款案》(1938年),天津市档案馆藏,J0169-1-001005。

食市场的交易习惯为迟期付款,货物成交后20天才能交付货款。在此期间,斗店在买卖双方之间充分发挥其信用担保的功能,"向卖客担保决不误事,若卖客需款,则可向斗店先借,不过须照期付息而已。又货物之成交,多为大批,其中货色之好坏,难免不无参差,斗店据此,须向买客担保决无二样,以免买主损失"①。另据资料记载:"查津埠斗店向章,凡粮客到津投店售粮,由斗店关说议价出脱,有一种现金交易,有一种迟期交易。迟期交易者,到期买客付价与否,斗店负担保责任。如斗店视买主不甚靠实,令其找保,亦系斗店一面关系,不与卖主相干。"②可见,天津杂粮市场上买卖双方之间仅为间接交易,斗店从中关说议价,自双方收取佣金,对卖主担保货付,而无论买主付款与否。商业信用由来已久,它是商品经济发展的产物,而随着商品经济的进一步发展,商业交易规模的扩大,商业信用越来越普遍、越来越重要,其基本形式有赊买赊卖、预付货款、借垫资金等。因此,可以说,近代天津货栈业营业过程中普遍存在的代客垫款、迟期交易、预付货款等都是商业信用的具体体现形式,由此也说明了信用交易在货栈营业过程中的重要地位。

货栈还负责为客商提供市场行情,帮助外地客商及时了解市场供需、物价疲涨,以便客商能够据此决定买卖行止、货物购销数量、安排资金筹措与应用等。货栈的这一职能,有利于拉近与客商间的距离,从而促进客货来源的畅旺。各货栈为了解市场供求信息,每天派卖货员或经纪人到洋行、各出口商、仓库、码头等处观察同业间交易情形、探询供需信息及物价高低,以便告知客商参考。以天津棉栈为例,各栈"均由卖货人员中之主任,每日上午下午两回,亲到各洋行视察买主及同业间之动静,并令说合人时刻报告成交行市、买卖家数,再加以自己之意见,报告货主,促其决定。货主则按天津市况,通知内地,以便续买或停办。故卖货人员之巧拙及市况观察上之准差,实为货主对于货栈信用之要件,万一有误,则货主

① 金城银行总经理处天津调查分部编:《天津粮食业概况》,第91页。
② 天津市档案馆等编:《天津商会档案汇编(1912—1928)》,第1781—1782页。

势必转向别家,而货栈营业,即受影响矣"①。1931年一项对天津驼毛业贸易的调查资料也称:"栈房对客人之义务,则在报告行市,每日午后抄录各种行市,供给客商参考,并于若干日后,汇录交易状况,市气之消长,一一函寄各地客商,以便乘时运货来津。各地客商,以栈房之能随时报告行情,极感便利,故客商认定某栈房有利于己,货运津后,即存入某栈房,非有特殊情形,决不变更。"②

货栈对客商所报行情信息不仅包括货物价格涨落及其原因,还包括市场存货情况、买卖情况、税率变动及货栈对货物价格的预测等。这样,客商便可以及时做出营销决策。而且,内地客商往往将购货情形、当地物产情形和需求信息等也及时告知货栈,货栈据此可掌握货源情况,并了解内地供需信息,从而便于开展代客或自营业务。据记载,同和兴货栈每日将天津市场所成交的各种粮食、棉花、山货、皮毛等价格、数量,都印成行情单,寄往外地来往商家,每日发单达四五百份,同时也收到各地寄来的各种行情表三四百份。因此,货栈又可以称得上是市场信息汇聚与交流的中心。

近代天津货栈业除上述六大职能外,其他还有代客报关纳税、代客转运、代客汇兑、代客保险、加工整理等。总之,近代天津货栈业的市场职能极为广泛,但在不同时期、不同行业又有所不同,并因货栈资本大小、营业种类、业务繁简、行业惯例等而有所区别与变化。有的货栈兼具多种职能,有的则仅具有一两种职能。一般而言,行业发展程度越高、内部分工越发达,资本实力越强的货栈,其市场职能越强大,反之,则相对简单。正如庄维民所言:"行栈功能的全面与否既受制于市场分工的发育程度,又取决于行栈的经营水平,一般说来,同等条件下综合功能的多少是行栈经营能力强弱的反映。在口岸城市,不乏具有多种综合功能的行栈。"③

---

① [日]大岛让次著,王振勋译:《天津棉花》,《天津棉鉴》1931年第1卷第8期。

② 《天津驼毛贸易概况》,《工商半月刊》1931年第3卷第2期。

③ 庄维民:《中间商与中国近代交易制度的变迁:近代行栈与行栈制度研究》,第144页。

货栈的性质与地位,由其在市场上的角色与职能所决定。从以上的论述中,我们大致可以看出货栈业在市场交易中的角色和地位。下面,我们再以近代天津批发市场交易量颇大、市场结构颇具代表性的棉花业为例,作具体的考察。

作为华北棉花的终点市场,天津棉花市场由4部分构成:卖方、买方、买卖双方间的经纪人以及附属机关。卖方包括棉客、棉店代理人(内地棉店在天津的分庄)以及棉花货栈。买方为各出口行,其中包括外商洋行与华商组织的进出口贸易行,而外商洋行又可分为日本人经营的东洋行与欧美商人经营的西洋行,此外还有津市六大纱厂、棉花零售店、弹弓房与棉花货栈。处于买卖双方间的则为经纪人,在天津俗称"跑合",通常与货栈有较固定的联系,货栈委托其代向买方介绍交易,交易成功后,货栈给予其一定的报酬。而在棉花运销交易的过程中,尚需依赖或经过各种附属机关,如运输公司、报单行、牙税局、检验局、仓库、保险公司、打包厂、报关行等。它们之间互相结合,组成了一个完整的棉花运销系统。其组织结构如图3-1所示:

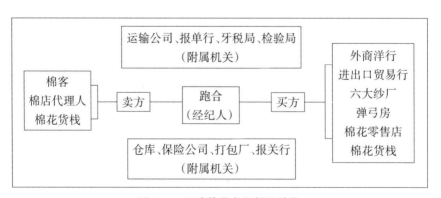

图3-1 天津棉花市场组织结构

在这个系统中,内地棉客、棉店代理人来自棉花的初级、中级市场,他们收买棉花后运往天津,寄宿在货栈,并将一切买卖事宜委托货栈代办。棉花货栈则以自己的名义,代客卸货、纳税、代向仓库存棉及抵押借款、代客销棉等,因而"棉栈在表面上完全为卖棉的商人"①,处于卖方地位。同时,棉栈除代客销棉外,有时还代客购棉,而且部分棉栈还自营买卖,因而有时也处于买方地位。不过,棉栈虽然处于买方、卖方地位,但实际上则为天津棉花交易的核心。正如调查资料所称"棉花货栈为内地棉客与棉店代理人丛集销货之所","主要业务为谋棉客及棉店代理人交易上之便利,与原始市场之棉店几相等,为天津棉花交易之中心"②。我们以内地棉客、棉店收买棉花运津直至出售的过程为例,具体考察棉花货栈在其中的角色与地位问题。

"天津为全国三大棉市之一,不仅直隶棉产集中该处,陕豫晋鲁各省棉产,亦有一部分以天津为集散场"③。其中,尤以河北省(直隶)各县所生产者为最多,"占天津市场全量的80%以上"④。棉花由产地市场贩运至终点市场天津,离不开内地棉客与棉店。棉客,即棉花贩运商,指内地棉花市场上除棉花店、纱厂洋行特派员以外,专以贩运棉花为业务的商人。棉店为内地棉花交易中心,其业务与津市棉花货栈类似,主要包括代客买棉、供给客商食宿及自营买卖。

棉客或棉店收买棉花后,便通过大车、民船或火车运津出售。其中,"民船运输约占百分之五十七,铁路占百分之四十,大车不过百分之三而已"⑤。棉花经由大车、火车或民船运输,客商则须委托转运公司、转运栈、船户代办相关运输手续并通知货栈到站提货。待到棉花运至天津,在正式进入市场前,尚须办理两个手续:缴纳牙税等相关税捐以及检验潮湿。缴纳牙税等税捐事宜,多由棉商委托货栈或报单行,或者货栈再委托报单行代办,而费用由货栈垫付。如据记载:"内地棉花装运来津,经过第一分卡之六小时内,必须纳税,由棉商或委托之报单行,持磅单至天津市棉花

---

① 曲直生:《河北棉花之出产及贩运》,商务印书馆1931年版,第105页。

② 方显廷:《天津棉花运销概况》,南开大学经济研究所1934年版,第16、17页。

③ 曲直生:《河北棉花之出产及贩运》,第2页。

④ 北宁铁路经济调查队编:《北宁铁路沿线经济调查报告》,北宁铁路管理局1937年版,第1707页。

⑤ 方显廷:《天津棉花市场之组织》(附属机关),《大公报》1934年9月2日第4版。

牙税征收分所,呈报交税,当由征收所发给税单。经由税收人员查验货票相符,加盖验讫字样,通过放行。每经一卡即须检查,倘有不符,即行扣留,税款率由棉栈代棉客垫付,棉栈再转委报单行代办。每包收佣金一元至一元五角。"①棉花报税手续结束后,尚须运至法租界万国桥附近的实业部天津商品检验局棉花检验处,检验棉花所含水分。棉商将棉花运至此处,先准备卸货,卸货手续多由报单行或棉花栈委托当地脚行代办。棉花先卸检验厂存放,随即由商人或其代理填写检查请求书,呈检验场,请求查验。检验场依照呈请书呈到的先后,按次检验。验毕,倘若不合格,尚须摊晒数日申请复验;如果合格,则由检验场加盖验潮号,之后棉商便可通知棉花货栈将棉花存入棉花仓库,预备出售。

棉花商寄宿于棉花栈内,一切卖棉事宜均委托货栈代办。棉栈承受客商的委托,或自派走街到洋行华账房、纱厂仓库主任处兜揽生意,或再委托跑合代办。棉栈卖货主任或跑合,每日午前午后亲自至各出口商家,探听有无购棉的消息,视察同业之间的买卖动静,并随时报告货主市面状况,而"对于客货之出卖与否,悉由棉客自行决定,棉栈决不代为决议,盖恐遗口实于将来也",通常对于棉花价格,"恒须往返讨论而后成交"②。以与洋行交易为例,每天早晨十点起,跑合便到洋行华账房处询问是否需要某种棉花,华账房经理(买办)再向洋账房洋经理请示外洋来电报情形,洋经理便告诉其大概。如果洋行需要跑合所介绍的棉花,买办便派人同跑合到仓库取棉样。每次取样约2磅,且在取样时一同抄录棉花验潮号。买办与跑合磋商并议定价格后,便作成报告表,上面明确记载货量、价格、出卖货栈及仓库名称、验潮号等项,呈交洋行洋经理核办。如果洋经理同意购买,则买办另派人随跑合到存棉花仓库,查看大样是否与小样相符。若货样不符,则须更换货品或另定价格。货样相符后,双方便开始过秤交货,过秤手续就在存棉的仓库或货栈内,由买办办理。棉花过磅后,棉栈便开始雇佣当地脚行,将货运至买主指定地点,期间费用则由棉栈代

---

① 方显廷:《天津棉花运销概况》,第12页。
② 方显廷:《天津棉花运销概况》,第21页。

垫,由卖棉商负担。

棉花运至买主指定地点,买主便开1张支票,由脚行交付棉栈代收,支票都为现期。如果棉花卖与洋行,则其中尚有买办2%的佣金,需要在支付货价内扣除;如果卖与纱厂则没有佣金,需要支付全部货价,不过纱厂订有厂规,"每货价千两向棉栈扣银五钱,由棉栈应得佣金中扣除"[1]。此外棉花栈尚须扣除代客交易佣金1%、代客垫款利息及代垫一切花费,其余货款便全数交与卖主。

至此,棉栈代客交易全过程结束。可以看出,内地棉花由初级、中级市场上的客商贩运至天津终点市场,借助棉栈的各种市场职能,成功销往国内外,由此棉栈作为棉花市场交易的中心,充分发挥了其连接产销渠道的纽带作用,成为沟通华北腹地棉花市场与国内、国际市场的桥梁。

## 二、天津货栈业的关系网络

通过前述货栈业的营业实态,我们可以看到货栈业凭借其多样化的市场职能,充分介入了商品的运销,在此过程中结成了复杂的关系网络。除要搞好与行坐商、跑合、牙行、报单行、洋行买办、牙税局等政府部门的关系以便于商品的运销外,还与其他行业如进出口业、工商业、银钱业、保险业、运输业、经纪业、餐饮娱乐等服务业都发生了或多或少的业外联系。广泛的业外联系拓展了货栈业自身的业务空间,同时也推动了有关各业的发展。在此仅以与货栈业关系密切的银钱业、运输业、经纪业为例,作一考察。

以货栈业与银钱业的关系为例。商业的发展,离不开银钱业所提供的资金支持,同样银钱业的发展,也要以商业的盛衰为条件。货栈业作为一种居间性的商业,与银钱业存在密切的行业联系:一方面相互合作,另一方面又相互兼营;集中体现为合作与竞争的关系。

---

[1] 曲直生:《河北棉花之出产及贩运》,第117页。

就相互合作而言，首先，货栈业需要银钱业的资金支持。近代天津货栈业投资者很多来自银钱业，这样货栈便可以借助银钱业的资金及其社会关系，充实资本。而且，货栈业还须依赖银钱业的放款为客商垫借款项，方便资金周转。内地客商本身资金极为有限，而贩运大宗土产所需资金数量巨大，便不得不向与之经常交往的货栈借款。尤其在业务繁荣季节，周转数额"普通俱在三五十万元，最多时达一二百万元以上"。然而，通常货栈本身资金也有限，"唯有仰赖银钱业为之活动"①。一般各货栈都与多家银钱行号发生川换关系，而且川换数量相当巨大，如成立于1931年的达孚货栈，便与五六十家银行号有业务往来，使得该栈资金雄厚、周转能力强大，经常占用资金五六十万元。又如同和成货栈，往来银号达30多家，信用透支50多万元。②

货栈业与银钱业合作，相较于银行而言，与银号关系更为密切。如据记载，1942年5月至1943年，与天津五大斗店有金融关系者，银号达201家，银行则仅有24家。③银号对货栈贷款以信用放款为主，至于具体数额，则"须视双方之契约如何，且须视金融业之资力及货栈素日之信用如何以为转移"④。货栈为拉拢与银号之间的信用合作关系，在旧历年关，除将欠款如数付清外，往往还大量存款，"借以表示双方之友谊及货栈业务之成绩良好"⑤。

货栈代客垫款数量巨大，而银号透支通常有限，为此，货栈除向银号以信用借款方式借贷资金转贷客商外，还代客商以货物抵押的方式向银行借款。凡不备仓库的货栈，常代客商将货物储存在银行开设的仓库中，再以仓库所开给的栈单为抵押物，向该银行借款，其限额最高为货价

---

① 薛不器：《天津货栈业》，第85、86页。

②《同和成货栈以山干杂货向河处借款》(1944年)，天津市档案馆藏，J0169-1-001030。

③ [日]南满州铁道株式会社调查部：《天津を中心とする北支谷物市场——斗店に关する调查报告书》，南满州铁道株式会社昭和十八年(1943)版，第63页。

④《干果货栈经营概要》，《庸报》1940年1月28日第5版。

⑤ 薛不器：《天津货栈业》，第87页。

的70%。[1]

其次，货栈业须依赖银钱业的仓库代客存贮。近代天津货栈业除干果货栈备有仓库场院外，自建仓库者不多，即便有仓库者，设备也多简陋且容纳货物数量有限，因而代客存货多转存于银钱业所附设的仓库。如近代天津的棉栈、粮栈等多数缺乏仓库设备，客商来货，往往须转存于各大银行所设仓库中。而且货栈还可以代客商以货物抵押的形式向银行借款，抵押货物便大多存于银行所设仓库内。

再次，货栈业须借助银钱业的货款汇兑业务。近代天津各货栈与买卖客商之间普遍实行汇票方式，主要是通过银钱业的汇兑业务进行。据资料记载："各货栈在秋季派员前往各地揽货，栈中并不能付给巨万现钞携往各地贷予客商，即能付给巨万现钞携往各地，亦虑途中危险。在秋季贷款少者数万元，多者数十万元，揽货人亦不敢冒险携此巨额现钞前往，唯有随时需要随时再行汇往，货栈所有关系者既系银号，故其汇款在内地亦以银号为对象。"[2]

当然，在货栈业利用银钱业为客商垫借资金、汇兑和存储货物的同时，银钱业也十分重视利用货栈业扩展业务，赚取栈租、汇水及贷款利率等。近代天津货栈业仓库设备普遍不足，而银钱业正好迎合了这种需求，大力发展仓库业，以货品的存储及担保为主干业务，不仅自身代客收储各种货物，而且接受货栈所委托代存的客商的各种货物，或以抵押放款的形式存储客货，收取栈租、利息。此外，仓库业往往还代客保险，赚取部分保险费。如据记载："津市花栈以宝生厚、辅盛栈、德茂栈等数家资本较大，然亦不过二三万元，兼之地址狭小，不敷堆货，势必仰赖以银行为后盾之货栈，银行亦借此种货栈放款生利，互相利用，以图盈益。是类货栈，仅存货而不居住客商，故其利益在存货之栈租及放款之利率。"[3]而且，货栈以经营内地土产为主，因而有季节限制，在交易闲散季节，货栈现款宽裕无

---

① 曲直生：《河北棉花之出产及贩运》，第110页。
② 《干果货栈经营概要》，《庸报》1940年1月28日第5版。
③ 《天津棉花市况》，《工商半月刊》1929年第1卷第12期。

所占用时,则又存储于银号内,银号又可将此款项与他业川换,这样,银钱业又可借此活动金融。因此,每一仓库都设法与货栈建立业务关系:一方面雇有跑街,经常与货栈往来,吸收货品来库存储;另一方面,"凡资金较厚、业务较繁、基础较固之货栈,金融业欲与其川换,且须辗转托人为己介绍而后可"①。

近代天津货栈业与银钱业两业之间,除合作关系之外,还存在兼营关系。首先,货栈业兼营银钱业。这主要表现为以下3个方面。第一,货栈业兼营存放款业务。中国传统旧式商店,多因流动资本薄弱,而以较高利息收受存款。"凡历有年所之商店,无不为一般所信任,辗转恳求希为存户。往往资本并不雄厚之商家,所收存款为数甚巨"②。近代天津货栈业亦是如此,其营业资金,除自有资金外,还广泛吸收银钱业资金、客商存款及社会游资,并对来往客商放款,本身便经营银钱业的存放款业务。第二,货栈业兼营代客汇兑业务。因各地通行货币不一,且客商携带现款也不方便,部分货栈还经营代客汇兑业务。天津开埠后各地来津客户日渐增多,客户来津办货多不携现款,而是由外地商号代出天津汇票,由素有联系的天津商号代为收付,收取一定的手续费。同和兴货栈便因业务多、交往面广,客户收付汇兑款项逐渐增多,于1916年增加代客收付汇兑业务,收取1‰的手续费。第三,货栈业投资经营银钱业。如据记载,美丰厚皮毛行栈创办人赵紫宸在经营获利后,不仅接办了同和成货栈,经营山干货,还进一步承包洋货,开设了庆丰裕,承包美孚的煤油,运销平泉、朝阳、建平和赤峰四县。此外,他还承包了上述四县的颐中烟草公司的卷烟,为了资金调拨方便,又开设了裕通银号,代收汇款,承兑四县开出的津汇。此后还开设了广源达茶栈、庆丰银号及美丰厚粮栈。③又如锦记栈为解决流动资金不足,争取业务主动,也开设了锦记兴银号,由马世五任经理,盈

---

① 《干果货栈经营概要》,《庸报》1940年1月14日第5版。
② 蔼庐:《一般商家收受存款问题》,《银行周报》1932年第16卷第42期。
③ 贺葫亭:《美丰厚行栈的兴衰记》,中国人民政治协商会议天津市委员会文史资料研究委员会编:《天津文史资料选辑》第五十二辑,天津人民出版社1990年版,第141页。

利全部融入货栈资本金。钱庄建成后,有时吸纳客号存款达10万~20万元,也可为一时资金不足的客户提供与市场利息相同的贷款,或垫付货款,开办第一年就盈利4万元。①

其次,银钱业兼营货栈业。随着货栈业的发展,其在市场上的地位也日益提高。银行为扩大业务,也纷纷组设货栈(又称堆栈、仓库,代客储货)。据记载,从民国八年(1919)开始,由中孚银行首先设立了同孚公货栈,中国实业银行也于该年设立货栈。至20世纪二三十年代,天津各大华商银行多数经营仓库业,如中国、中国实业、金城、浙江兴业以及农工银行都在海河沿岸设有仓库,经营仓库业,收储各种货物。正如当时调查资料称:"本市华商银行十分之九均附设有货栈,此项货栈,或代客存储进出口货物,经营抵押放款,或兼营普通货栈业务,均以活动金融为目的。"②相较于货栈,银行仓库业代客储货更为专业,且资力更为雄厚,不乏代客垫付资金,其在与货栈业合作的同时,也形成了强有力的竞争,以至于有学者称,"堆栈的兴起使行栈原先的代贮、放贷职能遇到竞争,在仓储能力弱小、无法适应流通规模扩大的情况下,行栈传统的业务职能便会在竞争之下被堆栈所替代"③。

从总体上说,货栈业与银钱业是合作与竞争的关系,不过就近代天津而言,两者关系更多以适应当时社会分工需要的合作方式为主。货栈业需要银钱业提供资金支持与业务襄助,而银钱业也可以借此实现业务扩展与增收,这集中体现了两行业间的互助合作,有利于促进双方的共同发展。

再以货栈业与运输业的关系为例。便捷的交通运输条件是商业发展的前提和基础,因此,货栈业与运输业也存在密切的联系。整体而言,运

---

① 肖光淳等:《锦记栈概述》,中国人民政治协商会议天津市委员会文史资料研究委员会编:《天津文史资料选辑》第九十二辑,天津人民出版社2001年版,第86页。

② 实业部中国经济年鉴编纂委员会编纂:《中国经济年鉴续编》下,商务印书馆1935年版,第468页。

③ 庄维民:《中间商与中国近代交易制度的变迁:近代行栈与行栈制度研究》,第201页。

输业的顺畅、发达与否,直接关乎货栈业客货来源的多少。而从另一方面讲,货栈业的发达沟通与加强了天津与腹地的经济联系,促进了进出口贸易的发展,带动了客货运输的畅旺,从而又促进了天津市内外运输业的发展。在此,我们以货栈业与脚行的关系为例,看两者的紧密联系。

脚行,又称起卸行、搬运行,为一种负责起卸、扛抬、搬运货物的行业组织,是近代天津市内主要的运输组织。脚行各自把持一定的地域范围,对其界内货物搬运具有绝对的垄断特权,绝不许外界干涉,历届政府也对其实行划界管理的方式,防止发生械斗,"凡有搬运货物、挑抬行李者,当按地段召雇,视道里远近,言定脚力若干"①。各脚行的把持方式除霸占地界外,还可根据业务对象、生熟货、日期、货物种类、收益成数进行划分把持。天津市内无论大小胡同,凡货物运输、起卸都要由特定的脚行负责搬运,客商不能随便雇佣脚行,即使自运,也要缴纳"过肩钱",否则极易发生纠纷。因此,各货栈所经营的货品,无论经火车、汽车还是民船运输,至天津后,货栈并不能直接派员运至栈内贮存,而必须遵照脚行行规进行,委托市内特定脚行负责货物的装卸搬运。同样,货物出栈也由货栈委托特定的脚行负责。

而且,脚行虽为出售苦力的底层之辈,"然对于货栈货品之起卸,俱能担负一切责任。倘货品不幸遗失,亦俱按照货值赔偿,信用甚佳,故货栈将货品件数交付脚行后,则起卸运送责任俱为其所负担矣"②。货栈委托脚行运货,脚行须收取一定费用,即所谓"脚力",根据路途远近都有一定的规章,以便遵循。货栈委托脚行运货所付脚力,仅为代客垫付性质,货栈本身并无任何损失,而且一般还可从中受益,因为货栈从中可以收取回佣,据相关资料记载,"脚行对于货栈之货,其脚力除照市面通行之最廉价格收取外,并有货栈一扣之回扣,即脚行收货取货主脚力一元,须交货栈一角作为回扣,因习惯然也"③。

---

① 张焘:《津门杂记》卷下,清光绪十年(1884)刻本,第41—42页。
②《干果货栈经营概要》,《庸报》1940年1月31日第5版。
③ 方培文:《货栈常识》(续),《新天津星期画报》1933年11月12日第4版。

货栈雇佣脚行搬运客货,促进了客货运转并获得利益,而脚行则借以维持生计。以斗店歇业影响脚夫生计为例:斗店每天交易粮食数量巨大,各店都需要大量脚夫负责粮食的搬运。因此,斗店的正常营业对其而言是一种生存保障。据史料记载,1936年,怡和斗店公记停业清理,"直间接失业员工、脚行五千余人"。为维持生计,该店脚夫联名请求社会局允准即将接办的怡和斗店新记速行开业。"窃民等均为劳动界,向为怡和斗店起卸粮食以维生计,自怡和斗店公记股东议决结束,民等生计发生影响……查此项营业调剂民食与劳动生计所关甚巨,民等爱戴姜公父子德泽并保障生计起见,谨联名呈请钧局恩准怡和斗店新记速行开业,实为公便"①。天津市社会局批示"应速行清理,以便改组继续营业,以维多数人员生计云"②。

总之,近代天津货栈业与脚行之间有着特殊而密切的联系,一方面货栈通过脚行运卸货物,可以省却诸多麻烦并得到部分好处,而脚行通过为货栈运货也得以维持生计并获得发展。两者之间的密切关系,正如《天津货栈业》一书中所记载的:"天津货栈与脚行之关系甚为密切,在货栈方面,无脚行,则装运货品不致如现在之圆滑,脚行无货栈,则营业决无今日之繁盛,双方有须臾不可或离之势矣。"③

最后以货栈业与经纪业的关系为例。据现代经济学的解释,经纪业是"以促成买卖双方实现交易、并以自己的服务向交易一方或多方收取佣金或咨询费的行业"④。而从事该行业的个人或组织便是经纪人,又称牙人、牙纪和牙行。近代天津货栈业无论就其性质,还是营业过程,都与经纪业有着密切的联系。

近代天津各货栈以代客买卖抽取佣金为主要营业,因而具有经纪人

---

①《关于怡和斗店新记迅予开业以计民食致社会局呈》(1936年10月17日),天津市档案馆藏,J0025-2-000898-036。

②《怡和斗店停业,失业员工脚夫达数千名,另将由新记接办》,《益世报》1936年10月12日第5版。

③ 薛不器:《天津货栈业》,第102页。

④ 刘成璧:《创业经济学》,北京交通大学出版社2008年版,第8页。

的性质,但各货栈有时还兼自营买卖,因而其并不属于完全意义上的经纪人。正如有学者在论述西河棉花运销时便曾指出:"[内地]经纪人、跑合以及出口洋行华账房为纯粹之居间人,而[内地]棉花店及[天津]棉花栈为半自营半居间之性质。"①从这方面可以说,天津货栈业与经纪人有着密切的联系。

此外,近代天津货栈业的"代客买卖"职能,是指货栈接受客商的委托,以自己的名义代其交易并附带相关责任。这种情况下,货栈虽然本身具有中间人的性质,但它与委托者之间是委托代理关系,并在实际交易中处于买卖当事人的地位。为保证代客交易的顺利完成,并使客商满意,以保证充足的客货来源,从而促进自身营业发展,各货栈除自己代客商积极购销商品外,因人手不足或者专业知识欠缺等原因,往往还需要依赖市场中专业的经纪人为之介绍交易,"以灵通消息而便交易也"②。

经纪人在近代天津市场上占有非常重要的地位,"为买卖双方之居间人,对于交易发生困难时,有居间人从中折冲,较诸买卖双方自行接洽为便宜"③,因而几乎各行各业都有跑合从中说合、介绍交易。据记载,20世纪30年代棉花市场经纪人有70多人,④而同期面粉市场经纪人达26人。⑤

经纪人多是同业商号或货栈中的失业人员或因固定薪酬微薄而改营此业者,本身并无多少资本,全凭与买卖双方间的关系与信用拉拢业务,抽收佣金,以维持生计。担任此职者,一般都具有良好的信用,而且交际甚广,口齿伶俐,熟悉市场交易情形及专业商品知识,处事圆滑,他们每天都穿梭于买方与卖方之间,探听行情、接洽交易、争论价格。为争取业务,经纪人须在买卖双方之间建立可靠的信用关系,他们大都以某货栈、商号或出口商行为"靠家"(即双方具有亲密关系),否则,"货栈欲销售货品而

---

① 叶谦吉:《西河棉花运销问题之探讨》,《大公报》1934年9月2日第13版。

② 方显廷:《天津棉花市场之组织》(组织概要——买方与卖方之分析),《大公报》1934年9月2日第4版。

③ 薛不器:《天津货栈业》,第76页。

④ [日]大岛浪次著,王振勋译:《天津棉花》,《天津棉鉴》1931年第2卷第3期。

⑤ 金城银行总经理处天津调查分部编:《天津粮食业概况》,第11页。

不交其经手,买货者欲购买货品时,则不委托其购买,如是,则无业务之可进行也"。其中,又以与买方的关系更为密切,"买货者若获得可靠之经纪人后,无论购买何种货品,俱委托其经纪人购买,其他之经纪人欲起而与之竞争,殊有不易成功之势力"①。因此,他们常常受买方之托,洽购货物,遂与卖方代理人——货栈,成为"交易场上的伙伴"。一个经纪人大都至少同时为两三家商行、货栈接洽生意。他们与货栈互相结合,成为"交易场中最为活跃的角色"②。

"天津大小商业俱有经纪人居间介绍业务,货栈业为天津市场中之重要商业,经纪人更不可一日或缺者也"③,货栈代客购销货物,有利用自身买货手或卖货手与经纪人同时进行交易者,如前述天津棉栈,便由卖货主任与经纪人双方进行。此外,还有全数委托经纪人代为进行交易者,如近代天津干果货栈。据记载:"干果货栈之售货,不似其他各业之售货手及市场经纪人双方交易,悉仰赖经纪人从中往返撮合。"④而且,近代天津各货栈一般都与多个经纪人保持密切的联系,以便及时购销货品。如据记载:"锦记栈常年驻栈的经纪人多达150余人,这对锦记栈能及时把水果销出去而不积压,起到很大的作用。在旺季时节,锦记栈一天能运来柑橘六七车皮,约有二百多吨,都是当天销出去,栈内从不积存,以免腐烂造成损失。另外,经纪人还可以协助货栈把积压的背货或残次品,想办法推销出去。外地客商来津采购货物,也多由经纪人协助进行。"⑤从中可以看出,经纪人成为货栈业的得力助手。

经纪人中介说合买卖双方交易,目的在于佣金。通常情况下,经纪人的佣金包含在货栈代客买卖所取佣金之内,由货栈就其所得佣金内提取一定比例支付给经纪人。如干果货栈代客交易,"买卖双方交易一经完

①《干果货栈经营概要》,《庸报》1940年2月3日第5版。

② 罗澍伟主编:《近代天津城市史》,中国社会科学出版社1993年版,第571页。

③ 薛不器:《天津货栈业》,第81页。

④《干果货栈经营概要》,《庸报》1940年1月31日第5版。

⑤ 刘绠亨:《天津货栈业发展沿革概述》,中国人民政治协商会议天津市委员会文史资料研究委员会编:《天津文史资料选辑》第二十辑,天津人民出版社1982年版,第180页。

竣,每货一件由卖主提出三分酬劳栈主,谓之栈力。倘货品交易系由经纪人介绍者,由栈力中提出六厘酬劳经纪人,谓之辛力"①。当然,也有经纪人的佣金不包括在货栈佣金之内而由货栈向客商另外收取者,如药材、五金、杂货等。

通常情况下,经纪人与货栈一般保持长期合作关系,因而各经纪人多在货栈立有户头,记载其每次交易所得佣金数额,待结账时一并清算,当然也可随时请求货栈支付。而且经纪人如果平时需要用款,也可请求货栈暂为垫借。每一经纪人所得佣金数量多寡,以其介绍业务多少为准绳。在货栈代客交易繁盛之际,经纪人的收入是颇为可观的,"每较商号高级职员为多"②,20世纪三四十年代每一干果货栈经纪人,"每年所得之佣金,最低者亦在三五百元,最高涨者可达数千元至万余元之巨"③。虽然经纪人佣金收入颇丰,但其责任也甚大,经纪人为货栈介绍买卖,不仅负责为其售货,还需要对货栈担保并负责收付货款,"若货栈将货交付买主,买主不幸而发生不测事件,或买主诚心欺诈,将货骗去,货栈所受之损失,究如何抵补,唯有追求经纪人"④。

总之,近代天津货栈业与经纪人关系至为密切。适应当时市场分工的需要,两者之间彼此合作,共谋发展。经纪人通过为货栈业服务得以维持生计,而货栈业借助于经纪人的协助,业务得以顺畅开展,并巩固了其市场地位。货栈业与经纪人共同合作完成了整个代客交易过程并分取佣金,形成了生意上的伙伴。

综上所述,近代天津货栈业经营商品广泛,职能多样,并通过与各行业的广泛联系全面介入商品运销过程,成为商品运销中的重要一环,以及诸多市场交易的中心。它连接商品运销的两端,沟通了与各地、各行业、各部门的联系,充分起到了穿针引线的纽带作用。同时,货栈的资金融通

---

① 《天津干果业调查》,《工商半月刊》1930年第2卷第11期。
② 薛不器:《天津货栈业》,第78页。
③ 《干果货栈经营概要》,《庸报》1940年2月3日第5版。
④ 《干果货栈经营概要》,《庸报》1940年2月4日第5版。

职能、信用担保职能以及赊期交易的经营方式，又使其成为"信用保障与资金融通的纽带"①，便利了天津及各地客商的资金周转，促进了市场交易的畅旺。此外，货栈业的发展，便利了商品购销，促进了天津与其腹地、与其他商埠埠际之间的物资交流，从而又进一步促进了近代天津及其腹地商品经济的发展以及对外贸易的扩大。正如《天津之货栈业》一文所载："津市出口业兴盛时，该业极为活泼，社会金融亦感受利益。其关系小则一市之繁荣，大则影响华北农村之兴替。该业情形如何，在国计民生有联系之处。"②由此可见货栈业所具有的重要地位。

---

① 庄维民：《中间商与中国近代交易制度的变迁：近代行栈与行栈制度研究》，第147页。
②《天津之货栈业》，《检验月刊》1932年第11期。

# 第四章　天津市商检局的成立及检验业务

近代以来,随着中外贸易关系的扩大,商品检验成为不可或缺的重要环节。具有现代意义的进出口商品检验,不是中国本身自然发展的结果,而是肇始于列强的控制。到20世纪20年代末,南京国民政府才开始设立商品检验机构,实施这一权力。上海、汉口、青岛、天津、广州五大城市相继设立了官方性质的商品检验局,成为中国对外贸易和城市近代化的重要组成部分。兹主要阐述天津市商品检验局(以下简称"天津市商检局")的产生与发展、检政建设、商检宣传、检验业务,以及商检与对外贸易的关系等。

## 一、天津市商检局的缘起与演进

商品检验,是商品经济和国际贸易发展的产物。官设商检机构起源于欧洲,1664年,法国为了提高产品质量,增强国际竞争地位,扩大出口贸易,在国内重要城市设置专门的检验机构,制订了具体的品质标准与工艺规程,对出口商品执行强制性检验。此后,意大利、英国、德国、奥地利、日本、美国等国也相继设立了进出口商品检验机构。到19世纪,商检逐步具有了世界性质。20世纪30年代,世界主要资本主义国家都建立了商检机构。一方面维护本国商品信誉,拓展国际市场;另一方面防止带毒带菌商品进入本国,危害农牧业生产。

中国对外贸易源远流长,商检制度萌芽于唐朝建立的市舶司,该机构至明朝结束。《明史·职官志》记载,市舶司的职责是:"掌海外诸番朝贡、市易之事。辨其使人、表文、勘合之真伪。禁通番,征私货,平交易。"①明末清初以后,由广东三十六行代替市舶司的职能,行商是政府特许的专门经营海外贸易的商人。

鸦片战争后,十三行独揽对外贸易的历史宣告结束。西方列强将中国作为竞相争夺的原料产地和商品销售市场,在华外商为了保护自身利益,或设立各种商品检验机构,或干涉控制华商检验机构,中国由此丧失了检政主权。在天津,商检行业即滥觞于外国洋行和公证行的不断出现。1860年天津开埠以后,东西方列强纷纷涌入租界,开设洋行,1867年有17家,1890年增至47家,1936年更增至982家。随着进出口贸易的活跃,在洋行中间出现了专门从事进出口商品鉴定的机构,也就是洋商公证行。其中影响较大的有:英商怡和洋行、太古洋行、仁记洋行、宣誓尺务公司、保禄洋行,比商良济洋行,瑞商礼惠两合公司,法商米寿化验所,美商郝氏大夫兽医所,德商舒氏化验室,日商海事检定协会天津支会等。业务量最大的是英商保禄洋行,该行成立于1914年,主要检验进口货物的残短、破损、水渍、火损、失窃,并代表国外买主检验中国出口商品的质量、规格,基本上控制了天津口岸贸易的公证鉴定权。②

在清末民初,为保护中国商人在对外贸易中的利益,华商团体、地方政府乃至中央政府也开始参与和设立商检机构,不过,其商检权力仍受制于外人。在天津,此类机构主要涉及棉花和肠衣的检查。在天津海关协助下,中外棉商于1912年成立天津棉花烤潮所,开始检验棉花的水分,凡未经该所烤验水分的棉花,洋行仓库不予贮存,外商保险公司不予保险,烤潮所实权仍操于洋人之手。1927年,国民政府农工部发布了毛革肉类出口检查条例和细则,以维护津、沪、汉等地的肠衣出口贸易。1928年1月,天津毛革肉类出口检查所成立,因外商和海关税务司反对检验毛革类

---

① 张廷玉等:《明史》卷七十五,《志五十一·职官四·市舶提举司》。

② 天津市地方志编修委员会编著:《天津通志·商检志》,天津社会科学出版社2002年版,第66—67页。

商品,检查只限于出口肠衣和肉类两项。

以上历史表明,在国民政府正式设立权威商品检验机构之前,商检机构的种类和数量虽然较多,但始终由外商操纵着商检主权。而且,它们基本上都是单一商品的检验机构,检验品种较单一,业务范围较小,尤其是缺乏国家统一颁布的商品检验法规,检验手段和检验方法的随意性很强。

南京国民政府成立后,为了提高中国商品的国际信誉,发展对外贸易,同时也为了保障人民食用安全,开始以积极的态度重视商检。1927年,工商部发表工商行政纲要,要求:"全国重要口岸设立商检局,举各种重要出口商品加以检验,一方面限制窳劣商品不得输出,使吾国商人于世界增进其贡献,一方面证明吾国输出商品其优良已合于文明各国需要,而不得再借口禁止输入。"[①]1928年、1929年、1932年先后颁布了《商品出口检验暂行细则》《商品检验暂行条例》《商品检验法》,规定对重要的出口商品实行强制检验,各省市不得设立与中央法令相抵触的检验机关,如已设立一律取消。天津市商检局就是在这样的历史背景下成立了起来。

天津市商检局成立于1929年8月,是在原天津毛革肉类出口检查所的基础上改组而成。此前工商部已在上海、汉口、青岛成立商检局,1930年又成立了广州商检局,这5家商检局的成立标志着中国收回了一向由外商控制的商检主权。8月23日,工商部公布《天津商检局棉花检验细则》,令天津商检局自9月10日开始对棉花实施检验,原天津棉花烤潮所限于9月9日停止工作。

天津市商检局的历史大致可分为3个阶段:

第一个阶段是1929年8月至1937年7月。

天津市商检局建立伊始,限于人才设备缺乏,先开验棉花(包括出口和市销)和肠衣。随着员工的增加(开始有员工18人,半年后增加到41人),1930年检验范围增加了鬃毛、绒羽、原料皮、油脂、蛋产品、牲畜毛皮、肉类等7种出口商品,以及蜜蜂和肥料这两种进口商品。

---

① 沈国谨编:《我国商品检验的史实》,实业部商业研究室1934年印,第8页。

1930年底,国民政府工商部与农矿部合并为实业部,商检局改属实业部。天津市商检局接收原属农矿部的上海物产检查所天津分所,并于1931年成立农产品、牲畜产品、化学产品和棉花4个检验处,检验范围又增加了进口糖品、酒精以及出口豆类、果类、植物油类等。随着检验业务的发展,1935年天津市商检局人员增至123人。1936年,着手筹备植物病虫害检疫检验,并初具开验规模(见表4-1)。

表4-1　1929—1945年天津市商检局开验商品的时间和种类变化

| 开始检验日期 | 商品名称 |
| --- | --- |
| 1929年9月 | 棉花、肠衣 |
| 1930年3月 | 革类、肉类、鬃毛、绒类、蛋品、畜油 |
| 1930年5月 | 毛皮类 |
| 1930年12月 | 进口蜜蜂、进口人造肥料、出口羽类 |
| 1931年6月 | 进口糖 |
| 1932年5月 | 豆类、果类 |
| 1932年7月 | 植物油类 |
| 1932年12月 | 进口酒精 |
| 1934年12月 | 骨粉 |
| 1935年5月 | 进口麦粉 |
| 1945年12月 | 芝麻、麻、罐头食品、矿物油 |

资料来源:天津市地方志编修委员会:《天津通志·商检志》,第550页。

由表4-1可见,天津市商检局检验的商品共有23类,其中出口商品18类、进口商品5类。

第二个阶段是1937年7月至1945年8月。

1937年七七事变爆发后,日军占领天津,商检工作无法进行,天津市商检局停办。同年9月,伪天津市治安维持会在原局址建立伪天津市商检局,其后改属实业部经济总署,直到日本投降。日伪统制期间,先后在彰德、邯郸、石门、保定、唐山等5地设置棉花检验分处,为搜刮棉花服务。

第三个阶段是1945年8月至1949年1月。

1945年日本投降后,国民政府经济部接收伪天津市商检局,11月14日正式恢复天津市商检局,次年1月开验商品。鉴于秦皇岛、营口、葫芦岛港口开放,大批输出东北大豆,换取外汇,天津市商检局于1947年6月成立沈阳检验分处,负责营口、葫芦岛出口大豆的检验,同时派员建立秦皇岛工作站,负责该地大豆检验。与此同时,还接收了石家庄、唐山、保定、彰德、邯郸棉花检验分处。1948年7月,经济部改组为工商部,将各地工商辅导处裁撤。11月,天津市商检局接收工商辅导处,同月沈阳检验分处停办。

1949年1月,中共部队进占天津,接管天津市商检局。经过清理整顿,4月1日成立新的天津市商检局,受理进出口商品检验业务,这是中共建立的第一个独立自主的商检局。

本章所研究的主要是第一、第三阶段,即国民政府统治下的天津市商检局及其检验实践。

## 二、天津市商检局的检政建设

所谓"检政建设",主要指人才建设、仪器设备建设和商检制度建设。天津市商检局建立后,注重培养和吸收优秀人才,充实检验仪器设备,并逐步完善商检制度。

第一,人才队伍建设。

商检是一项系统而专业性极强的工作,天津市商检局建立后,一直注重培养和吸纳专业人才。我们可据一份1946—1949年天津市商检局职员的履历档案,大致说明商检局人才队伍的素质。[①]

一是主要职员有较好的教育背景。如天津市商检局局长李尔康是美

---

① 参见《人事任免卷》(1946年10月),天津市档案馆藏,J159-184;《人事荐举》,1946—1948年,天津市档案馆藏,J159-189;《人事任免卷》(1946—1948年),天津市档案馆藏,J159-185;《人事任免卷》(1947年10月),天津市档案馆藏,J159-186;《人事纪录》(1947年10月—1949年1月),天津市档案馆藏,J159-304。

国乌斯特大学学士,事务处主任陆鼎吉为美国乌斯特大学学士和省立大学硕士;课长、技正、技士、佐理员等职员,也多毕业于国内知名大学和专门学校,如课长阎敦宜毕业于安徽大学化学系,班荫椿结业于天津新学书院,人事管理员刘浚源毕业于武昌法政专门学校政治经济系,吴云啸毕业于湖北官立法政学校,会计主任朱洪烈毕业于上海大学社会学系,技正隋永福毕业于北京大学化学系,陈庆昇毕业于清华大学化学系,江善辅毕业于北平大学农学院,陈尧珗毕业于西南联合大学,伉铁侠毕业于南开大学,沈友仁毕业于北平大学工学院,焦锡经毕业于陆军兽医学校,出纳课员崔国祥毕业于朝阳大学,技士郭可谏毕业于燕京大学,王寿山毕业于北京大学农学院,刘克澂毕业于国立清华大学化学系,黄秉彝毕业于北京大学工学院,佐理员陈益之毕业于北平财政商业专门学校,刘树榢毕业于北京法政学校,张鸿达毕业于江苏审计分处官厅簿记讲习所;一般的雇员、办事员、练习生,则多为中学毕业生,也有的毕业于专门院校,如雇员张贵湘毕业于天津扶轮中学,赵铮毕业于京师畿辅中学,办事员赵仲贤毕业于上海美术专门学院。由上胪列可见,天津市商检局职员的文化素养是较高的。

二是一些业务骨干有从事教学、行政、企业以及与商检有关的工作经历。如技正伉铁侠曾任南开中学理化教员、经济部工业试验所副工程师兼工务副科长。技正陈尧珗历任资源委员会动力油厂工程师、生产局科员、经济部工业试验所纯化室技士。技正隋永福历任各工厂厂长经理、大连市政府简任专员。技士李壮猷曾任北平私立辅仁中学专任教师、平民中学理科教员。技士刘克澂曾任天津私立广东中学化学教员。技士胡坤荣曾任河南省立陕县高级棉科职业学校教员,讲授棉花分级贸易运销合作等课。技士郭可谏曾任哈尔滨厚生皮革肥皂公司技师、郑州西北制革厂主任技师。技士王寿山曾任天津市政府屠宰场技士、河北省农垦局技士。技佐王怀文曾任天津私立福婴小学校教员。佐理员陈益之曾任永利化学工业公司文书、久大精盐公司文书兼会计。佐理员吴凯麟曾任经济部中央工业试验所会计科员。雇员李鸿年曾任山东官硝总局主任、河北硝磺总局科长、长芦盐务管理局硝磺处股长。

天津市商检局还注重对员工的文化培训。为提倡工友教育,特创办工友夜校,开设国文、英文、数学等课目,由天津市商检局职员担任教员。为了学习国外先进的检验方法和技术,还倡导技术人员学习英文,并开设了日文班与德文班。不仅如此,天津市商检局还购买了不少最新书籍,作为职员自修的参考用书。仅从1940年沦陷时期对天津市商检局藏书的清理来看,既有中文书籍,也有英文、日文书籍,不少图书涉及国外内商检的状况、技术和方法。①

为了提高各级职员的工作效率和工作质量,天津市商检局制定了相应的考核标准,包括工作、操行、学识,所占比重分别为50%、25%、25%。以技正为例,工作考核包括10个方面:"一、是否长于领导;二、对于主管业务之创建推动及改进有无妥实办法;三、对于人与事之考察及支配是否允当;四、是否负责;五、工作是否切实可靠;六、工作是否达到预定限度;七、能否与人合作;八、是否机敏;九、有无毅力;十、能否耐功苦。"操行考核有5个方面:"一、是否守法;二、是否公正;三、是否廉洁;四、是否受人敬重;五、是否诚恳接受指导。"学识考核也包括5个方面:"一、本职之学识或技能;二、全部业务之学识;三、对于国家根本法令及政策之研究;四、识量;五、进修精神。"总计20个方面,相当详细。②

第二,仪器设备建设。

仪器设备是进行商品检验的物质基础和技术基础。由于1929—1937年的相关资料缺乏,兹以1945—1946年为例作一说明。抗战胜利后,天津市商检局除了接收日本赔偿的兵工试验仪器以外,还在经费许可的范围内向国内外定购仪器、药品。三和股份有限公司是国内专门经营科学仪器、化学药品以及工业原料的公司,主要采购欧美名牌货品,信誉卓著,天津市商检局向该公司购置了一批先进商检设备。天津市商检

---

①《本局四组(植检组、牲检组、化工组、农检组)仪器记、证书底册、书籍移交清册》(1940年5月1日),天津市档案馆藏,J159–3。

②《考绩表》(1945年),天津市档案馆藏,J159–193。

局于1945年12月至1946年6月向经济部申请10万美金,向国外定购仪器、药品。从该局化工、牲检、农检三组申请购买的仪器设备清单来看,颇为复杂,包括细菌检验、皮革检验、动植物油脂检验、肥料检验、糖品检验、矿油检验、蛋品检验、棉花检验、果仁与豆类检验等仪器。仅用于细菌检验的仪器就有:电气干热杀菌器、切片机、离心沉淀器、限外显微镜、双目显微镜、高压杀菌器、蒸杀菌器、恒温器、菌落计算器、显微测微计、接目显微测微、电冰箱、显微镜照相器、培养管、发酵管、染色器、细菌染色装置、染色片盘、染色片架、杯用染色片架、染色液瓶、恒温染色台、洛氏培养机、瑞氏培养瓶、巴氏培养瓶、野口氏培养瓶、高氏培养瓶、盖氏、冯氏、卡氏培养瓶、培养管注液器、洛氏培养管、特殊细菌培养器、显微镜片加温管等。[①]

第三,商检制度建设。

建立检验标准,是商品检验的前提,它"有关检政信誉,既不能长令纷歧,亦不能不常求改进,以臻于至美至善"[②]。工商部多次召开全国商品检验会议,邀请技术专家讨论、研究和制定各类检验细则。天津市商检局以政府颁布的一系列法律法规为依据,参考上海、汉口、青岛商检局的实施办法,并调查天津和其他地区商品的实际情形,制订配套的施行细则和暂行细则。据各种资料统计,1929—1949年以天津市商检局为名义颁布的相关细则有20个,这些细则构成了商检局进行商品检验的准绳。[③]

这些细则主要涉及商品检验标准、检验手续及计费、抽验与检验、签证与放行与监管奖惩等。关于商品检验标准,以糖品为例,荷兰赤糖及白糖以色泽为标准,分为18级;古巴及吕宋糖以转光指数为标准;日本及大古糖品以色泽为标准,分不同等级。关于检验手续,对于出口商品,以牲

① 《购置仪器、图书、申请结汇》(1947年12月1日),天津市档案馆藏,J159-227。
② 沈国谨编:《我国商品检验的史实》,实业部商业研究室1934年印,第55页。
③ 参见天津市地方志编修委员会编著:《天津通志·商检志》,第701—702页;《实业部天津商品检验局检验季刊》1931年第2期;《实业部天津商品检验局检验季刊》1932年第2期;实业部天津商品检验局:《天津商检月刊》1935年第1期。

畜产品为例,商人或商号请求检验牲畜产品,须于报关前三日,将姓名或商号,商人住所或商号地址,货物种类重量,记号数目,出口日期,载运船名,运往地点,受货者姓名或商号等,填写检验请求单,连同检验费,送交检验局,掣取收据,由局即日派员检验;检验次序以接到请求单先后为准。对于进口商品,以肥料为例,须于报关前三日,填具检验请求单,连同检验费,呈局掣取收据。关于检验费的收取,天津市商检局按商品的重量、每包规定收费额一般不超过该商品市价3‰,它几乎成为天津市商检局的全部收入来源。关于抽验与检验,检验局接到报验单后,即派人扦取样货,以植物油类为例,每百件或不及百件抽提4件,每件采样油1斤,50件以下抽提2件,每件采样油2斤,逾百件时酌量派加。检验法包括感官检验、物理检验、化学检验等3类方法,感官检验又有视觉法、嗅觉法、触觉法、味觉法,物理检验有度量衡法、热学法、电学法、光学法,化学检验有定量分析法、定性分析法。关于签证与放行,以人造肥料为例,对于检验合格的肥料,由天津市商检局发给附有化验单的合格证书正副本各一份及检验执照一份,并按包装发给检验证,结贴包装之上。关于监管与奖惩,天津市商检局对商品的整个检验过程均有相应的监管措施,对出口商品主要采用厂商登记、派员指导、商品封识、行政处罚等方式,对进口商品则要求报验人提供进口货物到货时间和货物情况,对进口商品在质量、安全、卫生等方面也提出了明确规定。在处罚问题上,以棉花为例,如发现商人在检验时行贿、检验后涂改证书,以及检验人员有受贿渎职等现象,将移送法院处断;发现商人私易物品变更数量,处以300元以下之罚金。[1]以上规则的建立,为进出口商品的科学检验奠定了基础。

---

① 《天津商品检验局棉花检验处修正检验细则》(1930年6月),《检验月刊》1930年第6、7期合刊;《实业部天津商品检验局植物油类检验暂行细则》(1932年5月6日),《检验月刊》1932年9、10月合刊号;《实业部商品检验局糖品进口检验规程》(1930年12月18日)、《实业部商品检验局人造肥料检验规程》(1931年3月31日)、《实业部天津商品检验局人造肥料检验细则》(1931年6月12日)、《实业部天津商品检验局牲畜产品检验细则》(1931年6月24日),《实业部天津商品检验局检验季刊》1931年第2期;《商品检验法》(1932年12月14日),天津市地方志编修委员会编著:《天津通志·商检志》,第702页。

# 三、天津市商检局的业务宣传

为了使社会更多地了解商品检验,以利商品检验的进行,天津市商检局注重商检业务的宣传,包括发行定期刊物,编辑各种丛刊和浅说,开展国内外宣传活动等。

首先,创办和发行刊物。

《检验月刊》与商检的关系最为密切,1930年创刊,是天津市商检局的机关刊物,每月发行一期。其宗旨是以"促进我国幼稚的生产,提高我国出产的价格,挽救我国国际贸易的失败,增益我国民经济的发展"①。该刊不仅行销中国,还远及日本、欧美。刊发内容,主要涉及商品检验的论著、研究、译述、检验工作,以及调查、法规、文告、国内外工商要闻等。其他与商检有关的刊物还有《实业部天津商品检验局季刊》《检验年刊》《检验统计特刊》《商检统计专刊》等。以上期刊,都为商检工作者、进出口商提供了参考和借鉴,也在民间社会起到了宣传作用。抗战胜利后,天津市商检局还编印过《经济部天津商检局业务暂行年鉴》,1946年、1947年检验年刊等。

鉴于华北为重要的植棉地区,棉花是天津出口贸易的大宗商品,天津市商检局1930年创办了《天津棉鉴》,此为该局第二种定期刊物,也是华北唯一的棉业杂志。其主要内容为,选载每月来自国内外棉业界的调查消息、棉花纱业市况统计、参考资料、该局棉花检验处各种分类统计表材料等,"其目的一方面在报告棉检服务状况,为事实的宣传,以促棉商之自觉,而致力于棉花品质之纯正,一方面复至诚的希冀,华北棉业界之速谋重要结合,共策未来发展,本刊篇幅虽小,为应时代需要起见,举凡棉业问题之讨论,各地棉商之情况,棉检办法之指正等,无不乐为发刊,窃愿我华北棉业界,在此缺乏棉的刊物之时,亦稍得沟通声气耳"②。也就是说,《天

---

① 《发刊词》,《检验月刊》1930年第6、7期合刊。
② 《发刊小言》,《天津棉鉴》1930年第1卷第1期。

津棉鉴》不仅为中外棉业界人士互通消息,为植棉业研究提供重要参考资料,也在一定程度上促进了棉检事业的发展。

其次,编译出版丛刊和浅说。

丛刊主要有《拟订棉花品质检验意见书》,为棉检组丛刊第一种;《果仁类暂行检验法及拟议中之标准》,是农品检验组丛刊之一;《肥料检验法及其暂行标准》,为化工品检验组检验丛刊之一。此外,还有《植物油类暂行检验法及其标准》《糖品暂行检验法及其标准》《酒类暂行检验法》《豆果类水分测定法之研究》《近五年天津棉市概况》等。浅说主要有《棉花检验的目的》《本局棉花检验处的工作》《美棉种植法浅说》《改良棉种法浅说》等,其目的是劝导人们改良种植,废止掺假。

以上期刊、丛刊和浅说的发行,在一定程度上促进了国内商民对于商品检验的认识和了解,推动了商检工作的开展。

为了增加商检知识和提高商检技术,天津市商检局还组织专家、技术人员进行调研和翻译工作,并在本局期刊上发表。如牲畜产品检验处,1929—1937年的研究课题就有"沪局拟订蛋品检验方法与本局所用方法之比较研究""各种蛋白化验方法之选定研究""平津制革业之原料研究""牲畜正副产品检验心得""北平制革业之研究"等。又如化工品检验处,翻译发表了不少美国学者的论著,包括《分析化学之新趋向》《锡定性用之还原器》《用氧化法制造磷酸之现在情形及其将来之趋势》《氧素肥料对于土壤酸度之影响》《胡麻油加热变形时物理及化学性质之变异》《晚近肥料制造及其用途之进展》《预备醛乙醇之速法》《豆油压榨情况对品质与产量之影响》《蔗糖浆之自然分解作用》《植物油类颜色之特性及去色之方法》《亚麻油酸价及其游离脂肪酸之电位差滴定法》《肥料中有效磷酸定量之方法究应加以修改》《钾化过磷酸中有效磷酸测定法之建议》《用碘素养化法定蜂蜜内左旋糖右糖含量之研究》《精制蔗糖之电导与灰分度》等。[1]

再者,开展国内外商检宣传活动。

[1]《实业部天津商品检验局检验季刊》1931年第1—4期、1932年第1期有关译述资料;《检验月刊》1932年9—12月号、1933年第1—3、6、8、10月号、1934年1月号有关译述资料。

对国内商民的宣传,主要是使其明了商检真相,促进商品改良,发展生产事业。以棉花检验为例,鉴于棉花品质关系到国际贸易与棉纺织业的前途,1931年夏天津市商检局局长费起鹤责成棉花检验处拟具产地宣传计划,劝导改良棉作,制止掺假作伪。棉花检验处还组织棉作改良宣传队,赴棉花产区——西御河区域、东北河区域,一是通过宣传,使内地农商了解棉花检验的宗旨,醒悟掺假的危害;二是通过调查内地棉作和营业情形,为该局棉花检验处的改进提供资料。[1]1945年抗战胜利后,该局也曾派员赴华北各产棉区,征集棉花样本,研究棉花品质。另外,派员赴畜产区进行调查,编述宣传小册子,指导畜牧养殖。

对国外商人的宣传,主要目的是促使中国商品获得国外市场的认可。

一是对在华外商进行宣传。以牲畜产品为例,天津市商检局成立之初,牲畜产品的检验设施和检验方法都比较简单,不能得到外商的信任。针对这种情况,天津市商检局加以整顿,新增检验室细菌室,检验方法渐趋科学,然后邀请外商前来参观。据当时记载:"设备既经粗具成效,当有可观,日前外商领袖会来局参观,对于检验、验细菌各室之新设备均极满意。"[2]

二是加强境外宣传。1932年,芝加哥百年进步纪念世界博览会举行,天津及其他各大商品检验局参加了这次博览会。文字、图表、照片、实物等展示了天津市商检局成立以来的历史过程,介绍了天津市商检局的组织系统、检验设备、商检程序、各检验处工作之分配、检验方法及检验成绩等。博览会征集出品,由各检验局分别担任,天津市商检局负责果实、皮毛、绒羽毛、芝麻油、大麻油等的征集,"拟定华北征集之出品暂以皮毛干果两种为大宗,其余如棉花并化学工业品可以代表百年之进步者以及确为华北之特产,而为他省所无或制作精良可以表现吾国之进步而与国际贸易有关系者,亦均在征集之列,凡系运美陈列之物品,并经规定应选择

---

① 《本局棉作改良宣传队第二队任务完毕》,《天津棉鉴》1931年第1卷第12期。

② 《呈实业部公文》,《检验月刊》1933年第12月号。

最好之品质以及制造之方法,应用文字或电影等各种方法详为说明"①。通过展览,外国对中国商检的组织及成绩有了初步了解。

此外,为了消除中外商人的疑虑,加强合作,天津市商检局还向他们宣传商检局的业务及宗旨,使其了解商检局为纯技术机关,而非税收机关,其目的在于提高出口商品的品质,取缔掺杂作伪弊端,督促指导改良生产,挽回出口商品在国际市场上的声誉。换言之,天津市商检局是以检验商品为手段,以促进和奖励国际贸易为目标,鼓励出口商人适应国外市场的需求,提高货物品质,发展国际贸易。

## 四、天津市商检局的检验业务——以牲畜产品为例

如前所述,天津市商检局检验的商品不断增加,出口商品主要是棉花、牲畜产品、果豆、植物油类等传统的农畜副产品,进口商品主要是蜂蜜、人造肥料、糖品、火酒、麦粉等。本节以牲畜产品为例,阐述商检局的检验业务。

天津输出贸易中,牲畜产品所占比例较大,19世纪末20世纪初每年出口值达5亿元。中国出口牲畜产品以输往美国为主,平均约占70%。欧美各国向来注重兽疫预防,对外国输入的皮毛及其他牲畜产品,加以种种限制。中国出口牲畜产品,从未专设机构进行检验,于是多次发生外国禁止中国牲畜品输入的事件,中国商民损失惨重。天津市商检局自成立之初,即开始对牲畜正副产品实施检验,重在取缔假冒,改良货物品质,保证商品无毒,防止兽疫传播,检验合格后方准出口,以挽救畜产品的信誉。

大致言之,牲畜产品检验主要包括肠衣类、肉类、鬃毛绒羽类、蛋类等。

第一,肠衣类。

肠衣是天津市商检局成立后最先检验的出口商品之一。1931年4

---

① 《呈实业部公文》,《检验月刊》1933年第12号。

月,天津市商检局遵循国民政府公布的《实业部商品检验局牲畜产品检验规程》,规定:"牛猪羊之肠衣,分盐渍肠衣及干燥肠两种,均应洗涤清洁去脂,大小长短合度及无破裂病状颗粒局部过厚或过薄等弊,盐渍者并须以颜色乳白或淡红,气味鲜香为合格,干燥者以色黄味香为合格。"[1]1935年10月,国民政府又公布了《实业部商检局肠衣类检验施行细则》,对肠衣在长度、口径、色泽、气味、实质、伤痕、杂质等重新作出了明确要求,在长度上,猪肠衣每扎全长为12.25公尺,以3节或4节合成;羊肠衣每扎全长为31公尺,以3节、4节或5节合成;牛肠衣每条长为20公尺,以10条扎成1把;牛大肠每条长为92公尺,以4节或5节扎成1把,盲肠每条约长123公尺,以5条扎成1把;猪大肠(直肠)每条长约1公尺,以5条扎成1把;羊大肠(盲肠)每条长约22公分,以10条扎成1把;牛食道每条长约61公分,捆扎时不拘条数。在口径上,猪肠衣分为26、28、30、32、34、36公厘及以上,羊肠衣分为16、18、20、22、24、26公厘及以上,牛肠衣分为48、50、60公厘及以上,牛大肠、猪大肠羊大肠及牛食道不分口径大小。在色泽上,盐渍肠衣以乳白色或淡红色者为合格,干制肠衣以淡黄色者为合格。在气味上,盐渍肠衣以不带腐败及牲畜气味者为合格,干制肠衣以带有香味者为合格。在伤痕上,以无寄生物啮痕及破裂者为合格。在杂质上,以不含铁质亚硝酸丁酸钙碯精及其他有损肠质与有碍卫生者为合格。[2]

由于天津市商检局的检验标准较为严格,曾遭到肠衣商的反对。1935年10月当天津市商检局按照检验细则对出口肠衣进行检验时,天津市商会及肠业同业公会就认为肠衣等级标准过于严苛,遂致函天津市商检局,请其转呈实业部收回成命,以利商业。但实业部坚持标准,并申明利害,"该施行细则内肠衣类检验标准,系根据各地商检局历来之施验结果而定,以促进输出商品标准化为宗旨,对国内外市场情形均经兼筹并顾,以期适合",指出肠衣的长度等级标准均与细则大致相合,且"肠衣口

---

① 《实业部商品检验局牲畜产品检验规程》(1931年4月24日),《实业部天津商品检验局检验季刊》1931年第2期。

② 《天津商品检验局关于肉类棉花火酒检验规则》(1935年),天津市档案馆藏,J128-558。

大小,关系价值颇巨,不能不精确鉴定"①。在实业部的支持下,天津市商检局仍严格按照标准对肠衣施行强制检验。

第二,肉类。

中国出口肉类主要有鲜肉、家禽肉、制过肉。1930年3月,天津市商检局根据《工商部天津商品检验局牲畜产品检验处检验出口肉类章程》对肉类开验,并随时派遣兽医技术人员加以督察指导。开验1年后,未曾发生不合国际肉类输入法规所定标准的事件。1931年4月,《实业部商品检验局牲畜产品检验规程》又规定,肉类须有当地屠宰场经过兽医宰前宰后检验之印证,且品质新鲜,方为合格。1935年10月,《实业部商检局肉类检验施行细则》进一步规定,肉类须采自健康无病的牲畜,且须经兽医检验合格,肉类检验标准更加明确:"甲,鲜肉须宰割整齐品质鲜美,冷藏肉并须冰冻适宜;乙,家禽肉有鸡痘、鲁布鸡霍乱或其他败血病结核病、肝肠炎、肺之蕈样征菌传染性贫血脓性腹膜炎、球虫病等或色泽青灰、肉质腐败、放血不全者不得作食用;丙,制造肉品品质须新鲜不得杂有酸败气味,火腿腌肉等并须宰割齐整;丁,肉类包装须有清洁坚固装肉之罐,涂锡质时所含铅质不得超过1%,并不得有锈坏或凹凸情形,蒸汽消毒手续须完备,包装外并须标明内脏物之品名与净重暨所用防腐剂之种类与分量。制过肉在制造期内检验局得随时派员施行检验,其制造设备须清洁,所使用之防腐剂以下列各品为限(一)食盐,(二)糖,(三)木烟,(四)酒,(五)醋,(六)硝,(七)硝酸钠,(八)辛香品,(九)安息酸钠(不得超过1‰并须标明于标签之上)。"②

为了实施牲畜宰前宰后及细菌检验,提高出口牲畜产品的品质,天津市商检局还提倡筹建屠宰场。七七事变前,因多种原因未能实现。1946年8月,天津市商检局呈文经济部,请行政院通令各省市政府,对于已设屠宰场者充实完善设备,未设立者限期设立,罗致兽医专门人员,担任宰前宰后检验。1947年8月,对于天津屠宰场的设备情形、牲畜宰前宰后处理

① 《天津商品检验局各项检验细则》(1935年),天津市档案馆藏,J128-559。
② 《天津商品检验局关于肉类棉花火酒检验规则》(1935年),天津市档案馆藏,J128-558。

及有关肠衣宰前宰后的检验等,进行督促和指导。[①]江西省农业院耕牛改良场曾函请天津市商检局寄送有关畜牧兽医刊物及应用表册,以资借鉴,[②]这也从侧面表明该局对于牲畜产品的检验得到了社会认可。

第三,鬃毛绒羽类。

天津市商检局于1930年3月开始检验鬃毛、绒类商品,5月开始检验羽类。依据1931年国民政府公布的《实业部商检局牲畜产品检验规程》,对于鬃毛类,"要求洗涤清洁,干燥适度并分类处理,倘或杂入污物发生恶臭及证明含有病菌(如炭疽菌者),应令消毒,方准出口"[③]。1934年4月,天津市商检局施行《鬃毛绒羽类检验暂行细则》,对各类的长度、夹杂物、气味、消毒、包装等分别制定了严格的检验标准。如猪鬃,除对长度有明确规定外,对掺杂短毛柔毛及其他种兽毛者不准出口,并要求鬃之根部脂垢须剔净,附有虱卵者也应剔出净尽;在猪鬃、成把马毛、成把山羊等装箱时,每层须撒布那夫他林药粉;消毒所用药水,以不损害鬃毛品质,确有杀灭兽疫毒害细菌及其芽孢之效力者为准。对于运往美国的猪鬃,如未用特种药水消毒,须于装箱前用福尔马林药水进行消毒。商检局对于检验合格的鬃毛绒羽,发给合格证书,有效期以两个月为限。[④]

第四,蛋类。

蛋类主要包括鲜蛋、制过蛋、蛋产品等3大类。天津市商检局于1930年3月开始检验出口蛋类,依照《实业部商品检验局牲畜产品检验规程》,规定:"鲜蛋及制过蛋应新鲜清洁整齐完好,冻蛋应冰冻坚硬,滋味新鲜,干蛋、湿蛋,均以品质新鲜,不含颜料毒质及其他杂质者为合格。"[⑤]1934年

---

①《检验杂项》(1946年),天津市档案馆藏,J159-259;《经济部召开商品检验会议(会议召开日期简则)本局报告》(1948年),天津市档案馆藏,J159-167。

②《检验方面杂项》(1946年),天津市档案馆藏,J159-253。

③《实业部商品检验局牲畜产品检验规程》(1931年4月24日),《实业部天津商品检验局检验季刊》1931年第2期。

④《天津商品检验局》(1933年1月1日),天津市档案馆藏,J128-6871。

⑤《实业部商品检验局牲畜产品检验规程》(1931年4月24日),《实业部天津商品检验局检验季刊》1931年第2期。

92

12月,制定《实业部天津商检局蛋类检验暂行细则》,对于蛋类分类制定了不同的合格标准,对于运销亚洲以外的鲜鸡蛋,要求:"一,空头深度在0.5公分至0.7公分或全长在十分之一至十分之一点五之蛋不得过5%;二,损伤蛋不得过1%;三,污壳不得过5%。"对于运销亚洲以内的鲜鸡蛋,要求:"一,空头深度在0.5公分至0.7公分或全长在1/10至1.5/10之蛋不得过10%;二,损伤蛋不得过2%;三,污壳不得过10%。"对于冰鸡蛋,实行严格的细菌检验,要求重量1公分内之菌数不得过500万,重量1公分内之大肠菌数不得过50万,同时还从水分、油量、脂肪酸度等方面对其进行化学检验。对于湿鸡蛋、干鸡蛋等,也都从这些方面进行化学检验。[①]

为了加强对以上产品的检验,天津市商检局还注意对与此有关单位的考察。譬如,1948年9月派技士王寿山、李劭权,技佐杨瑞鼎等人参观中央畜牧试验所北平工作站、农林部中央农事实验所北平试验场、中央林业试验所,对其内部机构设置及业务、仪器设备、人才状况进行详细报告,为该局施检提供借鉴。

应当说,国民政府时期商检局的检验还是比较初级的,出口检验均是一些初级农畜产品和仅经过粗加工的生产原料,这说明中国仍是资本主义国家的原料产地。至于进口检验,事实上少有作为,譬如对于进口较多的洋布、洋烟等"洋"字号商品,几乎从未有过检验,也就是说对于洋货充斥中国市场并未起到应有的管制作用。

### 五、天津市商检局与对外贸易——以棉花检验为中心

天津为出口棉花巨埠,除去3/10卖给本地纱厂和民间使用外,其余大部分运销到上海和海外,以日本为最多,欧美各国也有一定销路。但由于多年来农商掺水掺杂之弊,致使中国棉花国际信誉低下,国计民生受害至巨。据1932年海关调查,棉花入口货约值17900万关两,减去出口棉值

---

① 《天津商品检验局各项检验细则》(1935年),天津市档案馆藏,J128-559。

2690万关两，入超15210万关两，究其原因，“总不外我国棉花生产额少品质不良且多掺假作伪不适于用两大原因”①。

正如《申报》发出过的议论：“商品检验与国际贸易关系甚为重要，必须国内商品改进，而后有发展国际贸易可言，是以国际贸易事业能否发展，当视商品检验局之发展为基础。”②天津市商检局成立后，为了取缔湿棉出口，挽救棉花信用，促进国际贸易的发展，首先将棉花作为检验出口商品。一来使棉花品质适合市销标准，免除交易纠纷；二来唤起商农注意，使其对品质改良有更深切的认识。

首先，加强仓库查验，防止潮棉入市。

天津市商检局除了施行与棉花检验有关的细则之外，还根据天津棉运情形，讨论和制定防止潮棉办法。1931年4月，该局棉检处副主任陈天敬召集棉商会会长张秀峰、董事长王泽春、郭锡九等20余人，决定通过官商合作，制定潮棉办法及计划。一方面由棉商分头劝止潮棉入市；另一方面由该局分令各存棉仓库到局登记，把潮棉晒干。继之，天津市商检局局长费起鹤又邀集津市棉花仓库业与棉商领袖等40余人，向其说明查验仓库存棉办法与取缔潮棉及发展棉业之关系。5月1日，厘定并实施查验仓库存棉办法，规定：“凡本市堆存棉花之仓库，都应来局登记，由本局择其晒台宽敞，足够整理潮棉之用者，指定数家，匀出地位，以便商人整理不合格之用。”③5月16日，又颁布《实业部天津商品检验局查验仓库存棉规则》，规定：“凡天津市内，代客堆存棉花之仓库或商号自备堆存棉花之仓库，均应依照规定请求登记；仓库请求登记时，须将仓库名称，成立年月，经理人姓名，所在地址，建筑情形，库房间数，榨包机数及印鉴等，填写检验请求单，向检验局登记。”请求登记之仓库，经核准后，由检验局发给登记证书，“凡领有登记证书之仓库，代客或自存之棉花，均应对照检验所发

---

① 天津市地方志编修委员会办公室、天津图书馆编：《益世报天津资料点校汇编》第2册，天津社会科学院出版社1999年版，第732页。

②《实业部长吴鼎昌昨视察沪商品检验局》，《申报》1936年3月31日第9版。

③《本局查验仓库存棉五月一日实行》，《天津棉鉴》1931年第1卷第9期。

棉花检验证书,核对棉包号码及商标、包数等无误后,方得堆存,并须依照检验局规定格式,载明棉包之存入及起运情形备考"①。以上办法,为降低棉花次品率起到了一定作用。

其次,增强棉农棉商对棉花品质的了解和重视。

天津市商检局在对棉花施行强制检验的同时,向棉农棉商宣传掺水掺假的弊害:"(一)棉花水分过重,存储时发生热度,容易腐败,不能久存;(二)潮棉的色泽易变暗,失去宝光;(三)潮棉求售不易,易跌价,且增加买方厌恶;(四)纺织业使用混潮棉,机器易生锈、毁损,并且棉花纤维不能延长;(五)不合格的潮棉,势必重晒复烤,棉商无形损失甚巨;(六)潮棉出口,有关国际信用、易受外国诘责、阻碍国外销路。"②也就是说,棉花质量不但与棉商有关,还与棉农、纺织业有密切关系。如前所述,商检局曾组织棉作改良宣传队,编订图画浅说,赴华北各产棉区实地宣传劝导,使农商了解棉花检验宗旨,醒悟施水掺假之非。在此工作之下,棉农棉商增加了对棉花品质的了解和重视。

不仅如此,为了改良棉花品质,天津市商检局还积极倡导棉产改良。河北东北河区域(包括宝坻、丰润、玉田、武清、香河等县)为细绒棉产中心,天津市商检局棉花检验处制定了东北河区域改良棉种计划草案,包括:成立东北河棉业改良委员会,由县建设局、棉业公会、农会产物选种交易所、商会及棉业专家组织;设试验场;各县设立委托种棉场,选择较有知识与种田较多之农户若干户,每户划四五亩,作委托种棉场;工作方针包括改良棉种、统一棉种、改良栽培、改良处理、改良销售、举办统计等。③ 在此基础上,通过调查研究,天津市商检局设立了棉花试验场及委托种棉场。

---

① 《实业部天津商品检验局查验仓库存棉规则》,《实业部天津商品检验局检验季刊》1931年第2期。

② 天津市地方志编修委员会办公室、天津图书馆编:《益世报天津资料点校汇编》第2册,第733页。

③ 天津市地方志编修委员会办公室、天津图书馆编:《益世报天津资料点校汇编》第2册,第633页。

天津市商检局通过采取以上措施,取得了明显成效,棉花检验的合格率上升。据统计,1931年1—3月内地运津棉花总数为187411包,初验不合格者有69688包,不合格率为37%。实施查验仓库存棉办法以后,自4月1—29日验棉总数为74890包,其中不合格者有6941包,不合格率已降至棉花总量的10%。①又据1936年的统计,与1935年相比,平均含水量已由12.2%减至10.35%,平均杂质含量由1.53%减至1.31%。②

棉花品质的提高为棉花出口创造了有利条件。据天津市商检局统计,该局自棉花开验以来,内地运津棉花数量1929年为577652包,1930年为815221包。1931年只有9个月的统计,仍达635989包,较1929年度多5837包。棉花输出量也有明显增加,据天津海关统计,1929年输出华棉数量为628601担,1930年为831029担,1931年为852801担。③不过,1932年以后,受国内外市场供求关系的变化,棉花输出量有所下降。据天津市商检局统计,天津棉花输出国内外数量分别为:1931年500644公担,1932年541868公担,1933年405537公担,1934年377051公担,1935年336687公担。④尽管棉花贸易的改进受到了多种因素的影响,但天津市商检局的参与功不可没。

综上,天津市商检局作为近代中国首批由政府组织设立的五大权威性商检机构之一,打破了外国人控制中国商检机构的局面,初步建立了中国商检事业的基本体系和制度,填补了中国商检制度、法规和业务管理的空白。天津市商检局的检验工作有助于提高中国商品的出口能力,维护中国在对外贸易中的合法权益,在一定程度上增强了中国商品在国际市场上的竞争力。天津市商检局的建立及发展也有利于中国检验检疫事业与国际接轨,为中国商检事业的发展奠定了基础。尽管天津市商检局的

---

① 《本市棉商与棉花仓库业对于查验仓库存棉办法之认识》,《实业部天津商品检验局检验季刊》1931年第2期。

② 胡坤荣:《本局二十四年十月至二十五年四月棉花水分杂质检验结果统计之分析》,《天津棉鉴》(复刊号)1936年第1卷第1期。

③ 陈天敬:《本局棉花检验施行经过述要》,《天津棉鉴》1933年第3卷第1期。

④ 王兴周:《近五年天津棉市概况》,《天津棉鉴》(复刊号)1936年第1卷第2期。

整体规模和检验范围还比较小,技术方法也不成熟,外商洋行也一直没有停止公证鉴定业务,天津市商检局独立的检验鉴定权仍受到极大限制,但必须指出,天津市商检局的建立和发展,标志着中国商检事业迈入了近代化历程,也为新中国商检事业的发展奠定了重要历史基础。

# 第五章　官商合办的小本借贷处

　　金融是经济建设和生活消费的血脉。在近代中国的金融业发展进程中,小本借贷是一种针对民间小本营业者实行借贷的业务。一些民间的慈善人士和组织、近代银行以及国家设立的社会保障和救济机构等都曾举办过小本借贷的业务。20世纪30年代中期,作为一项新的市政工程,北京、天津、南京、汉口、上海、青岛等城市均相继设立了小本借贷处,出现了一个举办小本借贷的高潮。[①]小本借贷处的举办,一方面在于扶助小本生产事业;[②]另一方面,一些学者和官员希望小本借贷处能够与典当业和合作社一样,成为重要的民间金融机构,并且逐步取代民间高利贷。[③]天津市的小本借贷处成立于1935年初,是天津市政府与银行界合作为救济小本工商业者所建立的一个借贷机构。

## 一、小本借贷处的成立

　　小本借贷处的设立是对下层民众具有现代意识的救济方法。这种思想和做法在政府和社会中早已有有识之士呼吁和实践。[④]随着天津城市

---

　　①《中国人民银行天津分行关于开办市民生活抵押借贷方案请示及本委批复》(1951年),天津市档案馆藏,X0077—C—002646。

　　② 马溥荫:《京平津之小本借贷》,《益世报》1937年1月24日增刊(三)。

　　③ 宓公干:《典当论》,商务印书馆1936年,马寅初序,第10—11页。

　　④ 王卫平、黄鸿山:《晚清借钱局的出现与演变》,《历史研究》2009年第3期。

的发展,贫民问题也日益严重。一些社会人士也采用了小本借贷的方法,来解决贫民的生计问题。1921年天津地方绅士李嗣香"因津埠难民众多,生计维艰,拟组织平济局,其宗旨以借款抚恤贫民"①。他的主要借贷对象是小本买卖者、拉洋车者、小泥瓦匠等。②1922年天津人士杨敬林等,也曾计议要成立一个向平民贷款的银行。③另外,1931年大陆银行举办了小额贷款,以辅助平民小本工商业为宗旨。1934年2月,天津新华信托储蓄银行也开办了小额借贷的业务。④

　　天津政府举办小本借贷的思路是学习当时北平的经验。⑤但天津小本借贷处的成立却由来已久,颇为曲折。1928年新年伊始,一些社会人士便呼吁把成立贫民低率借贷所作为市政内容之一。⑥1930年2月,天津市社会局决定要正式成立贫民借本处,并拟定了3项办法。资金打算从救国基金项下拨付,但是没有结果。⑦不久,社会局又打算借助大陆银行拨付款项,以资助成立贫民借本处,⑧但大陆银行以无款为由没有答应。⑨在王韬任天津市市长时,⑩财政局曾向市政府呈请,有拟筹设小本借贷处组织章程、草案等举措,可是再次因资金问题搁浅。⑪但事在人为,1934年底,

　　①《组织平济局抚恤贫民》,《益世报》1921年7月18日第10版。

　　②《组织平济局抚恤贫民》,《益世报》1921年7月18日第10版。

　　③ 方兆麟主编,中国人民政治协商会议天津市委员会文史资料委员会、中国银行股份有限公司天津市分行合编:《卜白眉日记》第二卷,天津古籍出版社2008年版,第193页。

　　④ 郭凤岐总编纂:《天津通志·金融志》,天津社会科学出版社1995年版,第315—316页。

　　⑤《天津小本借贷处案件》(1936年),天津市档案馆藏,大陆银行总经理处,J0215-1-001270。

　　⑥ 李根古:《市民与市政》,《益世报》1928年1月1日第17版。

　　⑦《津市贫民福音,社会局筹设贫民借本处》,《益世报》1930年2月10日第11版。

　　⑧《贫民借本处之推行,社会局函大陆银行拨款协助,该行关怀民瘼必深表同情》,《益世报》1930年4月3日第10版。

　　⑨《贫民借本处大陆银行无款拨付,社会局拟另筹办法》,《益世报》1930年4月11日第10版。

　　⑩ 来新夏主编,郭凤岐编著:《天津的城市发展》,天津古籍出版社2004年版,第172页。

　　⑪《市府令关于筹设小本借贷处案》(1934年),天津市档案馆藏,天津市政府,J0054-1-001102。

在张廷谔到任天津市市长后，①虽然面临着同样的困难，他却决定立即启动小本借贷处的筹备，并希望尽快成立。当时的社会舆论也为小本借贷处的尽快成立造势。1934年12月12日，《益世报》发表社论，赞扬了张市长即将举办小本借贷处的举措，同时提出了对小本借贷处的3点希望：贷款期限宜长、利息宜低、贷款手续宜便。②1935年1月，张廷谔向行政院呈报了自己的3年治市规划，显示了他在天津市市长这个位置上要对天津市政大力整顿的一番雄心。③为加快小本借贷处成立的进程，他决定向银行界借款。由政府出面举办的小本借贷处为官办性质，并且还是隶属于市政府的永久机关，"俟理事会组成后，即委托其全权主持，内部工作人员，可不随宦海升沉"④。同时，在没有实际把握的情况之下，他依然表示目前钱款已经不成问题，借贷基金共24万元，"一半由银行界借贷，已经商定；一半由救国基金项下提用，也大致可能"。天津市政府为使小本借贷处能早日成立，先垫款4万元，"决于即日开办"⑤。1935年1月17日，他又身着制服(为了响应新生活运动)，到财政局视察。第二天，他接受了记者的采访，用坚定的语气表示：小本借贷处的一切筹备工作都已经妥帖，1月20日必可成立。经理以下办事人员，早已委定，组织章程亦已拟就。他还解释了小本借贷处没有按原定计划成立的原因，"原拟1月1日成立，后以在东马路所觅办事处地点稍费时间，致迟延至今"。虽然因为银行方面的原因，兼管账目的副经理还没有推定，但是"无论如何，20日亦必开办"⑥。为了加快筹备的进程，张市长还任命姬浚主持筹划小本借贷处的事宜。⑦在

① 来新夏主编，郭凤岐编著：《天津的城市发展》，第172页。

② 社论：《贫民小本借贷处之商榷》，《益世报》1934年12月12日第1版。

③《张廷谔治津市规定三年计划已呈行政审核》，《益世报》1935年1月5日第5版。

④《小本借贷处确立业务基础由理事会负责维持，俾为市办永久机关》，《益世报》1935年2月11日第5版。

⑤《小本借贷处即将开办，市府先垫四万元，基金筹措无问题》，《益世报》1935年1月8日第5版。

⑥《小本借贷处决念日开幕，贷款范围限商贩，数目利息临时约定，手续简单，无需觅保》，《益世报》1935年1月16日第5版。

⑦ 郭凤岐总编纂：《天津通志·金融志》，第143页。

姬浚的努力下,各方面的准备进展很快,"废年后,即可正式成立"①。

可见,对于举办天津市小本借贷处,张市长的心情颇为急切。他当时选择这个举措作为自己治市执政、树立威信的突破口之一,是很有一番道理的。中国自古以来,保民惠民就是执政者合法性的一个来源和标志,也是民间社会对当权者的一个基本要求。史华慈教授对此曾经概括道:"在儒家思想中,主张对人民施仁爱……要求满足群众的基本经济要求。"②民国以来,政府和社会对民生的关注更为强烈,尤其在国民革命后,对民生的关注已经形成一股社会思潮。更何况此时的天津市经济低迷,许多小本工商业者由于资金没有周转来源而陷入困境,贫民救济问题也十分突出。据统计,1932年天津市的贫户达62222户,如果按照每户5人算,约30万人。③1936年天津市人口达到125万人,其中,无职业人口达656801人,占全部职业人口的60.75%。④城市中的小本工商业者以及贫民告贷无门,"赖以通融资金者……月息低者二分,高者逾五分六分"⑤,即便如此也不易借到。一些社会人士在提倡慈善救济的同时,也提出希望借助小本借贷,从根本上帮助这些有劳动能力的"年富力强"者。⑥

借贷的目的是借贷者的意向所在,也大致圈定了借贷对象的范围。小本借贷处成立的主要目的,在1936年出台的《天津市市立小本借贷处借贷须知》中表明:在扶植小本工商业之发展。《须知》同时还指出:"凡为婚丧嫁娶及作投机等非生产事业者,一概不得借款。"⑦这些要求体现了小本借贷形式的现代色彩。但从借贷实际的对象来看,大多是传统的营业者,

---

① 《小本借贷处废年后成立,每区设代办处各警所附问讯处》,《益世报》1935年1月13日第5版。

② 史华慈:《毛泽东思想的形成》,许纪霖、宋宏编:《史华慈论中国》,新星出版社2006年版,第131页。

③《社会经济凋敝,贫民数量与年俱增》,《大公报》1933年1月9日第7版。

④ 李竞能主编:《天津人口史》,南开大学出版社1990年版,第245页。

⑤ 吴石城:《天津之市民金融组织》,《银行周报》1935年第19卷第46期。

⑥ 《二十余万贫民嗷嗷待哺,自治监理处谋救济推广借贷处求治本,望各界人士共襄善举》,《益世报》1935年1月9日第8版。

⑦ 《天津小本借贷处案件》(1936年),天津市档案馆藏,J0215-1-001270。

如茶庄、货栈、煤栈、药店等。笔者在档案资料中只见到过一个现代性的行业，就是有人打算在天津市河北大经路开设一个无线电行，因为要扩充营业，在小本借贷处借洋200元，分为10个月还清。[①]

小本借贷的另一个目的是打击民间的高利贷。据《益世报》的记者报道：当时天津商界对贫民的借贷问题进行调查，发现城市贫民告贷困难，大都向印子房等高利贷组织借贷，虽然利率极高，但是能够借到也不是容易的事情。而小本借贷处的成立，就是要"对于小额放款，应力求普遍，以期一般贫民得有贷款营生之机会"[②]。当时关注天津小本借贷处的学者吴石城指出，小本借贷处"直接可提高平民生活、增进生产，间接亦能减免高利贷之苛细盘剥也"[③]。小本借贷处在1935年9月回复社会局的信中还乐观地表示："小本业者以借款利息轻微，并可整借零还，颇称便利，若能推行日久，则社会高利贷借款之恶习，可逐渐改革。"[④]

关于借贷的方式，张市长也有自己的考虑。当时银行对工商业借贷的一贯做法为抵押放款和信用放款及贴现放款等信用方式，且以抵押为主，信用借贷也需要铺保保证信用并负有连带偿还的责任。[⑤]但张市长对银行方面须有铺保和抵押品的借贷方法表示不满。他认为，小本借贷处是公益慈善事业，既不需要抵押也不需要觅保借贷。只要调查属实，就可借款，以减少手续上的麻烦。"区区十二万元，以津市银行家配担，每家不过贷出二三千元，论诸慈善公益，亦应捐助此数，故市府拒绝给保及抵押品"。同时款数、次数、利息归还日期都可临时约定，"手续不似银行之繁"。"唯恐一经限制过严，则诸多不便，且每人贷借三元两元，焉有力量觅保？"张廷谔要求借贷者必须有自己的营业，因为"官家贷款主要目的，是

---

① 《市银行及所属小本借贷处与借款户的往来函件》（1936—1942年），天津市档案馆藏，J0178-1-000048。

② 《小本借贷所普遍设立拟共设十处，短期内实现》，《益世报》1935年10月28日第5版。

③ 吴石城：《天津之市民金融组织》，《银行周报》1935年第19卷第46期。

④ 《市立小本借贷处关于接装水表电表优待等杂项事物函稿及市政府的各项训令》（1936年），天津市档案藏，J0178-1-00191。

⑤ 郭凤岐总编纂：《天津通志·金融志》，第313—314页。

因其人有事业,缺乏资金活动或无款扩充所业"。他强调借贷者的道德品质必须可靠,方可提供这样的贷款,"其人果属诚实可靠,行为正直,则不须觅保,即可借予"。他还指出,借贷主要是为发展小本工商业,比如一个牛肉小贩,只要需要即行借予。本来小本借贷处的设立是为接济小本商人,而不是放账,"故非商人而不合乎'小本'两字者,绝不借给"。对于那些还未曾营业,因为小本借贷处设立,而拟贷借资金作一小本事业者,"主办人对此许可,亦可不妨准其贷也"①。由此看来,张廷谔市长理想中的借贷处几乎相当于一个慈善机构,只不过对救济者稍有所选择而已。然而,此举似有慷银行之慨,而为自己树立政绩形象之嫌。只注重扶助小本营业者,而忽视了银行的利益,银行界是否买他的账呢?

## 二、慈善与谋利:借款中的官商博弈

要举办天津小本借贷处,需要一笔不小的资金,政府首先想到向银行借贷。1935年1月17日,天津银行同业公会收到了天津市政府的一个告贷公函。②银行公会对政府的借贷要求表示响应,但是从各行进行筹款并不顺利。该借款12万元,除大陆银行未写定数目外,其余会员共认定6.5万元。这个结果和12万元的借贷款额还差得很远。对此银行公会一方面以"以此项借款事关公益"为由,扩大借款的范围,"除会员各银行外,其会外各银行亦可请共酌量认借,将12万元之数凑足";另一方面调整了借款的办法,"拟仿照北平办法,由各银行公推代表银行一家主持办理"。2月26日,经过银团做工作,筹款的数目有所增加,达到了8.4万元,但是仍短3.6万元。对此银团又经过讨论,作出了一项决议,以便凑足借款:此项缺额3.6万元,拟以1万元由公推之代表银行加认,其余2.6万元,按各银行已认数额份额分摊。但各银行如有不愿加认,或分摊数目在千元以下,均由代表银行认借。至于代表银行的人选,经过公推,由

①《小本借贷处决念日开幕》,《益世报》1935年1月16日第5版。
② 郭凤岐总编纂:《天津通志·金融志》,第252页。

对于此事接洽最多的大陆银行担任。如果大陆银行不愿承办，即由对于办理小额放款较有经验的新华信托储蓄银行担任。结果大陆银行承担了共推代表的地位，认购1万元。但是其他的银行似乎仍不积极。其中一些银行需要向上级经理请示。而新华储蓄银行只提供了500元，因为它认为自己已经有了一个举办小本借贷的业务，所以认为对此事便可以敷衍了事。这样，本来借贷12万元的任务，只完成了9.4万元，还有2.6万元的差额。3月16日，银行公会再次开会，议定各行借贷的份额。经过一番讨价还价，最终敲定了各行借贷的份额如下："当经议定中国、交通、大陆三行各加认6千元，盐业、金城、中南、河北省四行各加认1千元，新华银行加认4千元。"①这样，银行方面几经波折，终于使借贷款12万元有了着落。最终各行借贷额分别如下："中国银行：2万6千元；交通银行：2万6千元；大陆银行：2万6千元；盐业银行：6千元；金城银行：6千元；中南银行：6千元；河北银行：6千元；新华银行4千5百元；中国农工银行：2千元；浙江兴业银行：1千元；中孚银行：1千元；中国实业银行：1千元；大生银行：1千元；东莱银行：1千元；上海银行：1千元；垦业银行：1千元；北洋保商银行：1千元；大中银行：1千元；边业银行：1千元；明华银行：1千元；殖业银行：5百元。共计12万元。"②

　　银行方面虽然有些不太情愿，但还是筹足了借款。政府方面采用各种办法对其施压是凑足借款的最为重要的因素。政府因为急于得到政绩以及市民借贷的需要孔急，非常希望银行方面的资金尽快到位。为此，政府方面采取了一些措施。除了政府不断与银行公会协商外，在舆论上，通过报纸新闻的宣传，也对银行方面形成了一定的压力。政府利用道义上的优势，通过舆论对银行界形成了巨大的道德压力。《益世报》《大公报》等媒体对于有关银行方面筹措款项的消息随时给予报道。1935年1月15日，张市长先声夺人地宣布："现在银行界借贷一节已不成问题，故市府为

---

① 《市政府主办小本借贷文件》(1935年)，天津市档案馆藏，J0217-1-000583。
② 《市政府主办小本借贷文件》(1935年)，天津市档案馆藏，J0217-1-000583。

使该借贷早期成立计,特先垫款4万元,决于即日开办。"①其时,向银行借款的正式程序还未启动。几天后的报纸又报道说,因为时届年关,为了惠及一般的贫苦市民,小本借贷处决定在1月20日左右先行成立开始借贷,并拟定期举行开幕典礼,函请各界莅临指导,"该处基金昨日由财政局长李在中赴大陆银行,访该行经理齐少芹,转向津中国银行经理卞白眉等商借"②。对银行方面因为注重利益,在借贷手续上讨价还价,要求有保证的归还和抵押借贷的想法,政府一方面利用舆论对此进行了公开的批评。③之后,政府对银行方面又不吝称赞,可谓又拉又打:"复据该处宣称,关于借贷金之准备……银行界以事关社会事业,故颇愿加入合作。"④在借贷处成立后,借贷情况很是火热。开办不过几日,"前往咨询借款手续之商贩,门限为穿,经派有警士在门外维持秩序。据悉,迄昨日止,商民到所填具借款声请书者,已逾200家"⑤。社会舆论方面对银行款项的期待也更加热切了,致使银行方面不得不出面做出一定的表示。天津银行界的代表人物卞白眉对记者说:"银团允借之基金已无问题,唯因在废历年关,各行极为繁忙,如何分担尚未决定。须俟废历年后,再经一度会商,方能确定分担数目,即可拨付,同时推定副理人选云。"⑥从档案上看,卞白眉的表示实为掩饰。因为此时在银行同业公会执委会议上,各银行的摊款一直难以确定下来,总的数目还没有凑齐。⑦对此政府方面依然利用舆论施加压力。在得知银行方面开会仍然没有结果的两天后,政府采取了措施,公之于舆论,表明对银行的不满,"银行方面虽已原则承认,但各银行所认数目

①《小本借贷处即将开办,市府先垫四万元,基金筹措无问题》,《益世报》1935年1月8日第5版。

②《小本借贷处提早组设,二十日前后成立,放款数最多千元》,《益世报》1935年1月15日第5版。

③《小本借贷处决念日开幕》,《益世报》1935年1月16日第5版。

④《小本借贷处户限为穿,借贷者踵相接》,《益世报》1935年1月30日第5版。

⑤《小本借贷处户限为穿,借贷者踵相接》,《益世报》1935年1月30日第5版。

⑥《小本借贷处开幕后,借款者达千户,已准借者百余起》,《益世报》1935年2月1日第5版。

⑦《市政府主办小本借贷文件》(1935年),天津市档案馆藏,J0217-1-000583。

及代表银行团充任该处副经理之人选,均迄未规定。故正式手续,未能即行办理"①,并表示要继续对银行施压,加紧催办。随着借贷人数的增加,政府的催促以及社会舆论的呼吁,银行方面筹备的12万元终于将要在6月份到位。②政府方面在博弈中达到了目的,得到了银行允诺的贷款。但是,在这个过程中,政府也向银行方面作出让步,使小本借贷处的慈善性质发生了些变化。

银行方面之所以对小本借贷处持消极态度,主要是因为银行对小本借贷的性质与政府有着不同看法。正如张廷谔所言,政府方面认为小本借贷是慈善性质,而"区区12万元"对银行来说虽然不算什么,但他们依然不愿以慈善事业视之。在设计小本借贷处成立须知时,他们就表示借贷不是慈善性质。③1936年4月,小本借贷处挂靠到市民银行后制定的《天津市市立小本借贷处借贷须知》中,他们再次明确说明小本借贷"并非慈善赈恤的性质",并且告诫借贷者在借贷之前,要考虑自己的归还能力再申请借贷。④

银行对地方政府也表现出了一种不信任的态度。这主要体现在银行方面竭力要掌握小本借贷处的主导权,尤其是财会权。早在1935年初,政府在给银行公会的公函中就提出:"请由贵会推举代表一人,由本府派充该处副理,俾使襄助一切。"⑤在政府所拟的与银行订立的合同中的第六条规定:"经理由市政府遴派,副经理由银行推荐而市政府任命。"但是,在1935年4月2日上午的银行公会执委会会议上,银行方面则一致通过了对这一条的修正:"小本借贷处设立经理一人,会计主任一人,均由银行团推荐,经市政府同意任用。经理承市政府暨理事会之

---

① 《小本借贷处基金仍在接洽中,姬浚昨访银行界》,《益世报》1935年2月28日第5版。

② 《本市小本借贷处售出现款户统计千余,基金缺少,尚在筹备中》,《益世报》1935年6月22日第5版。

③ 《小本借贷处昨日起开始办公,便利小本营业已筹妥四万元,理事会成立后补行开幕礼,贷款人可自行组织贷款合作社》,《大公报》1935年1月29日第6版。

④ 《天津小本借贷处案件》(1936年),天津市档案馆藏,J0215-1-001270。

⑤ 《小本借贷处立合同》(1935年),天津市档案馆藏,J0129-3-005335。

命,综管本处一切事宜,会计主任秉承理事会之命,暨经理之指挥管理会计及稽核事物。"①这样,银行界实际上控制了借贷处的管理权。

对政府不信任的另一个表现,是银行资金到位的情况。根据市政府的意见,小本借贷处的资金主要来自两处,一个是救国基金,一个是银行方面的资金。在两方面的资金都没有到来前,为了满足市民借贷的需求,政府自己先行垫资4万元。因为救国基金掌握在国民党党部的手中,需要上面的批示,所以政府方面希望银行方面的资金尽快到位。但是银行方面始终咬住救国基金不放,声称如果救国基金不到位,银行方面只能依照政府方面垫付的基金额来支付。1935年6月,银行公会通过决定:"在前项基金未拨到及理事会未组成以前,所有银行团前借之12万元只能通融,允其按照财政局已垫4万元之数支用,其余8万元暂未便由该处动支。"在6月8日的第五次执行委员会的会议记录中以"时局颇紧,市长已更动"②作为不得拨动8万元的理由。可见当时政局的动荡和信用的不确定,导致了银行业的谨慎心理。正所谓"人走茶凉,人亡政息",银行界担心政府人事变动会对小本借贷处的运行产生影响并非没有道理。③故此,小本借贷处的理事会也迟迟不能成立。因为银行方面要求在救国基金到位后才能成立理事会,所以直到救国基金到位后,理事会的成立才进入程序。

这样,经过一番讨价还价,借贷处依然是一个官办机构,但是它的财权却掌握在银行界的手中。在此期间,小本借贷处虽然一直处于亏损状态,但是向银行界承诺的5厘利息一直照付不误,④而且银行界能够根据政府对借贷处拨款的数目,相应决定借贷处方面所能够动用的银行方面拨付的款项。于是,小本借贷处就这样成为一个"商督官办"的机构。

---

① 《市政府主办小本借贷文件》(1935年),天津市档案馆藏,J0217-1-000583。

② 《市政府主办小本借贷文件》(1935年),天津市档案馆藏,J0217-1-000583。

③ 《小本借贷处确立业务基础由理事会负责维持,俾为市办永久机关》,《益世报》1935年2月11日第5版。

④ 《市政府主办小本借贷文件》(1935年),天津市档案馆藏,J0217-1-000583。

## 三、小本借贷处的实际运作

小本借贷处的借贷对象，主要是天津市民中的小本工商业者。[①]天津市的《小本借贷处章程》中规定："凡年满二十一岁，居住本市城郊一年以上，经营小本农工商业者，不论男女，均得依照本规则向本处申请借款。"[②]在小本借贷处成立之初，市长张廷谔对记者表示：借贷的对象"须有营业，官家贷款主要目的，是因其人有事业，缺乏资金活动或无款扩充所业"[③]。但是他同时也表示：对于那些还未曾营业，因为小本借贷处设立，而拟贷借资金作一小本事业的人，"主办人对此许可，亦可不妨准其贷也"[④]。

在实际的借贷中，小本借贷处对"营业"也有自己的理解。在借贷处成立之初，张廷谔认为，只要有营业就可以借贷，可是小本借贷处却把一些营业者排除在外。例如，对于一些民间的传统手艺，如理发等，他们认为不属于工商业借贷的范围，拒绝予以借贷。1936年一名理发店主要求借贷，借贷处回答说"理发所系，属于手艺之一"，"与本处救济工商业之旨不合"[⑤]。

借贷的数额也受到借贷者的资本的限制。借贷处对借贷对象调查时，需要查看借贷者的资产，并按照借贷者资产按比例进行借贷。一般来说，借款低于其资本的20%。如有一位名叫王先筹的借贷者要求增加借款额200元，借贷处调查后，认定他的资本额仅有500元，因此回复他说：

---

① 《小本借贷处昨日起开始办公，便利小本营业已筹妥四万元，理事会成立后补行开幕礼，贷款人可自行组织贷款合作社》，《大公报》1935年1月29日第6版。

② 《天津小本借贷处案件》（1936年），天津市档案馆藏，J0215-1-001270。

③ 《小本借贷处决念日开幕，贷款范围限商贩，数目利息临时约定，手续简单，无需觅保》，《益世报》1935年1月16日第5版。

④ 《市银行及所属小本借贷处于借款户的往来函件》（1936—1942年），天津市档案馆藏，J0178-1-000048。

⑤ 《市银行及所属小本借贷处于借款户的往来函件》（1936—1942年），天津市档案馆藏，J0178-1-000048。

"按照十分之二借贷,百元已含通融程序,已属特别优待。如此后信用无差,则本处自可续借也。"①

借贷的信用方式是借贷的首要环节,对借贷最终能否偿还,具有非常重要的意义。小本借贷处开始设立的时候,张廷谔希望借贷处的手续不要像银行那样繁杂,而且不要抵押物品和铺保。只要借贷者的人品好,诚实可靠,为人正直就可以直接借到贷款。而且借贷的款数、次数、利息归还日期都可以临时约定。②可见他的借贷思想依然是传统的人格借贷,但依照人品来决定是否借贷,在当时的天津城来说是不现实的。政府的借贷款项来自银行,而银行界人士对借贷的看法与政府不同,他们关心的是收益,而不是慈善。为了控制政府对借贷资金的使用,他们在借给政府贷款的时候,提出了由银行方面推荐经理和会计主任的要求。③在现实的困难和银行的压力之下,小本借贷处很快就改变了主意,使用了抵押借贷和铺保借贷的方式,以道德人格借贷的方式始终没有使用过。④但是在1935年底,抵押借贷的方式也最终被放弃了,"津市小本借贷处开办后,津市商民颇感便利,该处前曾筹办添办抵押放款,嗣因故未克实现"⑤。没有实现的原因与交易成本有关,因为银行的资金始终未能全部到位,小本借贷处的人力和财力十分紧张。⑥

借贷处对铺保的资格有比较严格的规定:铺保首先要居住在华界。1936年6月,南市荣安大街怡庆里隆盛号颜料铺要求借贷。因为铺保有

① 《市银行及所属小本借贷处于借款户的往来函件》(1936—1942年),天津市档案馆藏,J0178-1-000048。

② 《小本借贷处决念日开幕》,《益世报》1935年1月16日第5版。

③ 《小本借贷处立合同》(1935年),天津市档案馆藏,J0129-3-005335。

④ 《小本借贷处增指导所十五处,设于自治事务区分所内备有申请书便民众借款,小本借贷处增办业务,增办抵押放款》,《益世报》1935年2月8日第8版。

⑤ 《小本借贷处筹增基金,废年关借户骤多,有保着即可借到》,《益世报》1935年12月30日第5版。

⑥ 《市银行及所属小本借贷处于借款户的往来函件》(1936—1942年),天津市档案馆藏,J0178-1-000048。

一家住在租界内,不符合借贷的规定,导致借贷的要求被注销。[①]其次铺保一般要求两家,这样更为保险。1939年王绍良任小本借贷处主任后,为方便借贷者对此进行了改革,铺保"拟改为一家,如实无保铺人保,亦可总以殷实可靠为主"[②],这样给借贷者提供了很多的便利。此外,借贷者请求的铺保已经为别人担保,而所担保的借贷者还没有偿还完毕的,不能担保。铺保仅限于在小本借贷处借款并有信誉者才能担任,这个办法虽然稳妥,但是也为借贷设置了更高的门槛。铺保也有借贷发生后更换的情况。对于借贷不还的,借贷处要求保人予以归还。[③]

小本借贷方式主要有3种:定期、活期、分期。贷款数目,借贷处成立之初,最多为100元。[④]后来有所增加,在1936年归属到市民银行后涨到了500元。[⑤]不久又涨到了1000元,利息在7厘到1分之间。为了便于归还,分期办理的人占了多数。[⑥]1937年初,时任天津市市长的张自忠对市民银行进行了整顿,决定小本借贷处实行无限制贷款。[⑦]

小本借贷处成立后,因为银行界在博弈中掌握了借贷处的业务管理权,借贷处的借贷方式也没有如张市长希望的那样简便,而是严格按照银行的正规手续进行。首先,借贷者要提出申请。借贷的第二步则是调查员对借贷者和铺保情况的详细调查。调查,是小本借贷不同于传统借贷

---

[①]《市银行及所属小本借贷处于借款户的往来函件》(1936—1942年),天津市档案馆藏,J0178-1-000048。

[②]《天津市银行所属小本借贷处及主任调动交接清册余额表与理事会陈报的函件》(1936年),天津市档案馆藏,J0178-1-00190。

[③]《市银行及所属小本借贷处于借款户的往来函件》(1936—1942年),天津市档案馆藏,J0178-1-000048。

[④]《本市小本借贷处售出现款户统计千余,基金缺少尚在筹备中》,《益世报》1935年6月22日第5版。

[⑤]《小本借贷处已实行改组,借款最高额决略行增加,推定宋祝田为该处主任》,《益世报》1936年5月19日第5版。

[⑥]《市银行及所属小本借贷处于借款户的往来函件》(1936—1942年),天津市档案馆藏,J0178-1-000048。

[⑦]《小本借贷处改组,明日开始无限贷款,并修正理事章程》,《益世报》1937年2月7日第5版。

的特点之一,与近代银行运作一致。调查保证了借贷处的借贷安全和借贷者的信誉。

小本借贷注重调查,是因为城市借贷的环境不同于农村,是一个"生人社会"。调查的主要目的,是要掌握借贷对象的营业情况和铺保的信誉。但是调查是需要成本和时间的,在实施中也会产生一些问题。①

小本借贷借期最多不能超过1年,归还后可以再借。贷款数目,在借贷处成立之初,最多为100元,②后来有所增加。在1936年归属到市民银行后,涨到了500元,③不久又涨到了1000元。1937年初,时任天津市市长的张自忠对市民银行进行了整顿,决定小本借贷处实行无限制贷款。④小本借贷处的借贷利息在7厘到1分之间。为了便于归还,分期办理的人占了多数。⑤

小本借贷处顺时而生,所以借贷处刚开始办公就出现了业务繁忙的景象:"前往咨询借款手续之商贩,门限为穿,经派有警士,在门外维持秩序。"当时就有200余家填写借款申请书,贷款数目少者几元、十几元,多者百元左右。⑥2月份"贷出312户,计款额10221元"。成立1年后,放款达到1879户,大多数借款数额在10元以下。工业户在556户,其余多为商业户,农业户贷款很少,形同虚设。借贷百元以上的7户,借贷最高额为240元。⑦

---

① 《市银行及所属小本借贷处与借款户的往来函件》(1936—1942年),天津市档案馆藏,J0178-1-000048。

② 《本市小本借贷处售出现款户统计千余,基金缺少尚在筹备中》,《益世报》1935年6月22日第5版。

③ 《小本借贷处已实行改组,借款最高额决略行增加,推定宋祝田为该处主任》,《益世报》1936年5月19日第5版。

④ 《小本借贷处改组,明日开始无限贷款,并修正理事章程》,《益世报》1937年2月7日第5版。

⑤ 《市银行及所属小本借贷处于借款户的往来函件》(1936—1942年),天津市档案馆藏,J0178-1-000048。

⑥ 《小本借贷处户限为穿,借贷者踵相接》,《益世报》1935年1月30日第5版。

⑦ 《天津市银行所属小本借贷处及主任调动交接清册余额表与理事会陈报的函件》(1936年),天津市档案馆藏,J0178-1-00190。

借贷处借贷的偿还情况开始也较好。借贷者如果丧失信誉,就不会有第二次机会。比如借贷者张林,因为初次借贷未能按期归还,经借贷处多次追讨,并责令保人归还,方才归还贷款。有此不良记录后,张林申请续借的请求没有得到满足。在借贷中表现较好、信誉较高的人则再借不难。对一些信誉较好的借贷户,还可以追加借贷。[①]由于最初借贷处是由政府直接举办,逾期不还会导致社区警察的介入,所以还贷情况良好,骗借之事从未发生。截至1935年6月,小本借贷处贷出5万余元,陆续回收1万余元,其中只有两户无力归还,要求展期,除此之外别无损失。[②]因为"调查借户及借款后之保障,随时由公安局所协助办理,故贷出之款,尚无亏短损失情事"[③]"唯自贷款以来,尚无拐骗情事,归还拖延间或有之,尚无影响云"[④]。可见借贷处隶属政府,是其借贷归还情况良好的重要原因。

但是在小本借贷处归属到市民银行后,偿还开始出现了一些问题。在1936年10月3日的一次理监事联席会议上,张品题理事提出,放款手续先由借贷人所在警区审核后,再找保人。这个提议在会议上得以通过。在1937年2月3日的联席会议上,对"旧欠疲户,多有容忍心狡展意图延宕者",采取了令警察局从严代催的办法。[⑤]随着时间的流逝和借贷人数的增加和庞杂,出现这些问题都是正常的。但同时,这些问题的出现也与借贷处下放到市民银行有关。借贷处隶属不明确,是导致借贷出现了这些问题的一个重要因素。以至于在借贷处归属市民银行后,出现了要求"令小本借贷处仍隶于市公署"的呼声。[⑥]

①《市银行及所属小本借贷处于借款户的往来函件》(1936—1942年),天津市档案馆藏,J0178-1-000048。

②《小本借贷处贷出五万元,归还者达万元》,《益世报》1935年7月10日第5版。

③《市立小本借贷处关于接装水表电表优待等杂项事物函稿及市政府的各项训令》(1936年),天津市档案馆藏,J0178-1-00191。

④《市款黯云笼罩下,废历中秋节形色,警察由今日起始戒备,小本借贷处顿成拥挤》,《益世报》1935年9月11日第5版。

⑤《市民银行小平借贷业务来函》(1936年),天津市档案馆藏,J0161-2-001077。

⑥《天津市银行所属小本借贷处及主任调动交接清册余额表与理事会陈报的函件》(1936年),天津市档案馆藏,J0178-1-00190。

自然灾害和社会动荡,对借贷的偿还也有重要的影响,如七七事变和1939年的水灾,都影响了借贷的信用和偿还。有的借贷者因为七七事变而不能及时还贷,有的借贷者则因事变而无法进行生产。[①]此时,市民银行因为战乱迁到了租界,偿还问题自然也就更难于办理。1939年11月,小本借贷处函请警区协助查找13户借款户,他们欠洋283元。一些曾被水灾的客户复业后,都请求缓期陆续归还。[②]1941年市民银行致函董事会指出,少数借贷者因为受到水灾而不能偿还,但也有一些是找借口故意搪塞。因此他们希望警方能够协助催讨,为此他们为调查员佩戴服务证,以便证明自己的身份而便于请警察协助。[③]1942年初,小本借贷处统计,因七七事变和1939年水灾关系而未能如数收回者,计有568户,款额15949.4元,利息10753.765元。为此借贷处采取了一些措施,如指派专门人员对这些客户进行调查和催收,对无力还款者,用备抵呆账款进行补充。对于以前欠下的利息,视借户还款能力如何,分别豁免或豁免一部分。对于催收工作人员成绩优良者,年终有特别筹送,以资奖励等。1945年2月,据小本借贷处统计,小本借贷历年放款未收回的款额共7456元,第四次董监事联席会议决定,这笔欠款"由呆账准备金项下拨补,以资结束"[④]。

在动荡的社会环境下,许多借贷者依然非常注重自己的信用,争取及时还贷。如一名借贷者在七七事变后,依然把应还的25元本利备妥偿还。借贷处对一些信誉较好的借户还要登记在案,以备将来给予优惠。如

---

①《市银行及所属小本借贷处于借款户的往来函件》(1936—1942年),天津市档案馆藏,J0178-1-000048。

②《天津市银行所属小本借贷处及主任调动交接清册余额表与理事会陈报的函件》(1936年),天津市档案馆藏,J0178-1-00190。

③《天津市银行与董事会关于业务指导函聘经付理改聘监事改组为有限公司小本借贷处的付息资金放款问题以及员警待遇职员制服等项来往函件》(1941年),天津市档案馆藏,J0178-1-000158。

④《天津市银行与董事会关于业务指导函聘经付理改聘监事改组为有限公司小本借贷处的付息资金放款问题以及员警待遇职员制服等项来往函件》(1941年),天津市档案馆藏,J0178-1-000158。

1939年7月13日,小本借贷处致函借户冀鼎荣,认为他在水灾交通隔绝的情况下依然按期交款,"殊堪嘉许",并表示:"敝行除在调查薄上注明,日后借款时,自应格外优待也。"①

## 四、小本借贷处的绩效与不足

小本借贷开办后,取得了一些成绩,得到了部分借户的欢迎和肯定。如一个铁厂对借贷处有这样的感谢之词:"当此百物腾贵,生活日高,所自鄙号营业日见发展者,皆赖贵行之款流通,借重之力实匪浅。"有些因为借贷而生意上有了起色。如龙顺发张家煤铺开办十来年了,因为受到1939年水灾的影响,向小本借贷处借贷,"因水灾及鄙号受此影响之际,忽蒙贵行接济,小本补充二年有余,生意略见起色"②。这些借户虽有为借贷而说的溢美之词,但是基本情况应该还是属实的。

借贷也有些问题。当时的定期抵押放款形同虚设,定期担保也占很少的比例,基本在一两千元左右,绝大多数采用分期担保放款的形式。借贷者多数是从事小本商业的客户,每月贷出户一般都在2000户上下,这也符合当时天津市以商业为主,工业不是很发达的社会经济情况。小本工业户,一直在700~900户之间。工商业户数加在一起总数一直在三四千户之间,其中有一些是多次借贷的小本营业者。每月的实放额一般为十几万元。据1935年天津社会局的调查,当时天津城市中商店的户数为28427家,其中多数应为中小商户。③到1945年抗战胜利时,天津市约有140多个行业,共有工厂、商店20000来户,大多是小企业,大中型企业在770户左右。④总之,天津工商业户数在20世纪二三十年代以来,一直在2

---

① 《市银行及所属小本借贷处于借款户的往来函件》(1936—1942年),天津市档案馆藏,J0178-1-000048。

② 《市银行及所属小本借贷处于借款户的往来函件》(1936—1942年),天津市档案馆藏,J0178-1-000048。

③ 《小统计》,《大公报》1935年2月23日第6版。

④ 李竞能主编:《天津人口史》,第245页。

万~3万户之间。据此推算,小本借贷处的覆盖率大约不足15%。如果考虑到大量的小商贩没有被纳入统计范围之内,那么这个数字还应该更低一些。可见小本借贷处的业务并没有普及广大的小本工商业者。

此外小本借贷还有其他的问题,颇值得注意。首先,小本借贷是用于经营的借贷,但是借贷处对贷出资金的监管有问题。借贷处把监管的任务交给了保人。[①]没有材料表明,小本借贷处对贷出的资金用途进行过有效的监督。一些事例表明,他们对贷出后的资金用途并不太了解。比如上面提到过的一个例子,德兴厚在借款到期后没有还款,竟让借贷处向铺保金城药坊索取,因为是金城药坊使用了这笔资金,对此借贷处显然并不知情。由此可见借贷处对资金的使用缺少必要的监督。造成这个现象的原因是:一方面,借贷处在事先的调查中对借贷资金的用途已作了解,因此可能认为没有必要再行监督;另一方面,监督资金的用途需要调动人力、物力,而小本借贷处的费用和人员一直比较紧张,对此无力进行。

另外借贷处的隶属关系不断变迁,对借贷也有影响。小本借贷处成立后,当时的市长张廷谔表示:小本借贷处是市政府之下的永久机关,"内部工作人员,可不随宦海升沉"[②]。可是一年多后,小本借贷处就被下放到了市民银行,虽然依然声称是隶属于市政府的机关,但是"一切权责未经明白规定,即系统亦未明定"[③]。下放到市民银行后,小本借贷处的商业化色彩逐渐浓厚,各区警察对借贷处的配合也不积极了。这些都在很大程度上影响了借贷处的调查和追偿工作。

总之,导致小本借贷处成效不高的原因有:小本借贷处的借贷范围有限,有条件地对一些小本工商业者借贷,不能达到完全救济贫民、消灭高

---

①《小本借贷处昨日起开始办公,便利小本营业已筹妥四万元,理事会成立后补行开幕礼,贷款人可自行组织贷款合作社》,《大公报》1935年1月29日第6版。

②《小本借贷处确立业务基础由理事会负责维持,俾为市办永久机关》,《益世报》1935年2月11日第5版。

③《天津市银行所属小本借贷处及主任调动交接清册余额表与理事会陈报的函件》(1936年),天津市档案馆藏,J0178-1-00190。

利贷的目的;办理手续麻烦,调查工作的效率时常低下;调查人员有官僚习气;等等。①官商博弈导致借贷处地位的变迁无疑也是一个重要因素。小本借贷处成立后,一度是隶属于市政府的永久机关,但是在资金问题上产生的官商博弈,导致政府举步维艰。②借贷处是政府所提议举办的,但是具有吊诡意味的是,政府却成为一个最大的借贷者。因为资金不足,政府不得不向银行借贷。市长为了联络与银行的感情,还要宴请银行界的头面人物。③而银行为维护自己的利益,要求掌控借贷处的财务。④因为银行对小本借贷处的业务进行掌控,使政府希望借贷处成为一个慈善机构的愿望落空。另外从银行的角度看,"为银行界谋一条投资的新路"的愿望也没有实现,⑤因为政府强调借贷处的慈善性,故银行并没有视之为投资新路,反而因其利润不高并对政府不信任而消极对待。在政府与商界博弈小本借贷的另一笔资金救国基金中,双方最后达成了妥协,成立了官督商办的市民银行,小本借贷处也挂靠到了市民银行之下,这对小本借贷的成效也产生了影响。虽然借贷处依然声称是隶属于市政府的机关,但是"一切权责未经明白规定,即系统亦未明定"⑥,下放到市民银行后,小本借贷处的商业化色彩逐渐浓厚,市政当局各方面对借贷处的配合也不积极。这些都导致了借贷处的调查和追偿工作受到了很大的影响。在举办小本借贷处的过程中,在政府与商界的博弈中,他们对自身在小本借贷处的职能都有了新的认识,但是因为时局的关系,双方没有调整好各自的位置。不久,中国进入了全面抗战时期,小本借贷处的业务因为战乱而受

---

① 《市银行及所属小本借贷处于借款户的往来函件》(1936—1942年),天津市档案馆藏,J0178-1-000048。

② 《小本借贷处确立业务基础由理事会负责维持,俾为市办永久机关》,《益世报》1935年2月11日第5版。

③ 《小本借贷处津银行界允予接济,签订协约即日实行》,《大公报》1935年3月16日第6版。

④ 《市政府主办小本借贷文件》(1935年),天津市档案馆藏,J0217-1-000583。

⑤ 马溥荫:《京平津之小本借贷》,《益世报》1937年1月24日增刊(3)。

⑥ 《天津市银行所属小本借贷处及主任调动交接清册余额表与理事会陈报的函件》(1936年),天津市档案馆藏,J0178-1-00190。

到一定的影响。①此后,小本借贷的业务也没有完全恢复正常。因此,小本借贷处始终也没有按照政府和一些专家所希望的那样普遍设立,成为"一种服务社会之组织"②。直到在抗战胜利后,典当业依然是天津民间普通市民借贷的主要机构,而小本借贷却"未能普遍实施"③,其范围和作用依然是有限的。

综上所述,小本借贷处成立之初为官办机构,它是政府出面调控社会经济的一种表现。政府不仅要救济小本工商业,辅助他们的生产,帮助他们摆脱缺乏资金周转的困境,还要打击民间的高利贷,调控民间借贷的非法、无序状态。因为政府的信用和威信以及民间的需要,小本借贷一度成效较为显著,借贷和归还的情况良好。但是,政府的这一慈善行动需要很高的成本,需要商界精英的支持。而商界精英们关注的是经济利益,政府关注的则是社会效益以及政府的政绩。这样,不同的利益需求产生了不同的视阈,导致二者为此发生了博弈。讨价还价的结果是,银行控制了借贷处的财权,也得到了一定的效益,而政府也为自己树立了良好的形象,可谓双赢。小本借贷处也因此成为一个"商督官办"的机构。从天津小本借贷处中官商博弈的过程,可见地方政府与地方社会精英的关系是既有合作也有矛盾和对立。但是他们的对立不属于政治性质,只是双方因为地位和愿望不同,而导致不同的需要所产生的。他们也有合作和相互需要的一面。银行对举办借贷是行家,政府不仅需要他们的资金,也需要他们的知识与经验。在争取救国基金的过程中,地方政府与地方精英也相互合作。小本借贷下到市民银行后,出现了回归政府的呼吁。因为政府掌握的行政系统,对收回借贷资金、减少交易成本具有很大的作用。在博弈中,双方的立场不断进行着调整,政府的借贷政策在改变,而商界要盈利也需要政府的支持。政府和社会精英的矛盾关系,严格来说不是一种

---

① 《市银行及所属小本借贷处于借款户的往来函件》(1936—1942年),天津市档案馆藏,J0178-1-000048。

② 马溥荫:《京平津之小本借贷》,《益世报》1937年1月24日增刊(3)。

③ 《典当业》(1947年),天津市档案馆藏,J0002-3-002304。

对立性质,而是在整个社会系统中所担负的职能不同所导致的差异造成的。政府和商界有着不同的利益和诉求,也具有不同的职能和功能。他们各司其职,恰当合作才能把事情办好。政府提供好公共服务,商界依照市场的需求来解决金融经济的问题。超越自己的职能范围行事,只会给自身带来不必要的风险和麻烦。政府应为经济的发展确立良好的制度环境,这就需要政府具有稳定性和连续性;同时商界的逐利行为也应该受到有效监管,从而建立合理谋利的社会秩序。[①]这样,双方才能建立相互信任的关系,使合作能够最大限度地减少成本和风险。

---

① [德]彼得·科斯罗夫斯基:《资本主义伦理——社会市场经济》,[德]彼得·科斯罗夫斯基、陈筠泉等主编:《经济秩序理论和伦理学》,中国社会科学出版社1997年版,第4页。

# 第六章　典当利息的官民博弈

在中国民间借贷中,典当业不仅历史悠久,而且占有重要的地位,被称为"穷人的后门""平民金融之枢纽"[1],也是为人诟病的"显而易见的高利贷者"[2]。在中古时代,"其在全盛时代占商业之领袖地位,举凡社会上发生特殊事故,无不唯其马首是瞻"[3]。近代以后,随着社会经济的变迁,典当业的社会经济地位有所下降,但其调剂民间金融的功能依然存在。其实,典当业经营(以及整个民间金融)不仅仅是个经济问题,它往往也能折射出社会政治问题。在这里面,当息[4]最为重要,它不仅关乎典当业的核心利益,与平民的利益和社会稳定也息息相关,因此最为政府和社会所关注。政府、社会与典当业之间经常围绕着利率、利息问题,展开争论乃至争斗,近代以后尤为突出。也正是在这一斗争故事中,当息可能会受到影响乃至发生变化。清末民国时期天津典当利息的演变,为此提供了一个典型实例。

## 一、从2分到3分、2.5分

第一个阶段是清末及北洋政府时期关于当息的博弈。

① 宓公干:《典当论》,商务印书馆1936年版,第3页。

② [美]悉尼·霍默、理查德·西勒著,肖新明、曹建海译:《利率史》,中信出版社2010年版,第58页。

③ 宓公干:《典当论》,第7页。

④ 也即当业利率,包括当物回赎利息、保管费、手续费等,但以回赎利息为核心。

天津典当业大约兴起于明代,有文字记载则见于清代,以皇室为首的官僚资本通过长芦盐政等机构投资天津典当业,发典生息;也有官僚私人投资设典的,如琦善即在天津投资有当铺。在近代义和团运动、庚子事变之前,典当业是比较发达的。张焘在其《津门杂记》一书中记载:天津当铺大约有40多家,每到冬季年关官方出示减息的告示,原利3分让为2分,2分让为1分5厘。平时利息:绸布衣服,金银首饰,每两2分;羽纱绒呢皮货,每两3分;10两以上则仍2分;铜锡器皿,无论10两内外,概系3分。①张中龢的《天津典当业》也对庚子前的典当业状况有过描述,但关于当息与张焘所记稍有出入:普通号件为吊230,即1吊以上按2分纳息,1吊以下则为3分。其他如皮毛、钟表、玉器则须3分,过10吊者仍按2分纳息。当期以24个月为满期,但可延至30个月。②张中龢利用了当时典当业的档案,并采访了一些典当业元老,说法似更可靠。不过,就总体而言,他们对当息的描述是一致的,即:当息因为物品不同而异,普通价格低的一般2分,价格高的3分,当期可延至30个月,冬令减息的时间为一个半月。这都是久已形成的当息惯例。

　　从所掌握的资料来看,义和团运动乃至近代以前,在天津还未见围绕当息发生斗争的事件。之所以如此,一是与天津典当的皇家或官僚投资背景有关,有此背景,博弈现象不易出现;二是政府机构、学校以及慈善机构发典生息,在一定程度上掩盖了典当业的剥削,显示了其慈善的"裕国便民"的一面;三是天津当息没有超过法律规定。③此外,天津只是一个传统的中等城市,典当业牵涉的各种关系远没有近代以后复杂。

　　在义和团运动期间,天津典当业遭致沉重打击,其经营开始了前所未有的巨大变迁。

---

　　① 张焘:《津门杂记》卷下,天津古籍出版社1986年版,第110—111页。

　　② 张中龢:《天津典当业》,万里书店1935年版,第2页。

　　③ 郭凤岐总编纂:《天津通志·金融志》,第83页;天津市地方志编修委员会编著:《天津通志·旧志点校卷》(中),南开大学出版社1999年版,第294、321页;罗炳锦:《清代以来典当业的管制及其衰落》(上),《食货月刊》1977年第7卷第5期。

这一动荡局面直接影响了传统的典当经营习俗。为了应付局面,在当商李安邦的要求下,当时的直隶总督袁世凯同意从光绪三十年(1904)开始典当业利率一律上升为月息3分,并试办3年。①但是典当业在试办3年后又悄无声息地延办了2年多,这引起了民间社会的极度不满。②

随着清朝政局的变动,天津典当业面临着新的挑战,开始受到同业竞争和社会精英的双重压力。

首先,庚子事变后,租界在天津社会经济中的地位和影响愈益重要。租界里的质业不受中国官方和华界典当业的节制,利息低,经营灵活,手续简便,"每银一元,月息取铜子四枚,每角取息制钱八文,当期则为六个月"③。由是,与市内典当业的竞争日益激烈。

其次,清末的立宪新政使地方精英有机会走上地方政治的舞台。1907年,天津成立了县议事会,经过选举,一些地方精英进入这一机构。议事会成立的第二年初,就对天津典当业利息的上涨表示了不满。有的议事会会员提议,应恢复传统计息的传统,以缓解庚子以来的民生压力。对此,典当业作为营业者,自然是表示抗议,以"三分取息,系票准有案,每年减息,系照县示遵行"为由加以拒绝。随后,议事会又向天津县政府提出改正当息的要求,希望"规复二分取息之年限",恢复冬季减息的成例,"俾利贫民,而广惠泽"④。不久,天津道做出批示:从1908年阴历八月开始,天津城乡村镇各典无论当价多寡"一律减为二分五厘取息,试办三年"⑤。冬令减息新票

① 《直督袁饬天津县示谕当商减息札》,甘厚慈编:《北洋公牍类纂续编》第二十一卷(宣统二年刊本),《近代中国史料丛刊三编》第八十六辑,文海出版社1986年版,第1626—1627页。

② 《天津绅商徐人杰等禀督宪请规复当商典息旧例文》,甘厚慈编:《北洋公牍类纂续编》第二十四卷(宣统二年刊本),《近代中国史料丛刊三编》第八十六辑,第1832页。

③ 张中侩:《天津典当业》,第5页。

④ 天津市档案馆等编:《天津商会档案汇编(1903—1911)》,天津人民出版社1989年版,第720页。

⑤ 《天津县议事会禀筹议当商行息办法文并批》,甘厚慈编:《北洋公牍类纂续编》第二十四卷(宣统二年刊本),《近代中国史料丛刊三编》第八十六辑,第1834页。

旧票一律2分,当期为24个月。①

民国元年(1912),天津县政府、县议事会及商会共同议定,依据天津本地情况,仍沿袭1908年的规定,当业月息为2.5分,冬令减息2分取赎,在灾重之年提前半个月减息,试办5年,"不得变更"②。不过,当此之时,有个叫田复滋的平民要求当息再降低一些,降至1分8厘。这一提议得到县议事会和商会③的支持,并交付省参议会讨论。

面对田复滋更低的降息提议,典当业的反应非常强烈。当商公所董事李元善和值年当号同和当上书县议事会,指出减免当息议事会已有决议,田复滋"不知底蕴,已属妄行干涉"。而且,县议会转而支持田复滋,显属前后矛盾,"各典将何以承认"。他们要求议事会收回成命。1912年12月又上诉直隶都督冯国璋,指责商会更是无权代表典当业减息,并表示如果减息一案形成命令,就全体止当,以示抗议。④

在此争议之中,天津县政府的态度与议事会、商会和市民有所不同,它对议事会和商会的改来改去是不满的,但为了避免和二者发生正面冲突,它也上书直督,声称当息改动是议事会和商会的主意,与自己无关,请都督裁决。冯国璋站在了县政府一方,表示当息立案仅半年,不便立即更改,如果造成当商相率止当,"反于贫民生计诸多妨碍"。何况,"值此隆冬之际,金融吃紧,转非体恤民生之意"⑤。可见,政府考虑更多的是社会秩序的稳定。

---

① 《天津县议事会为议定当商办法各节并请督宪批示文》,甘厚慈编:《北洋公牍类纂续编》第二十四卷(宣统二年刊本),《近代中国史料丛刊三编》第八十六辑,第1836页。

② 天津商务总会津邑:《典当冬令减息》(1916年1月1日),天津市档案馆藏,J0128-3-004333。

③ 清末天津商会成立后,与各行业公所的关系是互不相属。民初以后尤其是1918年前后,随着各同业公会的成立,商会成为它们的指导性机构。到南京国民政府时期,发展为同业公会的控制性机构。见宋美云:《近代天津商会》,天津社会科学院出版社2002年版,第152—163页。

④ 《典当业同业公会民国元年禀稿底》(1912年1月1日),天津市档案馆藏,J0129-2-004308。

⑤ 《典当业同业公会民国元年禀稿底》(1912年1月1日),天津市档案馆藏,J0129-2-004308。

不过,当商没有真的认同 2.5 分的当息,他们认为 2.5 分还是低了,"非增利三分不足以资挹注",只是考虑到"商等系属典当性质迥与质铺不同",没有提出恢复庚子事变后他们曾实行的 3 分当息。之所以如此,是因为他们害怕如果提出这一要求,不仅不能实现自己的目的,反而可能导致社会舆论激烈,甚至减息到 2.5 分以下,故而服从政府与议事会的决定,从本年起所有天津城乡典当,一律照旧 2.5 分,冬令减息,2 分赎取。而且,不是试办 5 年,而是 20 年。[①]也就是说,他们希望在较长的时间之内,保住 2.5 分的利息,不再因为社会动荡或者社会要求而导致利息的再一次下降。

不过,政府提出仍先试办 5 年。在试办 5 年之后,由于市面经济奇滞,典当业生意萧疏,资金周转较昔尤艰,当商认为 2.5 分的利息还是低了,于是向政府提出,希望仿照租界办法加息,并缩短当期。这一建议未获政府的认可,政府担心改变当息会引起社会震动。当政府否决以后,当商害怕有人趁机提出减息在 2.5 分以下,又要求按照原案再试办 5 年,也就是实行到 1921 年。[②]

1921 年 10 月,由天津典当业主持成立了直隶省各县典业联合会(直隶省会于 1913 年由保定迁至天津),其管理工作仍由津邑当业公所兼理。在 160 多个会员中,天津会员占了近 1/3,且把持了正副会长等重要职务。[③]这样,在直隶省范围,天津当业居于领导地位。

2.5 分的当息虽说到 1921 年已试办两个 5 年,但并未停止,1922 年继续实行。但到 1923 年,天津典当业又迎来新的风波。

宁河县有名为刘宗诚者,到省议会控告典当业重利病民,要求将传统的"过五"计利办法(当物在过期月满后,超过 5 日加 1 个月的利息),改为

① 《典当业同业公会民国元年禀稿底》(1912 年 1 月 1 日),天津市档案馆藏,J0129-2-004308。

② 天津商务总会津邑:《典当冬令减息》(1916 年 1 月 1 日),天津市档案馆藏,J0128-3-004333。

③ 天津市档案馆等编:《天津商会档案汇编(1912—1928)》,第 1579 页。

"当期在二十日以内者以半月计算,在二十日以外者以全月计利"。对于这一挑战典当业习俗的提议,典当业自然是不予认同。他们上书直隶省长,认为"典商经营此业又何忍以重利病民,但该公民居局外不知局中之难,所拟虽属佳事,实有窒碍难行",因为典当业运营需要拆借大量资金,利率高,负担重,如按照刘宗诚的办法,典当业"纵或办到,倘使一时不济,即有止当之虞,是该公民欲以益民者,适以病民",故希望省议会"详加体察,勿徒博利民之名而实贻病民之害"①。

然而,刘宗诚的要求得到省议会的批准,认为"于商无累,于民有益"。得此消息后,直隶典业联合会长上呈省长王承斌,认为典当业"过五"习惯本来就使"典商一年之内,收入不过十个月利息,暗中吃亏已属不赀",只是因为习惯沿袭而没有提出改变;省议会"不知典商取息习惯",不了解"典商宽让五日不另取息,即系便民之处";倘若按照省议会的决议实行,典当业吃亏太大,将导致直隶典当业所有会员的反对。所以,恳请省长"俯查直省典商取息情形,仍予照旧办理,免予变更"。也正是在典商会长上书省长之时,省内数十州县的典当业的确掀起了波澜,纷纷表示万难遵办。根据这一情势,典业联合会再次呈请省长,除了继续陈述传统习惯的合理性以外,还调转矛头,指责官府对典当业"捐税繁重,费用浩大"。所谓"对传统习俗的改革"实质上就是增加对典当业的剥削,这将会导致典当业"纷纷停歇而后已,人将视典业为畏途矣"②。

尽管当商陈明利害,省议会经过复议,还是通过了对当商不利的决议。此议一经传出,各地典当业纷纷表示无法营业,拟即止当。于是,1924年4月直隶典当业会长又一次上呈省长,表示如果遵办,"势必逼成止当风潮,于市面人民均造不便"③。

---

①《典当业同业公会民国元年禀稿底》(1912年1月1日),天津市档案馆藏,J0129-2-004308。

②《典当业同业公会民国元年禀稿底》(1912年1月1日),天津市档案馆藏,J0129-2-004308。

③《典当业同业公会民国元年禀稿底》(1912年1月1日),天津市档案馆藏,J0129-2-004309。

经过典业联合会先后 3 次上书，并通过关系疏通，终于有了效果。1924 年 7 月 11 日，省长下达批示，同意当商的请求，认为："商艰待恤，急不可待，亦属实情……暂照旧章办理。"[1]亦即仍实行 2.5 分的当息。此事再次证明，政府对典当业的态度与民议机构、社会民众有所不同。

从以上清末新政尤其是民国以来当息争议的事件可以看出，民间社会的力量开始增强，民主民生的意识逐步向社会渗透，当息问题开始置于国家、社会和民众博弈的场域之内。商会、议会的出现，正是地方精英拓展自己势力范围的表现。博弈各方开始利用新的话语为自己的利益辩护，如社会民众和典当业都以被剥削者自辩，以争取舆论的同情和支持。不过，从斗争结果看，地方精英的力量依然十分有限；地方政权仍然具有较大的权力，它在民众、精英以及典当业之间力图保持平衡，一边要考虑社会的呼声，一边还要顾及典当业的利益，毕竟稳定社会秩序是第一位的；典当业则受到了民众与政府的双重制约，加上其他典当业的竞争，生存日益艰难。但是，典当业毕竟为社会所需，"止当侯赎"是其抵御"减息"呼声最为有效的撒手锏。何况，许多大商人、军阀、遗老等对典当业也有不少投资，与典当业有很深的利益关系，[2]因此典当业最终仍能够得到当局的支持。

## 二、从 2.5 分到 2.3 分

第二个阶段是南京国民政府前期关于当息的博弈。

经过 1926—1927 年的北伐国民革命，中国的革命意识愈益浓厚。南京国民政府成立后，1927 年 7 月 19 日颁发关于借贷年利率不能超过 20% 的禁令。在此社会背景下，典当业的形象受到民间社会的更大质疑，各方

---

[1]《典当业同业公会民国元年禀稿底》(1912 年 1 月 1 日)，天津市档案馆藏，J0129-2-004309。

[2] 王子寿：《天津典当业四十年的回忆》，中国人民政治协商会议全国委员会文史资料研究委员会编：《文史资料选辑》第五十三辑，文史资料出版社 1964 年版，第 46—50 页。

围绕当业利息开始了新一轮的博弈。

在此时期，首先对天津典当业发起挑战的，是律师高善谦。

天津律师业初现于民国初年，20世纪30年代达到200人。在这一行业中，虽有利用各种手段骗取钱财的，但也有一些主持社会正义者。[①] 1928年9月27日，高善谦律师向天津市政府指控典当业剥削严重，"当商向以三分重利盘剥贫民，更以甲付之息转而作乙之本，辗转生息，利上滚利，贫民受经济压迫，呻吟于土豪劣绅威势之下，敢怒而不敢言亦非一日"。他认为全国已经统一，当业公然违背年利率不得超过20%的训令，"若不严加取缔，不独以难解民众之倒悬，抑且失国家法令之威信"。而且，典当业客户既为贫民，更应将利率从轻规定，定为月利1分5厘。不仅如此，"为便利贫民御寒起见，历来皆须将利息减低，更请将在夏历冬、腊两月内赎典之利率规定为月息一分"。如果当业不遵守法令或阳奉阴违，投机取巧，"应按照惩治土豪劣绅条例第二条第四款从重处罚"[②]。不难看出，高善谦律师的指控已显示出了民间人士利用国家法令和新时代革命话语进行斗争的策略。

市政府将高善谦律师的呈请经由商会转给了天津典当业。面对高善谦律师的减息主张，典当业的反应相当激烈。他们提出："当息本来就应该比其他金融机构的借贷利息为高：一、当商取息，与银行、银号、放钱局迥乎不同；二、当行之资本无几，均赖借用票项为资周转；三、当商负担扣税过重，占去大部分利率；四、当商成案取息以二分，取赎居其大半。"典当业要求市政府取消高律师的提案，"以免激出倒闭风潮，而杜绝贫民通融之活路"[③]。其中第一条理由以前未曾提到过，它表明当商对自己的营业性质及其在近代金融系统中的定位有了较为明确的意识。

这一次当商的诉求又一次得到了政府的支持。1928年底，已由直隶

① 姚士馨：《解放前天津律师业概述》，中国人民政治协商会议天津市委员会文史资料研究委员会编：《天津文史资料选辑》第三十七辑，天津人民出版社1986年版，第179—181页。

② 天津市档案馆等编：《天津商会档案汇编(1928—1937)》，第955页。

③ 天津市档案馆等编：《天津商会档案汇编》(1928—1937)，第956—957页。

改称河北的省长商震对此做出批示:近年来的战争已经导致许多当商歇业,如果再实行减息,"当商歇业者势必更多,转使贫民有物无处典质,是便民反以病民"。所以,"现时本省各当商利率拟请暂行仍照旧例办理,一俟地方元气恢复后,商业稍有转机,再行量予核减"①。也就是说,政府的态度不是不支持减息,而是认为时机不够成熟。河北各县典业联合会立即据此批示进行了传达。②应当说,商震的看法比较符合当时典当业的实际,但也与天津典当业多为山西人把持有关,商震代表的正是山西地方势力,于是高善谦律师的提案遭到否决便是可以理解的了。

可能正是因为河北省政府为当息减低留下了活口,所以典当业的归口上级机关天津社会局在1929年7月仍制定了一个减息方案,以待来日商讨实行。③1930年11月蒋冯阎李中原大战刚刚结束,天津社会局就把这个减息方案提到了议事日程。12月19日由社会局发起当息讨论会,参加者主要有市政府、公安局、财政局等机关以及警区、当商代表。④社会局提出了3个减息方案,供当业讨论实施。第一个方案,无论华租界官典、质当、代当,一律规定月息1分8厘,冬季自国历11月1日起至12月底止,减为月息1分5厘;第二个方案,一律规定月息为2分,但自11月1日以后至12月底止,减为1分5厘;第三个方案,一律规定月息为2分,但11月以后至12月底止则减为1分8厘。⑤

应当说,社会局这几个减息方案都比高善谦律师的方案为优,但是典当业认为减息过低,仍不予认同。典当业于12月30日向社会局呈上理由,除了以前的说辞外,还拿出当税和获利单为自己辩护,即:除去付息、

---

① 《民国二十八年典当业公庆堂禀稿底》(1928年7月1日),天津市档案馆藏,J0129-2-004312。

② 《典当业民国十四年联合会禀稿书信稿》(1925年7月1日),天津市档案馆藏,J0129-2-004310。

③ 《民国二十九年十月典当业公庆堂禀稿底》(1930年10月1日),天津市档案馆藏,J0129-2-004314。

④ 天津市档案馆等编:《天津商会档案汇编(1928—1937)》,第958—963页。

⑤ 《民国二十九年十月典当业公庆堂禀稿底》(1930年10月1日),天津市档案馆藏,J0129-2-004314。

估衣亏损以及薪水支出、各种捐税和杂费以外,资本4万元以下的当铺年获纯利仅为800元左右,6万元的当铺不过3500元左右,与成本、架本等投入相较,利润并不算多。[①]与此同时,仍以止当相威胁。另外,也提出了一个变通办法,"别予修改当商收费名词,以示典业与国令利息两不相背"[②]。

为此,社会局召开第二次会议,会议主席指出:"决难抗违国府命令,应于上次政府规定之三项办法中,研究实施办法,或由当商另提切实具体办法亦可。"当商代表祁云五等虽未表示否定,但仍采取拖延战术,借口当商代表只是股东代理,没有决定权力,还建议:"就近调查租界当息,以求划一,以免徒苦华界同业。"会议听从了当商的建议,由政府及当商公会分别派遣代表调查上海、南京两市典当业利率,要求1931年1月20日前调查完毕,根据两市先例再"核议本市减息办法"。[③]

调查期间,当商公会能拖就拖,称"因该地当业情形尚不一致,调查颇为迟滞",要求延展时日回津。但是,延期终究是暂时的,到1931年2月2日社会局主持第三次会议,经天津市政府和典当业公会商定,自当年5月1日起,当息改为月利2分,冬令减息为1分8厘,外加栈租3厘。起息除第一个月外,不过5日者免利,过5日者按整月计息,当期限为18个月。从表面看是减息了,但典当业的"别予修改名词"的策略也得以实现,以栈租费的名义得到了适当的补偿,即当息为2.3分,仅比此前的2.5分降低2厘。[④]总的来看,当业损失不大。

需要指出的是,2.3分当息的实行到了1932年又出现了新的矛盾。它与南京国民政府成立后的市县分治有关。1928年,天津特别市成立,原四乡组成天津县,由此市县分治。1932年10月,天津县政府训令当商,典当

① 天津市档案馆等编:《天津商会档案汇编(1928—1937)》,第958—963页。

②《民国二十九年十月典当业公会庆堂禀稿底》(1930年10月1日),天津市档案馆藏,J0129-2-004314。

③《民国二十九年十月典当业公会庆堂禀稿底》(1930年10月1日),天津市档案馆藏,J0129-2-004314。

④《民国二十九年十月典当业公会庆堂禀稿底》(1930年10月1日),天津市档案馆藏,J0129-2-004314。

利息连保管费共计2.5分;灾歉之年旧历冬季减为2分,灾重之年提前减半月。①1933年,河北省政府发布了河北省典当营业暂行规则,也规定当息不得超过1分5厘,保管费至多不得过1分,即当息合计2.5分;冬令得减息5厘,但是否减息应由当商酌定。②从这个规定看,既沿袭了民间传统的一些习俗,又给了当商更为灵活的经营政策,"惠于贫民而利于当铺缓解银根在年底之紧张"③。1934年3月,天津县政府依此规定再次强调,利息加保管费为2.5分的当息。④也就是说,自1932年10月以来,天津县乃至河北省的当息一直实行2.5分的标准,而天津市典当业却自1931年5月来一直实行2.3分当息,比天津县与河北省低2厘。对此差别,天津典当业自然眼红,他们也想争取2.5分的利息。1935年初,向市政府提出,要求依照河北省典当营业暂行规则和天津县的先例改正当息为2.5分,包括当息为1.5分,保管费1分。"窃以本省市毗连,商情既同,当息保管费未便独异"⑤。4月初,市政府通知当商可以改正。

　　然而,正当典商决定改正之际,事情突然起了变化。1935年4月6日晚,他们接到政府"暂缓实行"的电话通知,7日听到社会局李科长的解释,原呈稿底卷中保管费1分稍有错误,"错误乃系市府办稿人疏忽",但为了"彼此帮忙,维持该员之职务,暂行改为保管费八厘,以符旧有利率"⑥。当商不仅空欢喜一场,李科长还要典当业公会承担增息事件的责任。⑦

　　这一突然转变,社会局的解释恐不完全,变动的背后还有其他社会因素的推动。1935年4月8日《益世报》对此事件有所披露:"当市政府核定典业增至2.5分的利息之后,发现社会各界有反对迹象。本市市民华子

　　①《典当业关于改定当县栈租文件》(1932年1月1日),天津市档案馆藏,J0129-2-004303。
　　②《河北省典当营业暂行规定》(1933年1月1日),天津市档案馆藏,J0129-2-004219。
　　③陆国香:《中国之典当》(二),《银行周报》1936年第20卷3号。
　　④《典当业关于改定当县栈租文件》(1932年1月1日),天津市档案馆藏,J0129-2-004303。
　　⑤《典当业关于改定当县栈租文件》(1932年1月1日),天津市档案馆藏,J0129-2-004303。
　　⑥《典业同业公会民国二十二年至民国二十五年执行委员会记录》,天津市档案馆藏,J0129-2-004266。
　　⑦天津市典当业同业公会:《典当会员代表大会.执行委员会.整理委员会.常务委员会董事会改选董事等签到簿记录簿》(1933年1月1日),天津市档案馆藏,J0129-2-004261。

丹、张久宁等联名呈请社会局予以限制,认为在市面萧索、民众生计艰巨、百业凋敝之秋,当商竟借遵照省府当商管理规则,蒙蔽市府,请求增息,殊属直接剥削民众经济;且津市当商,经上度实行减息后,曾有永不再增之条件。他们还声称打算再联合有力分子,必要时进行请愿。"①由此可见,社会反对之声也迫使政府收回增加当息的决定。

天津典当业对政府的出尔反尔焉能甘心,他们认为:"市府既已批准备案,决无自行撤销之理。"②10日下午,典当业公会五常委与社会局谈判。不过,在政府的压力下,五常委被迫屈服,经再三劝勉当业会员,仍实行原来的2.3分当息。③不仅如此,典当业公会还按照社会局的意见,把"保管费八厘笔误一分"的责任揽了下来。④

从以上南京政府前期3次当息的博弈来看,出现一些新的精英来为民请命,报业媒体成为较为有效的工具,这些对政府的决策形成一定的压力。典当业则利用自己在社会经济中的地位为自己争取最大利益,在要求减息的呼声中强调自己的慈善形象,强调政府捐税过重,把当息过重的责任推给政府。不过,他们最终还是迫于政府的压力,未能实现加息的愿望。政府在当息博弈中依然把自己扮成民众利益的代表,但是在实际斗争中仍力求各方平衡。政府法令在各地虽不能完全贯彻,但在一定程度上成为地方政府、民间社会与典当业讨价还价的依据。

## 三、从2.3分到4分

第三个阶段是日伪时期关于当息的博弈。

---

① 《当商突增息,各界反对呈请限制》,《益世报》1935年4月8日第5版。
② 《典当会员代表大会.执行委员会.整理委员会.常务委员会董事会改选董事等签到簿记录簿》(1933年1月1日),天津市档案馆藏,J0129-2-004261。
③ 《典当会员代表大会.执行委员会.整理委员会.常务委员会董事会改选董事等签到簿记录簿》(1933年1月1日),天津市档案馆藏,J0129-2-004261。
④ 《典当业同业公会民国三十三年一月禀帖底稿》(1944年1月1日),天津市档案馆藏,J0129-2-004316。

七七事变后，天津市的行政管理机构先后为伪天津市治安维持会（8月成立）、伪天津公署（1937年底改称）、伪天津市政府（1943年）。[①]1938年，在日本军部的支持下，日本人谷内嘉作在北平、天津、唐山等地频繁活动，仅到天津典当业公会就有20多次，劝令典当业合流或加入官股，改为官商合办，企图予以控制。

　　面对日本人的威逼利诱，典当业显示了大义凛然的民族精神。以典当业公会主席祁云五为代表的天津当业人士，与谷内嘉作极尽周旋，经本业公会召集会员大会表决，无论合流或官商合办，均不赞同。1938年，伪中华民国临时政府实业部拟于9月开会研讨改良典当业办法，与谷内嘉作的企图一样，也是官商合办，商股、官股各500万元，设公司于北平、天津，其他地方另设分公司，原有当店一律取消。但天津当业公会仍不为所动，"一再与股东集议，金以创设一当店，系系相传，经之营之，非常不易，一旦改组化为乌有，虽持股票，字号实力不存，此为人情最不能堪，况各号盈亏不一，盈者尚可，亏者一经改组，其损失又向谁告偿……合办似民众未得救济之实，当商先遭失业之惨，敝等为当店计，为市民便利计，宁可歇业，绝不合办"[②]。7月14日，天津典当业公会23家会员在《庸报》上发表《天津市典业全体商号公同紧要声明》，表达了不与日伪政权合作的决心。

　　1939年华北地区发生大水灾，天津市民损失惨重。一时间，谴责典当业剥削，要求典当业减息的呼声又起。10月初，市民张傅泉在《庸报》上发表文章，认为1928年以前天津典当业较得人心，但北伐成功后就变了，主持天津政局的傅作义是山西人，偏袒典当业同乡，不仅否决了高善谦律师的减息提案，还与当商联合起来鱼肉人民，把当息定为2.3分，并取消了冬令减息。他还指出，七七事变后，日本人谷内嘉作等人要改良典当业的提议遭到典当业的拒绝。典当业在大水灾中减息过少，甚至还不如在庚子

---

① 1943年又更名为天津市政府。

② 《天津市典业全体商号公同紧要声明》，《庸报》1938年7月14日第1版。

事变时的减息幅度。①此文很快被多家报刊转载。从张傅泉的言论可以看出,他对典当业的指责有失实之处,也不完全是为了减轻民众负担,还有为日本人合并典当业没有成功而进行报复的嫌疑。

尽管如此,伪市公署还是立刻作出反应,表示将派人调查,并拟定减息、平息、递息、特息等办法。②1939年10月19日,决定对典当业实行减息,不过与此同时,也强调典当业的困难,如"百物昂贵,一切开支,增加数倍",再减低利息,典当业"恐难支持,视今之灾况情重,似乎得于救助,但期限过长,亦为实力所不许"。于是,规定凡是当本在5元以下的,从当年9月21日至10月5日,临时减息15天,原来利息2分3厘的以2分取赎,"以示救济多数贫民"③。

在日伪统治期间,日本人、朝鲜人以及天津地方商人开办的小押当泛滥,曾达到2000余家,月息达60分,当期仅一二十天,对天津典当业构成巨大威胁。④由于难以应付恶性竞争,天津典当业"能够活动的仅剩十五家"⑤。他们强烈要求伪市政府、警察局对小押当进行整顿和打击。市政当局也感到小押当"盘剥贫民,影响治安"。遂于1941年11月对天津租界内的小押当进行了调查。不过,因它们多是日、朝人所经营,"限于法权关系,未便直接办理"。1943年,又打算对小押当进行取缔,但仍因日人的纵容,未取得实效,小押当"继续私营者为数仍多"⑥。

随着日本侵略的战线拉长,市面萧条,物价昂贵,典当业经营更加困难。租界的质业公会和华界的典当业公会决定联合起来应对这场危机。1942年4月,两业召开联席会议,一方面请求政府出面向银行低利贷款;

---

①《津市典当业重利剥削,灾民张傅泉详陈经过,呈请市当局呼吁减轻》,天津市档案馆藏,J0129-2-004223。

②《津市灾民呈请减低当商利息,市当局刻正洽商办法》,《东亚晨报》1939年10月12日第2版。

③《澈查当商减息纠纷,赎当减息延长半个月》,《庸报》1939年10月19日第5版。

④天津市政府:《典当业》(1940—1947年),天津市档案馆藏,J0002-3-002304。

⑤燕生:《日趋没落的典当商》(下),《天津中南报》1946年7月15日第4版。

⑥《关于取缔日朝人代押当票营业之训令报告》(1941—1945年),天津市档案馆藏,J0218-3-007528。

一方面要求改变当息和当期,除原来规定的利息外,增加保管费2分,当期缩短为1年。①此后,天津典当业公会又多次召开董事会议,要求伪市政府早日加息。12月5日,要求提高当息至4分,即:当业原来月息2.3分,现加保管费1.7分;质业原来2.8分,现加保管费1.2分。②

典当业的要求在1944年初遭到政府的否决。2月5日,典当业董事会改变办法,从3月5日起,每当本1元收取手续费5分,"以维现状,而免全数倒闭"。这一要求得到了政府的批准。但由于现实情况进一步恶化,典当业公会于5月5日再次提出新的要求,请求收取临时当息,加上保管费一共为6分,当期减为6个月。对这一要求,1个月过去了,政府没有回答。6月5日,典当业公会董事会的提议稍有改变,请求政府适当增加利息,当期为12个月。即使如此,政府依然没有回音。8月1日,他们再次上呈,仍保留去年底提出的4分当息要求。鉴于当业公会已降低姿态,10月政府的批示终于下来,同意增当息为4分,但当期仍为18个月,并停收手续费。③

但政府的批示还不到1个月,典当业又于1944年11月1日呈请政府,除了当息4分之外,要求恢复手续费5分,缩短当期为12个月。④但政府未予理会,典当业会员又以止当相威胁,"盒以现在生活如此之高,当息仍未固定利率,若不速为救济,势必同归于尽"。1944年底,他们再次召开会员会议,继续申述同样的要求,这次政府倒是答复了,但却是"碍难照准"。典当业会员更加着急,表示:"所请增收保管费暨缩短当期一案,事经一年亏耗已属不支,不能再事延宕……以免全数陷于倒闭不可收拾之状态。"不过,面对政府的强硬态度,典当业公会会长、理事认为急躁无济于事,他

---

① 《典当业民国三十一年召开联席会会员会议纪录》(1942—1945年),天津市档案馆藏,J0129-2-004262。

② 《典当业同业公会民国三十年董事会议纪录》(1941—1945年),天津市档案馆藏,J0129-2-004271。

③ 《典当业同业公会民国三十年董事会议纪录》(1941—1945年),天津市档案馆藏,J0129-2-004271。

④ 《典当业同业公会民国三十年董事会议纪录》(1941—1945年),天津市档案馆藏,J0129-2-004271。

们劝说典当业会员"再静候一个月,如至二月一日止,仍无相当维持办法,一律止当候赎"①。

但一直等到1945年3月1日还是没有消息,一些当铺开始止当。在此情况下,典当业公会为暂救目前危机,已顾不了政府的批示,自行决定仍实行收取手续费办法,每当本1元暂收1次手续费5分,但赎回时仍按以前的老办法,典业仍按2.3分,质业仍按2.3分。②当此之时,伪华北政务委员会经济总署又做批示,鉴于典质两业危急万分,改增当息为5分。③1945年6月,质业公会和典业公会联合组成当业公会。当业公会第一次会议的首个议题就是当息,请求天津市政府将当息增至12分,当期缩短为4个月。但此呈刚递上不久,就从商会转来政府的训令:当息当期业经改正,应毋庸议。④

从以上日伪时期的当息之争可以看出,天津典当业对日本人企图控制的阴谋,表现出了民族大义。在严酷的战争环境中,典当业经营十分困难,要求增加当息自不可免。但这一时期日伪政权的态度并未因侵略战争而改变,而是仍如以往,对典当业既照顾其要求,又采取了限制的双重政策。

## 四、从10分攀升至30分

第四个阶段是抗战胜利后关于当息的博弈。

1945年8月日本投降后,天津经济一片凋敝,典当业依然面临十分严

---

①《典当业民国三十一年召开联席会会员会议纪录》(1942—1945年),天津市档案馆藏,J0129-2-004262。

②《典当业民国三十一年召开联席会会员会议纪录》(1942—1945年),天津市档案馆藏,J0129-2-004262。

③《典当业同业公会民国三十年董事会议纪录》(1941—1945年),天津市档案馆藏,J0129-2-004271。

④ 天津市典当业同业公会:《典当业理事会纪录簿》(1945年),天津市档案馆藏,J0129-2-004253。

峻的形势。天津市当局为帮助典当业复兴,提高当息为10分,缩短当期为10个月。①不过,由于经济形势的恶化,天津典当业对此提高了的当息依然十分不满,当业公会请求市政府将当息增至12分,当期缩短为4个月。但此呈刚递上不久,就从商会转来一个政府训令:当息当期业经改正规定,应毋庸议。无可奈何之下,当业公会于9月5日通过决议,采取消极态度,"凡当户持物典当者,每号限制最多不准超过一千元等字样,在营业时间经改定为上午九时起,至下午四时止"②。

就在天津市政府规定的当息10分实行了接近1年之时,1946年7月,北平典当业在政府授权之下,将当息增至14分,当期缩短为3个月。这给天津典当业提供了援引的榜样,他们要求天津市政府也推行北京的做法。③7月23日,天津社会局将此向市政府作了反映,认为典当业在日伪时期表现很好,"宁可歇业绝不合办";现在小本借贷又未能普遍实施,无其他代替方法,所以"应准如所请"。7月25日,市政府同意了典当业的要求,让他们先行试办,但强调不要索取额外的利息。④

就在市政府批准的第二天即1946年7月26日,一个叫周毓华的市民提出了不同意见,他希望市政府关注社会舆论和老百姓的承受力,不可盲目地效仿北平的做法,"北平核准之时,正值拆息高至十七八分之偶有时期,似未采作正常值标准",而现在"银根渐松,已落至十二三分",如果实行将对人民产生重大影响,"立遭舆论之攻击亦属可能"。周的建议不无道理,于是产生了一定影响,1946年7月29日市政府秘书处作了一个兼顾两端的"空头"提议:一方面指出典当业的要求对贫民来说是"重利盘剥,力实弗胜",另一方面典当业在抗战期间"所受之苦厄最深,且多半被迫歇

① 郭凤岐总编纂:《天津通志·金融志》,第208页;《河北省财政厅代电为典当业现行利息及手续费数目》(1946年1月1日),天津市档案馆藏,J0025-3-001284。

② 天津市典当业同业公会:《典当业理事会纪录簿》(1945年1月1日),天津市档案馆藏,J0129-2-004253。

③《典当业同业公会会员大会·理监事联席会签到簿记录簿》(1946年2月1日),天津市档案馆藏,J0129-2-004252。

④ 天津市政府:《典当业》(1947年1月1日),天津市档案馆藏,J0002-3-002304。

业,仅此现存之数,固应加以维持"①。

由于市政府的态度模棱两可,典当业继续争取自己的权益。1946年8月3日当业公会会长王子寿上书市政府,陈述典当业存在的必要性和仿照北平办法改定当息的合理性,并声称如果当商止当,则"一般贫民只有趋于小押当之一途,人民之受剥削,恐远不如大押当之便利",所以,"救济当商即间接救济贫民"。何况,北平的做法已经受到了人们的欢迎,"平津近在咫尺,事同一律"。在恳请市政府的同时,典当业还努力争取天津商会的支持。7日,当业公会给商会写了一封公函,表达了自己的要求:"倘不蒙体察,仍与搁置,亦不敢强求,事出无奈,唯有准令敝行全体歇业。"商会对他们的要求表示支持。②市政府反复权衡典当业和贫民双方的利益,在当年8月中旬仍作出了暂缓援照北平做法的决定,不过可以给典当业提供低息贷款。

当业公会又给市政府写了呈稿,除了陈述许多当铺因经济形势恶化而不能维持以外,还列举了北京、上海、南京、保定的当息,为提高当息增加说服力。这几个城市的当息最低为17分3厘,高者已达20分,③显然是天津典当业不能比的。这对市政府有一定刺激,政府转变态度,同意了典当业援照北京做法的要求。④

随着国共内战的进行,中国经济形势进一步恶化。当业公会在1947年1月初再次要求调整当息,增加保险费4分。1个月过去了,市政府没有答复,而"物价暴涨,暗息日增,以致业务无法支持"⑤。2月13日,他们又上呈市政府,既要求调整当息,又请中国、交通、农民等银行继续予以低利贷款。但又过了3个月,仍未得到回复。5月以后,经济形势更糟,他们只

---

① 天津市政府:《典当业》(1947年1月1日),天津市档案馆藏,J0002-3-002304。
② 天津市政府:《典当业》(1947年1月1日),天津市档案馆藏,J0002-3-002304。
③ 天津市政府:《典当业》(1947年1月1日),天津市档案馆藏,J0002-3-002304。
④《典当业同业公会会员大会·理监事联席会签到簿记录簿》(1946年2月1日),天津市档案馆藏,J0129-2-004252。
⑤《典当业同业公会会员大会·理监事联席会签到簿记录簿》(1946年2月1日),天津市档案馆藏,J0129-2-004252。

得不惮其烦地一再要求调息,以原有利息14分再增加2分,栈租及保险费也各加至1分,手续费一成。面对典当业加息则病民,不加息则歇业的两难局面,天津市社会局萌生了设立公典的想法,由当业公会负责筹组公典,资本暂定2亿元,由现有当商约40家每家出资300万～400万元。公典当息仍维持14分,且不收取栈租及保险费,并规定每次当额最高不得超过30万元,这样贫民既得低利周转之便,当业亦可赖以维持。市政府对社会局的建议表示支持,要求其拿出具体的办法来实行。①

8月,北平市政府提高当息为月息16分,栈租2分,取消手续费一成。与之相比,天津典当业在5月提出的要求反而是较高的,这就给天津市政府提供了口实,它转而要求天津典当业"仿照平市利率予以调整"②。于是,天津典当业陷入被动。不过,由于天津典当业的生存毕竟处于十分艰窘之境,当业公会再次致信商会,要求除了实行当息18分之外,还要保留维持职工生活的手续费。③商会将此议上呈市政府,市政府要求社会局做出相应决策,但社会局并未理睬当业的要求,而是忙于公典的筹设事项(不过直到国民政府退出大陆,它也没有建立起来)。④

正当天津当业公会于9—10月连续促请市政府批准其要求之时,北平当息又有了新的变化,调整为月息20分,栈租费4分。于是,天津典当业转而决定按照北平当业调整当息。⑤北平做法对天津市政府影响颇大,这次请求又获得了市政府的同意。⑥

然而,经济形势在不断恶化之中,物价剧烈上涨,银钱业的拆息也超过了30分。北平当息又调整月息为22分,栈租8分,共计30分。1948年3月27日,当业公会召开会议,决定追随北京,实行新的当息。他们的先斩

① 天津市政府:《典当业》(1947年1月1日),天津市档案馆藏,J0002-3-002304。
② 天津市政府:《典当业》(1947年1月1日),天津市档案馆藏,J0002-3-002304。
③《改定典当业当息等事项》(1947年8月1日),天津市档案馆藏,J0128-3-008510。
④ 天津市政府:《典当业》(1947年1月1日),天津市档案馆藏,J0002-3-002304。
⑤《典当业同业公会会员大会·理监事联席会签到簿记录簿》(1946年2月1日),天津市档案馆藏,J0129-2-004252。
⑥ 天津市政府:《典当业》(1947年1月1日),天津市档案馆藏,J0002-3-002304。

后奏得到了社会局的认可,社会局将此提交市政会议通过。①

但随着物价继续上涨,"各号亏损殆尽,业务已成麻痹状态,无法再行继续营业"。7月初典当业再次召开大会,议定调整当息,当息仍为30分,另收手续费一成,当息达到40分,当期也缩短为1个月。②这一次典当业公会的先斩后奏行为,引起社会局的不满,对他们的提议予以否决,并上呈市政府进行处罚。③在政府的严厉指责下,典当业被迫退却,仍按月息22分、栈租8分办理。④

为了抑制极度恶化的通货膨胀,挽救经济危机,1948年8月南京政府发布《财政经济紧急处分令》,其中第三十二条规定:抑制市场利率,商业银行及其他银行钱庄从9月1日起放款利率不超过1角,自9月16日起不得超过5分。这样一来,当业增息的要求与政府法令就产生了较大冲突,"当业虽非银行钱庄,唯既系取息亦应参酌前项规定将当息予以抑低"。据此,天津市政府对30分当息也予以检讨。不过,在实际生活中,民间百姓已经不顾当息问题,只希望当铺开业就好,市民王爱民的呼吁代表了他们的要求,"请津市各当铺万勿拒绝穷民抵押,以资救济生活"⑤。

由上可见,抗战胜利后,由于国共内战以及国民党的通胀政策,市场紊乱已极,当息问题也陷入无可奈何的境地。关涉各方皆进退失据:天津市民只求可以典当,而不关心当息多少,过一天算一天;典当业虽不断地要求增加利息,表面利息达到历史顶点,但实际上仅是避免歇业的手段,已无盈利可言。到中共军队占领天津时,当铺几乎全部歇业;而政府部门则是朝令夕改,一片混乱。最终随着国家政权的易手,典当业被拖进一个

---

① 《典当业同业公会会员大会·理监事联席会签到簿记录簿》(1946年2月1日),天津市档案馆藏,J0129-2-004252。

② 《典当业同业公会会员大会·理监事联席会签到簿记录簿》(1946年2月1日),天津市档案馆藏,J0129-2-004252。

③ 天津市政府:《典当业》(1947年1月1日),天津市档案馆藏,J0002-3-002304。

④ 《典当业同业公会会员大会·理监事联席会签到簿记录簿》(1946年2月1日),天津市档案馆藏,J0129-2-004252。

⑤ 天津市政府:《典当业》(1947年1月1日),天津市档案馆藏,J0002-3-002304。

新的历史时代。

以上如故事一般展现了近代天津当息博弈的历史过程,根据这一描述,可制作出天津当息的演变表(见表6-1):

表6-1 天津当息的演变

| 时 间 | 当息 |
|---|---|
| 清光绪年间 | 当息普通2分,高的3分,冬令减息1个月。当期24个月,可延至30个月 |
| 1900年义和团运动 | 当息一度增至3分,冬令减息停顿 |
| 1912年 | 当息2.5分,灾重之年提前半个月减息 |
| 1931年 | 当息2.3分,当期24个月(当息月利2分,冬令减息为1.8分,外加栈租3厘。除第1个月外,不过5日者免利,过5日者按整月计息,当期限为18个月,如当物者请求,也可将利作本,重新起利,留当1个月) |
| 1933年 | 天津市当息为2.3分,天津县当息为2.5分 |
| 1944年 | 当息4分,当期18个月 |
| 1945年 | 增加手续费5分。抗战胜利后,当息一度定为10分,当期10个月 |
| 1946年 | 当息为月利14分,手续费一成,当期3个月 |
| 1947年 | 8月,当息16分,栈租2分,取消手续费用,当期3个月。10月,月息20分,栈租4分,当期3个月,手续费取消 |
| 1948年 | 4月,当息22分,栈租8分,当期3个月 |

表6-1为近代天津当息演变的实际结果,很显然,它掩蔽了这一历史过程中政府、社会与当铺的博弈内容。也就是说,这个结果是在各方的斗争中实现的,博弈各方充分展现了自己的斗争策略,即:典当业一方向以贫民的金融调剂机关自居,以慈善的面目出现,为了获得更多利益,希望利率越高越好。而社会民众却视典当业为高利贷,希望降低利息。政府则从维护弱势平民和稳定秩序出发,往往干预当息,或者说是压制典当业的高利欲望;但由于典当业又为社会所必需,又在一定程度维护其生存。在此博弈之中,各方都使用了适合自己或传统或现代的武器,包括传统习俗、国家法律、民间团体、报纸媒体等等,体现了近代中国社会转型的色彩。

如果说各方对当息的博弈和斗争属于表面现象,而在这表象的背后,则当息高低最终还是要受社会经济条件的制约,从而所谓当息的结果就不完全是以人的意志为转移的,各方势力的博弈皆不可能脱离这一制约。正如美国利率专家菲歇尔所说:"理论上利率可以有表面的变动与真实的变动,表面变动是与价值标准的变动相联系的,真实变动是与其他更深刻的经济原因相联系的。"[1]从上表可见,天津当息一直处于波动上升之势,[2]尽管它是一个表面现象,但真实地反映了近代以来中国政治局势的动荡、经济局面的恶化,行业竞争的激烈,导致典当业经营成本提高,不得不巧立名目,提高当息,以维持生存。[3]即便如此,如果与物价变动和经营成本相较,当息是否真的提高还不好定论,总之典当业是处于愈益艰困之境。政府虽然倾向典当民众的利益,但也不能不考虑典当业经营的实际情况,从而在两者之间左右摇摆,它只能是改良而不是取缔典当业,于是政府关于民间借贷的利率法令有时就成为一纸空文。而向以正义面目出现的社会精英,虽然总是摆出一边倒式的减息态度,对政府和典当业的态度也会产生影响,提醒典当业不可为所欲为,但最终还是要服从社会经济时代的限制,其作用和影响是有限的。

---

① [美]悉尼·霍默、理查德·西勒著,肖新明、曹建海译:《利率史》,第399页。

② 对近代中国典当业利息的趋势,有两种对立的观点。宓公干认为,典当利息有与时减低之势。陆国香的意见则与之相反。见宓公干:《典当论》,第317页;陆国香:《中国之典当》(二),《银行周报》1936年第20卷第3号。

③ 陆国香指出:"自国定利率年息二分颁布后,国内当铺格于政令,不得不表面加以服从,于是又名异质同之变相利息发生。此种变相利息之名称各地不同,但其计算方法均与利息同出一辙。"见陆国香:《中国之典当》(二),《银行周报》1936年第20卷第3号。

# 第七章　《北洋官报》的发行方式

报业是近代中国文化和经济的风向标。在《申报》《大公报》等著名大报之外，还有一些报纸也较有影响，《北洋官报》就是其中之一。"甲午一败，庚子再败"后，清王朝采取了包括创办新式官报在内的一系列新政举措，直隶总督兼北洋通商大臣袁世凯于光绪二十八年十一月二十六日（1902年12月25日）在天津创办的《北洋官报》，是清末报龄最长、最具模板效应的地方政府官报，也是中国近代史上首份邮发报纸。报业经营不仅是编辑稿件，也有报纸发行，如同其他企业产品的销售一样，关系报业的生存和发展。正如新闻史大家方汉奇所说："发行是报刊走向受众的主要环节，是报刊实现其社会价值与经济价值的途径，也是报刊生存和发展的命脉。"[1]在《北洋官报》的发行中，不仅传统官报发行之大清邮局、民信局、驿递等邮递途径被广泛运用，还开拓了以"派销""代销"为主且附之于函购等方式。《北洋官报》不仅在官报的创办上具有样板的效果，其发行方式也被晚清其他百种官报模仿。

## 一、零售与月售之报价博弈

1902年12月29日《北洋官报》《封面告白》页背面（相当于期刊封二的位置）用4～5个版面介绍《北洋官报》的"发行凡例"，具体内容如下：

---

[1] 方汉奇：《序》，武志勇：《中国报刊发行体制变迁研究》，中华书局2013年版，第1页。

一、本报每两日出版一次,除《封面告白》外正文至少八页多或十余页,约两万字,都为一册。每册零售价洋五分,每月售价洋七角,外埠概不零售。

一、外府州县遵督宪派定数目照寄,每份每月收足银五钱,如各府县于札派定数外另行函购,本局于函到次日照寄,未报价概须先惠,空函恕不奉复。

一、各埠代派处均须有妥实铺保报价按月清算,如缴不足由保人赔补。

一、代派处本埠销报至五十份以上外埠三十份以上,于报价内酌提二成作为经费。唯非经本局派定发有执照者,不得擅立分局名目,查出干究。

一、外省订阅全年先付报资者,亦按八折计算。唯每册一寄,报价全年外加邮费一元;五册一寄者全年加邮费三角。

一、各府州县派定各报统核银价以归一律。此外,各代派处及各州县自行函购者银洋两便,每洋一元合库平银七钱二分,小洋进出一律贴水。

一、本埠及京城、保定、正定、塘沽、山海关铁路可通之处,皆当日寄发;外府州县之驿寄者,于出版次日寄发;外省及东西洋各国量路之远近报之多寡临时酌定。

一、本报出版之始,本省一月外省十日报资寄费概由本局捐送不取分文。送报人皆由本局资雇均无庸酬给送力,如有私自价卖或索取送费者许函告,本局严究。[1]

此发行凡例含括以下与发行相关的内容:《北洋官报》的售价、邮费优惠,《北洋官报》的主要发行方式(派销、代销、函购、捐送),官报寄送时间及送达渠道。

---

[1]《封面告白》,《北洋官报》1902年12月29日第1版。

创刊之初,《北洋官报》为"隔日刊",每月"大建出报十五张,小建出报十四张"[1],每期[2]零售价洋5分,每月售价洋7角。自第200期(光绪三十年正月初六日,1904年2月21日)起,改成日刊,"《官报》按日一册,每月三十册,收价银六角"[3],"零购者每册洋银二分"[4]。调整出版周期前,大建月份,按月订阅《北洋官报》之报费要比单期零购合计报费高5分,此为其一;其二,零购者每期邮费2分,如此算来,假如每期都单独购买,则多比以月为单位购买多付2角8分或3角5分;其三,《北洋官报》之报价还与印张数及纸张成本有关。

《北洋官报》初刊时每期"除'封面告白'外,正文至少八页,多或十余页",除第903—924期(1906年2月1日—1906年2月22日)为每期3张双面印制的散页外,其他多为9~12个筒子页的"杂志式报刊",如果忽略不到0.25个的印张浮动,创刊之初每期零售价洋5分,每月售价洋7角,那么改出版周期后《北洋官报》的零售价不应发生较大的变化,而每月售价应该翻番,即改为1元4角,而事实上其定价为每期"洋银二分",每月"银六角"。为什么会发生这种情况呢?这与官报的印刷价目减半有关:"凡铅印札文等件,均用羊毛边纸核定画一,价目比去岁减让一半。如加长至六页,应照三页两分核算;如加长至八页,应照四页两分核算……自本年起,定价格外减让,以副雅意,另定各项减价一览表随后送阅,庶赐顾诸公格

① 《详定直隶官报局暂行试办章程》,《大公报》1902年9月26日第2版。

② 关于《北洋官报》是报还是刊的分类,学界普遍认为是"杂志式报纸",意即装订成册的具有报纸性质的出版物。经详细阅读阅3053期《北洋官报》,发现第896期至第924期(光绪三十二年正月初一至光绪三十二年正月二十九日,1906年1月25日至1906年2月22日)《北洋官报》是两张双面印刷散页,字号很小,版式密集,从第925期开始恢复光绪三十一年(1905)之前的版式,且对此做了说明:"本局自今年(光绪三十二年,1906年)官报改为两全张(另加告白页一张,实际为三张,笔者注),取材较富,但恐阅者不便拆订,自二月初一日起照旧装订成册,篇幅较前加倍,总期改良求精,以副阅报诸君之意,其学报每五日一册,特此声明。"意即除第896期至第924期这一个月29期为三张双面印刷散页,其他时候均为线装装订成册的杂志式报纸。基于此,凡涉及期、册者,一律用"期"。

③ 《本局售报价目》,《北洋官报》1906年2月2日第1版;《北洋官报》1910年4月17日第1版。

④ 《本局售报价目》,《北洋官报》1910年4月17日第1版。

外参考。"①

至宣统三年九月初一日(1911年11月22日)之《北洋官报》规定报价由"银洋两便"改为仅收银元,"查职局官学两报开办之初,(《北洋学报》)合装一册,每月定价库平银九钱,嗣于光绪三十二年禀定将学报分作旬报,以便检阅,报价仍旧并不增加,唯其初,各属习惯用银,故不得不按银定价,今则银元通行渐广,且度支部奏定国币制度将次实行,将来凡用银者,均须改作银币,则是报价与其收银平色各异,彼此折算均有无形之暗耗,不若先行照章改作银元,以归一律,拟请自本年九月初一日起,官学两报照旧并发,按照原价,并连邮费酌中定作,每月共收大洋一元三角,以免折合之烦,实属两有裨益,除俟奉批再登报宣布外,所有职局报价,酌拟改收银元缘由,理合呈请"②。此时《北洋官报》已临近停刊,至1912年2月23日《北洋公报》取而代之,③"自本年起,《(北洋)官报》改为《(北洋)公报》,其余报价仍一律照收银元,兹将本省、各省及本埠三项报价分列于左。
一、本省并寄公学两报,每月全份收大洋一元三角,小洋贴水,邮费在内。
一、各省分寄《公报》《学报》,每月每份收大洋七角,小洋贴水,邮费在内。
一、本埠寄售公报学报,每月每份大洋六角,小洋贴水,不加邮费"④。至宣统三年(1911)及民国初年的《北洋公报》时期,北洋官报局、北洋公报局对于报价之调整则不再纠结于零购还是按月购买,而是过渡到"银洋两便",意即以发行量为主要考量原则。

---

① 《为照单送发政治官报与北洋官报总局往来函件》(1911年1月1日),天津市档案馆藏,J0128-3-000765-027。

② 《本局禀定自九月初一日起报价改为银元照章公布由》,《北洋官报》1911年10月22日第7版。

③ 《北洋官报》出版至第3053期(宣统三年十二月二十五日,1912年2月12日)就退出了历史的舞台,从第3054期(1912年正月初六日,1912年2月23日)起,报刊名称改为《北洋公报》,但仍顺延《北洋官报》的期数。

④ 《本局厘定报价及定报新章广告》,《北洋公报》1912年3月1日第1版。

## 二、以派销为主的发行方式

清末官报最主要的发行方式是派销,[1]这也是官报与民营报刊的重要区别之一。派销实质上是派购,即利用行政渠道自上而下地层层指派。派销这种方式,在督辖级官报[2]——《北洋官报》上体现得淋漓尽致。

《北洋官报》被派销往"十一府七直隶州八厅一百四十四州县"[3]或顺天府及"直隶百四十州县"[4]各级官署,各府厅州县订购数目由督宪派定,《北洋官报》未见具体的派销数目,但从第1200期(1906年11月25日)、第1226期(1906年12月21日)等"遵督宪派定数目照寄,每份每月收足银五钱[5]及"欠全年报费""欠春夏秋季报费""欠春夏季报费""欠闰月报费"[6]等可大致推断各府厅州县派销《北洋官报》之份数(见表7-1):

表7-1　派销各府厅州县《北洋官报》之份数

| 地方 | 份数 | 地方 | 份数 | 地方 | 份数 | 地方 | 份数 | 地方 | 份数 |
|---|---|---|---|---|---|---|---|---|---|
| 大兴县 | 45 | 宛平县 | 40 | 良乡县 | 47 | 房山县 | 36 | 永清县 | 35 |
| 固安县 | 72 | 东安县 | 52 | 香河县 | 51 | 蓟州 | 74 | 三河县 | 51 |
| 通州 | 74 | 武清县 | 47 | 宝坻县 | 108 | 昌平州 | 72 | 顺义县 | 33 |
| 宁河县 | 54 | 密云县 | 62 | 怀柔县 | 36 | 涿州 | 69 | 霸州 | 51 |
| 文安县 | 65 | 大成县 | 49 | 保定县 | 33 | 平谷县 | 36 | 东路厅 | 2 |
| 西路厅 | 5 | 遵化州 | 102 | 玉田县 | 74 | 丰润县 | 54 | 静海县 | 47 |
| 沧州 | 44 | 南皮县 | 36 | 盐山县 | 54 | 青县 | 53 | 庆云县 | 33 |
| 清苑县 | 18 | 满城县 | 40 | 安肃县 | 31 | 定兴县 | 36 | 唐县 | 36 |
| 望都 | 38 | 博野县 | 53 | 容城县 | 45 | 完县 | 33 | 蠡县 | 44 |

---

① 《北洋官报》中清末中央、督宪或省级派定各地订购官报的形式出现多种称谓,即"派销""派购""札派"或"派定",对《北洋官报》而言,亦有"督宪派定"之说。

② 在《政治官报》创刊之前,《北洋官报》一定程度上扮演着中央官报的角色。

③ 《公告》,《北洋公报》1912年3月19日第1版。

④ 《语官二》,《北洋官报》1902年12月31日第8—10版。

⑤ 《发行凡例》,《北洋官报》1902年12月29日第1版。

⑥ 光绪二十九年(1903)有闰五月,光绪三十二年(1906)有闰四月。

| 地方 | 份数 | 地方 | 份数 | 地方 | 份数 | 地方 | 份数 | 地方 | 份数 |
|---|---|---|---|---|---|---|---|---|---|
| 雄县 | 44 | 祁州 | 40 | 束鹿县 | 44 | 安州 | 47 | 高阳县 | 44 |
| 新城县 | 44 | 易州 | 47 | 涞水县 | 47 | 广昌县 | 40 | 滦平县 | 36 |
| 平泉县 | 44 | 丰宁县 | 45 | 卢龙县 | 40 | 迁安县 | 58 | 抚宁县 | 65 |
| 昌黎县 | 12 | 滦州 | 56 | 乐亭县 | 65 | 临榆县 | 87 | 河间府 | 9 |
| 河捕府 | 2 | 河间县 | 55 | 献县 | 54 | 阜城县 | 47 | 肃宁县 | 24 |
| 任丘县 | 47 | 交河县 | 58 | 宁津县 | 44 | 景州 | 90 | 吴桥县 | 49 |
| 故城县 | 40 | 东光县 | 54 | 正定县 | 56 | 获鹿县 | 47 | 井陉县 | 44 |
| 阜平县 | 25 | 栾城县 | 40 | 行唐县 | 40 | 灵寿县 | 76 | 平山县 | 44 |
| 元氏县 | 44 | 赞皇县 | 44 | 晋州 | 42 | 无极县 | 4 | 藁城县 | 47 |
| 新乐县 | 47 | 冀州 | 63 | 南宫县 | 65 | 枣强县 | 75 | 武邑县 | 54 |
| 衡水县 | 60 | 新河县 | 34 | 赵州 | 63 | 柏乡县 | 58 | 隆平县 | 11 |
| 高邑县 | 49 | 临城县 | 35 | 宁晋县 | 76 | 深州 | 54 | 武强县 | 51 |
| 饶阳县 | 58 | 安平县 | 47 | 定州 | 54 | 曲阳县 | 40 | 深泽县 | 51 |
| 邢台县 | 69 | 沙河县 | 44 | 南和县 | 44 | 平乡县 | 101 | 广宗县 | 25 |
| 巨鹿县 | 58 | 内邱县 | 36 | 任县 | 40 | 永年县 | 72 | 曲周县 | 54 |
| 肥乡县 | 40 | 鸡泽县 | 33 | 广平府 | 4 | 广平县 | 42 | 邯郸县 | 36 |
| 成安县 | 40 | 磁州 | 108 | 威县 | 31 | 清河县 | 76 | 大名府 | 8 |
| 大名县 | 28 | 元城县 | 40 | 南乐县 | 33 | 清丰县 | 40 | 开州 | 6 |
| 东明县 | 47 | 长垣县 | 64 | 张理厅 | 29 | 独石厅 | 54 | 多伦厅 | 54 |
| 宣化县 | 10 | 赤城县 | 40 | 万全县 | 56 | 怀来县 | 2 | 蔚州 | 99 |
| 怀安县 | 51 | 延庆州 | 53 | 保安州 | 35 | 赤峰县 | 40 | 朝阳府 | 40 |
| 建昌县 | 58 | 建平县 | 36 | 督河府 | 2 | 临捕府 | 2 | 永平府 | 8 |
| 永平三府 | 2 | | | | | | | 总计 | 7070 |

资料来源:《本局厘定报价广告》,《北洋官报》1911年11月1日第16版;《本局厘定报价及定报新章广告》,《北洋公报》1912年3月1日第16版。

表注:关于表中派销份数之核算,遵照份数=欠款银两(单位:两)÷月份数量÷0.5(每份每月收足银五钱,即0.5两)

在《北洋官报》的发行中,政府起着极大的推动作用。各级政府将推广发行官报作为核定功过的杠杆之一,"于销数多寡、解费迟速分别严核功过"[1]。各级官员除了完成督宪派定数之外,还"添购"或"增购"官报,这

---

[1]《北洋官报总局详请饬催各州县积欠报费文并批》,《北洋官报》1907年5月16日第3—4版。

也成为《北洋官报》发行的重要渠道。"本局自前月禀奉督宪暨尹宪批示，严札推广核定功过，比来报册销行日见畅旺，爰胪列添报各属登载广告以志应求而兴观感，遵化、景州及临榆、乐亭、文安诸县增购倍于原额，具见觉民开智之美，枣强一日而增七十份，益以征贤令尹风从草偃之治也，本局告白"[①]；巨鹿县"派定每月赍发《(北洋)官报》八册，现经逐渐劝办，请自二月起于原派八册外加发十二册"[②]。其报费由县惠解，仍饬令随时推广劝阅(见表7-2)。

---

[①]《各府县增添官报》,《北洋官报》1903年5月14日第1版。
[②]《署钜鹿知县蔡济清禀请添发〈(北洋)官报〉》,《北洋官报》1903年3月29日第5—6版。

表7-2 各属州县添购官报清单

| 份数＼刊期 | 枣强县 | 临榆县 | 景州 | 遵化州 | 文安县 | 乐亭县 | 巨鹿县 | 吴桥县 | 昌平州 | 邯郸县 | 宁晋县 | 永年县 | 玉田县 | 涿州 |
|---|---|---|---|---|---|---|---|---|---|---|---|---|---|---|
| 66 | 70 | 28 | 24 | 20 | 16 | 16 | 12 | 12 | 10 | 10 | 10 | 10 | 10 | 8 |
| 73 | 70 | 28 | 24 | 20 | 16 | 16 | 12 | 12 | 10 | 10 | 10 | 10 | 10 | 8 |
| 74 | 70 | 28 | 24 | 20 | 16 | 16 | 12 | 12 | 10 | 10 | 10 | 10 | 10 | 8 |
| 75 | 70 | 28 | 24 | 20 | 16 | 16 | 12 | 12 | 10 | 10 | 10 | 10 | 10 | 8 |
| 125 | 75 | 24 | 24 | 20 | 16 | | 12 | 12 | 10 | 10 | 14 | 10 | 10 | |
| 152 | 75 | 24 | 24 | 20 | 16 | | 12 | 12 | 10 | 10 | 14 | 10 | 10 | |

| 份数＼刊期 | 平山县 | 高阳县 | 衡水县 | 正定县 | 广平县 | 高邑县 | 长垣县 | 晋州 | 蓟州 | 冀州 | 无极县 | 安平县 | 大城县 | 抚宁县 |
|---|---|---|---|---|---|---|---|---|---|---|---|---|---|---|
| 66 | 6 | 6 | 5 | 5 | 5 | 5 | 5 | 5 | 5 | 5 | 4 | 4 | 3 | 3 |
| 73 | 6 | 6 | 5 | 5 | 5 | 5 | 5 | 5 | 5 | 5 | 4 | 4 | 3 | 10 |
| 74 | 6 | 6 | 5 | 5 | 5 | 5 | 5 | 5 | 5 | 5 | 4 | 4 | 3 | 10 |
| 75 | 6 | 6 | 5 | 5 | 5 | 5 | 5 | 5 | 5 | 5 | 4 | 4 | 3 | 10 |
| 125 | | | | | | | | | 15 | | | | | 12 |
| 152 | | | | | | | | | 15 | | | | | 12 |

| 份数＼刊期 | 深泽县 | 大兴县 | 沧州 | 肥乡县 | 饶阳县 | 青县 | 东安县 | 临城县 | 新河县 | 柏乡县 | 涞水县 | 固安县 | 丰宁县 | 灵寿县 |
|---|---|---|---|---|---|---|---|---|---|---|---|---|---|---|
| 66 | 3 | 3 | 2 | 2 | 2 | 2 | 2 | 1 | 1 | | | | | |
| 73 | 3 | 3 | 2 | 2 | 2 | 2 | 2 | 1 | 1 | 8 | 6 | 4 | 3 | 3 |
| 74 | 3 | 3 | 2 | 2 | 2 | 2 | 2 | 1 | 1 | 8 | 6 | 4 | 3 | 3 |
| 75 | 3 | 3 | 2 | 2 | 2 | 2 | 2 | 1 | 1 | 8 | 6 | 4 | 3 | 3 |

| 份数＼刊期 | 容城县 | 怀来县 | 井陉县 | 保安州 | 新河县 | 多伦诺尔厅 | 磁州 | 宝坻 | 宣化县 | 交河县 | 南宫县 | 蔚州 |
|---|---|---|---|---|---|---|---|---|---|---|---|---|
| 66 | | | | | | | | | | | | |
| 73 | 3 | 2 | 2 | 1 | | | | | | | | |
| 74 | 3 | 2 | 2 | 1 | 1 | | | | | | | |
| 75 | 3 | 2 | 2 | 1 | 1 | | | | | | | |
| 125 | | | | | | 40 | 20 | 10 | 10 | 10 | 10 | |
| 152 | | | | | | 40 | 20 | 10 | 10 | 10 | 10 | 25 |

资料来源：根据1903年5月14日、1903年5月28日、1903年5月30日、1903年6月1日、1903年9月9日、1903年11月2日《北洋官报》部分内容梳理而成。

表注：1.表中，第一次出现在"添购清单"中的州县及发生变化处，用黑体标识；2.第125期（1903年9月9日）、第152期（1903年11月2日）《北洋官报》中标注："十份以内者不录。"遵原文。

代销也是清末官报的重要方式,其机构为代派处,这是北洋官报局在本局之外派定或委托代派的发行机构,"购阅者或函知本局或向各代派处订购或由送报人经手,报价务希先惠按期送报断不致误,特此布闻"。《北洋官报》在发行凡例中明确了代派处的权利和义务:各埠代派处都有妥实铺保担保方可代销,代派处可以设立分局,但需报经北洋官报局发有执照,擅立分局者,一经查出,即追究责任。代派处代销《北洋官报》之报费"银洋两便,每洋一元合库平银七钱二分,小洋进出一律贴水",代销的报费按月解算,若不能如期交清,则由妥实铺保的保人赔补。代派处可获得本埠销报50份以上、外埠30份以上者提报价20%的报酬。虽然发行凡例规定代派处代销报价"按月清算,如缴不足由保人赔补",实际上代派处上交报费的态度并不积极,仍需官报局登报催缴。至《北洋官报》出版至百期后,官报局认为:"一切图画装订工本浩繁,全望收回报价以资周转。现除本省各属认真陆续催解外,所有各埠代派处诸君务乞将代报费截数清厘,以凭尽百册划算作为一结以清眉目。"①

关于《北洋官报》的代派处,多期《官报》告白处明确刊登"本报代派处"(见表7-3):

表7-3 《北洋官报》之代派处

| 期数 | 代派处 |
| --- | --- |
| 第3—7期 | 天津东门内广益书局、北京琉璃厂有正书局、保定西大街宝庆隆、上海胡家宅编译局、上海棋盘街商务印书馆 |
| 第8期 | 天津东门内广益书局、天津城内石桥胡同后齐佐周、天津城内乡祠南李茂林、北京琉璃厂有正书局、保定西大街宝庆隆、上海宝善街文贤阁、上海棋盘街商务印书馆 |
| 第73期 | 天津城内石桥胡同后齐佐周,又城内乡祠南李茂林、北京方壶斋本分局、琉璃厂有正书局、修文堂、公慎书局、保定府西街本分局、官书局、上海宝善街文贤阁、南京东牌楼庆昌、锦州府同益分报馆、江西南昌府派报处 |
| 第75、77期 | 天津城内石桥胡同后齐佐周,又城内乡祠南李茂林、北京方壶斋本分局、琉璃厂有正书局、修文堂、公慎书局、保定府西街本分局、官书局、上海宝善街文贤阁、南京东牌楼庆昌、锦州府同益分报馆、山东省城官书局、汉口镇汉口日报馆、江西南昌府派报处 |

①《本局要紧广告》,《北洋官报》1903年8月2、4、6、8、12、14日第2版。

| 期数 | 代派处 |
|---|---|
| 第79、81、83、105期 | 天津城内石桥胡同后齐佐周,又城内乡祠南李茂林,北京方壶斋本分局、琉璃厂有正书局、修文堂、公慎书局,保定府西街本分局、官书局,河南省城南书店街本分局,上海宝善街文贤阁,南京东牌楼庆昌,锦州府同益分报馆,山东省城官书局,汉口镇汉口日报馆,江西南昌府派报处 |
| 第106—108、125—129等期 | 北京铁老观庙公慎书局本分局,天津石桥胡同后齐佐周、乡祠南李茂林,保定城内西街本分局、官书局,开封南书店街本分局,上海宝善街文贤阁,南京东牌楼庆昌,锦州同益分报馆,济南官书局,汉口花楼街汉口日报馆,南昌府城派报处 |
| 第403期 | 北京琉璃厂桥西路北公慎书局本分局,天津石桥胡同后齐佐周、乡祠南李茂林,保定城内西街本分局、官书局,开封南书店街本分局,上海宝善街文贤阁,南京东牌楼庆昌,锦州同益分报馆,济南官书局,汉口花楼街汉口日报馆,南昌府城派报处 |
| 第748、1149等期 | 北京琉璃厂桥西路北公慎书局本分局,天津石桥胡同后齐佐周、乡祠南李茂林,保定城内北大街官书局内本分局,奉天省城振泰报局,锦州同益分报馆,开封南书店街本分局,南京东牌楼庆昌,济南官书局 |
| 第1510、1595期 | 北京琉璃厂南首铁老关庙聚兴报房,天津石桥胡同后齐佐周,天津乡祠南李茂林,保定省城北大街官书局内本分局,奉天省城振泰报局,锦州同益分报馆,开封南书店街本分局、河南省城开封派报处,济南官书局 |
| 第1854期 | 北京琉璃厂南首铁老关庙聚兴报房,天津南门外县属南土地庙西齐佐周,天津乡祠南李茂林,保定省城北大街官书局内本分局,奉天省城振泰报局,锦州同益分报馆,开封南书店街本分局、河南省城开封派报处,济南官书局 |
| 第2141、2397期 | 北京琉璃厂桥西路北公慎书局本分局,天津石桥胡同后齐佐周、天津乡祠南李茂林,保定省城北大街官书局内本分局,奉天省城振泰报局,锦州同益分报馆,开封南书店街本分局,南京东牌楼庆昌,济南官书局 |

资料来源:《告白》,《北洋官报》第3—7、8、73、75、77、79、81、83、105、106、107、108、125—129、132—134、152、403、748、903、905、1149、1510、1595、1854、2141、2397期,1902年12月29日至1910年4月17日。

　　需要说明的是:一是这里罗列的代派处不包括驿递,即"各府州县驿递不在此列"①。二是从第128期(1903年9月14日)开始,凡出现罗列"本报代派处"时,均于代派处前增加文字"各省邮政总局自六月初一日起,均认明代派本报,由邮局订购者不取邮费"②。从第903期(1906年1月30日)起,"各省邮政分局均认定代派本报,凡由邮局订购者,不取邮费"。代

---

①《告白》,《北洋官报》1902年12月29日第8版;《告白》,《北洋官报》1910年4月17日第16版。

②《告白》,《北洋官报》1903年9月15日第8版;《告白》,《北洋官报》1909年7月25日第16版。

销从最初的只在自己委托的代派处或授权的代派处分局范围内有效,到光绪二十九年六月初一日(1903 年 7 月 24 日)各邮政总局可代销《北洋官报》,再到光绪三十二年正月初六日(1906 年 1 月 30 日)各邮政分局亦可代销《北洋官报》。

实质上,代派处是设置于交通比较便利之地的官报发行机构之一。代派处最多的是北洋官报总局所在地及分局所在地北京、保定,而晚清报刊最发达地区的上海也有 3 个代派处。另外,开封、济南、锦州、南京、汉口、南昌、福州、安庆、武昌、桂林、扬州、荆州、西安、泸州、信阳、樊城、万县、徽州、清江浦、漳州、泉州、徐州、常熟、松江、乍浦、嘉兴、绍兴、常德、道口、潍县、十二圩、苏州、杭州、广州、重庆、梧州、芜湖、厦门、上海、九江、岳州、镇江、宁波、宜昌、汕头、蒙自等通商各埠总局暨轮船、铁路通达的各局,均设有《北洋官报》代销处。①

代派处不仅仅代销《北洋官报》一种报刊,以天津李茂林为例,它是《汉声》"各发行所"在天津唯一的代理发行机构,《北洋官报》多处记载李茂林新接各报广告,比如"代派:《北洋官报》《北洋法政学报》,并(北洋)官报局所出各书均代售、《大公报》《中外实报》《天津商报》《警察汇报》《竹园白话报》《日日新闻》《醒华画报》《津报》《时闻报》《开心报》《教育杂志》《北京大同日报》《政治官报》《中央日报》《爱国报》《北京日报》《北京女报》《京都日报》《京话实报》《顺天时报》《华制存考》《经济选报》《北京官话时报》《开通画报》《星期画报》《商务官报》《启蒙画报》《京话册报》,北京拼音官话书报社新出各书报均代售,《神州日报》《舆论日报》《时事报》《申报》《沪报》《万国商业月报》《国魂报》《外交报》《政艺通报》《国粹学报》《东方杂志》'绣像小说'《竞业旬报》。诸君订阅以上各书报,本埠风雨无阻,外埠原班回件"②。反过来又说,此处落款为"天津乡祠南北洋官报启代派处李茂林",可见李茂林获得代派诸多报刊的代派权,与《北洋官报》全国样板地位不无关系。

---

① 郭长久主编:《说不尽的天津邮政》,百花文艺出版社 2001 年版,第 147 页。

②《李茂林新接各报广告》,《北洋官报》1905 年 9 月 18 日、1908 年 9 月 4 日第 12、16 版。

函购也是《北洋官报》的发行方式之一,《发行凡例》规定:"如各府县于札派定数外另行函购,本局于函到次日照寄,未报价概须先惠,空函恕不奉复。""函购者银洋两便。"外府州县所购报纸数量,由督宪统一排定,也可另行函购,如颜世清任北洋官报局总办期间,"其封翁长沙太守颜筱夏曾函购《北洋官报》四百份,被时人乐称为贤父兄"①。

赠送成为北洋官报局促进发行量的方式之一,尤其是在初创时期及新年前夕赠送刊物及月份牌等。《北洋官报》刊发之初,采取捐送的方式来推介《官报》,按照其发行凡例,直隶省赠阅1个月,外省赠阅10日,"开办官报,本省以一个月为限,外省以十日为限,概由本局捐送,不收报价"②,又根据1903年1月2日《北洋官报》之"本局广告"条:"本局一号至五号报册照例捐送,不取报资,日来索者踵至多难为继;自第六号起除顺直本省各署各局所各副厅州县遵照督宪谕定捐送一月始行截止外,余均一律收价以示限制。"二者并不矛盾,因《官报》前199期为隔日刊,外市接受10日之赠阅《官报》也就是5期。

赠送正刊外,北洋官报局还在春节前后③赠送月份牌。比如:1907年2月6日《北洋官报·封面告白》记载:"本局(北洋官报局,笔者注)精印丁未年五彩月份牌,准于今日随报分送。"1910年2月2—3日《北洋官报》《封面告白》处标示:"本局(北洋编印官局,其前身为'北洋官报局')精印宣统二年五彩月份牌,准于二十三四两日随报分送,特此广告。"此为报馆赠送五彩月份牌的记录。此外,《北洋官报》之副产品之一《北洋官话报》也作为赠阅材料之一,以其第1期、第2期出版为例:"《北洋官话报》丙午年第一册出版:本局丙午年第一册《(北洋)官话报》现已出版,仍照历次捐赠《(北洋)官话报》及《国民必读》之例分发顺直各州县用作宣讲之资,不取分文,

---

① 《广购官报》,《大公报》1903年3月5日第2版。

② 《详定直隶官报局暂行试办章程》,《大公报》1902年9月26日第2版。

③ 《北洋官报》每年因年假于腊月二十六日至正月初五暂停出刊,正月初六继续出报。此种情况在1908年1月28日、1910年2月4日《北洋官报》中都有具体说明:"本报现因年假于明日起暂停十天,准明正初六出报。"

特此广告。"①

除以上发行方式外,还有民间报商贩卖《北洋官报》的情况及官报局设立书籍报章寄售处寄售《北洋官报》的情况。前者如天津府署东各报总处梁子亨曾经售《北洋官报》,"接阅头五期白送,不收分文"②;后者如在天津锅店街文美斋、天津袜子胡同同文仁记、北京琉璃厂有正书局、北京铁老观庙公慎书局、保定北大街官书局、上海商务印书馆③设立书籍报章寄售处。

## 三、开邮政发行报刊之先河

虽然邮政与官报不在同一系统,但二者同属清末新政的重要内容,为新政实施互相配合。光绪三十年(1904)十月底,北洋官报局所在地顺直省邮局达84处,④其中:北京总局邮政专界50处,包括顺天府13处(大兴、宛平、通州、昌平州、良乡、涿州、长辛店、海甸、沙河、蓝靛厂、长沟桥、琉璃河、周口店),保定府6处(安肃、定兴、望都、祁州、高阳、辛集),河间府1处(献县),正定府7处(获鹿、栾城、元氏、晋州、藁城、新乐、枕头),顺德府2处(南和、内邱),广平府5处(肥乡、鸡泽、广平、邯郸、磁州),大名府2处(开州、龙王庙),宣化府3处(怀来、怀安、张家口厅),易州1处,冀州10处(南宫、新河、枣强、赵州、高邑、宁晋、深州、安平、定州、深济)。天津总局邮政专界34处,包括:天津府13处(静海、沧州、盐山、庆云、塘沽、汉沽、芦台、北塘、唐官屯、兴济、杨村、泊头镇、杨柳青),永平府13处(迁安、抚宁、昌黎、滦州、栾亭、胥各庄、唐山、开平、留守营、北戴河、秦王岛、山海关、古冶),遵化州5处(玉田、丰润、鸦红、桥林、南仓),河间府3处(连窝镇、故城、桑园)。

① 《封面告白》,《北洋官报》1906年4月22日第1版。
② 《广购官报》,《大公报》1903年3月5日第2版。
③ 《本局书籍报章寄售处》,《北洋官报》1902年12月29日、1903年1月2日第1版。
④ 《顺直邮局》,《北洋官报》1904年12月5日第5—6版。

《北洋官报》是中国历史上第一份邮发报纸，开创邮政发行报刊业务之先河。自光绪二十九年六月初一日（1903年7月24日）起，"凡设有邮局之地，寄售报册一律免收邮资"①，并约定邮政局如在《（北洋）官报》内登各项告白、示谕，亦不收费。设有邮局之地官员、学堂、绅商、个人购阅的《北洋官报》，一律被认定为是北洋官报分局代售，并告知读者群"本报所有章程已印发各分局，查照邮地购报诸君可往取报"②。

邮政发行《北洋官报》，加快了《北洋官报》的输送节奏，扩大了其销售范围，"窃职局自奉谕创办《北洋官报》，远近各省逐渐流通，全赖邮递迅速，销数方能畅旺。就山东、四川、湖南三省计之，现售数近二千份，是报务日有起色之证"③。但自光绪三十三年（1907）正月初一日始，按季分收取邮费，"邮局代寄《北洋官报》，每年应纳寄费六千五六十元，复蒙令按七成核收，作为减定额费"，等3年之后察看情形再行改定。每年缴邮费4200元，理应加之阅报人，"但现当疏通销路之际，应暂由局设法挪垫"④。

邮局免收寄递《北洋官报》邮费之时，有迁延遗失之弊，各处啧有烦言，收费既难，销售亦因之迟滞。"但因邮寄免费，是以未便苛求，现既遵章缴费，倘再如前迟误，实于《（北洋）官报》进步大有关隘。理合详请宪台查核"⑤。北洋官报局总纂谘明税务大臣札饬总税务司转饬各处邮政局知照，凡《北洋官报》，务饬从速递寄，毋得积滞，"务期敏速，毋许积滞迟延，以快先睹"⑥。倘有遗失，自应照挂号立券邮件章程办理，以重报务，而维公益。1907年8月5日《北洋官报·封面告白》栏目"本局寄报改章广告"，

---

① 《本局要紧广告》，《北洋官报》1903年8月2日、1903年8月4日第2版。

② 《本局要紧广告》，《北洋官报》1903年8月12日、1903年8月14日第2版。

③ 《北洋大臣劄行总税务司公文》，《北洋官报》1903年6月5日第2版。

④ 《北洋官报总局详复邮寄官报自本年春季其按章纳费请转咨饬遵文并批》，《北洋官报》1907年5月16日第4—5版。

⑤ 《北洋官报总局详复邮寄官报自本年春季其按章纳费请转咨饬遵文并批》，《北洋官报》1907年5月16日第4—5版。

⑥ 《本局广告》，《北洋官报》1907年5月15—16日第1版。

对北洋官报局寄报又作如下说明："本报分发各州县,向系按期包封汇寄,各该本管府州分别转发,乃各属收到迟速不一,偏僻之处甚有逾月始到,且积压至十余期者,报贵敏捷,似此迂迟积滞,即无遗失,已同废纸,现已酌量变通,除无邮各州县,仍照旧递寄,随时由局稽催外,其已设邮局各处,自七月起统改由邮局径递,以省周折,而免迟误,倘仍有迟滞、积压、短少诸弊,务祈函知本局,以便查询。"自七月起,《北洋官报》分发各州县未通邮政之处,仍照前寄外,"其余均改归邮政局径递,以省周折,而免迟延,业经分别通知,嗣因调查未竣,一时不及赶办,现已于七月底一律改寄"。以后,凡有新设邮局而邮政路表未经注明者,函知北洋官报局,以便照寄。①

自宣统三年(1911)八月初一日起,《内阁官报》改由北洋官报局邮递,以期迅捷,但因官报与阁报分寄手续太繁,深恐贻误,月余以来,北洋官报局与邮政总局商定,"自九月十一日起,《北洋官报》与《(内)阁(官)报》并封邮寄"②。邮政发行官报,并非仅仅发生在《北洋官报》,也是"自八月初一日为始,开办官报……前报均归邮递……邮传径达并将酌减各费,以副观听"③,"近今新闻纸行印渐多,学校广设,邮政流通"④。

民信局是邮局之外最主要的官报邮递途径。民信局又称"民局",是办理汇款、传递书信和物品的商业组织,光绪年间之民信局已达数千家。有些民信局还在当时的商业中心上海、宁波等地设立总店,在各地设立分店或代办店,并与其他民信局联合经营,构成一张庞大的通信网络。大清邮政局与北洋官报局签订免费邮发《北洋官报》《北洋学报》之前,《北洋官报》《北洋学报》的寄递系统之一是民信局,民信局"于各种运输方法,如商船河舶脚夫等等,咸予利用;举凡足以便利公众者,固已无不为之"⑤。

---

① 《本局寄报改章广告》,《北洋官报》1907年10月3日第1版。

② 《本局广告》,《北洋官报》1911年11月1日第1版。

③ 《录山东官报局广告》,《北洋官报》1905年9月17日第8版。

④ 《官报附录·实业丛录》,《北洋官报》1907年4月15日第8版。

⑤ 楼祖诒:《中国邮政驿发达史》,中华书局1940年版,第354页。

在清末邮政系统和民信局未覆盖地区,仍在利用传统驿站邮递新式官报。光绪二十四年(1898)七月,帝师孙家鼐在奏请光绪帝筹办《时务官报》具体事务的折子中提到《时务官报》之发行,"应请旨饬下直省督抚,令司道府厅州县文武衙门,一律阅看……按期照数由驿递交各省会,分散各衙门"[1]。"官局所定(纸之)格式既归一律,而邮政驿递可一望而知,则不特有便于官书亦大便于邮政矣"[2]。

《北洋官报》代派处之设立不包括驿递,若官报不能得到及时驿递,各府厅州县会采取促使催促驿递部分递送报刊。如"湖南麻阳县某令以驿递官报任意迟延,请通饬照紧要公文速递等情具禀,抚院旋奉端午帅批示云查《湖南官报》内载纶音奏牍以及各属时事议论,原以开风气而益民智关系极重,湘省地接滇黔,人多朴栖,尤应劝令多阅报纸,以广见闻。具禀驿递官报积前压后月余始行寄到,且复缺少不全。如果属实,殊于报务大有阻碍且近来湘省官报正在饬令改良,所有寄报一事尤宜设法整顿,俾得先睹为快,已厌远近阅者之望,应通饬各厅州县严谕所辖各驿,遇有官报到站,与紧要公文一律转递,倘有迟延遗失,定照承递公文迟误例从严惩处。如此明定章程,庶地方官不致仍前膜(漠)视而官报可期迅速矣。仰按察司通饬各属一律遵办,并移洋务局暂饬该县查照此缴"[3]。要求将官报驿递放在与公文驿递同等的地位。关于《北洋官报》的驿递周期,可参照《内阁官报·驿递章程酌定日限》(见表7-4):

表7-4　驿递章程酌定日限表

| 目的地 | 日限 | 目的地 | 日限 | 目的地 | 日限 |
| --- | --- | --- | --- | --- | --- |
| 奉天省城 | 7日 | 直隶天津保定 | 4日 | 玉林省城 | 12日 |
| 黑龙江省城 | 14日 | 山东省城 | 5日 | 山西省城 | 5日 |
| 河南省城 | 6日 | 湖北省城 | 7日 | 湖南省城 | 15日 |
| 江西省城 | 16日 | 安徽省城 | 14日 | 江苏江宁省城 | 14日 |

---

[1] 戈公振:《中国报学史》,岳麓书社2011年版,第445页。
[2] 《顺天府尹沈奏请设立度量衡并造纸官局折》,《北洋官报》1904年4月8日第8—10版。
[3] 《整顿驿递官报批词》,《北洋官报》1905年5月11日第8版。

续表

| 目的地 | 日限 | 目的地 | 日限 | 目的地 | 日限 |
|---|---|---|---|---|---|
| 江苏苏州省城 | 15日 | 浙江省城 | 16日 | 福建省城 | 18日 |
| 广东省城 | 20日 | 广西省城 | 26日 | 四川省城 | 15日 |
| 陕西省城 | 30日 | 甘肃省城 | 55日 | 新疆省城 | 90日 |
| 云南省城 | 60日 | 贵州省城 | 60日 | 兴京副都统 | 12日 |
| 察哈尔都统 | 5日 | 热河都统 | 12日 | 荆州将军 | 15日 |
| 绥远城将军 | 16日 | 伊犁将军 | 120日 | 密云副都统 | 6日 |
| 京口副都统 | 15日 | 凉州副都统 | 65日 | 山海关副都统 | 5日 |
| 归化城副都统 | 16日 | 乍浦副都统 | 18日 | 护东陵大臣 | 7日 |
| 守护西陵大臣 | 3日 | 库伦办事大臣 | 45日 | 驻藏办事大臣 | 165日 |
| 西宁办事大臣 | 70日 | 科布多参赞大臣 | 90日 | 塔尔巴哈台参赞大臣 | 140日 |
| 川滇边务大臣 | 105日 | | | | |

资料来源:根据《〈北洋官报〉汇编·章程类·第十三集·内阁官报条例"》,《北洋官报》,1911年8月27日,第10版整理而成。

清末,与官报发行相关的是,出现了送报人群体。送报人皆由官报局出资雇用,他们凭借手续负责从邮局、民信局、驿递所等处取走《北洋官报》,再送达各府厅州县、学堂等机构或绅商手中。经送报人之手接收《北洋官报》者,无须给送报人任何酬资,"如有私自价卖或索取送费者许函告,本局严究"①,送报人更不可私自贩卖《北洋官报》。晚清北京的官报《京报》中亦有关于送报人的信息:"据北京报房中人言,清初有南纸铺名荣禄堂者,因与内府有关系,得印《缙绅录》及《京报》发售。时有山东登属之人,负贩于西北各省,携之而往,销行颇易。此辈见有利可图,乃在正阳门外设立报房,发行《京报》,其性质犹南方之信局也……清朝末年,北京《京报》报房逐渐有了专门的送报人,雇驴、雇车向外地发行《京报》。"②"外地的订户和读者,距离的远近决定着送报时程的长短。首都周边的州县,比如通州、良乡等地,大约两天送一次;稍远一些的如天津等地,大约五天

① 《〈北洋官报〉发行凡例》,《北洋官报》1902年12月29日第1版。
② 潘贤模:《清初的舆论与钞报——近代中国报史初篇(续)》,《新闻研究资料》1981年第03期。

159

送一次；再远一些的，如保定等地则要十天左右送一次；更远一些的，边远的省份地区则要一个月左右才能送一次"①。

## 四、对寄送时间和送达路径的选择

北洋官报局下设编纂处、编译处、绘画处、印刷处、文案处、收支处等6股，"发售由收支处经营，必于设立时刻内按号分送，勿许停滞。报价照章核收，必受有凭照者，始准发行"②。收支处负责官报之发售活动，于设定时间段内按号分送，此处设定时间的具体内容应该为：一是，天津及京城、保定、正定、塘沽、山海关铁路可通之处，③当日寄发；二是，(顺直省内天津)外府州县需驿寄者，于出版次日寄发；三是，外省及东西洋各国，根据路途之远近及订报之多寡临时酌定，收支处还负责"收回报价，采办物料，发给、薪俸、伙食杂用及一切出入等款"等事宜。④

《北洋官报》最主要的送达渠道是铁路。上文已提及，北洋官报局的发售处于官报出版当日即寄发铁路可通之处为京城、保定、正定、塘沽、山海关。为了强调铁路输送官报的重要性，1902年12月31日《北洋官报》目录下方显要位置处用大字号登录"铁路局递寄官报谕帖"，其具体内容为："总办关内外铁路公司杨，谕天津、北京等处站长以及管守铁路之兵勇等：'自西十二月二十五日以后，凡《官报》发往车站之报，该站务当从速以火车递送，不得耽延。收报之站长等理应慎重收存以便官报局派人持取，切

---

① 齐如山：《清末京报琐谈》，收入齐如山：《齐如山随笔·清末京报琐谈》，辽宁教育出版社2007年版，第56页。

② 《详定直隶官报局暂行试办章程》，《大公报》1902年9月26日第2版。

③ 《北洋官报》1902年12月29日第1版"告白"栏目"天津火车开行时刻"条列举了天津与北京往返，天津至榆关、唐山、塘沽的开行时刻——天津至北京：早八点四十五分开晚三点十二分到，晚三点十五分开晚六点三十分到；北京至天津：早七点正分开早十点十分到，早十一点三十五分开晚三点五十三分到。天津至榆关：早六点四十五分开晚六点四十分到，早十点廿五分开晚六点二十分到。早十二点廿二分开晚五点十七分到唐山。晚四点十五分开晚五点三十六分到塘沽。

④ 《详定直隶官报局暂行试办章程》，《大公报》1902年9月26日第2版。

切特谕.'"①此外,轮船、马差、步差等也是清末官报的其他送达渠道。

北洋官报局采取分路递寄的方式寄送官报:"天津、顺天、承德、宣化、永平、遵化五府一州由天津县分递;保定、河间,深、冀、易、定二府四州由清苑县分递;正定,大、顺、广、赵四府一州由正定县分递。凡各府直州均以总封递至州城及附郭首县分寄以归简易,即由该三县移知各当站,州县一体遵照。除行天津、清苑、正定三县凛遵办理,毋稍延误。"②

最后,这里还需说明两点。一是北洋官报局在出版《北洋官报》的同时,还出版其副产品——《北洋学报》《北洋法政学报》《北洋政学旬报》《北洋官话报》《北洋法政官话报》等,其中,《北洋学报》《北洋法政学报》《北洋政学旬报》都是其发行对象。二是即便《北洋官报》为官办出版物,即便其主要靠摊派来维持发行量,但作为近代意义的报刊,其自身终归携带着近代出版物的特点,必定具备面向市场的商业活动的因素,需要尽可能地赚取利润。而要赚取更多的利润,就要更贴近人们的日常生产和生活,《北洋官报》之编辑、印刷、发行机构——北洋官报局还出版《孝经》《皇朝政治学问答增校初编》等传统文化、政务类图书,《中国地理学》《动物学》等蒙学课本,《蜜蜂饲养法》《山羊全书》等科普书及《农学论》《经济特科同征录》等学务系列图书。这些出版物一定也获取了经济收益,可考察晚清出版机构的经营,但不能作为《北洋官报》本身发行情况考察的因素,故不赘述。

总的来说,如果没有报刊的发行工作,报刊将会失去其原有的影响力和时效性,而发行工作则是报刊传播中一种最主要的方式,是将其作为商品通过商业形式开展的一种大众传播活动。随着晚清报业的逐渐成熟,中国近代报刊发行处于竞争状态,以《北洋官报》为翘楚的官方报纸,为了扩大影响、增加销量,不再墨守成规,不断创造出新型多样的发行方式和销售手段,通过低价促销、派销、代销等多样的发行方式及包括邮政、民信

---

① 《铁路局递寄官报谕帖》,《北洋官报》1902年12月31日第1版。

② 《钦差大臣太子少保办理北洋通商事务直隶总督部堂表袁(世凯)》,《北洋官报》1903年1月2日第2版。

局、驿递在内的多种销售渠道,再加上灵活多样的刊发内容,极大地提高了《北洋官报》的销量,使其成为中国近代影响最大、报龄最长、最有影响力的地方政府官报,并进而为其在中国近代报刊史上的地位奠定了良好的基础。

中　篇

社会问题与社会治理

# 第八章 "苦力帮"组织——脚行

　　脚行系传统民间搬运业组织的通称,由脚行把头负责,雇佣脚夫,在一定的地域范围之内装卸搬运货物,以谋取利益。脚夫作为脚行的搬运工,是处于社会底层的一个贫民群体。脚行虽具营业性质,但又与普通工商业不同,它是带有把持色彩的"苦力帮"组织。[1]脚行与脚夫起源于何时,已不可考,但脚夫产生极早是可以肯定的,因为凡属商业集中之地就需要有搬运货物的脚夫,而这样的地方早已有之。对于脚行,最早的记载为宋人孟元老撰写的《东京梦华录》,宋徽宗到临水殿观看水上赛会,"又有虎头船十只,上有一锦衣人,执小旗立船头上,余皆着青短衣,长顶头巾,齐舞棹,乃百姓卸在行人也"[2]。所谓"卸在行",就是"码头或陆地上脚夫所组织的行会"[3]。明清以后,脚行和脚夫的记载明显增多,近代以后更是如此。脚行的发展和运行,反映了城镇的商业流动、社会结构和底层生活的变迁,是中国城市史、社会史乃至政治史研究的重要内容。毛泽东在1925年发表的《中国社会各阶级的分析》中就将搬运夫作为工人阶级的一部分,说"都市苦力工人的力量也很可注意。以码头搬运夫和人力车夫占多数,粪夫清道夫等亦属于这一类。他们除双手外,别无长物,其经济地位和产业工人相似"[4]。天津在近代开埠之前就已是商业繁荣之地,开埠

---

　　① 全汉升:《中国行会制度史》,百花文艺出版社2007年版,第169、173页。

　　② 孟元老:《东京梦华录》卷七,山东友谊出版社2001年版,第70页。

　　③ 全汉升:《中国行会制度史》,第59页。

　　④ 中共中央文献编辑委员会:《毛泽东选集》第一卷,人民出版社1991年版,第8页。

以后更成为中国北方最大的沿海城市,南北客商云集,货运繁忙,搬运业历来发达,可称脚行研究的重要载体。通过天津脚行,可以了解脚行的产生发展与工商业的关系、脚行的组织结构与运营方式、脚夫的来源、劳动与生活、脚行的纠纷与冲突。

## 一、天津脚行的产生与发展

脚行业产生和存在的前提,是城镇及其工商业的发展,而天津很早就有这样的潜力和优势。

天津地处河海交汇之处,运河贯穿南北,水路交通便利,在近代开埠之前就已成为华北最大的商业中心和港口城市。早在唐朝中叶,就被誉为"三会海口"①。金、元、明以来,为京师门户,地位更加重要。首先,天津已成为转运漕粮的漕运中心。"地当九河津要,路通各省舟车,南运数百万之槽,悉道经于此"②。明永乐二年(1404),建天津卫,"于天津置露囤千四百所,以广储蓄",永乐四年(1406)"再建百万仓于直沽"。③永乐九年(1411),重整运河故道,漕运更加发达。其次,天津还是盐运中心,"直豫两省一百八十余周县皆赖之"④。再者,天津渔业、盐业、商业发达,经济愈呈上升之势。还有,天津是官员出入北京的必经之地,"皇华使者之所衔命以出,贤士大夫之所报命而还者,亦必由于是"⑤。以上因素,都使得天津人口云集、商贾众多、舟车繁忙。清代诗人崔旭在一首诗中描绘了天津的盛况:"畿南巨镇此称雄,都会居然大国风。百货懋迁通南北,万家粒食仰关东。市声若沸鱼虾贱,人影如云巷陌通。"⑥而这一切经济、政治活动,都可能和搬运工发生联系,由此促进了民间搬运业的成长。1947年有一

---

① 樊如森:《天津——近代北方经济的龙头》,《中国历史地理论丛》2006年第21卷第2辑。

② 张焘:《津门杂记》卷上《形胜》,天津古籍出版社1986年版,第2页。

③ 张廷玉等:《明史》卷八十六,《运河》。

④ 张焘:《津门杂记》卷上《盐坨》《游艺山庄》,第13页。

⑤ 张焘:《津门杂记》卷上《形胜》,第1—2页。

⑥ 张焘:《津门杂记》卷上《附诗—庆云崔旭念堂》,第2页。

篇《天津市脚行简介》对此做了总结:"天津由沙荒地发展成一都市,其主要原因有三:一为交通便利,一为临近京师,一为盐的出产地。这三个因素的作用,使明初时的直沽,一变而为天津卫、天津道、天津府、天津县,直至后来的天津市。窥视天津的整个发展历程,最初设卫,多半是为了军事防卫,后来的变迁,多半是为了适应商业的发展,在商业的不断发展中,产生了一种副产物,这就是脚行。"①

明末清初,天津私人脚行的前身主要有两个。一是仵作。明末天津卫有仵作一行,"恃有杠具,各分疆界把持,恣肆掯索"②。其主要业务是丧礼抬衬,兼充轿夫、水夫。二是水会。水会也称"水局""火会",是民间救火公益组织。最早的水会为同善首局,于康熙五十四年(1715)成立,此后又陆续建立了四五十个。参加水会者以商贩居多,最初主要是救火,后来逐渐从事搬运工作。在天津三岔口天后宫(娘娘宫)、锅店街、估衣街、针市街、河北大街等商业、手工业集中地区,水会成了搬运的集合场所,③脚行就是在此基础上发展起来的。同善首局由原来的救火业务转向以搬运为主,成为天津第一家私人脚行。到嘉庆年间,同善首局发展为8个局,经营范围:东至东兴里,南至黄家大院,西至小盐店,北至水梯子大街。除了仵作和水会之外,以脚行为名称的私人脚行也不断发展起来,如以运盐为主的饭市脚行、树记脚行等。

官方脚行在清嘉庆年间也开始产生,这就是"四口脚行"。四口脚行最初为"迎官接差"而设,"每遇晋京官员由津经过备供搬运什物,不取费用,实为应尽义务"④。四口脚行的总处设在针市街肉市口,总处之下设"四口"分处,即是由天津县知县按4个城门划分地段:东门一带为东口,西门一带为西口,南门一带为南口,北门一带为北口。分处之下又设办事处,如西口分处设大园、西车站、正西门、三庆巷营门外4个办事处。4个

---

① 《天津市脚行简介》,《天津市周刊》1947年第2卷第3期。

② 薛柱斗:《天津卫志》卷四,天津古籍出版社1982年版,第30页。

③ 阎润芝、李维龙:《天津脚行的始末》,《天津文史丛刊》1985年第4期。

④ 《招包二十四年本市四口起卸脚行案》(1935年2月),天津市档案馆藏,J0054-1-001019。

口各按划定的地界,由官府指定专人"应差",除"迎官接差"外,亦为商民搬运货物。与私人脚行相对,四口脚行被称为"官脚行",各处私人脚行都须听从四口指挥,倘有不遵行为,即取消脚行资格或呈县惩办。[1]

近代随着1860年天津开埠,私人脚行的发展速度加快了。外国列强在天津先后圈占"租界",开办洋行、工厂,修建仓库、码头。清政府、北洋政府以及国民党政府时期,政府、官僚、商人也相继办了一些工厂、行栈,修筑铁路,建立轮船公司。由此,天津成为中国北方的工商业大都市和贸易中心。在此情况下,与之相应的脚行业愈益兴旺起来。如同立脚行,是随着美孚石油公司建立油库而创建的;双义局脚行,是英美烟草公司、亚细亚火油公司修建码头、仓库设立的;通和成脚行是德士古公司在大直沽建立油库而产生的。[2]租界地区,原来大都是村落和农田,被占用土地的农民无以为生,大多数就当了搬运工人。如老龙头火车站建成后,土地被占用的季家楼、火神庙等地村民就在车站做搬运工。

官办脚行在近代以后也发生了一些变化。袁世凯任直隶总督时,废除"接官迎差"制,四口脚行变为"脚行起卸包商",由天津县政府以招标的方式招商承包货物税收,出钱最多者中标,县衙门发给"谕帖",作为收取税款和津贴的凭证。承包之后,各脚行再按货物件数或按年度向包商缴纳税款。民国成立后,该项税款更名为牙税,继续由包商承办。1928年,天津市、县划界,县归市管辖,但因市县界限并不完全明确,尤其是在市县接壤之处,脚行拒不缴纳税款,致使包商亏损,包商遂到处设卡征税。1935年,刘广顺获得包商权,除了向脚行征税以外,还在分口处征收路捐费,形同买路钱。此举引起各脚行、运输工会、转运业同业公会以及商民的强烈反对,其中尤以运输工会最为强烈。1936年,天津市废除"四口"的官脚行地位,成立"运输业同业公会"。

---

① 《招包二十四年本市四口起卸脚行案》《刘广顺介绍四口设立情况》(1935年3月4日),天津市档案馆藏,J0054-1-001019。

② 天津市河东区地方编纂委员会编:《河东区志·交通邮电志》,天津社会科学院出版社2001年版,第417页。

在日伪时期,天津运送株式会社、天津运输公司、国际运输公司等运输垄断组织成立,控制了脚行业务。"不管任何地段,他们可以自由装卸货物"①。不少脚行依附于这些垄断组织之下,如五村脚行就依附于国际运输公司,每三个月向该公司送一次礼,由此把持了西站的装卸运输业务。②但也有一些脚行失去原有的地盘,被迫改从他业,直到抗战胜利后才得以复业。

抗战胜利后,天津市政府公用局成立了运输事务所,作为官方运输机构。不过,其经营仅限于搬运煤炭、城防建筑材料、下水道材料等,其余市内货物运输仍由脚行经营。1949年1月,解放军占领天津,天津军事管制委员会成立,接管公用局运输事务所,改名为"天津市人民政府公用局运输事务所",并很快废除了沿袭两百多年的脚行制度。

全市脚行数量,缺乏历史变化的详细统计。清光绪、宣统年间,约有130家。到1949年初,有227家,大小脚行头子3032人。③脚夫人数,据清光绪三十二年(1906)的调查,装卸搬运工有3641人。④民国以后,到1925年,据日本满铁的调查,码头工人有5500人。⑤至天津解放前夕,码头装卸工人有4229人,⑥以全市职业人口738103人计算,⑦码头装卸工占6%。但需要说明的是,以上统计的脚夫人数主要是正式的装卸工,其实更多的是非正式入册的装卸工。比如,1947年,在天津脚行业谋生的不下六七万人,而在册者不过3000多人。⑧

脚行主要分布在两个地区:一个是城北的商业中心针市街一带,它在

---

① 《天津市脚行简介》,《天津市周刊》1947年第2卷第3期。

② 天津社会科学院历史研究所编:《天津的脚行》,《天津历史资料》1965年第4期。

③ 阎润芝、李维龙:《天津脚行的始末》,《天津文史丛刊》1985年第4期;天津社会科学院历史研究所编:《天津的脚行》,《天津历史资料》1965年第4期。

④ 陈卫民编著:《天津的人口变迁》,天津古籍出版社2004年版,第118页。

⑤ 罗澍伟主编:《近代天津城市史》,中国社会科学出版社1993年版,第472页。

⑥ 天津社会科学院历史研究所编:《天津的脚行》,《天津历史资料》1965年第4期。

⑦ 陈卫民编著:《天津的人口变迁》,第116—117页。

⑧ 刘海岩:《空间与社会:近代天津城市的演变》,天津社会科学出版社2003年版,第259页。

康熙年间就已成为闽、潮、广帮的商业据点和南北物资交流中心,脚行主要以装卸搬运运河码头和商家的货物为主;另一个地区是海河沿岸,集中于三岔口(南北运河汇入海河处)及海河两岸盐坨地区的民船码头,以搬运粮盐为主。

脚行按照经营区域,主要有4种类型。第一类,往来运输脚行。主要是市区内的脚行,负责市内货物的运进运出。他们穿梭于市内的大街小巷,是最常见的一类脚行。第二类,码头装卸脚行。码头主要设在外国租界,以外商经营居多。在英租界,有英国的太古、怡和洋行码头,美国的最时洋行码头,以及本国经营的招商局码头;在法租界,有日本邮船码头、大阪商船公司码头;在德租界,有亨宝洋行码头;在俄租界,有开平矿务公司码头。随着码头的增多,出现了所谓"下道脚行",即专门从事租界区海河沿岸码头轮船货物的装卸。比较有影响的码头脚行有北班、三庙、义聚、兴隆街、南口、中口、北口、唐口子、源德等。至1949年天津解放前夕,天津市共有84个码头,装卸工人如前所述共计4229人。①第三类,铁路装卸脚行。天津有4个火车站,东站、北站、西站、南站,分别建于1892年、1903年、1908年和1941年。在铁路装卸脚行中,东站客货运最为繁忙,因而最具代表性。东站分东、西、南3个货场,东货场主要是办理普通杂货整车及零担,西货场装卸煤、灰、砂、石,南货场办理仓库整存等业务。东货场及车站客运的装卸,由季家楼、火神庙、北道三村脚行承办。清政府在修建京奉铁路和东站时,征雇三村民夫,并占用了三村土地,于是赐给三村在东站一带经营脚行之权,子孙世袭为业,外人不得侵占。第四类,驻厂脚行。在市区,一些大企业、货栈的搬运业务较多,脚行便常驻于此,包运货物,由此成为驻厂脚行。如双义局脚行常驻英美烟草公司、亚细亚火油公司,同立脚行常驻美孚石油公司。其他如华商恒源纱厂、开滦矿务局、锦茂货栈等,也都有驻厂脚行。

各类脚行都有自己的势力范围,垄断经营,不能跨界。譬如市区内的

---

① 《天津市码头工人调查》,中华全国总工会编:《搬运工人工会工作参考资料》,1950年版,第24页;天津社会科学院历史研究所编:《天津的脚行》,《天津历史资料》1965年第4期。

往来运输脚行,其所负责的市内货物的运进运出,码头脚行和驻厂脚行不能插手,反之,码头脚行和驻厂脚行的货物搬运,往来运输脚行同样不能染指。甚至,在同一地方,脚行的经营范围也有划分。譬如火车站和铁路货场,又分为专为旅客搬运行李的红帽脚行和专管装卸货车的黄帽脚行。

不仅如此,每个脚行都有自己的经营地界,从而瓜分了市内各个角落的运输。这种势力范围开始是自发形成的,后来由政府认可、划定。根据1946年国民党社会局对脚行地界"蓝图"的绘制,以天津第四、五区脚行为例,大致情况(见表8-1):

表8-1 1946年天津市第四、五区部分脚行经营地界

| 脚行名称 | 把头姓名 | 人数 | 脚行地址 | 运输货物种类 | 区域地界 |
|---|---|---|---|---|---|
| 公兴脚行 | 马文元 | 69 | 河东地道外文乐茶园后8号 | 杂货 | 东起东站下九股,西至东站西栅门,南起海河沿,北至东站内石墙 |
| 天兴脚行 | 郭凤臣 郭振冈 | 23 | 河东旺道庄纪家胡同17号 | 水泥火碱 | 东起永安里新立胡同,西至广德里李家胡同,南起京奉铁路界石,北至安善里裕记胡同 |
| 双义脚行 | 张恩华 杨少泉 | 98 | 第二区新维路4号 | 杂货 | 东起东站东栅门,西至东站西栅门,南起海河沿,北至东站内石墙 |
| 天惠脚行 | 佟少田 佟少臣 | 68 | 第四区小郭庄大街138号 | 生熟杂货 | 东起城防河,西至平津铁路道,南起平津铁路道警务第三分段桐福里雨吉里,北至正义里么家坟地 |
| 义盛脚行 | 王金铸 | 52 | 河东沈庄子东津塘路88号 | 杂粮杂货油等类 | 东起万国马场,西至铁道,南起华家台姚家台,北至铁道 |
| 公义脚行 | 刘少清 蓝雅臣 | 9 | 新唐家口正德堂公所 | 杂粮杂货油等类 | 东起老河,西至新立胡同,南起铁道北边,北至瑞丰巷胡同 |
| 通合成脚行 | 吴永升 | 12 | 五区大直沽 | 生熟货 | 东至八号路往南到海河中心,西至九号路与旧三区交界,南面由八号路往南海河中心到华孚栈东墙根,北至旧三区边界经九号路八经路 |
| 通运脚行 | 张元有 李占魁 | 20 | 五区小孙庄马路街21号 | 五金杂货废骨废料 | 东至北宁铁路沿线,西至海河沿线,南至后勤总部第五粮秣厂(旧军仓库)南墙沿线,北至第五区八经路沿线道路 |

| 脚行名称 | 把头姓名 | 人数 | 脚行地址 | 运输货物种类 | 区域地界 |
|---|---|---|---|---|---|
| 同立脚行 | 霍恩承 王子华 | 29 | 第五区美孚油栈后院内 | 杂货 | 东至田粮处第四库,西至十二经路花园中门,南至海河沿,北至北宁铁路 |
| 同和脚行 | 刘瑞 | 27 | 第五区大王庄东太古大院内 | 食粮杂货 | 东至平山线铁道,西至海河河沿,南至十二经路,北至七经路 |
| 双义脚行 | 孙誉 | 13 | 第五区大王庄麟祥头条5号 | 生熟杂货食粮面粉煤油粮 | 东起七经路中间,西至颐中烟草公司;南至海河河沿,北至北宁铁路 |
| 三兴公记脚行 | 宋立生 刘仲杰 | 7 | 五区十四保娄家庄大前街8号 | 五金煤焦大料 | 东起老河及张达庄老大道,西至海河;南起老河(天津县),北至贾家沽道老大道 |

资料来源:天津市河东区地方编纂委员会编:《河东区志·交通邮电志》,天津社会科学院出版社2001年版,第418—419页。

由表8-1可见,各脚行不仅有经营地界的划分,在搬运货物上也有类别规定,有的只能搬运一类,有的可以搬运二三类或三四类。事实上,有些脚行的经营范围,比上表还要复杂。譬如,同一家搬运对象和同一个地界,可能有两三家脚行共同经营。"耀华玻璃公司仓库的搬运,就是又饭市脚行每月做十二天,三庙脚行每月做十八天"[1]。而河北大经路以北至三马路一带,"每月初九日至十八日归公和议脚行,十九日至二十八日归诚意脚行,二十九日至初八日归小关公议脚行"[2]。在金汤河沿,瓜菜类由春和脚行把持,五金杂货由同立、劲立、公议等3家脚行分别把持。对此,我们可以理解为脚行一方面具有垄断性质,但另一方面也具有维持经营秩序的功能。

显然,在经营地域、搬运货物种类、经营时间等方面的划分,使得脚行

---

[1]《关于营业税审查委员会脚行名册油类调查及与交河警察局之函件》(1942年3月20日),天津市档案馆藏,J0218-3-005741。

[2]《侯起林等呈为联名具保肉市脚夫头目请恩准接充》(1932年10月),天津市档案馆藏,J0054-1-003938。

与普通工商业不同,有类似帮会把持的特点。

## 二、脚行的组织结构与运营方式

脚行有独资经营,也有合股经营,还有的开始是独资,后来改为合股。比如公义局脚行,开始为李姓自办,后来变为三大股,也就是自己留下一大股,卖给李仙洲一大股、沈姓一大股。不仅如此,光绪年间"因欠外账目甚多,现时成讼被押,迭蒙堂讯,实难拖累",遂于1906年出租给杨筱田经营。[①]

脚行的组织结构,主要表现为内部等级分明、统治严密以及与帮会、社会混混的密切联系。

各脚行的等级,与脚行把持地界大小与脚夫人数的不同而有区别。大脚行在"总头"之下,设有"小头""把店""抱把""车把""小把""先生""站街"等各级头目。而小脚行头目的级别要少得多,在"大头"之下,一般只设有"小头""先生""站街"等3种。各级头目,形成从上到下的层层控制,带有封建把头性质。"总头"和"大头"为脚行的总头目,负责对外交涉事务。"小头"是直接管理脚夫的小头目,他们和总头、大头大都是创业有功之人。其他各级也各负其责,"车把"替脚行头子管车或雇车,"小把"负责到"人市"雇人,"先生"负责记账,"站街"负责巡查监督脚夫,并监视界内商民,不准"私自"搬运。"把店"为大脚行的支店,总脚行称为"本屋","把店"可直接揽活,但须将收入的一半以上交给"本屋"。"抱把"是从"把店"拿活,再雇佣散工、散车做活。

有的大脚行头目为其他数个脚行头子的代表。如20世纪40年代,同义脚行是由公兴、同顺、双义、三义等4个字号组成,其中公兴头子马文元代表45人,同顺脚行头子李少山代表39人,双义李恩泽代表41人,三义陈泰华代表49人。总头子将其所得,分成大小股,再于各个字号中分配。

---

① 天津市档案馆等编:《天津商会档案汇编(1903—1911)》,天津人民出版社1989年版,第816—817页。

脚行的最底层为脚夫，即搬运货物的伙计。伙计又分两种，一种是车上的，称"拉脚"，专管驾驭车辆；一种是地上的，专管货物的装卸、过秤。

不同脚行，头子及脚夫的数目不等，头子最多者40~50名，少者1名；人在200余人到600~700人不等，如饭市、七村两脚行均有600~700人，石桥口袋班脚行有500~600人，紫竹林脚行300~400人，河北大街脚行、双义局脚行等有200多人。而规模小的脚行，不过5~6人而已。[①]

脚行当中，无论是头目，还是普通脚夫，绝大多数是代代相传，子承父业，父死子继。1948年仁义脚行名册35人的统计如表8-2所示：

表8-2  1948年仁义脚行统计

| 职别 | 姓名 | 年龄 | 来历 | 脚行服务年月 | 详细住址备考 |
|---|---|---|---|---|---|
| 负责人 | 李宝珍 | 58 | 世袭 | 八九岁开始 | 六区苏州道玉门居胡同一号 |
| 负责人 | 张少林 | 46 | 世袭 | 八九岁开始 | 七区南市升平后荣里一号 |
| 负责人 | 周凤鸣 | 36 | 世袭 | 八九岁开始 | 十区山西路松寿里四四号 |
| 工作员办事员 | 王恩富 | 76 | 世袭 | 八九岁开始 | 七区南市官沟街一三四号 |
| 工作员办事员 | 李宝贵 | 66 | 世袭 | 八九岁开始 | 四区李公楼后街武德间五号 |
| 工作员办事员 | 辛汉英 | 61 | 世袭 | 八九岁开始 | 七区南门内七寺四二五号 |
| 工作员办事员 | 崔文奎 | 58 | 世袭 | 八九岁开始 | 八区西头土地庙大街十三号 |
| 工作员办事员 | 刘金玉 | 57 | 世袭 | 八九岁开始 | 六区下瓦房恒华里二号 |
| 工作员办事员 | 陈振芝 | 55 | 世袭 | 八九岁开始 | 四区公议大街大东街四德里十六号 |
| 工作员办事员 | 辛汉符 | 55 | 世袭 | 八九岁开始 | 六区苏州路分局后庆德里五号 |
| 工作员办事员 | 邰恩第 | 54 | 世袭 | 八九岁开始 | 七区南市升平后杨家荣庆二十二号 |
| 工作员办事员 | 杨荣华 | 54 | 世袭 | 八九岁开始 | 三区电灯房车焦家胡同一号 |
| 工作员办事员 | 王春贵 | 44 | 世袭 | 八九岁开始 | 七区南市升平后杨家荣庆里 |
| 工作员办事员 | 张小林 | 44 | 世袭 | 八九岁开始 | 四区后兴庄大街七号 |
| 工作员办事员 | 刘恩庆 | 45 | 世袭 | 八九岁开始 | 西区七门外脚行胡同内 |
| 工作员办事员 | 张鸿翔 | 41 | 世袭 | 八九岁开始 | 一区西巷胡同大生里十三号 |
| 工作员办事员 | 魏锦章 | 40 | 世袭 | 八九岁开始 | 四区后兴庄大街三二号 |
| 工作员办事员 | 王文海 | 40 | 世袭 | 八九岁开始 | 四区李公楼五段绩庆里一号 |

①《天津的脚行业》(1948年8月4日)，天津地方志委员会、天津图书馆编：《益世报资料汇编》(三)，天津社会科学院出版社2001年版，第1365页；天津社会科学院历史研究所编：《天津的脚行》，《天津历史资料》1965年第4期。

| 职别 | 姓名 | 年龄 | 来历 | 脚行服务年月 | 详细住址备考 |
|---|---|---|---|---|---|
| 工作员办事员 | 张有林 | 40 | 世袭 | 八九岁开始 | 四区李公楼贵德胡同三九号 |
| 工作员办事员 | 张桐轩 | 40 | 世袭 | 八九岁开始 | 一区山西路福庆里五号 |
| 工作员办事员 | 李春荣 | 40 | 世袭 | 八九岁开始 | 一区吟尔沟道乐里二五号 |
| 工作员办事员 | 徐金彩 | 40 | 世袭 | 八九岁开始 | 四区李家台积善里十三号 |
| 工作员办事员 | 宝光海 | 40 | 世袭 | 八九岁开始 | 四区公议大街四德里十六号 |
| 工作员办事员 | 孔化明 | 40 | 世袭 | 八九岁开始 | 四区旺道庄后台二六号 |
| 工作员办事员 | 高玉峰 | 40 | 世袭 | 八九岁开始 | 一区吟尔沟集贤里十一号 |
| 工作员办事员 | 李春华 | 31 | 世袭 | 八九岁开始 | 四区李公楼后街武德间五号 |
| 工作员办事员 | 李玉田 | 19 | 世袭 | 八九岁开始 | 二区哈尔滨道集贤里二五号 |
| 工头 | 王永禄 | 48 | 世袭 | 1937年3月 | 四区李公楼孙街六段武德间六号 |
| 工头 | 徐金铺 | 44 | 世袭 | 10余年 | 四区李家台积善里十三号 |
| 车把 | 闫松龄 | 52 | 世袭 | 20余年 | 七区大舞台山泉里十号 |
| 车把 | 冯德元 | 32 | 世袭 | 3年 | 八区西关街二五〇号 |
| 车把 | 刘锡连 | 38 | 世袭 | 10余年 | 四区李公楼宝善胡同五号 |
| 车把 | 赵世荣 | 43 | 世袭 | 8年 | 四区复兴庄六条胡同三七号 |
| 车把 | 朱恩庆 | 43 | 世袭 | 10余年 | 六区三义庄安定里一二号 |
| 车把 | 李春祥 | 43 | 世袭 | 10余年 | 四区李公楼后街武德间五号 |

注:除了王永禄为通县人,其他均为天津人。

资料来源:《仁义老乡脚行名册》,1948年2月18日,天津市档案馆藏,J0219-3-031029。

上表所列仁义脚行35人,全部为世袭。他们一般都是从8~9岁就开始在脚行服务,服务时间长者达到50~60年乃至接近70年。脚夫家庭,孩子文化水平低,没有技能,只能靠出卖体力,从事搬运工作。

脚行组织并不纯粹限于自身,而是与外部社会有错综复杂的关系,比如与帮会的联系就非常密切。

帮会属于秘密结社,"是由模拟亲属关系而形成的兄弟结拜型组织和师徒相传组织"①,"富地缘色彩,传播手段恃地缘关系,同业关系以及金兰

---

① 孙江:《中国秘密社会研究译丛·总序》,[美]裴宜理著,池子华、刘平译:《华北的叛乱者与革命者,1845—1945》,商务印书馆2007年版。

结拜关系","依存于工商业社会、为工商业社会产物"①。与帮会不同,脚行"不是某个具体帮会组织的名称,而是都市苦力运输各种行业工人包括车夫、轿夫、挑夫、杠夫、水夫、粪夫、码头工、搬运工、清洁工等及其各自按照一定的势力范围(或劳务工作范围)结成的行帮组织的总称"②。但帮会一向滋生于基层社会,在搬运码头中尤其活跃,并对脚行形成了控制。脚行头目为了把持搬运业务,巩固等级统治,也利用帮会撑腰。他们加入青帮、洪帮、一贯道、新世界佛教会、清天道、清礼教、黑旗队、天地门、火神道、共青社等会道门,通过师徒、兄弟关系和迷信帮规,扩大脚行势力和对脚夫的控制。据1946年的统计,天津脚行大小把头共有3022人,内有大把头901人。在901个大把头中,洪帮分子422人,三青团分子301人,忠义普济社354人(有的一人多兼),也即有90%以上加入各种帮会。他们大多数还是帮会组织的头目,尤以青帮为多。青帮是漕运水手的一种秘密结社,长期在运河漕运中保持行帮地位。运河漕运停废后,水手大半弃舟登岸,转业为脚行,青帮组织也就随之发展到运河沿岸城市之中。天津是漕运的转折点,又是清代后期开埠以来的特大码头,青帮竞相涌入并很快加入脚行队伍。脚行大把头袁文会、巴彦庆、刘德山、翟春和、王士江、马文元、华凤林、李竹波等均是青帮头目,主宰天津青帮数十年。其中以袁文会、巴彦庆势力最大。袁文会广收门徒达到数百名,门徒吕春和、董文正等把小刘庄、南营门外等地老脚行头子赶走,霸占了这一带的搬运业务。巴彦庆开始也是加入青帮,因无法与袁文会抗衡,转而于1936年加入洪帮,并任"天津运输业同业公会"理事长,控制了全市脚行。他在脚行中大量发展成员,介绍大把头马文元、刘德山等500余人加入洪帮。③青帮以脚行为基地,成为一股强大的黑社会势力。

---

① 王尔敏:《秘密宗教与秘密会社之生态环境及社会功能》,《"中研院"近代史研究所集刊》1981年第10辑,第54—55页。

② 刘明逵、唐玉良主编:《中国工人运动史》第一卷,广东人民出版社1998年版,第484页。

③ 濮文起:《民间宗教与结社》,国际文化公司出版1994年版,第116页;郭绪印:《清帮秘史》,上海人民出版社2002年版,第197—198页。

脚行行规极其严格。最普遍、最有代表性的是"签"的规定，以"签"决定利益和责任。首先，在签的人员可照份分钱，终身为业，世代相传；不在签的，则可随意解雇。因此，"签"就等于脚行人股、财股的股票，凭股票享受股东的权益。不同的脚行，签数多少不一，有的只有1根，有的十几根。其次，按照拥有时间的长短，"签"又分为两种：一种是"绝户签"，只准本人享受，本人死去，即行终止；一种是"子孙签"，可以世袭，但只传子孙。前一种占绝大多数，这是脚行世袭制度的基础。再者，一些脚行还设有红签、黑签。红签即现职工作的人，负责工作统筹和账目之管理；黑签又称死签，他们不做活，也可领取装卸费，但遇到拼命流血斗争时，则充当敢死队，如因之死亡，其家属可享受"在签"的权利。一旦黑签死掉，还要在一定时间内由在职的"红签"用抽签办法，抽出死签若干人，继续为脚行打架斗殴。[①]有的脚行则是在械斗之前，临时逼迫工人抽签，抽中红签的充当一般打手，只打不卖命，抽中黑签的就必须去拼命，甚至送死。此外，脚行头子还利用"行规""帮规"私设公堂，刑讯工人，即所谓的"家法"制裁。轻者扣罚工钱，不给饭吃；重者打伤致残，甚至丧命。由此，脚行带有浓厚的帮会组织色彩。

在工作分派方式上，脚行的随意性较强。早期的办法称"喝个"，喊到谁的名字，谁就干活。脚夫每天能否干上活，完全取决于脚行头子，自己无法预知。后来，改为"抽签"分派工作，每人1个签，名字放在签筒里，中签者才有活干。中签者被抽出，再有活，就在其余未中的签中抽取。还有一种形式叫"轮牌子"，每人一牌，固定次序，按顺序干活，相对固定。即便如此，脚夫工作仍带有很大的随意性，脚行头子可以根据自己的好恶，随意撤掉脚夫的签和牌子。脚夫不能私自搬运货物，否则就被打死。如果脚夫被脚行"辞掉"，别的脚行也一概不能收容。[②]搬运工人张庄印为了糊口，在车站替旅客扛行李，被脚行头子马文元、霍起顺看

① 《铁路装卸脚行调查》，中华全国总工会编：《搬运工人工会工作参考资料》，第29页；《天津市脚行业》，《天津市周刊》1947年第2卷第3期。

② 天津社会科学院历史研究所编：《天津的脚行》，《天津历史资料》1965年第4期。

到,被痛打致死。①

脚行的运输工具为车辆和牲畜两种,分脚行头子所有、租赁和脚夫自有等形式。据1949年3月天津二区32个脚行的统计,车有284辆,其中脚行头子所有179辆,内含小车11辆、大车148辆、人力车20辆,另租赁大车18辆;其余87辆为脚夫自有,内含大车72辆、人力车15辆。牲畜共计125头,其中脚行头子所有78头,内含驴6头、骡66匹、马6匹,另租赁10头;其余37头为脚夫自有,内含驴9头、骡23匹、马5匹。总之,以大车、骡子较多,且多为脚行头子所有。但脚夫自带工具几乎占1/3,进一步表现出与普通工商业经营方式的不同。②

脚行搬运货物的价格,即脚力,一般由脚行与雇主如所属范围之内的行业共同商定。如河坝码头脚行与守口脚行,1923年向天津市各行业同业公会请求增加运货脚力,原因是近来连年荒旱,物价日高,而雇车费用和使用小工帮忙推挽的价格都有明显增加,捐税上升,脚行赔累严重。同业公会召集会议,同意增加脚力。③又如与斗店业相关的脚行,1934年要求天津三津磨坊同业公会增加脚力一成,主要原因是铜元市价低落,生计困难。如果以后市价回落,再复原价。④当然,这仅是一个双方认同的标准,实际上可能还会讨价还价。

脚行的搬运效率一般都比较高,受到商户的青睐。据记载:“他们一旦接受了货物,则立即进行运送。即使在大风、雨、雪的天气,其他中国人迟迟不能运送的货物,他们也能迅速准确地进行运送。因此,一般商户为了争得片刻的商业时机,情愿委托这些脚行运送。”⑤当然,也可以说,脚行在近代天津工商业尤其是贸易业的发展中扮演了重要角色。

---

① 《搬运工人的血泪——解放前天津脚行对搬运工人的政治迫害和残酷剥削片段张庄印惨遭杀害》,《天津日报》1965年12月13日第4版。

② 《天津市二区脚行调查》,中华全国总工会编:《搬运工人工会工作参考资料》,第10—12页。

③ 《为河坝脚行函请增加运货脚力》(1923年),天津市档案馆藏,J0129-3-003499。

④ 《有关脚行脚力涨价通知》(1934年),天津市档案馆藏,J129-3-003067。

⑤ [日]中国驻屯军司令部编,侯振彤译:《二十世纪初的天津概况》,天津市地方史志编修委员会总编辑室1986年版,第101页。

脚夫的工资主要分月计、日计、计件、包吨等4种。月计,就是按月计工资;日计,按1天的工作进行计算,临时工作多采取这种形式;计件,是按物件大小、轻重、安危以及路途远近规定工资,临时工都采用此种形式;包吨,又有两种情况,一种是直接包给工人,一种是由工头承包,再雇用工人。[①]

在搬运利益的分成上,不同的脚行,规定也不一样。紫竹林脚行规定,运价50%归脚行头子,再折扣20%的"车份",实际也归脚行头,剩下30%,大部分归"抱把""车把""小把"等小头目,脚夫所得不过10%。在春和脚行,运价60%归大头,小头得20%,其余10%归"抱把",工人所得也不到10%。在中局脚行,运价75%归头子,其余25%大部分归"抱把",车站装卸工人所得只占7%,码头装卸工人所得不过10%。在东货厂脚行,实行"三七劈账",脚行头子独得三成,余下七成中由车主(多为脚行头子)与脚夫(每车2名)均分,车主得两份(车1份、牲口1份),2个工人各得1份。因工人还要负担鞭子钱、车油钱及沿途被警察勒索的"车底钱",实际收入也不过运价的10%。实际上,脚夫所得可能更低。1949年东货场脚行工人张长泰运送牛皮,每车运费共150万元法币,除去脚行头子、"车把"等所得,2个工人只得到1.8万元,不足总运价的1%。有的脚行甚至沿用所谓的"底钞制",运费全部归脚行头子,工人只能听凭头子"赏赐",不准争论。仁义脚行工人王正清因为对这种"底钞制"表示不满,被脚行头子打成重伤,悲愤致疯。[②]

除了工资以外,脚夫也有一些微小的额外收入。货主为了把货物安全运到目的地,通常花钱买通把头,以便装卸时轻抬轻放。脚夫对把头独吞"礼钱"的做法表示不满,于是故意将怕摔的货物重放,货主就以"给酒钱"的名义,在装卸前给脚夫每人发一点钱。[③]另外,脚夫中也不乏偷窃行

① 《天津市码头工人调查》,中华全国总工会编:《搬运工人工作参考资料》,1950年版,第25页。

② 天津社会科学院历史研究所编:《天津的脚行》,《天津历史资料》1965年第4期。

③《旧社会天津码头工人收入状况》,中国人民政治协商会议天津市和平区委员会文史资料研究委员会编:《天津和平文史资料选辑》第三辑,1991年印,第142—143页。

为。"脚行头子叫很多工人身上绑着一个有头如□似的圆形管子,当扛起面粉或是米、麦的时候,把圆管子扎进去,一边走一边从扎进去的圆管子里,经过袖口流进裤腿里去很多粮食。裤腿变成临时麻袋了"[①]。当然,赃物并不能全部归脚夫所有,也得上交一些给脚行头子。

## 三、脚夫的来源、劳动和生活

脚夫是脚行的主体,上文对其从脚行组织和运营的角度已经有所涉及,本节主要阐述脚夫的来源、劳动和生活,使脚夫的面相更加立体化。

脚夫的来源,不外农民和城市贫民。前者既有天津本地农民,也有外省农民。天津农民,一是来自租界占据的村庄。天津开埠以来,外国列强圈占"租界",开办洋行、工厂,修筑仓库、码头。而这里原来大都是农田和村落,法租界原有小鬼庄、小庄子、华家台、炮台、紫竹林等村庄,英租界原有段庄、转角房、碾盘庄、高台子、老荣市等村庄,德租界原有朱家胡同、大土地庙、靳家园、小王庄、梁家园等。村民被租界占用民地之后,无以为生,于是多当了搬运工。另一部分来自天津车站、铁路占据的村庄。京奉铁路和东站修筑时,失地农民曾经群起反对,卧轨拦车,路局遂允许东站附近季家楼、火神庙、郭庄等地村民在车站当搬运工。西站修筑时,也是如此,佟家楼村王春来、王国栋等因车站占地失业,路局准予他们到站台当脚夫,以谋生计。[②]还有一部分为天津近郊农民,在码头脚行做季节性船外搬运工作。冬夏两季是商业淡季,散工需求最少;春秋两季为棉花、羊毛出口和棉纱、棉布进口的上市期,散工需求增加,散工由各码头之脚行随时雇用。[③]

外省农民来津当脚夫尤其是码头散工者,以邻省山东、河北为多。据

---

① 《脚行头子们的罪恶拾零》,《天津日报》1950年7月15日第4版。

② 《河北佟家楼脚夫杨春来、王国栋禀请赏示》(1910年2月),天津市档案馆藏,J0051-1-000472。

③ 李华彬:《天津港史(古、近代部分)》,人民交通出版社1986年版,第267—268页。

1930年日本同文学院对天津码头工人的调查报告,山东农民占67%,天津及其附近地区的农民占12%,其他地方占21%。①近代以来,山东、河北天灾人祸频繁,1917年大水灾,河北有101个县受灾,被灾人口达561万,大量农民逃离家园,文安县约有30%的人口逃离家乡。②1920—1921年大旱灾,波及华北五省,325个县受灾,灾民达3000万。③1928年华北旱荒,山东有300万农民赴外就食。④1935年,北方10省因天灾离村的农民平均占离村人口的33%。⑤除了天灾之外,军阀混战也此起彼伏,苛捐杂税沉重,农民生命财产遭受极大损失,大批农民逃离家园,进入城市。进城农民,少数成为近代产业工人,大多数只能充当苦力,包括门槛较低的搬运业。

城市贫民是脚夫的另一重要来源。近代中国城市工商业取得了一定的发展,但提供就业的能力仍然很弱,失业人口相当多。1928年、1929年、1930年,天津市区总人口(不包括租界)为939209人、955075人、937053人,无职业人口分别占总人口的38.8%、36.5%、35.2%。⑥1936年、1946年,总人口为1081072人、1711224人,无职业人口占总人口的60.8%和56.9%。⑦城市贫民,1928年有95509人(不包括租界),约占总人口的10.2%,1947年底增至30万人,占全市人口的16.7%。⑧他们求职艰难,出卖自己的劳动力包括当搬运脚夫就是主要的谋生之路。

脚夫多是青壮年劳力,根据表8-3统计,在码头和铁路装卸工中,26~45岁的壮年都占到62%以上。

---

① 李华彬:《天津港史(古、近代部分)》,第267—268页。

② 李明珠:《1917年的大水灾:天津与它的腹地》,《城市史研究》2002年第21辑。

③ 李文海等:《中国近代十大灾荒》,上海人民出版社1994年版,第138—139页。

④《鲁灾民数百万将饿毙》,《大公报》1928年4月24日第6版。

⑤ 章有义编:《中国近代农业史资料》第三辑,生活·读书·新知三联书店1957年版,第892页。

⑥ 李竞能主编:《天津人口史》,南开大学出版社1990年版,第244页。

⑦ 陈卫民编著:《天津的人口变迁》,第116—117页。

⑧ 陈卫民编著:《天津的人口变迁》,第88页;天津市社会局:《天津社会局一周年工作报告》(1929年),周俊旗主编:《民国天津社会生活史》,天津社会科学院出版社2004年版,第35页。

表8-3　天津市搬运工人年龄调查统计

| 类别 | 工人总数 | 青年(25岁以下) | | 壮年(26～45岁) | | 老年(46岁以上) | |
|---|---|---|---|---|---|---|---|
| | | 人数 | 占工人总数百分比 | 人数 | 与工人总数百分比 | 人数 | 与工人总数百分比 |
| 运输工人 | 854 | 200 | 23.4% | 509 | 59% | 145 | 17% |
| 三轮工人 | 688 | 144 | 20.9% | 450 | 65.4% | 94 | 13.6% |
| 人力车工人 | 287 | 35 | 12.2% | 123 | 42.8% | 129 | 43.7% |
| 码头装卸工人 | 155 | 25 | 16.2% | 121 | 62.5% | 29 | 18.5% |
| 铁路装卸工人 | 191 | 45 | 23.6% | 119 | 62.3% | 27 | 14% |
| 共计 | 2175 | 449 | 20.6% | 1302 | 60% | 424 | 19% |

资料来源:中华全国总工会编:《搬运工人工会工作参考资料》,1950年版,第42—43页。

脚夫之所以多为青壮年劳力,主要是由于搬运工作劳动时间长,强度大。1933年国民政府实业部有一个各地苦力工作时间的统计:"码头起卸或肩扛挑夫每天劳动时间为10—12个小时。"[1]脚夫作为苦力,其劳动时间之长亦无例外。在天津码头,如果是长期被雇用的"长工",其开班收班时间比较集中和固定,但这种长工较少,大多为散工,在搬运繁忙、时间紧迫、长工人手不够时才被雇用,常常连续工作十几个小时,甚至几十个小时。[2]其实,脚夫经常处于半失业状态,最担心的是无活可干,而不是劳动时间长短,工作时间再长,他们也抢着去做。有脚夫回忆道:"每天清晨,几百人衣衫褴褛、披着一片麻袋,或者是光着膀子、赤着脚的人,挤在海河岸边,等候出卖劳动力。每当货场列车到站,或者轮船、木船要装卸货物的时候,脚行头子就带着狗腿子到'人市'来买劳动力,他们大声喊:'要二十个扛大米的。'这时,等候找活儿的人就一拥而上。在脚行头子的逼迫监督下,搬运工人一天要干上十几个小时,连喘息的时间也没有。可以说,他们都是天天顶着星星上班,带着星星回家,'休假'二字是根本没有

① 实业部中国劳动年鉴编纂委员会编:《二十二年中国劳动年鉴》,正中书局1934年版,第423—426页。

②《旧社会天津码头工人收入状况》,中国人民政治协商会议天津市和平区委员会文史资料委员会编:《天津和平文史资料选辑》第三辑,1991年印,第142页。

听说过的。"①

　　脚夫的工作条件极差,劳动强度极高。脚夫对此有痛苦的记忆:"从前是扁担做的,人是活受。"②在码头、货场、仓库,没有起重机、卸货车、卡车,搬运货物全靠脚夫背扛、肩挑、人拉,几百斤重的货箱麻包压得工人驼背折腰,几千斤重的地车拉得腿肿脚烂。③这种地车,也叫"地扒车"或"人力排子车",车身比一般马车矮、长,木轱辘,外包宽铁皮,由人驾辕,四五个人拉。"这种当时把持着搬运行业的封建脚行头子喝养车主们的口头禅是'三条腿的蝉不好找,两只脚的人有的是','雇人比养牲畜钱省心';而且,那时帝国主义者的'租界'也是不许可马车通行的。当时的'万国桥'(即现在的解放桥),就像鬼门关一样,夏天,强烈的阳光晒着,搬运工人拉着重重的车,腹内空空,连热带饿,时常在上坡的时候栽倒在地,造成伤亡"④。

　　脚夫搬运工作没有安全保障,经常发生工伤乃至丧命事故。如脚夫姚老二被车把挤断肋条后,因无钱医治,病饿而死;黄××给日本"三合"仓库拉车,被车轧死;崔连成拉货过法政桥下河堤时,被车撞倒致死;屠××卸货车时,被火车铁门砸死。⑤还有一个脚夫,是在码头卸木头时被砸死。⑥

　　除了为脚行搬运货物之外,脚夫还为脚行头子从事无偿劳役。如双义成脚行头子王家保盖房,让脚夫出力,不给分文;春和脚行头子翟春和强迫脚夫每三天给他"义务"劳动一天,而且经常是哪一天生意多,赚钱多,就要工人"义务"劳动。

---

　　①《搬运工人的血泪——汽车运输三场"六号门"老工人赵恩禄口述》,《天津日报》1963年10月26日第4版;李宝刚:《搬运工人苦难的过去》,天津人民出版社编辑:《满纸辛酸的保单》,天津人民出版社1966年版,第38—39页。

　　②《运输今昔谈》,《新晚报》1958年11月29日第5版。

　　③李宝刚:《搬运工人苦难的过去》,天津人民出版社编辑:《满纸辛酸的保单》,第38页。

　　④《在淘汰中的"人力排子车"》,《新晚报》1956年6月25日第3版。

　　⑤天津社会科学院历史研究所编:《天津的脚行》,《天津历史资料》1965年第4期。

　　⑥《脚行头子们的罪恶拾零》,《天津日报》1950年7月15日第4版。

脚夫的血汗为脚行头子积累了财富。根据脚夫的控诉，"脚行头子苑长希、刘金华、李子寿等，剥削工人劳动所得几达百分之七十五以上，使每人每日有时只挣十二两小米，广大工人和家属受冻饿，但他们却用工人血汗挣来的金钱住妓院、玩女人、大吃大喝"①。脚行头子杨树国每日所得最高可买10包白糖（1包200斤），他购置房产，娶了小老婆。②季家楼脚行头子马文元，1947年作六十大寿，棚子搭了一条街，里面有舞厅、扩音。③

　　脚夫的收入，从表面上看不比其他劳工低，但实际却少得非常可怜。据1940年天津特别市《社会月刊》调查，脚夫每月收入最低为45元，最高130元。而其他职业较高收入者为西服缝纫工人，每月最低、最高收入分别为40元、80元；理发匠每月最低、最高收入为15元、75元。另外一些职业，不过十几元、几元而已。④事实上，脚夫所得并非净收入。如前所述，他们与脚行头子多实行"二八分账"，仅分得表面收入的20%。甚至，脚行头还要巧立名目，从中扣除所谓"车把钱""车份钱""牲口钱"，最后脚夫所得只剩5%左右了。比如，1937年七七事变前，脚夫王恩吉曾随同几十辆大车给客商运送30吨生铁，客商付给运费三十六七元，但经过脚行头子层层剥削，脚夫只剩下7元，再除去"车份"，每个脚夫只分得1角钱。⑤不仅如此，按照脚行的"行规"，每逢"三节"（端午、中秋、春节）和"两寿"（脚行头子及其老婆的生日），脚夫还必须"送礼"⑥。这无疑又减少了脚夫的一部分收入。

---

① 《码头装卸工人控诉脚行头苑长希等罪行》，《天津日报》1950年7月1日第2版。

② 《千余搬运工人开大会控诉脚行头子罪行》，《天津日报》1950年6月30日第5版。

③ 《天津脚行罪恶简介》，《天津日报》1965年12月13日第4版。

④ 《天津脚行罪恶简介》，《天津日报》1965年12月13日第4版。

⑤ 《天津特别市劳动工人概况调查表 二十九年十二月份》，《社会月刊》1941年第1期。再举一例，1948年，天津市社会局曾派员调查招商局一号码头的脚行情况，发现脚行头子剥削脚夫的现象很普遍。但各家脚行均说脚夫的待遇好，而因无账簿记载，脚夫无从告发，因此希望建立账簿，以便随时考究，"为此纵不能彻底禁绝剥削，或可稍有利益于劳工"（《为报告调查第一仓库脚行贻误搬运原因事致胡局长的签呈》，1948年5月7日，天津市档案馆藏，J0025-2-003548）。

⑥ 安立夫：《搬运工人的共同特点》，《天津市搬运工人工作报告》，工人出版社1950年版，第16页。

脚夫的生活水平,与收入直接相关。如前所述,脚夫的搬运收入是很低的,这也决定了其支出水平的低下。据1927—1928年天津非工厂工人和苦力(包括脚夫)生活费用的统计,食物费用占生活费用总数的60%。[①]以国际通行的恩格尔系数衡量,此属绝对贫困和勉强度日水平。脚夫的具体生活状况,可以进一步印证这一点。1948年8月《益世报》披露:"他们过的是牛马一样的凄苦生活,时时刻刻都在饿死、冻死的边缘。他们每天从事十几个小时的笨重体力劳动,结果却是食不饱腹、衣不蔽体,终日蓬头垢面,形同罪囚。对于他们来说,吃的都是一样的,本着人是铁,饭是钢的主义;至于衣、住两项,老实说他们是一点也不讲究的,衣只求蔽体,住只求遮风雨而已。"[②]脚夫的居住条件,也极其恶劣。许多搬运工人住的地方,是一种搭在污水河边,用席片围起来的窝铺,而且也不是所有的搬运工人都能住得上。据1948年对1797个搬运工人的统计,能住上自己窝铺的只有234人,住在小店的有955人,到处寻宿的有388人,露宿街头的有220人。[③]

## 四、脚行的纠纷与冲突

如前所述,脚行是一个比较特殊的经营组织,脚行、脚夫、雇主之间的关系颇为复杂,他们为了维护各自的利益,不可避免地发生矛盾、纠纷和冲突,从而严重地扰乱了搬运秩序和社会治安。脚行的纷争非常复杂,归结起来,主要是脚行与雇主之间的冲突、脚行业自身的冲突。

首先,脚行与雇主之间的纠纷和冲突。

脚行一方包括脚行头子和脚夫,雇主一方包括需要搬运货物的货栈商号、厂矿企业以及旅客等。从搜集到的1902—1948年脚行与雇主纠纷

① 李文海主编:《民国时期社会调查丛编·城市(劳工)生活卷》,附表三《国内劳工家庭生活费百分分配之比较》,福建教育出版社2005年版,第495—496页。
② 《天津的脚行业》(1948年8月4日),《益世报资料汇编》(三),第1365页。
③ 凡宗、宝刚:《搬运工人的窝铺》,《天津日报》1965年11月9日第3版。

的28个实例资料来看，<sup>①</sup>二者的矛盾和冲突主要围绕以下两个方面：

一是争执脚力高低。脚力是雇主付给脚夫的报酬，亦称脚钱，主要就是雇主企图降低或变相降低搬运脚力，降低成本，获取更多利润，而脚行则要增加或变相增加货物搬运脚力，增加收入。如上所述28起纠纷中，争执脚力引发的共有8起，约占28.6%。其中，由脚行要求增加脚力引起的纠纷仅有1起，而有7起是由雇主控诉脚行增价或勒索。比较典型的事例，如1907年德成号砖瓦铺控告南门外小车脚行依仗人多势众，不遵议定脚价，任意加增，致使商号生意无法可做。

二是争执搬运业务，即搬运货物权的归属。在28起纠纷中，此类纠纷有15起，约占纠纷总数的53.6%，比脚力纠纷几乎增加一倍。这些纠纷，主要是雇主控告脚行把持搬运或者要求自己雇用脚夫搬运而引起的。典型事例，如1913年中利料器公司控告脚行把持搬运业务，申明出品概由"本厂工徒起卸，无须脚夫"，理由有四。第一，公司的料器销售，无论是外埠的用筐装载，还是由铁路河路转运，均有公司的工徒起卸，无需脚夫。第二，公司有80余名工徒，每日下午两点为休息时间，若遇有买客，可遣工徒分送起卸。若公司货物归脚夫起卸，则工徒将无法安置。第三，公司以振兴实业，维护国货，抵制外货为宗旨，因此节省各项经费，不图获利，以希冀畅销国货，挽回利权于万一。第四，在津制造料器的公司共4家，这4家公司发售料器均是自行起卸，若该公司货物起卸由脚行负责，费用过多，将致使该公司产品价格抬高，恐将无人过问，阻滞销路，实业前途将有大碍。<sup>②</sup>由此可以看出，中利料器公司综合运用了工人生活、爱国主义和公司发展等缘由，以维护公司利益，显示了现代企业意识。

---

① 资料来源：《大公报》1902年11月1日第4版；《大公报》1919年8月19日第10版；《三津报》1937年6月1日第1版；天津市档案馆藏，J0128–3–000298，000330，000361，001362，002491，002807，003224，003201，000536，004591，J0025–3–005769，J0025–2–000624–020，J0025–3–005672–023，J0002–3–1915，J0222–2–1710，J0219–3–029430；天津市档案馆等编：《天津商会档案汇编（1903—1911）》，第814—818页；天津市档案馆等编：《天津商会档案汇编（1912—1928）》，第1782—1783、2595—2596、3118页。

② 天津市档案馆等编：《天津商会档案汇编（1912—1928）》，第2956页。

脚行与雇主之间除了以上类型的纠纷之外,还有脚夫搬运货物时发生的偷盗货物纠纷,因货物受损或丢失赔偿引发的纷争等。

　　其次,脚行业内部的冲突。

　　同脚行与雇主的冲突相比,脚行业内部的纠纷更为频繁。从搜集到的1903—1948年脚行业内部纠纷的54个实例资料来看,[①]主要有以下几类:

　　一是脚行与脚行之间的纠纷。此类纠纷发生在相邻两个或多个脚行之间,主要是为了争夺经营地界、经营时间或搬运货物种类。上表共记录此类纠纷29起,占脚行业自身纠纷总数的一半以上,居首位。典型事例,如1903年,老龙头车站货场新修一段站台,火神庙脚行与季家楼脚行双方争夺该处脚行业务,为此发生殴斗。1945年,石桥口袋班脚行与河北大街脚行为了争夺搬运山芋干、山芋粉权而发生冲突。此外,也有脚行与个别现代运输公司的竞争和纠纷。如1945年,平利脚行与大连汽船会社的纠纷,就是因后者侵占了平利脚行的搬运权利而起。

　　二是同一脚行内部的纠纷。此类纠纷在上表中有17起,占脚行业自身纠纷总数的31%,它又分为3种情形,一种情形是脚行头子之间为了争夺领导权的纠纷较多,有8起。典型事例,如1947年4月,在河东卜内门仓库院内,当双义脚行头子袁文德监视货物起卸时,另一脚行头子王文藻之

---

　　① 资料来源:《大公报》1903年12月6日第4版;《大公报》1907年11月4日第5版;《大公报》1908年12月20日第4版;《大公报》1909年9月28日第4版;《大公报》1910年12月18日第4版;《大公报》1914年7月21日第4版;《大公报》1915年3月29日第5版;《大公报》1920年12月21日第3版;《大公报》1931年5月29日第7版;《大公报》1933年3月16日第9版;《大公报》1947年1月31日第4版;《益世报》1936年8月1日第5版;《益世报》1937年4月20日第5版;《中南报》1935年7月24日第1版;《中南报》1946年5月11日第4版;《中南报》1946年6月18日第4版;《中南报》1946年11月21日第4版;《天津商报》1936年7月30日第2版;《三津报》1937年3月7日第1版;《三津报》1937年2月21日第1版;《东亚晨报》1940年4月20日第3版;天津市档案馆等编:《天津商会档案汇编》(1903—1911),第824–825页;天津市档案馆藏,J0054-1-000906,J0044-2-066152,J0025-3-005672-001,005,006,016,017,018,019,020,021,022,005783,009,010,011,012;J0025-2-000624,003391,J0219-3-038050,023116,011683,7209,038085,1620,J0084-1-000319,J0222-1-00209,002095,J0222-2-1710。

侄王少臣带领数人,用刀将袁文德的左腿扎伤。之所以出现这种冲突,是因为王文藻曾在双义脚行工作达20余年,近期由于病重,就派侄子王少臣至码头代为照料,但袁文德想排挤他们叔侄,王少臣被袁辱骂,怀恨在心,致有此事发生。[①]第二种情形是脚夫与脚行头子之间的利益纷争。因脚夫与脚行头子相比,处于明显弱势,这种纠纷很少,有3起。其中1起发生于河北堤头子辛庄脚行,该脚行专为附近津浦铁路局卸煤运煤,分送各处煤厂。脚行头制竹签50枚,每遇卸煤时,轮流抽签卸煤。1936年7月30日,适值卸煤,脚夫田起明未能得签,但因经济所迫,强拟卸运,林长福前去阻止,双方发生殴斗,林长福被田起明用尖刀扎伤多处。[②]第三种情形是脚夫之间为了搬运货物等的争斗,有6起。如1937年3月,脚夫刘连义、刘升义兄弟与脚夫张子恒一向不睦,张子恒的弟弟张三拉车到西关街宜彰工厂时,被刘氏兄弟砍伤。[③]

三是脚夫与非正式脚行工人的纠纷,有7起。非正式脚行工人有小工、散夫、厂栈雇工,以及从事其他行业的人力车夫、赶大车等苦力工人。在货物搬运繁忙,行内脚夫不足时,脚行才雇散工,脚行与散工的关系比较平和。但当脚行人手充足时,无需雇用散工,散工谋生困难,于是就容易与脚夫因争抢工作而产生冲突。

除了以上冲突,脚行还与地痞、流氓、无赖等"混混"发生纠纷。"混混"游手好闲,结党肇衅,持械逞凶,强夺脚行是他们重要的谋生方式之一。譬如仁义脚行,负责招商局四号码头货物的起卸,1947年7月7日,王玉柱、王堂瑞、张文宗等3人率领流氓30余人,执斧头等物,至四号码头,"适仁义脚行工人正将储存小麦落码装运之际,该流氓等,即上前将仁义脚行工人驱逐,该工人等以生活工作的关系,不予让给流氓,双方由言语而冲突动武,当场将仁义工人张小虎下部扎伤数处,经十八分局警察赶到,将

① 《关于本市公记、双义、元德、平利等脚行强争卸货互相斗殴行凶等社会情报》《双义脚行袁文德与王少臣斗殴》(1947年4月10日),天津市档案馆藏,J0222-1-002095-002。
② 《辛庄脚行昨晨凶殴,田起明情急持刀行凶》,《天津商报》1936年7月30日第2版。
③ 《西头金鱼厂刀光血影,车夫张三性命危险》,《三津报》1937年3月7日第1版。

主犯王玉柱、王宝瑞、张文宗,受伤工人张小虎带局训办,又奉处护航队于怡和码头附近捕获其党羽十余人"①。

有的冲突已经超出了一般纠纷的范畴,带有较强的政治色彩。最具影响的是天津站东货场六号门脚行的罢工运动。1937年,日本侵占天津后,因害怕军运物资被破坏,在货场四周建筑围墙,围墙有8个号门,六号门是其中的一个。为了反对脚行头子的剥削和打骂,六号门脚夫早已多次进行怠工活动。抗战期间,在中共的领导下,脚夫逐步团结起来,开展有组织的罢工斗争。地下党员、脚夫魏鹤林,深入东货场脚夫之中,宣传抗日道理,启发斗争觉悟。1942年秋,脚夫决定举行罢工,并提出复工的3个条件,即提高工资;不准随便打骂和开除工人,不能限制工人自由;工人有困难,脚行头子应借钱给工人。经过罢工斗争,脚行头子答应了脚夫提出的要求。此后,脚夫仍持续不断地用怠工、破坏工具、损坏军用物资、火烧仓库等方式进行斗争。

在以上普通纠纷的处理中,既有官方干预,更有民间行业组织的介入,二者都在一定程度上起到了调解的作用。

就政府方面而言,其作用主要体现在政府部门对有关脚行事务的规定以及对脚行纠纷的介入。如果政府部门无法调解,则有可能上升为诉讼案,在此情况下,各级法院也会参与审理、判决。如1933年闫永祥和翟春和为了争夺东浮桥桥口至日租界区域的货物搬运权而兴讼,1936年6月经天津地方法院及河北高等法院第一分院一、二审,均判决确认闫永祥有货物搬运权。但翟春和不服判决,又向南京最高法院提起第三审上诉,因1937年七七事变爆发,悬案三年未及判决。最后,双方同意由各方亲友代为调解,经法院及市社会局、警察局确认,各按划分范围各执脚行营业。②

在不同的历史时期,政府部门都制定和颁布过脚行管理办法。在四

---

① 《关于本市公记、双义、元德、平利等脚行强争卸货,互相斗殴行凶等社会情报》《流氓王玉柱等争脚行扎伤工人张小虎由》(1947年7月7日),天津市档案馆藏,J0222-1-002095-004。

② 《闫永祥翟春和确认脚行搬运权》(1933年),天津市档案馆藏,J0044-2-145192。

口脚行统辖私家脚行时期,天津历任知县都明文告示保护脚行的经营特权,"如有滋扰,即扭送来县依法惩处"①。在光绪年间,类似告示先后发布了11次。②如发生纠纷,一般是当事双方先呈报政府,然后由四口脚行处理。1927年南京国民政府建立后,由社会局和劳工局解决劳资冲突,脚行纠纷也由其调解。由脚行纠纷的统计表不难看到,纠纷各方一般都是先将情况向社会局呈报。鉴于脚行经常向雇主索取高额脚力,引起商民不满,1929年天津市政府颁布《天津特别市特别第三区管理海河码头脚行简章》,训令社会局通令施行,主要就脚行颁发执照、脚行对散夫的责任、脚力、脚行工作权限、脚行责任等方面作了规定,其中明确规定脚行不得额外勒索。1936年4月,市政府颁布了《取缔脚行把持客货办法十条》,由社会局、财政局、公安局联合颁布施行,取消四口脚行,规定:"所有客商起卸货物,自行办理或雇佣脚行与其他民夫,均可听便,各处脚行不得再以借口纳捐,把持客货之起卸;社会局对各码头等处脚行及其他民夫,得随时派员视查,如查有向客商横暴勒索等不法情事,即将该人交由当地公安局分局惩处。"③但这一办法,因经营界限不明加大了脚行纷争,因此引起脚行的极大不满。于是,公安、财政、工务、社会各局对此进行核议,8月市政府颁布了新的《天津市脚行登记及管理办法》十二条,内容涉及颁发"执照",绘制"蓝图"(固定脚行把持地界)、制定号坎(搬运工人之标记)等。在日伪占领时期,天津市政府也曾出台脚行管理规则或办法。如1938年9月,伪天津特别市公署通过了《天津特别市公署社会局脚行管理规则》,以期脚行划清界限,永泯争端。1940年9月,通过《天津特别市公署社会局脚行登记简章》,规定各种明确脚行登记细则。④1942年12月,又颁布

---

① 张焘:《津门杂记》卷下,第141页。

② 天津社会科学院历史研究所编:《天津的脚行》,《天津历史资料》1965年第4期。

③《拟具取缔脚行把持客货办法》《关于取缔脚行把持客货起卸暂行办法的布告》(1936年4月14日),天津市档案馆藏,J0025-2-000159-019。

④《天津市脚行登记简章及管理规则卷》(1938年10月19日),天津市档案馆藏,J0044-1-000302。

《整顿本市脚行办法》，整顿黑脚行。[1]抗战胜利后，为了整顿脚行业务，经社会局、警察局继续商议管理规则和登记办法，1946年8月由市政府颁布了《天津市社会局管理脚行办法》和《天津市脚行登记规则》。[2]

必须指出，政府颁布的管理脚行办法常为一纸具文。从脚行纠纷的统计可见，这些纠纷上报到政府主管部门后，很多没有审理结果，可见政府的作为是相当有限的。

在行业规则制定和民事纠纷中，近代民间团体的作用不可忽视。譬如商会，对于相关各业与脚行的关系主要是协助制定并执行章程。如北营门内聂公祠后的恒源和斗店，为了避免脚行额外需索脚价，1910年与该处脚行李泉波、刘起德等订立脚价章程，"上卸船力每石津钱四十文，上卸大车力每石津钱三十文，过河力每石津钱三十文"。重要的是，他们不仅自己订立章程，还将其在商会备案，从而具有了约束性保障。[3]至于相关各业的同业公会，则主要是共同对付脚行的需索，保护同业的利益。如天津市报关业同业公会、天津市货栈业同业工会，1946年应会员的要求，向天津市社会局要求制止码头脚行的勒索行径，经过与运输工会商量，得以解决。[4]又如天津市丝绸呢绒纱布商业同业公会，同样是因为脚行屡次高抬脚力，于1947年上呈天津市社会局，要求合理规定脚行运价，以免纷扰。[5]从以上脚行与雇主的纠纷的材料中，不难看出雇主经常寻求商会和同业公会的帮助。

而与脚行相关的运输业同业公会（隶属于商会），则极力维护脚行业的利益。如前所述，1936年4月天津市政府颁布《取缔脚行把持客货办法

---

① 《市署关于管理市内脚行办法抄发华北航运统制暂行办法等问题》《市署训令规定整顿本市脚行办法》（1942年12月），天津市档案馆藏，J0218-3-5509。

② 《天津市社会局管理脚行办法》（1946年8月29日），天津市档案馆藏，J0129-3-004810。

③ 天津市档案馆等编：《天津商会档案汇编（1903—1911年）》，第825—826页。

④ 《关于孟继成与巴彦庆、杨筱林与刘殿甲脚行纠纷及货栈业与报关业同业公会纠纷的文件》《为调节报关货栈业请求制止码头脚行勒索事致胡局长签呈》（1946年7月3日），天津市档案馆藏，J0025-3-005769-02。

⑤ 《调整脚行运价》《为福霖祥正记等声请合理规定脚行运价事致天津市政府社会局呈》（1947年6月2日），天津市档案馆藏，J0025-3-003631-031。

十条》,引来脚行的不满,纷请市政府收回成命。5月7日、12日,运输业职业公会连续向社会局请求撤回,声称取缔脚行运货的一些办法会使数千脚行工人无以为继,"津市脚行百有余处,工人约计数万,凡属脚行劳工大都缺乏工商知识,除以血汗为代价供养家小外,别无一技之长,谋生乏术,设起卸办法突然变更,则数万劳工因以失业,生活必至断绝";并质疑政府提出的统一划价:"各地脚行所定运费,均系因地制宜,各有不同,相沿颇久,劳资称便向无共议。"在运输公会的压力下,市政府撤销了《取缔脚行把持客货办法十条》,颁布了新的《天津市脚行登记及管理办法》。①

可见,脚行的纠纷及其处理,说到底都是以当事各方的利益为中心,只是比普通工商业更加复杂罢了。

综上所述,脚行在近代天津工商业尤其是贸易业的发展中扮演了重要角色。但与普通工商业不同,脚行业是一种带有帮会色彩的"苦力帮"组织,脚行的垄断经营、严密的等级控制以及帮会的渗透都体现了这一特征。脚行、脚夫、雇主之间的矛盾冲突,以及官方与民间团体的介入,反映了各方极其复杂的利益争斗关系。

---

① 《天津市运输公会呈请取缔脚行把持客货办法情形》、《关于制定脚行办法影响民生给社会局的呈》(1936年5月12日),天津市档案馆藏,J0025-2-000160-019。

# 第九章  房地产业务的兴起

城市化是近代天津社会变迁的主调与主题,房地产业的兴起和发展正是这一蕴含时代特征的历史进程的重要内容之一。房地产的交易和流通在中国古已有之,但将房地产作为商品的专门性房地产业却是到近代才出现的,它不仅极大改变了人们的居住环境和生活理念,且深刻影响着城市的整体布局与发展格局。

## 一、近代天津的城市化和房地产业兴起的背景

晚清以还,在条约体系的框架下和全球工业革命的浪潮中,中国逐步沦为西方列强的商品倾销市场与原料供应地。自然经济的解体和资本主义经济的发展共同引发了中国经济格局的剧变,天津迅速成长为中国北方最大的工商业城市。天津城市的发展直接带动了租界的扩张、人口的聚集以及法制的完善,而这些均为房地产业的兴起提供了必要前提和相应条件。

在近代中国社会,租界扮演了“沉沦”与“上升”的双重角色,具有资本主义性质的房地产业亦是以租界的土地制度和法律凭证为基础的。1860年,英法联军发动了第二次鸦片战争,清政府被迫跟英法两国签订了《北京条约》。中英《续增条约》第四款规定:“续增条约画押之日,大清大皇帝允以天津郡城海口作为通商之埠,凡有英民人等至此居住贸易均

照经准各条所开各口章程比例,划一无别。"①天津开埠之后,英国人首先援引这一规定,要求划定租界,"在津城东南相距五六里之紫竹林起至下园止,勘丈空地长三百十一丈、宽七十丈,预备明年来津盖造房屋之用"②,以此作为最初英租界的界址。

在英国参赞巴夏礼(Harry·S.Parkes)到天津勘定租界界址时,负责交涉事宜的崇厚等官员并不清楚领土管辖权与土地所有权之间的区别。于是英国公使卜鲁士(Frederick·W.Bruce)提出"将津地一区代国永租,为造天津领事官署并各英商来津起盖住屋栈房等之所用",在勘定完界址之后,要求"立契永租,按照完纳钱粮"③。这里的"永租"是双方政府借用了在中国江南地区早已盛行的租地方式——永租制。④这种表面有期限而实际无期限的"永租制"成为当时西方列强从清政府手中获得土地实际占有权的一种典型方式,转移到西方列强手里的土地随之成为一种可以自由交易和流通的商品,而这正是房地产业诞生的必要条件。

此后,英国公使卜鲁士又多次提出"欲永租津地一区为造领事官署及英商住屋栈房之用","立契永租,按照完纳钱粮"⑤。对于在界内居住的中国居民则"每地一亩,给业户租地银三十两,赔补迁移银十两"⑥。为保证自身权益,卜鲁士还引用《天津条约》第十二款的规定,强调"英国民人,在各口并各地方意欲租地盖屋,设立栈房、礼拜堂、医院、坟茔,均按民价照给,公平定议,不得互相勒掯"⑦,加快了征租土地设立租界的步伐。兹后,"津城以南二三里许,坐落紫竹林至下园地一方,约计四顷有余"⑧的地带完全成为不受清政府管辖的租界了。

---

① 王铁崖编:《中外旧约章汇编》第1册,生活·读书·新知三联书店1957年版,第145页。

② 天津市档案馆、南开大学分校档案系编:《天津租界档案选编》,天津人民出版社1992年版,第5页。

③ 天津市档案馆、南开大学分校档案系编:《天津租界档案选编》,第5页。

④ 赵津:《中国城市房地产业史论(1840—1949)》,南开大学出版社1994年版,第8页。

⑤ 天津市档案馆、南开大学分校档案系编:《天津租界档案选编》,第6页。

⑥ 天津市档案馆、南开大学分校档案系编:《天津租界档案选编》,第6页。

⑦ 王铁崖编:《中外旧约章汇编》第1册,第98页。

⑧ 天津市档案馆、南开大学分校档案系编:《天津租界档案选编》,第6页。

在天津租界,英国人获得永租土地的流程大抵是先以英国政府的名义向清政府租赁土地,然后再将所承租的土地分散转租给他人。英租界的《土地章程》即明确规定:"租界系指该区域由中国政府永租与英政府,名为英国租界,而可转租于市民者。"①英国是最早在天津设立租界的国家,其取得租界土地的永租权后,即开始公开向英国人招租。土地租用需要两道程序和两纸契约才能得以完成,需要租地的英国人先要跟中国的土地所有者签订一份中文租契,然后租地的英国人要向英国驻津领事呈报,驻津领事再转送三口通商大臣,交天津县衙盖印,最后发还英国领事馆保存。

除此之外,天津租界的英国人还需要跟英国政府签订一份依照英国法律而制订的《皇家租契》。依照相应条款,租地人要向英国政府支付一笔租金,以购买土地使用权。②《皇家租契》的内容甚为详细,明确规定了租地面积、界址、租金,以及承租人或其遗嘱执行人、遗产代管人、财产让受人的各项义务,并强调承租人如果违反或者不履行条款内容,"英皇陛下之领事官或其他正式指派人员得以英皇陛下名义代表英皇陛下有权立即重行进入该项不动产,并收回其所有权"③。英国人跟中国土地所有者签订的租契实质上乃是"为英国政府完成了永租该土地的最后程序"④,"皇家租约"才是租界内土地产权最有效的法律凭证,也成为影响天津房地产业的一种重要法律凭证。

当然,由于天津租界为各国专管,所以各国租界内的土地制度大都带有本国特色,形成了一种较之上海租界更加复杂的土地制度。1897年,英租界扩界划定后即出现了新的租地方式——菲租制。这种土地租用方式采取999年的租制,期满后仍可续租999年,租地人每年须向作为土地主的工部局支付定额租金。1903年,租界又出现了一种由天津海关道颁发

---

① 费成康:《中国租界史》,上海社会科学院出版社1991年版,第93页。
② 尚克强:《九国租界与近代天津》,天津教育出版社2008年版,第73页。
③ 天津市档案馆、南开大学分校档案系:《天津租界档案选编》,第21—23页。
④ 尚克强、刘海岩主编:《天津租界社会研究》,天津人民出版社1996年版,第40页。

的中英文三联契,1911年之后这种三联契又转由天津市公署签发。①黎元洪在天津英租界购买地产,所持契证中既有私下交易的白契,又有英国工部局的999年永租契。②程曦在英租界墙外推广界马场道一带所拥有的房地产也是持有两种契证,一种由天津海关道颁发,另一种则系英国工部局的999年永租契。法租界的租地方式有所不同,并非像英租界那样先由政府出面将土地全盘租下,而是由法人通过法国领事和中国地方政府直接跟中国土地所有者签订租约,其流程跟上海道契相类。③到20世纪初期,德、日、俄、比、意和奥等国也纷纷在天津划界租地。不过,这些租界内的契证不再由中国政府颁发,而是由各国租界当局直接颁发。这些新建的租界多建立在《辛丑条约》之后,其侵略性和蛮横性更加明显,法国领事官甚至强行要求"界内华人地亩概归其工部局管业,酌量给价"④。

土地的扩张和人口的增长是城市化进程加快的显要标志。在近代天津,租界的土地面积不断扩张。1860年,英国首先在天津提出要划天津城东南海河右岸自紫竹林至下园一带为英租界,自紫竹林起至大井庄长31.5丈;自紫竹林沿河起至海大道宽115丈;又自大井庄河沿起至海大道宽71丈,面积共计489.025亩。⑤1894年,英国借口"洋行日多,侨民日众,租界不敷应用",要求将英租界自海大道向西扩展到墙子河内侧的围墙,计地1630亩。⑥1900年,英国驻华大使又以"存留作为英国日后扩充租界之用"为名,强行将租界推至围墙以外。英国租界先后共扩张3次,占地面积达6149亩,成为天津各国租界中占地面积最大的租界。⑦

英租界划定后不久,法国公使哥士耆也来到天津,在英租界之北"指

① 王铁崖编:《中外旧约章汇编》第1册,第162—163页。

② 廖一中整理:《黎元洪部分房屋土地契约》,《近代史资料》第62号,中国社会科学出版社1986年版,第181—185页。

③ 天津市档案馆、南开大学分校档案系编:《天津租界档案选编》,第101页。

④ 天津市档案馆、南开大学分校档案系编:《天津租界档案选编》,第104页。

⑤ "中研院"近代史研究所编:《四国新档·英国档》,精华印书馆股份有限公司1966年版,第567页。转引自尚克强:《九国租界与近代天津》,第2页。

⑥ 天津市政协文史资料研究委员会编:《天津租界》,天津人民出版社1986年版,第4页。

⑦ 天津市政协文史资料研究委员会编:《天津租界》,第5—6页。

定一隅,计四顷三十五亩,立定界址"。①法租界最初占地439亩,②1900年八国联军发动侵华战争,法国驻天津总领事杜士兰发表通告,宣布将法租界扩张为东北临海河、北部从马家口沿锦州道向西至墙子河、南沿今营口道向西至墙子河的范围。从1913至1931年,法国以多种借口扩张法租界,使法租界的面积达到了2836亩。③1895年,德国凭借"还辽"有功,向清政府提出在天津划定租界事宜。同年10月,签订了《德国租界设立合同》。该协定划定了德租界的地界,即东临海河、北接美租界、西至海大道、南自小刘庄之北庄外起顺小路至海大道,占地1034亩。④1901年,八国联军入侵天津,德国趁机将德租界附近的三义庄、桃源村一带划为新界。至此,德租界的总面积为4200亩。⑤1898年,日本驻华公使照会总理衙门,要求在天津设立日租界。日租界的大致范围为东北临海河,西南临墙子河,东南与法租界相接,西北至天津城之南门外,共占地1667亩。⑥日租界设立后,五国租界在海河上游西南岸连成一片,很快成为天津的工商贸易中心。1900年,俄、意、奥三国也趁八国联军攻陷天津之机,将其占领地开辟为租界。其中,俄租界占地5474亩,意租界占地771亩,奥租界占地549.5亩。及至20世纪初期,天津租界的总面积达到23350.5亩之多,为天津府城的8倍。⑦租界土地扩张的过程亦是房地产业原始积累的过程,尤其是随着越来越多的人口迁入租界,租界内的住房需求急剧增加。

天津开埠之后,城市经济迅速发展,人口规模不断扩大。1903年,天津人口为64693户,326552人。⑧1906年,人口增长到74340户,424556人,

---

① 齐思和等编:《第二次鸦片战争(五)》,上海人民出版社1978年版,第476页。

② 尚克强:《九国租界与近代天津》,第2页。

③ 天津市政协文史资料研究委员会编:《天津租界》,第39—41页。

④ 天津市档案馆、南开大学分校档案系编:《天津租界档案选编》,第161—165页。

⑤ 天津市政协文史资料研究委员会编:《天津租界》,第70—72页。

⑥ 天津市档案馆、南开大学分校档案系编:《天津租界档案选编》,第191—194页。

⑦ 杨升祥:《简论天津租界》,《历史教学》2000年第3期。

⑧ [日]中国驻屯军司令部编,侯振彤译:《二十世纪初的天津概况》,第19页。

其中华界356503人，租界68053人。①到1910年，天津人口达到了886524人。②从1840年到1910年，天津城区人口增长了200%。③跟人口数量剧增相伴的是天津在中国城市人口序列中的排位上升。根据相关统计，1921年，天津人口总数在全国各城市中排名第五，1928年，天津人口总数在全国各城市中的排名升至第三，而到1947年天津人口总数则仅次于上海，居全国第二位。④

此时天津人口增长的途径大抵包括两种，即自然增长和人口迁入。就近代天津而言，人口迁入显然是人口增长的主要途径。从1906年至1928年，天津人口的自然增长相对缓慢，而人口迁入却异常频繁，年均迁入30406人。⑤迁入天津的人口既有周边省份来津务工的农民和逃荒难民，也有寻求政治避难的寓公及西方来华的商人、侨民。这些人口的大量涌入使天津成为一个典型的移民城市，房地产的价格和租金也随之增长，为房地产业的兴起和发展提供了巨大的市场和利润空间。

中国各城市的租界基本上都经历了一个从"华洋分居"到"华洋杂居"的过程，租界逐渐演变为一个中西融合的社会，房地产业也不仅仅只局限于外国商人和侨民之间的流转，真正意义上的房地产市场开始形成。天津开埠之后，外国商人和侨民纷纷来到天津。及至1867年，在津居住的外国商人和侨民就有112人。⑥他们多是商人、传教士等，主要居住在天津东门外宫北等城区人口密集的繁华地带。⑦1870年，天津教案爆发，外国商人和侨民纷纷迁移到租界，"昔时居于城内之商人今已徙往紫竹林。法国领事馆一直设在华界，现已迁入外国租界"。天津教案结束后，来津的外

① 何一民等：《中国城市通史·清代卷》，四川大学出版社2020年版，第538页。
② 陈卫民编著：《天津的人口变迁》，天津古籍出版社2004年版，第60页。
③ 李竞能主编：《天津人口史》，南开大学出版社1990年版，第85页。
④ 内政部人口局编：《全国户口统计（民国三十六年下半年）》，中华民国内政部统计处1947年印，第31页。
⑤ 罗澍伟主编：《近代天津城市史》，中国社会科学出版社1993年版，第461页。
⑥ 来新夏主编：《天津近代史》，南开大学出版社1987年版，第73页。
⑦ 尚克强、刘海岩主编：《天津租界社会研究》，第157页。

国商人和侨民又日益增多,据天津海关的统计资料,1877年在津的外国商人和侨民为175人,1879年为262人,1890年为612人,1896年为700余人,1900年则达到2200余人。①

与此同时,租界对于华人也有着较强的吸引力,天津租界中的华人数量也急剧增长。1911年,天津租界的总人口为50046人,华人为43742人。②1914年,一战爆发,北洋政府先后收回了德、奥、俄、比四国租界,这四国租界内的外国人开始融入华人居民区,而在尚未收回的英、法、日、意各国租界中,外国人与华人的比例差距则进一步扩大。1927年,天津租界的外国人为8142人,而华人则为111554人,外国人与华人比例为1:13.7。③华人已然成为租界人口中的主体,而当人口达到一定程度时,就会产生出对空间的强烈占有,"农地大规模转化为市地,土地作为商品进入流通领域"④,房地产业形成的必要条件已然具备。

质言之,土地商品化的法律保障、租界的不断扩张以及人口的持续聚集等均为近代天津房地产业的兴起提供了前提条件,亦隐伏着近代天津房地产业的趋势与特征。

## 二、房地产业的构成及演进

20世纪初期,天津城市土地制度的变革、人地矛盾的尖锐以及资本主义经济的渗透共同孕育出了一个新的行业——房地产业。1901年,英商先农公司在天津率先成立。⑤作为近代天津第一家真正意义上的房地产公司,英商先农公司在其经营的50年间资本增殖达100余倍之多,所获利润之丰厚更是难以想象,而这一切则主要缘于英商先农公司经营者的独

① 尚克强、刘海岩主编:《天津租界社会研究》,第159页。

② 天津市档案馆、南开大学分校档案系编:《天津租界档案选编》,第574页。

③ 杨大辛编著:《天津的九国租界》,天津古籍出版社2004年版,第49页。

④ 赵津:《中国城市房地产业史论(1840—1949)》,第8页。

⑤ 天津市档案馆编:《天津市档案馆藏珍品档案图录(1655—1949)》,天津古籍出版社2013年版,第128页。

特身份和营运手段。英商先农公司的创始人是丁家立,[①]他在来华之前没有任何经商经历,来到中国后他凭借广泛的人脉关系,结交了一大批官员和商人,并利用其在英租界工部局的关系,提前获知了租界的"吹泥垫地"规划。[②]他随之以每亩200至500元的低价购买了现劝业场、渤海大楼一带的大片荒地洼地。及至20世纪30年代,该地的最高地价已飙升至每亩60000元,比最初购买土地时增值了170倍左右。通过商业投机和倒卖土地,英商先农公司积累了大量的资本。据不完全统计,英商先农公司仅在1925年和1926两年间以低价买进高价卖出土地的方式就获利1230360元之多。[③]20世纪二三十年代,天津社会经济发展迅速,大量人口涌入天津,房地产成为社会上一种最为紧俏的资源。地价上涨、房地产交易频繁直接促进了天津房地产业的发展,英商先农公司也随之进入鼎盛时期。仅1921年至1930年,英商先农公司就先后购置土地190.9亩,建设房屋面积76363.19平方米。[④]从1901年成立到1954年被新中国接管,英商先农公司经过50多年的经营和发展,占到了天津外商房产业总额的44%,众多黄金地段的房地产均为英商先农公司的产业。[⑤]

比商义品地产公司也是在天津影响较大的一家外商房地产公司。该公司成立于1907年,虽然它最早是在比利时的布鲁塞尔注册成立,但实则由法国人利用投机手段创办,并一度成为法租界最大的垄断性房地产公司。[⑥]比商义品地产公司不仅从事倒卖土地的活动,而且还利用房地产经

---

① 丁家立(Charles Daniel Tenney,1857—1930),又译为丁嘉利。美国波士顿人,美国公理会教士,外交官。1882年来华,在山西太谷传教。1886年赴天津,任李鸿章的家庭教师。1895年任美国驻天津副领事兼翻译。1900年任八国联军天津"都统衙门"总文案。1905年任美国驻华公使馆汉务参赞。1919年任驻华公使代办。1921年离职返美。参见郑天挺、谭其骧编:《中国历史大辞典》,上海辞书出版社2010年版,第31页。

② 尚克强:《九国租界与近代天津》,第81页。

③ 天津市政协文史资料研究委员会编:《天津租界》,第19页。

④ 天津市房管局编:《天津房地产史料》1988年第1期,第28页。

⑤ 吴同宾、张仲等:《天津英租界概况》,中国人民政治协商会议天津市委员会文史资料研究委员会编:《天津文史资料选辑》第九辑,天津人民出版社1980年版,第18页。

⑥ 天津市档案馆编:《天津市档案馆藏珍品档案图录(1655—1949)》,第136页。

营抵押放款业务。由于该公司的抵押贷款息重期短,所以常有债户因"业不抵债"而被迫将房地产折给该公司所有。①及至1949年,比商义品地产公司在天津拥有地产62.226亩,房产2111间。②

除英商先农公司和比商义品地产公司外,还有英商河东业兴有限公司、英商仁记洋行、英商敖禄士有限公司、英商高林有限公司、英商利斯克目股份有限公司、美商泰隆洋行、美商中华平安公司、美商易固洋行、法商立兴房地产股份有限公司、瑞商陆安公司、意商立多利信托房产股份有限公司天津分公司、日商东京建物株式会社、德商德兴公司等9个国家的21个房地产公司在天津经营房地产业务。③外商房地产公司正是看准了天津房地产业这一具有良好发展前景的新行业,在频繁的土地、房屋等的交易中攫取巨额利润。

传教士是近代中国的一个特殊群体,在不平等条约体系的保护下,他们不仅将宗教带到了中国,而且渗透到了中国的政治、经济和文化等各个领域。当传教士来到中国时,随之而来的还有他们对于中国土地的贪婪。根据吴承明的相关研究,在北京、上海、天津、汉口、广州、青岛、哈尔滨等7个城市,外国人所占土地中的44.4%是为教会所拥有的,外国人所占的房产中也有43.2%为教会所有,这些教会房产中的80%以上都是用于出租牟利。④在天津经营房地产的外国教会共有天主堂、首善堂、崇德堂及方济堂等7家,据不完全统计,"天主教在天津占有地皮三千余亩,房产两万余间"⑤。教会地产成为近代天津房地产业的一个重要组成部分,这也反映出了西方教会的虚伪与贪婪。

在欧风美雨的影响与刺激下,中国的一些官僚、买办和商人开始投资房地产业,华商房地产公司在20世纪初期也开始出现。当然,由于外商房

① 天津市政协文史资料研究委员会编:《天津租界》,第53—54页。
② 天津市房地产管理局编:《天津房地产志》,天津社会科学院出版社1999年版,第741页。
③ 天津市房地产管理局编:《天津房地产志》,第741页。
④ 吴承明:《中国资本主义与国内市场》,中国社会科学出版社1985年版,第39—40页。
⑤ 天津市政协文史资料研究委员会编:《天津租界》,第54页。

地产公司的垄断地位,华商房地产公司大都是由房地产业主的身份转变而来。1901年,天津的第一家华商房地产公司——利津公司——成立,注册资本为白银5.5万两。利津公司的服务对象主要为资产阶级和军阀官僚,其所建房屋多为赌场等商用房产。[1]1908年,荣业公司正式成立,该公司是近代天津影响最大的华商房地产公司。荣业公司的业务是以出租土地由租户建房为主,[2]这种土地出租的租期为8到10年不等,到期后房屋归该公司所有,通过这种方式获得的房产占到了荣业公司房产总额的一半左右。在租金上,租户须按月先付租金,还必须有铺保,如有欠租,由铺保偿还。荣业公司成立初期,房屋2000多间,后在南门外大街以东的大片空地上采取了租地建房的方式,公司的房屋遂增至4000余间。[3]

此外,寓公群体也是近代天津房地产的重要经营者之一。因其独特的地缘政治优势,天津成为无数失势政客、军阀的聚集地,他们纷纷在天津置办、投资房地产。在由寓公创办的华商房地产公司中,李纯独资创办的东兴公司影响最大。东兴公司成立于1919年,主要在天津的南市地区发展,仅两年间就从广益房地产公司收购房屋2000余间,土地90多亩。除翻建所购旧房和建筑新房之外,东兴公司还在荣吉大街、清和大街等处兴建了大批商业用房和里巷住宅。[4]东兴公司的房地产均系自产,加之主要房产又处于天津的繁华地带,所以盈利颇丰。[5]

到20世纪30年代,华商房地产公司已经成为天津房地产业的重要组成部分。例如,荣业公司有房屋3000余间,中国济安房地产公司有房屋2000余间,安宁公司有房屋3000余间,铠记房产公司有房屋3600余间,三义里经租处有房屋1700余间。[6]这些华商房地产公司产业规模之大由此

---

① 天津市房地产管理局编:《天津房地产志》,第747—748页。

② 《荣业产业公司酌拟章程》(1911年4月1日),天津市档案馆藏,J0128-2-002089。

③ 参见天津市房地产管理局编:《天津房地产志》,第748—749页;金磊总编:《中国建筑文化遗产》,天津大学出版社2012年版,第100页。

④ 天津市房地产管理局编:《天津房地产志》,第749页。

⑤ 《东兴公司声请登记并补税房契》(1932年1月1日),天津市档案馆藏,J056f-1-027936。

⑥ 张仲:《天津房地产发展状况》,《天津文史丛刊》1985年第4期。

可窥一斑。当然,这些华商房地产公司一方面学习和借鉴了外商房地产公司的经营模式,另一方面又呈现了明显的封建色彩。

1937年7月,全面抗战正式爆发,天津迅速沦陷。房地产业更是遭受重创,可谓沦陷时期天津损失最大的行业之一,据不完全统计,仅日伪军就焚烧房屋达2545间之多。[①]太平洋战争爆发后,外商房地产公司也成为日伪政府的掠夺对象。1941年,英商先农公司被日军接管,日本人担任公司经理。同年,比商义品公司被日军委托给华北房产株式会社代管。[②]房地产属于典型的不动产,战争期间房地产业主对于房地产的投资明显收缩,加之通货膨胀严重,所以天津的房地产业走向了全面衰落。在沦陷时期,东兴公司先后出售房产1900余间。[③]1944年,荣业公司的房地产收入为"伪银联币二十九万元,而房屋修缮、员工工资及房捐地税等支出费用却高达三十二万元之多,全年亏空三万多元"[④]。利津公司虽有日本背景,但其经营额也持续下滑。[⑤]

抗战胜利后,国民党政府开始对天津进行接收,房地产业混乱的局面有增无减。第九十四军是最早进入天津的一批国民党军队,一进驻天津,该军便到处贴起封条。兹后,第十一战区司令长官部、国民党天津市党部、军统天津站以及联勤司令部等也先后到达天津,各单位开始争相劫收日伪的房地产。由于战后接收的混乱以及财政经济的崩溃,天津房地产业整体上并无起色。以比商义品公司为例,抗战胜利后尽管恢复了营业,但公司业务仅限于经营自产、代理经租等。[⑥]东兴公司亦复如此,其经营状况毫无起色,房屋更是年久失修。[⑦]天津房地产业这种乌烟瘴气的状况一直延续到了1949年。是年,天津解放,人民政府对天津的公私房屋进行

---

① 天津市房地产管理局编:《天津房地产志》,第60页。

② 天津市房地产管理局编:《天津房地产志》,第743—744页。

③《东兴产业公司呈请登记》(1946年4月1日),天津市档案馆藏,J0025-2-001405。

④ 张仲:《天津房地产发展状况》,《天津文史丛刊》1985年第4期。

⑤ 天津市房地产管理局编:《天津房地产志》,第748页。

⑥ 天津市房地产管理局编:《天津房地产志》,第743页。

⑦ 天津市房地产管理局编:《天津房地产志》,第749页。

了全面的管理和修缮,天津民众逐渐过上了安定的生活。

## 三、房地产业的从业人员与资金投入

"巨大的经济投入性"与"政策的紧密关联性"是房地产业的典型特征,房地产业从业人员的构成和资金来源的渠道则成为房地产公司能否正常发展的一个重要保证。揆诸历史不难发现,近代天津房地产业并非是从传统经济结构中诞生的,而是在西方的刺激和示范下发展起来的,因此第一批在天津从事房地产业的人员是西方的冒险家。

1901年3月22日,天津创办时间最早、规模最大的外商房地产公司——英商先农公司(Tientsin Land Investment Co.Ltd.)——成立。英商先农公司最初由丁家立、田夏礼(Charles Denbey Jr.)、狄更生(W.W.Dickin - son)、胡佛(Herbert Hoover)、林德(A.De Linde)、克休斯(R.A.Cousins)、德瑞克(C Drake)等7人创立。[1]英商先农公司成立之初的资本额为105000两白银,合105股。其中丁家立为最大股东,独占66股,他将自己在租界的土地作为投资的一部分入股。[2]田夏礼也以自己在租界的土地作为投资入股,占英商先农公司最初股份的10股。此外,狄更生占10股,胡佛占5股,林德占5股,克休斯占5股,德瑞克占4股。[3]英商先农公司成立之初,公司规模并不大,但创办者都是有着一定政治背景且精通中国文化的外国商人。例如,丁家立曾任天津都统衙门总文案、李鸿章的家庭教师;胡佛曾任开平矿务局工程师;[4]田夏礼曾任天津临时政府秘书长、袁世凯首席外交顾问;[5]林德曾任海河工程局总工程师;[6]狄更生为最先来天津的

---

① 尚克强:《九国租界与近代天津》,第74页。

② 刘海岩主编:《清代以来天津土地契证档案选编》,天津古籍出版社2006年版,第270—271页。

③ 天津市档案馆编:《天津市档案馆藏珍品档案图录(1655—1949)》,第128页。

④ 开滦矿务局史志办公室编:《开滦煤矿志》第一卷,新华出版社1992年版,第22—23页。

⑤ [英]马士著,张汇文等译:《中华帝国对外关系史》第3卷,商务印书馆1960年版,第311页。

⑥ 交通、铁道部交通史编纂委员会:《交通史航政编》第4册,1931年,第1698页。

13个外侨之一,并在仁记洋行担任经理长达9年时间,后为英工部局董事长;[1]德瑞克为都统衙门成员。[2]英商先农公司的创办者们在中国活动多年,深谙官商结合的重要性,因此他们大都跟政府官员有着密切联系。英商先农公司成立后,股东数量不断扩大,其中不乏北洋大臣李鸿章、天津海关道蔡绍基等官员。[3]通过官商结合,英商先农公司可以提前获知政策信息以便进行房地产投资。1901年,英商先农公司直接参与了法租界的重建工程,在半年多的时间内就建起了第一批房屋。1916年,英租界工部局决定开展大规模的"吹泥垫地"计划。英商先农公司获知这一消息后,立即高价卖出英租界东部的部分土地,低价收购推广界的洼地。此后随着这一地区的填平以及地价的上涨,英商先农公司获取了大量利润。[4]随着各项经营的扩大,英商先农公司的资本与日俱增。截至1935年底,英商先农公司的财产价值已达787.18万元之多,其中包括253.29万元的土地,484.96万元的建筑物,48.93万元的设备。[5]在近代天津,英商先农公司投资与经营的建筑物随处可见。

不唯英商先农公司,天津的其他房地产公司亦多由西方来华商人创办,这既保证了房地产公司的资金投入,又保障了房地产公司的政策获知。中法义隆房产公司是由义品公司督办欧纳义等人创办,[6]立多利信托房产股份有限公司天津分公司的股东则是柯达公司驻天津经理人格兰弟等人。[7]当然,这些外商房地产公司也允许华商入股,但这些华商一般都是一些洋行的买办,如英商先农公司后期就有著名买办吴懋鼎、梁炎卿等人持股。[8]他们的加盟可以扩大外商房地产公司的影响力,并为外商房地

---

① 参见来新夏主编:《近代天津史》,南开大学出版社1987年版,第69页;天津市档案馆编:《天津市档案馆藏珍品档案图录(1655—1949)》,第128页。

② 天津市房地产管理局编:《天津房地产志》,第742页。

③ 尚克强、刘海岩主编:《天津租界社会研究》,第51页。

④ 季宜勤:《天津英商先农公司发家史》,《北国春秋》1960年第3期。

⑤ 尚克强、刘海岩主编:《天津租界社会研究》,第53页。

⑥ 天津市档案馆编:《天津市档案馆藏珍品档案图录(1655—1949)》,第140页。

⑦ 天津市房地产管理局编:《天津房地产志》,第744—745页

⑧ 尚克强、刘海岩主编:《天津租界社会研究》,第51页。

产公司的运营创造便利条件。

买办即外国洋行在中国的代理人,随着对外经济贸易的发展,天津买办的社会财富迅速积累。例如:梁炎卿的财产可达2000万元,郑翼之的财产也有1000万元之多。①20世纪初期,天津买办凭借其丰厚的经济收入、优越的社会地位及自身的投资经验,开始把资金投向快速发展的房地产业,并占有了大量的房地产。例如,怡和洋行买办梁炎卿占有英租界唐山道的安宜里、建设路的福安里、营口道的宝华里等处;太古洋行买办郑翼之占有英租界建设路、唐山道,大沽路的五福里、小营市场,湖北路的余荫里、福安里等处;华俄道胜银行买办王铭槐占有日租界和平路沿街自兴安路至清河街两侧的房产等处。②

在买办所创办的房地产公司中,利津公司最具代表性。利津公司由方若于1901年建立,注册资本5.5万两白银,每股100两。由于利津公司主要借助日本人的势力成立,所以该公司与日本租界当局关系密切,并能够在日租界购买到较好地段的土地。利津公司在经营过程中的增资扩股主要分为3个阶段,"最初股本为550股,1920年增股11万两,1100股;1922年增为2200股,并改两为元"③。到1937年,利津公司发行新的股票,每股价值为国币150元,股份增至3499股,方若占1088股。④通过投资买地、租赁土地、投资商业用房等方式,利津公司获得了巨大利润。

天津是中国北方最大的工商业城市,同时又是北京的东大门,所以天津租界逐渐成为政治避难和人口迁移的最佳选择地,只要"谣诼一兴,各界人士,无论贵贱贫富,凡稍有身家者,皆纷纷迁入租界"⑤。大量人口迁入租界,进一步带动了租界的繁荣。1928年,天津租界"各处土木大兴,有加无已。并且,领取执照在租界内行用之私家汽车,亦日见其多,于此可

① 天津市政协文史资料研究委员会编:《天津的洋行与买办》,天津人民出版社1987年版,第44、68页。

② 天津市房地产管理局编:《天津房地产志》,第751页。

③ 天津市房地产管理局编:《天津房地产志》,第747—748页。

④《利津公司登记》(1940年),天津市档案馆藏,J056f-1-030554。

⑤ 湛之:《外人警察权果可收回耶》,《大公报》1922年5月8日第7版。

证明本埠之发展纯系属于私人方面,其原因实由中国有多数富户移居津门以作寓公之故"①。

在迁入天津的人群中,拥有巨额财富和政治影响的寓公特别有代表性。这些人在天津租界购房建屋进而举家迁入租界的主要原因即是在租界内可以享受到治外法权的保护,遑论失意派系还可以在天津时刻注视北京政局。正如时人所评论的那样:"津埠密迩京师,交通便利,十里洋场一般。政客官僚,多以此为安乐地。无心问世者视之为世外桃源。热衷政局者,视之为终南捷径。"②1911年辛亥革命之后,清王朝覆灭,载沣、载涛、铁良、那桐、张兰德、蔡绍基、马玉昆、张翼、张彪、荣庆等皇室成员和朝廷官员陆续来到天津定居。及至北洋时期,北洋军阀来津生活者就更多了。北洋政府的5位大总统都在天津租界有房屋,政府总理中段祺瑞、靳云鹏、张绍曾、潘复、熊希龄、颜惠庆等9位也先后在天津寓居。除此之外,各省督军、省长也纷纷在天津购地置房和经营地产,如李纯、倪嗣冲、王占元、陈光远、齐燮元、陆建章、张敬尧、张福来、田中玉、孟恩远、张作相、吴俊升、张宗昌、刘镇华、陈树藩、卢永祥和郑士琦等。北洋要人入住天津租界主要有两次高潮,第一次是1917年张勋复辟前后,第二次则是20世纪的20年代,这两次迁移高潮均与中国政局的变动密切相关。张勋复辟前后,北洋要人纷纷在津购房,并把家眷送入天津租界。1917年6月,徐世昌将家眷从北京迁移到了天津德租界。③7月,冯国璋的家眷共计100余人住进了天津奥租界,曹锟则从保定举家迁入天津英租界。④8月,黎元洪也携眷住进了天津英租界。出于扶持和利用的考虑,进入天津租界的这些北洋要人受到了租界当局的保护。黎元洪到达天津时,英租界当局专门派"华捕保护",同时"加派印度兵数名,每晚荷枪逡巡以资防卫"⑤。张

---

① 吴弘明编译:《津海关贸易年报(1856—1946)》,天津社会科学出版社2006年版,第476页。

② 《寓津各新阁员之近讯》,《大公报》1922年8月9日第10版。

③ 《徐东海眷属迁移》,《大公报》1917年6月2日第7版。

④ 《曹督军瀛眷来津》,《大公报》1917年7月27日第6版。

⑤ 《黎公宅第之防卫》,《大公报》1917年9月6日第6版。

勋复辟失败后也逃到了天津，"英租界西开松寿里对过第五十二号大楼张勋之新宅刻由英工部承认保护，并在该楼四周均插有英旗"，"张勋在京特派亲近属员五十人""入英租界本宅内以资保护"①。1920年，直皖战争爆发，皖系失败，皖系军阀的大部分成员都逃入天津租界。1924年，第二次直奉战争爆发，直系战败，天津成为奉系的天下，奉系的主要将领及其家属也来津。1925年1月，奉系在法租界国民饭店举行宴会，参加者达200人，"是日该饭店门首，国旗飞扬，汽车塞道，剑光帽影，车水马龙，颇极一时之盛"②。

迁入天津的寓公一般都不善于经营新式工业，而投资房地产业则相对容易，所以他们往往利用既有的生活经验来经营房屋的租赁，并不计利润地大规模购地建房，进而占有了大量的房地产。例如，曹锟的房产主要在英租界的忠厚里、泉山里、黄家花园以及意租界的三马路、河北五马路等处，冯国璋的房产主要在意租界的建国道、民主道、河北四马路、宇纬路等处，王占元的房产主要在英租界的烟台道、南海路、西安道、营口道、大理道、东马路、西马路、估衣街、东站槐荫里、金汤二马路、广善大街、万德庄等处，陈光远的房产主要在法租界的滨江道、长春道、东马路、侯家后、南市建物街、永安街、治安街等处，陆锦的房产主要在法租界的陕西路、河北路、南开二纬路、二马路、南马路等处，杨增新的房产主要在法租界的长春道、山东路、河北路以及英租界的新华路、西安道等处，孙传芳的房产主要在法租界的滨江道、长春道、独山路以及英租界的南京路等处，孟恩远的房产主要在英租界的新华路等处，鲍贵卿的房产主要在英租界的香港路等处，汤玉麟的房产主要在法租界的滨江道、辽宁路、哈尔滨道等处。③尽管这些房产中的大部分是为他们自家所享用，但也有很大一部分兼营房屋出租，甚至建立了房地产公司，所以其对于天津房地产业的形成和发展作用甚大。

---

① 《英人保护张勋宅》，《大公报》1917年7月14日第6版。

② 《本埠要人宴会纪盛》，《大公报》1925年1月11日第6版。

③ 天津市房地产管理局编：《天津房地产志》，第752—753页。

作为近代天津最具经济实力的群体,华商富贾也是房地产业中一批重要的从业人员。开埠后不久,天津便迅速成为中国北方最大的工商业城市,城市工商业的发展促进了粮商、盐商和布商等华商富贾的形成。在19世纪的天津,城市房屋大多为自住,对外出租的很少,即使对外出租房屋,一般也多采取封建性的典当形式。到了20世纪初,随着外来人口的增多和资本主义工商业的发展,天津建房租房的现象开始盛行。与此同时,天津的房租也不断攀升,租房收益明显高于银行利息,这些华商富贾开始将以往的商业盈利所得用于房地产业的投资和经营。盐商李春城在英租界的睦南道、建设路、曲阜道、养和里、五村、中山路、天纬路、地纬路、东马路、北马路、华安街、地藏庵、草场庵、丁公祠、小马路、塘沽区等处占有房产,纸商程宝善在英租界的山西路、西康路、宜昌道以及法租界的长春道等处占有房产,木商訾星甫在英租界的大理道、云南路、岳阳道、郑州道及法租界的陕西路、二马路、三纬路、大水沟、单街子、新浮桥大街等处占有房产,布商孙仲凯在法租界的滨江道、长春道、新华路、北马路、竹竿巷、侯家后等处占有房产,银商全迓东在法租界的热河路、拉萨道及日租界的四平道、堂口大街、建物街、禄安街等处占有房产。①

据不完全统计,近代天津市拥有300到1000多间房屋的大房产主有100多户,拥有300间以下到10间以上的中小房产主则有6000多户,这些人在天津共占有房屋25万余间,占天津全部私房总数的1/3以上。②这些华商富贾一般都拥有雄厚的财力,他们的部分房地产业甚至本就是他们的祖业。他们介入房地产业之后,一部分人还成立了房地产经租处或者房地产公司,譬如:盐商李颂臣在大经路、天纬路及地纬路等地购买了大量土地,建造了470多间民房,这些民房全部用于出租。③随着华商富贾对

---

① 天津市房地产管理局编:《天津房地产志》,第751页。

② 张仲:《天津房地产发展状况》,《天津文史丛刊》1985年第4期。

③ 参见中国人民政治协商会议天津市委员会文史资料研究委员会:《天津近代人物录》,天津市地方史志编修委员会总编辑室出版,1987年印,第168页;张仲:《天津房地产发展状况》,《天津文史丛刊》1985年第4期。

天津房地产业的投资,荣业、广兴、和利、广业、宝兴、德基、华兴等等具有代表性的华商房地产公司纷纷成立,并逐渐发展为一支可以跟外商房地产公司并驾齐驱的力量。

## 四、房地产业和城市经济生活

房地产业是一个关联着城市经济生活诸多领域的特殊行业。20世纪伊始,天津相继诞生了多家具有资本主义性质的房地产公司,经营业务逐渐扩展。房地产买卖是近代天津房地产业的主要业务之一,亦是房地产公司资本积累的一种重要方式。近代天津的房地产买卖有两种方式:自产买卖和代客买卖。自产买卖即公司直接购买,以房地产为商品,低价买进,高价售出,从中牟取暴利。代客买卖又谓顶名置产,因为有些租界规定个别区域不允许中国人置买土地房产,所以一些外商房地产公司便以他们的名义代客购买并进行登记,然后再由该公司与代理的买主订立托管手续。英商先农公司等均经营过这项业务,不仅可以获得一笔可观的佣金,而且还可以每年收取托管费等相关费用。

不过,对于天津的房地产公司而言,房屋出租是其主要业务,往往占到房地产市场交易次数的50%到80%。[1]买地建房或者直接买房的经济成本较高,大部分民众只得选择租赁房屋的方式来缓解居住困难,这使得天津房屋租赁市场的社会需求十分旺盛。天津的房地产公司与房客签订的租约形式各异,但大体上都包括租摺和租约。租约内容长短不一,有的只有租金一项内容,有的则很烦琐,涉及不得拖欠房租、延误房租时房地产公司有权赶走住户等。英商先农公司租约中的第三条内容就是:"倘租户于10日内不能交租,业主无需通知租户,即可将该房收回。"[2]义品公司的租约规定:"倘租户拖欠租金逾期15天以上或对租约有违反或不履行

---

① 赵津:《中国城市房地产史论(1840—1949)》,第82页。

② 《英商先农有限公司盛克尔森赵世溶天津承记印字馆王子钊腾房》(1941年),天津市档案馆藏,J0044-2-059747。

时,出租人有权取消租赁关系,收回租赁物并将租户驱出等。"各房地产公司的收租时间有所不同,可以按月、按季收取,也可以按半年、全年收取。各房地产公司的计租方式也各不相同,有以货币计算,也有用实物计算,特别是抗战胜利之后,通货膨胀严重,银元又重新成为市场交易硬通货,不少房客用小米、面粉及玉米面等作为房租。①

　　如果说地价是土地商品的一次性出售的话,那么房租则是房地产商品的分次性出售。影响地价的因素都会直接抑或间接影响房租,所以房租也能够反映出城市土地的供求关系。1903年,英租界扩展至墙外的推广界,经过近10年的填洼平地工程,这一区域逐渐由"有数百年来沉积的污水或污秽之物"的沼泽和低地变为了街道平整、设施先进的文明之地。②在这一过程中,房租也随之上涨。从1920年至1923年,英租界房租估价上涨达13.8倍之多。③各国租界的房捐都是根据每年房租估值来征收的,通过房捐征收总额也可以判断租界房租的增长状况。例如,法租界的房捐是按房租估值的6%征收,房捐收入从1914年的15000两增加到了1922年的73000两。④法租界房捐的剧增直接反映了房租的攀升。

　　天津是中国北方最大的工商业城市,工人阶级人数众多,但工人因收入水平低下,拥有独立住宅的可能性较小,再加上其工作流动性较大,所以工人阶级便成为承租房屋的主要群体。那么工人阶级的房租支出在其总收入中占有多大比重?据南开经研所调查统计,在1926年1月至1930年5月的天津工人阶层消费结构中,房租类支出占到了其家庭支出的第二位,占家庭总消费的15.95%左右。⑤对于广大工人阶层而言,房租类支出仍然是他们的主要生活负担之一。纵然房租并不是他们家庭支出的首要

　　① 天津市房地产管理局编:《天津房地产志》,第736—737页。
　　② [日]中国驻屯军司令部编,侯振彤译:《二十世纪初的天津概况》,第28页。
　　③ [英]雷穆森著,许逸凡、赵地译:《天津租界史》,天津人民出版社2009年版,第290页。
　　④ 中国人民政治协商会议天津市委员会文史资料研究委员会编:《天津文史资料选辑》第七十五辑,天津人民出版社2014年版,第91页。
　　⑤ 孔敏主编,彭贞媛副主编:《南开经济指数资料汇编》,中国社会科学出版社1988年版,第233页。

内容,但这主要缘于他们的生活绝对贫困,食物类消费始终是生活支出的绝大部分,遑论近代天津的房租还是持续增长的。由此可见,房租构成近代天津工人阶级的重要经济枷锁之一,这一经济枷锁不仅不利于天津房地产业的良性发展,而且对整个近代天津的经济生活都可谓是一种桎梏。

综上所述,天津开埠之后,随着西方列强的入侵、租界土地的商品化、工商业的发展以及城市人口的膨胀,具有近代意义的天津房地产业诞生,并逐渐发展成为天津经济格局中的一个重要行业。英商先农公司的成立,标志着以外商房地产公司为主体的天津房地产业兴起,而这些外商房地产公司也无疑都是在一定的政治特权的保护下而建立的。受外商房地产公司的影响以及随着中国民族资本主义经济的发展,天津的华商房地产公司也开始崛起,尤其是第一次世界大战之后,利津、荣业等华商房地产公司发展成为一股可以跟外商房地产公司并驾齐驱的竞争力量。然而,好景不长,七七事变之后,天津迅速沦陷,房地产业成为天津损失较大的行业之一,日军统制经济政策和通货膨胀的加剧更是极大地限制了天津房地产业的良性发展。抗战胜利后,天津房地产业的发展仍无明显的起色。由于房地产业具有明显的投资性、投机性等特征,近代天津房地产业主大都是近代天津比较有权势或者有雄厚经济实力的租界官员、外国商人、买办、军阀官僚以及华商富贾等。面对房地产业收益的巨大、稳定和安全,这些人往往将自身通过贪污掠夺、经商盈利、土地剥削等方式而获取来的资本投资于近代天津的房地产业,并借助城市市政建设的扩展,实现着自身资本的积累与再积累。地产买卖、房屋租赁、租地建房、代理经租、抵押放款、挂旗经营、契证托管、代理保险及承揽建筑等是近代天津房地产业的基本业务。在天津,地价以天津的商业繁华地区为最,这也折射出了天津城市社会经济的自然发展仍然是天津房地产增长的主要助推力。不过,对于天津的普通民众而言,房地产的扩展和房租的上涨逐渐成为他们的一种重要的生活负担。作为一个不可或缺的行业部门,天津房地产业对近代天津社会经济的发展产生过重大的影响,并带动了天津的市政建设、金融信托、原料制造等多个行业的发展。近代天津房地产业的发展也方便与改善了天津市民的居住条件,西式房屋建筑的出现以及西方管理模式的引进也对天津社会心理和民俗风气的新陈代谢产生过积极影响。不过,近代天津普通民众消费水平的低下在很大程度上也限制了天津房地产业的进一步发展,房地产业成为有产阶层剥削和掠夺无产阶层的一个重要行业,官商结合模式的盛行更是造成了天津房地产业的畸形和泡沫。

# 第十章　环境卫生的改良

　　天津是近代中国很早便成立专门化卫生行政机构,追求卫生现代性的城市之一。在此过程中,环境卫生在很长时期内占据重要地位,其所涵括的道路清扫、垃圾运除、公厕兴建和粪秽处置诸事务,鲜明地展示了新与旧、中与西、发展与停滞、革新与守旧等的对立冲突或和平共存。

## 一、清道:环境卫生的重心

　　天津在开埠后,被外人形容为"中国的最肮脏、最骚乱也是最繁忙的城市之一"①。"肮脏"印象的形成与天津城街道污秽、垃圾杂陈、臭气熏鼻等现象直接相关。与此同时,租界作为鲜明的对照呈现在人们眼前,租界内的清道制度让华人精英赞叹并生发效仿之意:"半车瓦砾半车灰,装罢南头又北来。此例最佳诚可法,平平王道净尘埃。"②政府开始逐渐在环境卫生领域里有所作为。

　　首先是道路清洁。

　　光绪八年(1882),津海关道周馥倡设工程局,取法租界官道式样在城外修筑马路,两旁砌石成渠以便泄水,并设打扫夫二名逐段洒扫。③不过,由于此时专门化卫生行政机构的缺失,对道路清洁问题的关注与否更多

---

① 天津社会科学院历史研究所编:《天津——插图本史纲》,《天津历史资料》1964年第2期。
② 张焘:《津门杂记》卷下,天津古籍出版社1986年版,第124—125页。
③ 张焘:《津门杂记》卷下,第118—120页。

地取决于地方官员是否能慷慨任事。直到临时政府成立,清洁事务才逐渐成为政府的行政职责之一。

八国联军侵占天津后,在临时政府内特设卫生局,厉行道路清洁等措施。①临时政府于1902年3月制定的《洁净地方章程》是天津最早的城市卫生立法,内容关涉道路清洁各方面,如不得将秽物倒弃在院内及路旁、河边等处,每日民人须将门首地段洒扫清洁。②清政府收回天津后撤销了临时政府,但卫生局却被照样保留,主要负责市区环境卫生和防疫,其所制定的《清洁道路沟渠》和《管理居民清秽规则》对大路通衢和住户院门内外的清洁,倾倒秽土(当时常以"秽土"一词指称垃圾)的时间、地点、器具等作了详尽规定。天津卫生总局又雇用了20名印度巡捕和50名中国巡捕督促规章的执行,并役使100名苦工扫除路街。③这就不仅从制度上明确了政府的职责和人民的义务,也配置了专门人员以确保制度的落实。

卫生总局还设立扫除科,将全市划分为8个工程段,专门负责管理厕所、重要道路和沟渠的清理及疏浚工作。不过,此时的工段尚不能称为专任的清道组织。1912年,工段增加到10个。到1915年,直隶警察厅鉴于不能没有专人清扫街巷,要求各区警署招集地方绅商,晓谕商家民户认捐募夫,专门承担扫除街道的工作,以弥补工段人力的不足。④此时的清道工作不仅有官方的夫役负责,而且各区所也多由商民出资自行办理。其习惯是,在繁盛之区由数家商号集体雇佣夫役1或2人,白天扫除街道,夜晚担任值更。商业不繁盛的地区,也偶尔有绅董雇人负责该区的清洁事宜。

---

① 〔日〕中国驻屯军司令部编,侯振彤译:《二十世纪初的天津概况》,天津市地方史编修委员会总编辑室1986年版,第322页。

② 刘海岩总校订,汪寿松等编校,倪瑞英等译:《八国联军占领实录——天津临时政府会议纪要》,附录一"天津都统衙门告谕汇编",天津社会科学院出版社2004年版,第813页。

③ 〔日〕中国驻屯军司令部编,侯振彤译:《二十世纪初的天津概况》,第322、324页。

④ 张子明:《天津市之清道工作》,《市政评论》1936年第4卷第4期。当时张为天津环境卫生股主任。

1927年10月,直隶警察厅成立卫生清洁督察处,但次月即收束为股,附属于警察厅卫生科。1928年天津成为特别市,警察厅改称公安局,该股归属公安局,10个工段改归工务局(后又拨回公安局)。至1934年,清洁股改组为清洁处,各区所清道夫及10个工段改编为清洁队。第二年,市政府设第四科即卫生科专办卫生,公安局清洁处被归并于第四科,下有环境卫生股。6月,工务局将喷水汽车和骡车移归市政府卫生科。至此,原先由公安局和工务局分别负责的清道和洒水工作完全统一于环境卫生股,股下设清洁队6个,洒水马车管理室和运秽管理汽车室各1个,总计有运秽土汽车10辆,洒水汽车4辆,运秽手车300多辆及夫役698名。[①]从清道组织的沿革来看,其规模不断扩大,组织趋向完备,事权也趋于统一。这一方面是因为城市规模扩大,提高了对环境卫生的要求;另一方面是因为市政当局以环境的清洁为重要的防疫策略。此外,由于街衢清洁为国家和政府颜面所系,"壮中外观瞻"也成为清道工作受到重视的一个原因。

　　至于经费,起初为商家民户随意捐助,不过数额不大。1927年,直隶警察厅认为各区自办清洁工作成绩太差,于10月1日成立了卫生清洁督察处,拟定"治标"和"治本"两种环境卫生治理办法。由于两个办法均需大笔经费,于是警察厅先着手整顿收入,改土车费为清洁费,改捐募制度为征收制度,其法为按商号资本的多寡及住户的生活水平,将商号分9等、住户分7等收费,数额从1角到2元不等,学校、工厂、机关也都按等征收。[②]

　　新的征收制度一出,人言啧啧。天津商会会董陆筱山、刘养泉、孙采岩等人联名恳请警察厅收回成命。理由之一是房铺车船、娼寮妓馆等捐税原为工巡卫生而设,再收清洁费,实为重征。理由之二是由商民自行办理清扫,警察负责告诫取缔,即能收效,"若一任人民倾倒,概由官家担任扫除,不特益启人民怠惰之心,失其保守公众卫生之念,且按等征费之

　　① 张子明:《天津市之清道工作》,《市政评论》1936年第4卷第4期;《市区清洁队检阅改期》,《益世报》1935年6月1日第5版。
　　②《警厅设立卫生清洁督察处》,《大公报》1927年9月20日第7版。

后,人民有所借口,何能再施取缔?"①实际是希望实行卫生自治。面对这样的指责和质疑,警察厅解释道,旧日的土车捐虽由商民捐助,但没有一定的章程,卫生设施也很简陋。此外,现在所收清洁费和土车捐相较,其实增收无多。②不过,虽然绅商一再请求缓办卫生捐一事,督察处还是开始收费。至于纳捐情况,按章缴纳的固然居多数,无力缴纳和抗拒不交者也不乏其人。③最后,清洁捐虽然无望取消,但是警察厅也不得不有所让步,把卫生清洁督察处缩小为股;取消原定等级中的一二等,按它们以下的等级收费;同意各区署同绅商自行办理各区清洁,监察股主要负责督率指导。清洁费的征收使清道事务有了固定的经费来源,20世纪30年代天津市政府由此每月可得8000元左右,④后清洁费又被用作全市卫生事业的经费。⑤

从总商会和警厅来往的函件看,前者反对征费不仅是因为捐税过多,商民已无力承担,其实也是希望仍由各区自己负责办理地方清洁。清洁费纠葛的背后,不无政府和民间社会对清洁卫生工作主导权的争夺。在民众方面,普通商民固然是因生活困窘而不愿交纳清洁费,同时也可以看出他们对清道的意义持狐疑态度,认为"救人民根本之生活尚且无法,岂能以街道打扫干净即谓为能保卫人民之生活"⑥。公共卫生事业耗资不菲、收效不彰的特点,阻碍了民众对卫生工作的认同。对于这一点胡宣明看得很清楚,他说:"公共卫生之利益不若开矿筑路之利益之易见,其不便人民之处(如取缔职业,干涉个人自由等)多于路矿之开采;且范围甚广,

① 《为变通清洁费以取办法及由各应负责事致警察厅函》(1927年10月16日),天津市档案馆藏,J0128-3-006058-005。

② 《为设立清洁卫生督察处公布收费章程事致天津总商会函》(1927年10月4日),天津市档案馆藏,J0128-3-006058-003。

③ 《卫生清洁督察处调查纳捐情形》,《大公报》1927年10月22日第7版。

④ 天津市市志编纂处编:《天津概要》财政编,百城书局1934年版,第19页。

⑤ 《天津通信》,《市政评论》1935年第3卷第7期。

⑥ 《为请免清洁费事禀天津商务总会说帖》(1927年10月18日),天津市档案馆藏,J0128-3-006058-006。

问题极多,不若开矿筑路之简单易明也。"①而就官方而言,当地方清洁被纳入行政范围后,官府的职责和日常事务自然增多了,但同时无疑也获得了干预民众个人身体行为的合法理由。②例如,天津从临时政府手中收回后,因为街衢燃灯与打扫日渐疏懈,卫生局总办屈永秋特邀绅董商议处罚办法。绅董们建议,不点灯或不打扫的市民一经查明,应即令其在门前跪一至两小时,"以示羞辱"。屈氏则认为此法不足以警戒民众,打算按临时政府的方法"照旧罚洋"③。用罚跪来羞辱他人的不卫生、不文明,其行为本身实与施罚者所积极追求的"文明"背道而驰。总之,在清洁事务的强制推行下,民众沦为了罚跪或罚钱等训诫手段的对象。

另外为清道计划。

《益世报》的市政调查表明,20世纪30年代天津居民随地便溺和乱倒秽水污物成风,许多巷口的垃圾箱形同虚设。整个城市不合公共卫生之处,不一而足,④其中一个比较严重的问题便是垃圾触目皆是,堆积如堵。天津市每日产生的秽土,总计不下250吨。如此多的秽土,靠300多辆手车和4辆运秽汽车,偶尔再济以民船乡车运载,每天仅能运除秽土百余吨,结果每天都有近100吨秽土遗留在待运场无法运出。截至1935年3月,天津市已有23个秽土堆积处,共存秽土31645吨。⑤

就现有资料看,1935年卫生科成立后,天津市政当局才拟订为期3个月的清道计划,开展规模较大的清道活动,集中从道路清洁和秽土处理两个方面整顿清道工作。针对清扫,首先考虑的是加强石渣路和土路的洒水工作,以减少扬尘。其次是改良清扫工具,把不适合土沥青路的竹苗笤帚改为插把笤帚。最后是酌量减少二人一车的情况,以便有更多的人专任扫除工作。如果说这些措施只是改善了清道工作的外在条件,那么对

① 胡宣明:《中国公共卫生之建设》,上海亚东图书馆1928年版,第27页。

② 余新忠:《清代卫生防疫机制及其近代演变》,北京师范大学出版社2016年版,第288—298页。

③《照例罚洋》,《大公报》1902年8月26日第2版。

④《天津市政调查汇志》,《益世报》1929年7月7日—15日第10、11、12版。

⑤ 张子明:《天津市之清道工作》,《市政评论》1936年第4卷第4期。

清洁队的内部管理应该更有利于增进清道效率,其措施主要有以下几条。第一,安排夫役集体住宿。以往清洁队夫役有一半在外居住,不仅增加了夫役自身的开支,而且也不便于管理。市政府设法为他们添租房屋,结果在清道计划实施两个多月后,绝大多数夫役已集体住宿。第二,举办夫役集体伙食。清道夫役的月收入只有7元,扣除在外用饭的饭钱和其他花销后,工资所剩无几,夫役难免不能安于其位。政府出钱购买了一些炊具,在夫役宿舍举办集体伙食。第三,提供免费医疗。市政府规定清洁夫役可以免费去各市立医院及诊疗所就医,而且请病假期间不扣薪饷。总的看来,这些措施比较人性化,对鼓舞清洁夫役的干劲和招募新人均有助益。此外,将夫役的工作时间缩短为每天9个小时。对于其工作的优劣,则用按日填写报表的方式进行考核,同时也派出卫生稽查到各区担任稽查和监督工作。①

关于秽土的处理,该计划从垃圾的收集与运除、整顿待运场等3方面着手。

一是垃圾的收集。自临时政府以来,天津历届政府在路旁巷口陆续安设了许多垃圾箱,平时除督饬清洁夫役对街道勤加打扫,还再三要求住户将垃圾倾倒在垃圾箱内及指定地点,但垃圾倾弃箱外的事情仍时有发生。为改善此种状况,市政府规定从4月15日起废除垃圾箱,改由居民自备贮存垃圾的器具,放在户内近门且易搬取之处,由清洁夫役每日沿路振铃,各户待垃圾车到后自行将垃圾倾倒于车内。②

二是垃圾的运除。为了减少积存,增加运量,市政府采取了下列办法:在各简易待运场安设焚秽炉,以便焚化垃圾;添购运秽汽车,增强运输实力;通过增加运输次数、改善装土设备(即做高台,把在平地上装土改为由上向下装土)、减少卸土时间、增加装土量(如取消车盖,改为用帆布遮盖)来提高运秽汽车的工作效率;填垫河洼;改善运除工具,即把铁

---

① 张子明:《天津市之清道工作》及续,《市政评论》1936年第4卷第4期;张子明:《天津市之清道工作(续)》,《市政评论》1936年第4卷第5期。

②《清除秽物》,《益世报》1935年4月15日第5版。

锹、筲帚等加大。实施了这些措施后,垃圾清运的确加快了很多。如汽车的车盖改为帆布,并改善了卸土设备后,运量从16吨上升到30多吨。由于津市居民大多以柴草为燃料,秽土中可燃物很多,政府还制备了若干小型焚秽炉,每具仅花费6元多,而每日焚烧可相当于载土2吨,由此节省了运力。

政府还通过招人运除可利用秽土的方式缓解运输压力,按土质优劣和地点远近收费。对于私有地基上有碍卫生的秽土,政府先限期让地主自行清除,逾期还没有清除的由政府代劳。如果采取了招运的方式,所收之款由地主收领;如果政府清除的是不能招运的无用秽土,费用则由地主自行承担。

三是整顿待运场。由于天津市的垃圾产量超过了运输量,人烟稠密的地区又未必有废河洼地可以用来填埋垃圾,所以市政府分别在五大区指定了14个秽土待运场,规定秽土只能倾倒在这些地方,同时也逐渐整顿地址不适宜的旧有待运场。

清道计划从4月开始实施,到6月底结束。经过3个月的集中治理,共运除旧存秽土13100多吨,原来的一些秽土待运场已经取消或缩小规模,许多臭水沟也逐渐填平,不再像以前一样污秽不洁。可以说,天津市卫生科成立后对清道工作的锐意整顿取得了一定成效。[①]

20世纪30年代,北京、上海等大城市也开展了规模较大的清道整理工作,如1933年上海市卫生局开展了历时5个月的清道活动。[②]这些城市在清道事务中都遭遇了相同的困难,如经费支绌、人手不足、器具残破、运力有限等。以经费为例,上海公共租界的清道费用年达60余万元,华界清道工作的障碍倍于租界,经费却不及其1/4。天津的清道费每月也仅有7000多元。有限的经费使政府无力添置垃圾车、洒水车或雇用更多人手。市区道路崎岖狭窄、以石子路居多的情况也给清扫工作造成了阻碍,可见

---

① 张子明:《天津市之清道工作(续)》,《市政评论》1936年第4卷第5期。

② 马育骐:《整理上海市清道状况报告》,《卫生月刊》1934年第4卷第3期;江世澄:《上海市卫生局办理清道之困难及整理之经过情形》,《卫生月刊》1934年第4卷第3期。

清道事宜还需要良好路政的支持。然而最关键的因素或许是民众的卫生习惯,例如这些城市都存在着市民不按时倾倒垃圾,并随意将垃圾弃于箱外的现象,以致卫生当局不得不废止公共垃圾箱,改为住户自备储具,由夫役摇铃上门收取。如何重塑人民的卫生意识,这是民国时期城市清道工作均必须面对的根本问题。

李廷安曾对南京、北平、天津、上海及上海公共租界等7个重要地方的卫生经费数额及用途分配进行调查。结果显示,平均51.8%的卫生经费用于环境卫生,即清道、其他清洁、肉品及食物检查等3项。每个城市都将大笔经费注入清道工作,如天津的环境卫生经费总额为19.742万元,其中清道费为10.4388万元,占总数的55.1%;上海的环境卫生经费为27.3万元,清道费为15万元。[①]叶嘉炽也指出,在特殊的经费配置的支持下,南京、上海(尤其是公共租界)、北平、天津、青岛和广州这些大城市的清道和垃圾清除工作系统地开展了起来。1934年,广州将卫生预算总额的大约一半用于这类活动。[②]因此清道可谓是当时环境卫生管理的重心。

张大庆分析了20世纪30年代我国都市环境卫生费为何远远高于防疫费和保健费,认为主要原因在于卫生经费总量太少,以致行政当局不得不侧重于最基础的清洁工作,而且清道效果如何最容易表现出来,直接影响政府的声誉。而疾病预防、卫生保健难收立竿见影之效,于是退居次要地位。这从一个侧面反映了我国近代卫生事业尚处于萌芽时期。[③]其实除此之外还应看到,在当时城市污秽丛生、基本的卫生条件尚未达到的情形之下,侧重环境卫生的改善恐怕也自有其必要性与合理性。

---

① 李廷安:《我国重要都市卫生经费之研究》,《中华医学杂志》1935年第21卷第1期。

② Ka-che Yip, *Health and National Reconstruction in Nationalist China: The Development of Modern Health Services, 1928–1937* (Ann Arbor, Mich.: Association for Asian Studies, Inc., 1995), p.105.

③ 张大庆:《中国近代疾病社会史(1912—1937)》,山东教育出版社2006年版,第124页。

## 二、公厕:便溺行为的重塑

厕所是人类文明的产物,也是社会发展的标志,就连厕所这个称呼本身也散发着浓浓的时代气息。[1]厕所提供了一个观察社会变迁和民众日常生活情况的有趣的视角,因此下文将以公共厕所为主题,着重探察其在天津出现、发展的历史,市政府如何通过公厕的修建来改善城市的环境卫生与人们的如厕习惯、卫生观念以及公厕的经营方式等。

首先,如厕陋习及其变迁。

私密如便溺行为,也有一段从不文明向文明演进的历史。清代天津城内似乎缺少公共厕所,人们习惯于随地释放腹中包袱。清人唐尊恒的一首《竹枝词》刻画了人们在臭气扑鼻、粪便绊脚的天津城穿行时的狼狈状:"水波混浊是城河,惹得行人掩鼻过。更有矢遗满街路,须防鞋上踏来多。"[2]当时除了租界明令禁止道旁便溺,[3]中国城区似乎并没有采取有力措施加以干预,城市环境的污秽不洁可以想见。

脏乱的局面在联军占据天津城后有所改观:"津郡内外街道均归外国分段管辖,不准沿街大小便溺已有年余。"[4]临时政府还配置专门的监管人员——卫生巡捕,由卫生巡捕督察并惩处包括随地大小便在内的不卫生行为。清末创办近代警政,维护地方清洁被确定为巡警的职责,天津的《巡警条规》即规定:"凡遇通衢大道、小街僻巷各处路口及贮水池等处不许大小便、倒溺器及倾弃灰渣秽物,以防疫疠,违者拘罚。"[5]后又规定,"于道路或公共处所便溺者"以"妨害卫生"之罪目处以五元以下罚金。[6]

---

① 周连春:《雪隐寻踪——厕所的历史 经济 风俗》,安徽人民出版社2005年版,第3页。

② 张焘:《津门杂记》卷下,第115页。

③ 张焘:《津门杂记》卷下,第122页。

④ 储仁逊撰,天津图书馆整理:《闻见录》4,国家图书馆出版社2016年版,第318页。

⑤《巡警条规》,《大公报》1902年8月23日第2版。

⑥《违警罚法》,《大公报》1915年11月13日第7版。

巡捕或警察的强力取缔带来了随地方便陋习的改变。20世纪初日本人在天津调查后指出:"警察禁止在路上大小便,严格取缔污物,在路旁撒尿等陋习几乎绝迹。"①不过,从传统的行为习惯和卫生意识向现代迈进仍需一个过程:"在小胡同或狭窄道路里,那些不惹人注目的地方,仍然可以看到屎尿、尘埃散乱的景象,只是不像从前那样严重罢了。"②直到20世纪30年代仍有市民反映:"华界有些比较偏僻所在,随处都是厕所,墙角都置溺桶,不论天热天冷,人皆掩鼻而过之。"③然而无论如何,随着政府将城市环境清洁卫生事务纳入行政范围,散漫随意的如厕陋习已逐渐改变,至少排泄行为与排泄场所主要集中在了僻静路段,而不是随时随地。这一改变同时也意味着民众公共观念的逐步形成。

除了在户外,人们自然也要在家中解决部分甚至大部分便溺问题,尤其是对很少走出家门的女性而言。关于城市居民在家如何方便,我们可以借助零星的记录或研究推测其情形。如日本人记述:"在中等以上的居民的住宅内设有厕所,尿槽通常设在屋外的一角,用大壶或木桶充当。尿水积满以后,由家仆、人夫等放弃在街上或倒入地沟。"④罗芙芸也指出,直到1928年,在天津日租界4000户家庭中,只有800户安装了抽水马桶,在这800户中,有100户仍需要掏粪夫服务,因为许多中国妇女仍有使用尿壶的习惯。⑤一般的"下级市民",几乎每家都置脏水桶一具于住室外或门外,"举凡日常用过脏水及小便等等,尽储于桶中,每隔一日由挑水夫担任倾倒一次"。可见当时天津市民通常使用原始、简陋的尿壶或尿桶作为在户内方便的用具,而且并不天天清理,致使"一般贫民住处,恶嗅难闻,夏季苍蝇纷飞,甚至蛆虫四抓"⑥。

① [日]中国驻屯军司令部编,侯振彤译:《二十世纪初的天津概况》,第23页。

② [日]中国驻屯军司令部编,侯振彤译:《二十世纪初的天津概况》,第323页。

③《市民都该负责》,《大公报》1931年1月19日第7版。

④ [日]中国驻屯军司令部编,侯振彤译:《二十世纪初的天津概况》,第330页。

⑤ [美]罗芙芸著,作舟译:《卫生与城市现代性:1900—1928年的天津》,《城市史研究》第15—16辑,天津社会科学出版社1998年版,第169页。

⑥ 柴立夫:《津市公共卫生之我见》,《中国卫生杂志》1929年第7期。

对于冲击着人们视觉和嗅觉的溺桶及秽水桶,无论租界还是华界都试图将其从日常生活中逐出。例如,法租界的法人巡捕挨户稽查,不准居民在院内放置溺桶,违者提案罚办;[①]华界公安局也下令取缔道旁门首的秽水桶。[②]一方面,当民众缺乏经济能力在便溺问题上使自己显得更为卫生与文明时,这种措施只是隔靴搔痒,且给民众生活造成了不便;另一方面,当大多数天津市民不得不以尿壶溺桶为方便器具时,天津的少数富裕家庭已经享用现代卫生设备。20世纪30年代前后,在天津一些"完全洋派的更现代化的"住宅里,居室布置崇尚欧式生活习惯,房子后部"添设'马桶间'(厕所)、浴室以及汽车间、储藏室等。设备有壁炉、煤气、水电、大小卫生(有抽水马桶、浴缸、洗脸盆三件套的,俗称'大卫生';无浴缸或只有抽水马桶的则称'小卫生')"[③]。在建设卫生现代性的过程中,天津城市居民的如厕习惯产生了不同程度的变迁,经济水平的参差不同则使现代的抽水马桶与传统的尿壶尿桶新旧并存。

其次,公厕的兴建与整顿。

随地大小便陋习的改变除了依靠法令的推行,也有赖于公共厕所的兴建。由政府出资大规模地在天津城内建造公共厕所应始于临时政府统治时期。光绪二十七年(1901)4月,临时政府决定在天津建造约120个公共厕所,最后中国商人卓连福在招标会上以每个厕所5.5元的标价中标。[④]这些官修公共厕所通常被称为"官厕",其出现对普通人民来说是件大事,引起了不同反应,有人要求将官厕移走,也有人申请起盖官厕。[⑤]

临时政府修建公共厕所有改变中国民众卫生习惯的意图。虽然没有

① 《禁令森严》,《大公报》1902年6月29日第2版。

② 《逐臭》,《大公报》1929年7月3日第9版。

③ 仲富兰主编:《图说中国百年社会生活变迁(1840—1949)——服饰·饮食·民居》,学林出版社2001年版,第212页。

④ 刘海岩总校订,汪寿松等编校,倪瑞英等译:《八国联军占领实录——天津临时政府会议纪要》,第269—270页。

⑤ 《都署批示汇录》,《大公报》1902年6月30日第2版。

证据表明官厕的兴建很快减少了天津的随地大小便行为,[①]但可以肯定它们的出现为天津城的卫生基础设施增添了新内容。更重要的是,临时政府此举起了垂范作用。继其之后,新政时期的天津卫生总局也在城内外建造了27座公共厕所,[②]这些官厕"或在旧时有厕之地重新起盖,或在僻静之处另行添盖。盖法以砖砌墙,铅顶作盖,厕内尿沟粪坑皆以洋灰修造"[③]。官厕成为由官方明确指定的排泄地点,"随处污秽"的行为被进一步约束。[④]卫生局将所有官厕出租给可靠粪户,厕所中的粪便归租户售卖。租户应每日出粪,随时运至土墙以外,不可随处晾晒。卫生局还要求租户随时打扫厕所,每日早晚无人时用净水洗刷厕内沟渠,卫生局则随时派人洒药灰和臭油。卫生局又禁止个人私造公共厕所,因为在其看来,私厕将使随处便溺行为继续存在,"致与卫生有碍"[⑤]。这充分表明了卫生局试图通过兴修公厕来规范民众的方便旧习。

这些官私厕所起初隶属于北洋防疫处,后又归属工务局。卫生局成立后,决定从1931年1月起接手厕所管理及厕租的征收。[⑥]管辖权的转变意味着厕所的公共卫生意义进一步增强。迨至20世纪20年代末,天津市五大区的公厕已达349个,计东区48个、西区89个、中区63个、南区61个、北区88个。[⑦]到1934年,除三特区外,全市公厕又增至361个。[⑧]

公共厕所的设立为人们文明"方便"打开了方便之门。当时曾有人模

---

① 事实上,较早研究天津公共卫生问题的罗芙芸(Ruth Rogaski)认为,这些官厕从未完全解决天津城的公共排泄问题,因其收费制度对于天津的赤贫者而言简直毫无意义。参见Ruth Rogaski, *Hygienic Modernity: Meaning of Health and Disease in Treaty-Port China* (Berkeley: University of California Press, 2004), p.177。

② [日]中国驻屯军司令部编,侯振彤译:《二十世纪初的天津概况》,第323页。不过,在该书第23页又称共建立了"五十个公共厕所及七十五个垃圾站",前后两歧。

③《天津卫生总局现行章程·官厕》,1902年颁行,第23页。

④《卫生局示》,《大公报》1902年8月22日第2版。

⑤《天津卫生总局现行章程·官厕》,第23页。

⑥《官私厕所》,《益世报》1930年12月12日第6版。

⑦ 王绍文:《天津市卫生建设之我见》,《天津特别市卫生局月刊》1929年第1卷第2期。不过同年3月15日的《益世报》则报道说,全市除三特区外有公厕294处。

⑧ 附表《天津市公共厕所调查统计表》,《天津市政府公报》1934年第11期。

仿《阿房宫赋》,用诙谐的笔调记录如厕见闻及感想,赋中这样描写厕所的构造和厕内的热闹场面:"下气泄,肛门凸,寻公厕,大便出。直奔街头巷尾,墙边路侧。茅茨结构而曲折,埋置深坑,烂板片片,支架桥梁,一步之楼,叮咚之阁……嘈嘈杂杂,不知其几许人也。或蹲或坐,亦安亦逸,觉此间乐而忘返焉。有不得位者立等补缺,张三之乍起,李四抢先登,王五仍呆立。几去几来,络绎不绝。"有趣的是,公共厕所也成为一些劳动者借登东之名行偷懒之实的场所,使公厕又多了一种社会功能:"裁缝瓦匠,学徒工役,借端歇息,偷懒来此。呼朋引类,三五成群,笑语浪翻,臭攀谈也。白云扰扰,吸香烟也……"[1]可以说,公共厕所在日常生活中的重要性已逐渐凸显。

公厕的洁净程度反映城市的文明程度和人们卫生意识的高低。资料显示,津市公厕的卫生状况一直不佳。在津调查的日本人一方面肯定天津随地解手现象的减少是一种"显著的成绩";另一方面也指出:"如果到公共厕所里一看,其杂乱不卫生的程度,几乎不能靠近。"[2]《登坑赋》也描述了公厕的肮脏不洁:"苍蝇乱飞,其声嗡嗡,蛆虫团聚,其动蠕蠕。六月之内,三伏之间,而臭秽无比。"继新政时期天津卫生总局将官厕纳入公共卫生行政,1931年,天津市政府也制定规章,着手建设新式公厕,并对全市公厕实行管理。根据规定,全市原有公厕应另行编订号数,以便依次改筑,新式公厕选址以不妨碍交通为原则,其图式另定。此外,政府也允许个人出资于公厕原址或适宜处建筑新厕,并在厕租上给予出资者一定优惠。这一做法的出发点应是缓解政府资金的不足。不过,如果出资人不愿承租厕所,该厕所即收归政府公办。厕所粪便应每日扫除两次,以早晨6时以前和晚上10时为限;厕所由专人负责看守,每日及时将粪便存入蓄粪坑内,以便装运;厕所内粪坑粪缸每日至少冲洗一次,并随时涂抹臭油或铺撒石灰;每日淘洗尿池一次且常洒石灰;等等。为方便查考,厕所砖

---

① 《登坑赋》(仿《阿房宫赋》),《大公报》1914年7月16日第13版。

② [日]中国驻屯军司令部编,侯振彤译:《二十世纪初的天津概况》,第323页。

227

墙还应钉木牌一块，书明厕所的号数。①然而，尽管这些规章制度显示了政府改变全市公厕面貌的决心，实际却只能对原有公厕进行有限的整顿，至于建造新式公厕，至1934年仍未能实行。②

张廷谔出任天津市市长期间，再次决定对全市500多座公厕进行整顿。市政当局首先拨款在市区有必要的地方建造20多所新式公厕，另由厕夫改建30多所，又拆除了地址不宜的30多所。后又规定不需要之处或地址不合适的旧有公厕一律拆除；旧公厕如果地址适宜而又确实为附近地区所需要，由管理厕夫加以改善。③数月的整顿取得了良好效果，旧有不良公厕逐渐消灭，现有者焕然一新。④当然，公厕的改造也非一帆风顺，或许因为要增加成本，许多厕夫并不愿按规定改善。对这些厕所，市政府勒令拆除或招人改建。此次整顿促进了天津市公共厕所布局的合理化及内部设施的改善。不过由政府修建的公厕仍然不多，只能由私人建造的公厕弥补不足。从新政时期开始政府即有意限制私有公厕的发展，但最后实际上这类厕所一直在全市公厕中占很大比重。⑤

在天津先后兴建的公共厕所中，女厕的数目是个未知数。蒋逸霄在对天津职业妇女进行调查时，也采访了看管厕所的妇人。她指出，天津"比较上等一些"的饭馆、电影院和游乐场都另外为女客设立了厕所，并且有专人在里面看管，"所以看管厕所，在天津也算一种很普通的妇女职业"⑥。女厕的专门设立和数目增多，既说明都市公共卫生事业已发展到一定程度，也反映了男权社会对女性身体控制的些许松动。走向社会的

---

① 《法规·修筑新式公厕办法》及《管理厕所暂行规则》，《天津市政公报》1931年第32期。

② 仲：《近年来天津市卫生行政概况(二)》，《益世报》1934年7月24日第11版。

③ 《全市旧式公厕共五百处》，《益世报》1935年8月4日第5版。

④ 《整饬公厕》，《益世报》1935年10月28日第5版。

⑤ 据天津市某区环卫局退休职工金裕钊所言，1949年天津市区共有公共厕所546座，其中由卫生局直接管理的公建公厕只有26座，其余均系由私粪商搭建、管理。这些私建公厕大都简陋异常，其中无顶的占80%，全顶或半顶的只占20%；地面用砖砌的占62%，土地面的占38%，便池用砖砌或土坑的占68%，只有32%用钢和水泥抹砌。见金裕钊：《粪业与掏灰》，政协天津市河东区委员会文史资料委员会编印：《天津市河东区文史资料》第十一辑，1999年印，第135页。

⑥ 蒋逸霄：《津市的职业妇女生活(卅五续)》，《大公报》1930年4月28日第9版。

女性的增多促进了女厕的设立,而女厕的设立又为女性走出家门从事社会活动提供了一定保障,甚至为一些底层妇女提供了就业机会。

在天津市公共厕所的发展中,我们也看到厕所附近商民与厕主因厕所的存废而产生纠纷。如民人屈恩普在市区某处建有私厕一所,因其正位于商号庆生源门前,臭气熏鼻,而引起了沿河一带庆生源、开泰祥、合记等13家商铺的反对,联名请求天津总商会和工务局、卫生局及市政府交涉,拆除该私厕。他们的理由是屈姓私厕建造在已为这十三家商号合买的私产上,侵犯了他们的产权;此外,离此厕数十步之远另有厕所一座,足供公共之用,屈氏私厕实无设立的必要。面对取缔呼声,厕主屈恩普辩解说其厕所处于人烟稠密之区,地点适当,如果取消,附近人民将无处便溺。经过多次调解后,这场纠纷最终以屈姓私厕移往他处而告终。该事件中值得注意的一点是,围绕着一座厕所的拆与不拆,双方均以"公共卫生"或"公共利益"为理由,要求拆除的一方固然指责该厕所"实与公共卫生诸多妨害",认为理应保留的一方也诘问,"据伊等禀称有碍卫生,但不知有碍伊等之卫生,系有碍公共之卫生? 若以公共论……就近便溺不下数千,该厕实属有益大多数之公共利益"[1]。这些说辞表明,至少人们在表面上已不仅视公厕为收集、出售粪便以牟利的处所,而进一步认同其维护公共卫生与公共利益的功能,这显示了民众卫生知识的增进和公共观念的形成,尽管与此同时仍难免在行为上背道而驰。

再者,公厕的承包经营。

20世纪一二十年代,天津市政当局将官厕出租并向租户征收"官厕租",使官厕租和地租、广告牌坊费等一样成为天津市的各种税捐之一。官厕租户每月纳捐1次,每厕纳捐自3角至14元不等。每年政府可得官厕租洋8000多元,如1927年共收洋8400元,1928年收洋8200元。[2]20世纪

---

① 《为取缔东浮桥下曲姓私厕及积水井事致天津总商会的请议书》(1929年7月18日;"曲"应为"屈"之误),天津市档案馆藏,J0128-3-006318-001。此外,1929年8月13、14、18日的《益世报》对此事件亦有报道。

② 《津市各项税捐调查(一)》,《益世报》1930年3月29日第14版。

30年代初,市政府还明令禁止租户私下转让承包权,以免承租人更易会有碍卫生当局的考查,规定这类情况一经发现即取消其承租权。至于厕租,改为分四等征收,特等每月10元、甲等5元、乙等3元、丙等1元,租值的估算以区域的繁华程度为标准,拖欠3个月以上即停止其营业。[①]

有利可图的"厕所经济"吸引着人们厕身其中,许多人甚至承包了多处厕所,如贾福庭承租了7个,马振声、王恩贵、孟广泰等租了3～4个。他们的厕租均为每月1元,估计这些厕所位于不太热闹的地段,而且比较简陋,因为这些厕所均为"无顶",即没有屋顶。厕户萧景山承包了一区五所的鸟市第12号和三区一所的肉市第5号厕所,"官地有顶",月租分别为2元和3元,看来这两个厕所条件稍好。公厕的土地权则可分为官地、民地和租地等3种。[②]总体上看,天津市的公共厕所自临时政府以来,基本采取了以不同价格出租给个人经营的方式,并且禁止租户再转手承包,以避免对承包者不易查考的流弊。不过,厕户承包了公厕后是否也如临时政府时期向来者收取如厕费用,从现有史料中尚不能找到答案,蒋逸霄对看厕妇人的采访倒使我们得以了解女厕运营情况的一个侧面。

蒋逸霄调查的是看管劝业场四楼女厕的妇人。据其描述,该厕门上写着"女厕所"三字,推门进去里面共有两间,一间是厕所,一间是休憩室。看厕妇人原籍山东济南府,早年和丈夫一起来天津,丈夫去世后,她为了养活3个孩子而不得不出来谋生。该女厕系其向场主承租,每月租金20元,再加上家具租金3元,合计共23元,约为8毛钱1天。和六楼共和厅10元的厕所租金相比,这笔租金可谓不低。那么承包厕所的收入来自哪里呢?蒋的观察和妇人的自述表明,收入来自如厕客人给的小费。这使得该妇人的进款高低不稳,最好时1个月可以收50多元,星期六、星期日可以收两块多钱,平时收几毛或1块多不等。就在两人交谈的过程中,蒋逸霄也发现,上厕所的女客除了极少数阔太太和阔小姐以外,很少有人给1

① 《法规·管理厕所暂行规则》,《天津市政公报》1931年第32期。
② 《捐务类26号附件(李成和等承租粪场厕所情况)》(1937年11月1日),天津市档案馆藏,J0055-1-000252。

毛钱以上的小费,普遍只给几个大子,甚至有些贫家妇女进去解完手后就一文不给地离开了,看厕妇人向其追讨时就搪塞说身上一个铜子都没带,而该妇人也无可奈何。

劝业场女厕看守人的例子体现了游乐场等娱乐场所公共厕所的经营方式。不过,更多公厕承租人的生财之道是向农村出售厕所内积贮的粪便,如上文中的马振声、贾福庭等人就同时开办晒粪厂,场中至少有部分粪便应该来自他们承包的厕所。关于粪便的处置,将是下一节所要处理的议题之一。

### 三、改良与因循:粪便和秽水处置

首先,粪秽处置与水粪两业。

自从人类发现自己的排泄物可以用作肥料后,人粪即成为一种重要物品,甚至是重要商品。在京津地区,由于天气干燥少雨,耕地以旱田为主,粪便要晒干后才能施用,不像南方可以直接浇洒。日本人便曾经这样描述 20 世纪初天津的"除秽法":"尿水积满以后,由家仆、人夫等放弃在街上或倒入地沟。粪便则集中起来,从事肥料的制造,把它们运到城外(特别是南门外),暴露在日光之下,做成粉末。"[1]到住户和商铺收集、拉运粪便者俗称"粪夫",集中晾晒并发售粪便的场所为粪场或粪厂。两地的粪业由民间自发形成,至民国时期已相沿数百年之久。

《大公报》特约记者菁如女士在调查后报道说,北平的粪夫都来自乡间,因为贫穷才逃到城市选择了清除厕所的职业。不是每个粪夫都有能力设立粪厂,因此也就发生了剥削关系。有一小部分粪厂主人自己完全不做工,只让伙计去拾粪,自己坐地收买,然后卖给乡下农民。有些厂主自己也做工。被雇佣的伙计,每月工资至多不过 10 元,没有被雇佣的粪夫,只将每日所拾得的粪便以很低的价格卖给厂主。[2]为北京住户和铺户

---

① [日]中国驻屯军司令部编,侯振彤译:《二十世纪初的天津概况》,第 330 页。
② 菁如:《北平粪夫的生活》,《大公报》1933 年 5 月 17、18 日第 13 版。

淘粪的皆为山东人，"因日久年深，各有道路界限，居然与自己产业无异，他人不得越界来淘，有之则为偷粪，相遇则必互相斗殴"①。粪厂在长期经营中形成了不容他人染指、形同私产的所谓"粪道"。天津粪业的情形与北京相差无几，具体说，天津收集粪便的方法有两种：一是从公厕或机关、单位、学校等的厕所中淘粪，二是到居民院内搕灰。所谓"搕灰"是指由粪夫肩挎长柄粪箕，将居民户厕中的粪便清除运走。由于居民户厕的便溺器具多为木质便桶，桶底和便后要铺垫上一些燃烧后的柴火灰或煤球灰，人工清理粪便时提起便桶将灰和粪搕倒进粪箕中，为避免提及"粪"字，故俗称"搕灰"。粪商可分为3类：一是粪霸，他们霸占部分公厕和粪道，即公厕以外的粪源如工厂、学校和居民的户厕等，垄断粪价，把持粪业公会，称霸一方；二是一般粪商，也占有部分粪道及公厕，雇工剥削；三是个体劳动者，占有少量粪道与公厕，本人亲自淘粪和晒粪。粪商通过5种手段占有粪道："包"，即投标承包（实则也需花钱活动）；"买"，即置为私产，辈辈相传，可租可卖；"建"，遇有新建房产即给人修建厕所或设置便桶，或者自己选择合适地点建造公厕；"占"，即借助地痞或官府的势力，将粪道据为己有；"租"，即从占有粪道和公厕者手中租赁经营。私粪商均立有字号，如宝记号、东联号、富兴成、玉永丰粪厂等。凡属私粪商个人占有的粪道和公厕，即同于私产，可任意出租、售卖或传给子孙。有的私粪商嫁女，甚至将粪道作为嫁妆陪送。和北京一样，天津私粪商雇佣的淘粪、搕灰工人也多为从山东农村逃荒到天津的谋生者，私粪商一般只管其吃住而不给工钱。②

在抽水马桶、下水道和化粪池等现代卫生设施未普遍应用之前，这种在传统社会自发形成、完全依靠人工的城市粪便处理模式在一定程度上有利于保持城市清洁。同时，由于粪业涉足其间是以营利为目的，而不是以维护城市环境卫生为己任，官方对此也缺乏必要的介入，因此这一模式

---

① 齐如山：《故都三百六十行》，书目文献出版社1993年版，第92—93页。

② 金裕钊：《粪业与搕灰》，政协天津市河东区委员会文史资料委员会编印：《天津市河东区文史资料》第十一辑，第132—133页。

也对城市卫生和市政管理产生了不良影响。

首先,清末天津城内已有多处粪厂,它们与民居交错杂处,天气炎热时粪厂气味熏蒸,使天津成为一座恶臭弥漫的城市,影响着公众健康和城市形象。其次,粪夫归粪商管辖,享有一定区域内的粪便处理独占权,兼以缺乏卫生观念和自律意识,怠工、婪索等劣行时有发生。如特别二区的粪夫甚至每月向住户讹索七八角之多;[①]粪夫本应每日为住户和商铺倒粪,但阴天或下雨天即故意不按时上门,即便将其找来,也是任意勒索钱文,而且天越热越乘机讹人。粪夫还常于日中拉着粪车穿行于小胡同,一路臭气熏鼻。[②]此外,一些粪厂主还把持粪便处置业务,不容许其易手。例如,庆兴号米局曾应粪厂主刘环刘大头的请求将店内的人粪和牲口粪便归其粪厂收集,多年来相安无事。后来由于该商号购买了数十亩稻田,鉴于粪便太贵购买不易,故而知照刘环不再由其处理店内粪便,改为留作自用。刘环表面应允,却在某日亲率10余人到商号砸东西并打人。[③]

为市民清除生活废弃物的还有另一个行业,即水业。前已提及,天津市民多将用过的脏水和小便等存储于桶内,有地沟处就将这些秽水倒入地沟,更多时候则是随地泼洒。随意倾倒秽水在当时是一种普遍现象,如市民王长泗于某晚1点往路上倾倒秽水时被警察发现,就被带到区里查办;车夫刘恩荣于晚上5点在马路上大泼秽水,被卫生警察看见后也带回警所罚办。[④]

处理秽水的另一条途径是由秽水夫上门用秽水车或担子挑走倒运。或许因为秽水不像粪便那样具有利用价值,秽水夫收集了秽水后一般直接倒在河里,甚至是市内的大小水坑或某些偏僻小巷中。秽水夫通常由住户和商铺出资自觅,历时一久,秽水夫也像粪夫一样怠惰骄横,索要额外钱财,并且垄断了特定范围内的秽水收集业务。许多天津居民饮用的

① 《禁止粪夫需索》,《益世报》1929年2月7日第12版。

② 《粪阀》,《益世报》1927年7月4日第17版。

③ 《庆兴控粪夫刘环逞凶》(1915年),天津市档案馆藏,J0128-5-003905。

④ 《泼秽水》,《大公报》1929年7月20日第9版。

净水和废弃的秽水,一须挑入,一须挑出,一进一出都要依靠挑水夫。20世纪20年代中后期,送饮用水上门的价格从铜元4枚上涨到6枚、8枚,1927年夏又增至10枚,而挑出秽水的费用又较净水加倍,因为水夫们认为天气过于炎热,出卖苦力不得不索要相当的补偿。①《益世报》副刊讲述了这样一个故事:居民王二爷因不满挑水夫康三经常要钱却懒于倒水,与其口角后央求另一名水夫井老大为其挑走秽水桶,不料正好遇到康三。康三指责井老大破坏"行规",影响其"饭路",后者则回敬说,自己不倒又不许别人倒是"不说理",二人一言不合,顿时打得不可开交。最后,人们感叹"连臭挑水的"都成了"阀",而这两个水夫又"各约了各自所成的'阀'打群架去了"②。

无须否认,秽水夫和粪夫确有倚恃其行业的特殊性而骄横无礼的一面,但媒体和普通市民对于这些底层民众的评说是否尽为持平之论呢?其不端行为背后是否别有原因需要我们再思呢? 毫无疑问,尽管粪夫和秽水夫通过自身劳动维护了城市基本的环境卫生,为市民生活提供了方便,但其社会地位却非常低下。因为常年与粪便打交道,粪夫身上也沾染了臭气,北平的粪夫自我解嘲说,他们无论走到何处,人们总是尽先让路。③貌似幽默的语言道出了这一底层群体为社会所排斥和嫌弃的辛酸无奈。上文中天津的秽水夫也被人们蔑称为"臭挑水的"。王笛在其著作中认为,成都的一些妓女着奇装异服、沿街笑骂,是对鄙视她们的社会进行反抗的一种方式,是用她们有限的能量和资源作为工具,来宣称她们对公共空间的权利;轿夫也用他们的行为方式间接地抗议他们受到的压迫,从而产生出一种"街头政治"。④我们也能从天津粪夫和秽水夫的行为中看见相似的"日常抵抗":当媒体以"灭却威风"为标题表示对政府限制粪

---

① 《商民请禁挑水夫任意加价》,《大公报》1927年8月7日第7版。

② 禹平:《水阀》,《益世报》1930年9月26日第11版。

③ 菁如:《北平粪夫的生活》,《大公报》1933年5月18日第13版。

④ 王笛著,李德英等译:《街头文化——成都公共空间、下层民众与地方政治,1870—1930》,中国人民大学出版社2006版,第269—270、275—276页。

车秽水车通行的支持,粪夫和秽水夫随意运载秽物所要炫示的却未必是自己的"威风",而是提醒世人他们的存在,是抗议社会对他们的漠视和歧视。粪夫与秽水夫的额外需索,也未必尽因其本性贪婪,而多少与生活贫困有关,环卫工人金裕钊即曾回忆道,粪夫因受粪商的残酷剥削,为生活计而多有讨要行为,如收居民的节礼、剃头钱和洗澡钱,等等。[1]社会精英和普通市民的抱怨呈现了一些事实,但也屏蔽了一些事实,只有从多个角度观照问题,我们才能获得更全面的认识。

其次,粪秽处置的改良与因循。

在租界之外的天津城区,由于卫生基础设施落后,居民生活中持续产生的污水和粪便,主要仰仗民间的水粪两业人工清除。1936年天津市共有厕户(俗称粪头)390家,粪夫898名,秽水夫591名。[2]水粪业在保持城市环境卫生方面起了一定作用,但也存在不少弊端。天津市卫生当局对秽水和粪便处理体系采取了一些改良措施,包括调整粪厂地点、约束粪夫、改善运输工具等。也有不少商人向市政府申请成立清洁公司,试图统一承办全市的秽水和粪便,但均因水粪两业的竭力反对而不果。

居民对于毗邻的粪厂,常以其妨碍卫生而请求当局饬令迁移。[3]而在粪厂主一方,迁移粪厂也有诸多棘手之处。例如,市政府曾限令距铁道不远的刘庄粪厂在一周内一律移净。作为肥料业同业公会会员,这些粪厂通过同业公会要求天津商会向市政府请求通融。其理由:一是赁地无着,无处可迁;二是如果粪厂搬至距市区稍远处,因为市定粪车通行时间为7时前后,否则即被阻,路途遥远将使往返发生困难,且多数粪厂为各机关厕所服务,如此一来将直接影响淘粪工作,间接地也使各厕所难合卫

---

① 金裕钊:《粪业与搕灰》,政协天津市河东区委员会文史资料委员会编印:《天津市河东区文史资料》第十一辑,第133页。

②《改善清洁事业》,《益世报》1936年11月26日第5版。

③《驱逐粪厂》,《益世报》1925年4月5日第11版;《卫生局取缔晒粪厂》,《益世报》1929年4月30日第11版。

生。①考虑到其时粪便运输不便,粪厂的理由恐怕也道出了几分实情。从这一事件可以看出,随着政府权力向粪业延伸和民众公共卫生意识的增强,粪业这一类在日常生活中承担着重要功能却与卫生现代性相抵触的传统行业,其处境也在发生变化。

针对粪夫的任意需索,天津市政当局决定先从调查粪夫人数入手,然后分别发给许可证和木牌,以便查究情况。对于粪便和秽水拉运车辆的通行时间,政府规定为早晚两次,不准在规定时间之外拉运。②木质秽水车制作粗糙,且多有渗漏,为此又订制新式秽水铁车200辆,各区原有水夫可免费自由领用。③水夫领车后会获得一个与水车号数相符的号码,以便识别。领用新式水车的水夫倒秽水可以不受时间限制,但应每日倾倒,并不得趁机增加费用。④

也有不少人试图承包全市的粪秽处理业务。例如,1931年先后有市民汪耀宗、步啸埜、杨紫庭等人以每年报效政府14万元的条件,申请成立清洁合作社或清洁公所,包办市内的水粪清理等事宜。但是,由于承包制难免影响水粪业工人的生计,结果都遭到了两业的强烈抵制。汪耀宗等提出成立清洁合作社后,水业清洁工会组织了400多人的队伍游行,沿途高呼口号,最后抵达市党部,由代表呈递请愿书,请求取消清洁合作社之议。代表们认为,成立清洁合作社将使水业无法生存。⑤在水业清洁工会的压力下,市政府没有批准清洁合作社的成立。

1937年2月,风传市民周子清、杨清宇等人准备联合设立天津市地方清洁所,这一传言再度引起粪业的恐慌和愤怒。粪业代表韦得玉、张殿顺等13人向市政府提出反对意见,认为"现有之粪夫,皆系各守区域,子孙相

①《为刘庄粪场突令迁址事致天津市商会的函》(1935年5月17日),天津市档案馆藏,J0128-3-007236。

②《粪车水车 规定拉运时间》,《益世报》1929年6月22日第12版。

③《警厅注意公众卫生》,《大公报》1928年3月19日第7版。

④《警厅布告领用水车手续》,《大公报》1928年4月1日第7版。

⑤《水业请愿》,《益世报》1931年2月14日第6版。

沿为业",如果该清洁所成立,不啻"以一手扼尽全市粪夫之咽喉"①。后市政府派人调查,发现并"无有此事",遂不了了之。②

综观整个20世纪30年代,屡有市民申请成立清洁公司或事务所,以获取粪秽处理业务的专营权。虽然承包者表示拟"将原有秽水夫粪夫尽量容纳合作",但水粪两业认为粪秽专营势必危及两业数千人的生计。为了保护自身权益,水粪业往往利用行业工会的力量掀起反对声浪,使得粪秽的统一承包经营一直未能实现。观此情形,官方也不得不承认"双方殊无合作之可能"。而人民认为由公司承办将按月收费,会增加负担,似乎也更愿意维持现状。③统一包办的方式也遭到了媒体的质疑。1937年初又有人打算成立清洁合作社,包揽全市秽水的运输时,《益世报》不无怀疑地报道说:"据说他们接办过去,要比现在清洁,比现在有秩序。事实如何尚难预料,不过有多少劳苦工人要因此失业,而且将来合作社既享有专利,要是提高运送费,这也是值得严重注意的,希望市当局慎重考虑一下。"④不难看出,尽管天津相沿已久的粪秽处置模式存在许多问题,但因为由某个公司统一承办将触动水粪业的利益,由数人独揽也难以摆脱垄断敛钱的嫌疑,因此由商人统一承办的方式未能获得广泛的支持。

天津市政府对粪秽处置模式改革的态度值得注意。为了改变水粪业各占地盘,不利统一管理和环境卫生的局面,也为了增加财政收入,市政府对于由个别商人统一包办水粪业务并非绝不首肯。如步啸埜等人请求组办清洁合作社虽未获批准,但之后市政府也令公安局等着手调查,决定若能不病商害民,并每月给予政府报效,即可允许清洁社成立。⑤卫生局制订的"卫生三年计划"也提出了逐步收回秽水收集业务,并整顿收粪组织的设想。其法为先选择某个区域进行试办,于该区域的清洁队中增设

①《组设"地方清洁所"粪夫具呈反对》,《大公报》1937年2月4日第6版。
②《为调查周子清组织天津清洁所情形致常务委员会签呈》(1937年4月6日),天津市档案馆藏,J0128-3-008998。
③《高文如等呈请设立公司》(1938年7月1日),天津市档案馆藏,J0115-1-000659。
④《清洁合作社》,《益世报》1937年1月10日第5版。
⑤《市自治费即将确定》,《大公报》1931年7月15日第7版。

若干夫役从事秽水收集,并尽量录用原有民夫。之后再向全市推广,酌量增收清洁费,添置秽水车辆和器具,增募夫役并编入清洁队,沿户收集秽水。收粪组织的整顿办法是,将全市划为若干区,每区派1名管理员进行粪夫登记,由政府发给号单、号衣和登记证,对粪夫严加管理。[①]然而,现实因素的羁绊使政府裹足不前,正如1938年又有数人请求承办清洁公司时卫生局局长傅汝勤所言,之前已"迭有人呈请,只以事体重大,顾虑殊多,处理稍一不当,最易引起纠纷,是以历任均未允如"。傅还指出,北京市的粪便事务以前和津市的情形相同,民国初年北京当局即力图改善,折冲20余年,几酿风波,始于1936年告成,而天津市水粪两业的特殊情形使"其改革之困难殆不在京市之下"[②]。或许正因改革困难重重,天津市政府畏难而退,不仅未能如卫生计划所构想的那样将水粪组织纳入政府统制的空间,也无法施行承包制,而只能在水粪处理事宜上因循守旧。

天津市政当局维持了旧时的水粪处理模式,对水粪事务仅作出有限的改良,其原因或可归结为两点:首先,水粪业等传统行业势力较为强大,往往利用工会力量"誓死反对"[③],阻碍了改革的进行;其次,市政府缺乏改革的决心,而这一点或许主要和政府觉得难以协调水粪业、申办者和商民之间的关系有关。1938年再度有人试图成立清洁公司时,卫生当局要求承办人不仅"应先期与原有各粪厂、粪户、秽水业工人及全市粪夫接洽妥协,尽原有粪户及水粪两业人夫全数容纳,勿使一人失业,并须取具原有粪户及水粪两业全体切结",还须"征得市民同意"[④]。这一苛刻的先决条件表明使政府为难退缩的正是来自水粪业和市民的阻挠,市政府设计不出协调三方利益关系的方案,唯有踢皮球似的将难题踢回给承办人。

---

①《卫生三年计划》,《天津市政府公报》1936年第85期。

②《高文如等呈请设立公司》(1938年7月1日),天津市档案馆藏,J0115-1-000659。

③《清洁水业工会誓死反对包办粪水》,《大公报》1931年2月21日第7版。

④《高文如等呈请设立公司》(1938年7月1日),天津市档案馆藏,J0115-1-000659。

# 第十一章　天津与北京的赈灾互动

　　天津位于华北平原的东部,同时亦是卫河、海河、子牙河、大清河、永定河等河入海之处,地势较低,"每遇夏秋之交,水势泛滥而来,下游宣泄不及,即易酿成巨灾"[①]。1939年七八月份连降3次暴雨,各河上流同时暴涨,洪水以不可抵挡之势冲入天津地区,使天津陷入一片汪洋之中。从8月20日南营门三围堤溃决,至10月25日日租界日本桥底面抽水结束,天津市被淹长达两月之久。突如其来的洪水给天津带来了严重的灾害,被灾区域"几占天津全市十分之八,现除河东特二区、义租界、特三区北部、河北、东马路、北马路、北门内、东门内、河北大街、针市街及西头梁家嘴等地尚未为水淹及外,市界内已均成泽园"[②],受灾难民几近百万,受灾损失达六万万元。[③]天津水灾的爆发,亦对北京[④]造成了一定的影响,诸如难民的涌入、京津交通的瘫痪、粮食线路统制及北京商人利用水灾的契机囤积居奇等,对北京市的日常生活产生了一定的影响。同时北京对天津灾情的报道及赈灾的宣传较为突出,北京在天津的救灾过程中亦起到了一定作用。水灾发生后京津的赈灾互动,是区域救灾史上的一个案例。

---

　　① 天津特别市水灾救济委员会、华北救灾委员会天津分会编:《天津特别市水灾救济实录·弁言》,1939年版,第2页。

　　②《天津水灾酿成奇惨局面》,《新民报》1939年8月23日第7版。

　　③《京新协会代表抵津》,《北京晨报》1939年9月18日第5版。

　　④ 北平沦陷后,日伪政权于1937年10月12日将北平改为北京,虽不为国人所承认,但本文为了尊重原始文献及行文之方便,行文中采用"北京"二字,以便读者知晓。

# 一、天津水灾对北京的影响及其应对

北京、天津作为一对姊妹城市,它们之间是相互依存与发展的关系。在历史上,北京作为政治与文化中心,需要依靠天津的特殊地理位置提供充足的粮食;反过来,北京又在一定程度上影响了天津的发展。"天津与北京可以说一直是息息相关生存与共的"①作为一对相互依存的城市,天津任何形式的突发状况,势必对北京产生一定的影响。

1939年天津水灾的发生,不仅对天津造成了严重的创伤,亦对北京产生了较大的影响。水灾发生后,日本天津防卫司令部以"调整天津民食"的名义,限制了天津粮食向北京等地的运输,②同时由于水灾阻断了天津向北京的运输通道,造成了北京粮食等生活用品严重供应不足,如"津市水灾益转严重,水势狂猛,陆路交通因而阻塞,大米、面粉运输无形停顿,致近周来大米、面粉、杂粮均一致狂涨一元至五元之谱"③。此外,"以津市水灾严重,中日商民纷纷来京避难,致大米消耗激增",无疑在另一层面加重了北京市的粮荒局势。根据朝鲜贸易协会北京支部的调查,"全市日商存底能供二十日需用,华商存底可供一月消费,合计不足两月之消费"④。由于天津限制出口、交通瘫痪,北京则人口增多,粮商乘机囤积居奇,北京的粮荒日趋严重,进而导致粮食价格暴涨。关于水灾发生初期北京各种粮食的价格,详见表11-1:

---

① 王玲:《北京与周围城市关系史》,北京燕山出版社1988年版,第118页。
② 《为批卖运京粮食被水阻事致天津市商会的函》(1939年),天津市档案馆藏,J0128-009656-033。
③ 《米面杂粮上周涨风益炽》,《新民报》1939年8月25日第2版。
④ 《大批鲜米日内运京》,《新民报》1939年8月26日第2版。

表11-1　天津水灾期间北京两周粮食价格上涨对比

| 品名 | 单位 | 8月14日—8月20日价格（元） | 8月21日—8月27日价格（元） | 涨（跌）幅度（元） |
|------|------|------|------|------|
| 西贡米 | 包 | 28.60 | 43.00 | 14.40 |
| 小站米 | 包 | 38.60 | 41.00 | 2.40 |
| 清水米 | 包 | 38.60 | 42.00 | 3.40 |
| 江米 | 包 | 38.60 | 41.00 | 2.40 |
| 仰光米 | 包 | 36.40 | 39.60 | 3.20 |
| 草包米 | 包 | 17.80 | 19.00 | 1.20 |
| 暹罗米 | 包 | 35.50 | 39.50 | 4.00 |
| 小统米 | 包 | 39.00 | 38.00 | −1.00 |
| 蚌珠米 | 包 | 38.80 | 41.80 | 3.00 |
| 紫老米 | 包 | 38.00 | 40.00 | 2.00 |
| 无锡米 | 包 | 37.00 | 40.00 | 3.00 |
| 蚨星面 | 袋 | 8.85 | 10.20 | 1.35 |
| 绿桃牌 | 袋 | 8.85 | 10.10 | 1.25 |
| 绿炮车 | 袋 | 8.85 | 10.10 | 1.25 |
| 绿兵船 | 袋 | 8.85 | 10.10 | 1.25 |
| 红财神 | 袋 | 7.80 | 8.80 | 1.00 |
| 绿钟楼 | 袋 | 8.85 | 10.30 | 1.45 |
| 绿天官 | 袋 | 8.85 | 10.40 | 1.55 |
| 绿洋楼 | 袋 | 8.85 | — | — |
| 金豹 | 袋 | 8.85 | 10.40 | 1.55 |
| 三鲜 | 袋 | 8.70 | 10.30 | 1.60 |
| 松树 | 袋 | 8.70 | 19.00 | 10.30 |
| 玉米 | 担 | 19.00 | — | — |
| 洋磁 | 担 | 18.00 | 18.20 | 0.20 |
| 合豆 | 担 | 12.80 | 13.80 | 1.00 |
| 荞麦 | 担 | 8.70 | 8.70 | 0.00 |
| 红粮 | 担 | 12.00 | 12.00 | 0.00 |
| 小米 | 担 | 36.00 | 36.00 | 0.00 |
| 元豆 | 担 | 19.60 | 23.00 | 3.40 |
| 花麦 | 担 | 26.00 | 25.20 | −0.80 |
| 白麦 | 担 | 26.30 | 26.00 | −0.30 |
| 口小米 | 担 | 18.60 | 18.60 | 0.00 |
| 生米 | 担 | 20.00 | 23.00 | 3.00 |

| 品名 | 单位 | 8月14日—8月20日价格（元） | 8月21日—8月27日价格（元） | 涨（跌）幅度（元） |
|---|---|---|---|---|
| 枚子 | 担 | 12.50 | 15.00 | 2.50 |
| 口大豆 | 担 | 17.00 | 19.00 | 2.00 |
| 绿豆 | 担 | 20.20 | 20.50 | 0.30 |
| 零售面粉 | 斤 | 0.24 | 0.28 | 0.04 |
| 玉米面 | 斤 | 0.13 | 0.15 | 0.02 |
| 小米面 | 斤 | 0.13 | 0.16 | 0.03 |

资料来源：《米面杂粮上周涨风益炽》，《新民报》1939年8月25日第2版；《米面杂粮上周仍趋猛涨》，《新民报》1939年9月1日第2版。

通过上述数据可知，天津水灾发生初期，北京粮食除花麦、白麦与小统米略微下跌及口小米、荞麦、红粮保持平衡外，其他各种粮食均有所上升，其中价格上升较快者为西贡米，上涨价格达到15元左右，这一方面固然与欧战爆发，德、英、法等国限制货物出口有关，更与天津水灾的爆发有莫大的关系。除此之外，由于受天津水灾的影响，北京市颜料、生熟皮张、砂糖及鱼类价格均有所上涨。同时由于天津难民大量麇集北京，以致"本市旅店、公寓亦复乘机兴起，高涨房租，勒索旅客，尤以小店及非正式客栈为甚"[1]。这些利用水灾进行投机的活动，严重影响了北京市民的日常生活，同时亦引起了北京市的注意，并相继采取了一系列措施。兹以粮食为例，简要述之。

北京针对来源不畅及所谓商民的囤积居奇引起物价暴涨的情况，除扩展来源外，还在市内打压投机活动，制定标准价格，施行限购措施等，希冀达到控制物价上涨的目的。

一是拓展粮食来源渠道。

天津水灾发生后，针对北京市米、面、肉等各种物价高昂的情况，北京市首先意识到这是来源不畅所致。因此，北京市认为"亟应疏通来源，设

---

[1] 《当局谋划制裁奸商》，《北京晨报》1939年9月2日第5版。

法调剂"①。同时天津市商人为了营利起见,认为日本天津防卫司令部的限制输出措施亦是造成北京各处民食发生恐慌的原因之一,建议将此种方法加以变通,设法将水灾前北京商人已经订购的粮食运往北京销售,这样不但对北京有利,同时对于前往北京避难的天津群众亦是一种救济措施。②显然这种建议并没有被侵华日军所采纳。伪中华民国临时政府(以下简称"伪临时政府")实业部对此亦束手无策,实业部向天津商会成员朱厚叔咨询天津能否运些粮食到北京以救济北京民食时,朱厚叔认为:"现时津市米面并无富裕,如需运输,尚须声明理由,向军部领运输许可书。"③朱氏一方面以天津米面不富裕为借口,另一方面又将此种责任推向日军军部,显然天津发生水灾以后,从天津运输粮食并不太现实。

北京除了和天津接洽外,亦拓展其他粮食来源渠道,弥补北京粮食的短缺。日本侵略者为了笼络人心,塑造"中日亲善"的假象,将"军方应用之面粉十万袋转让与京市公署,作为接济民食之用"④,同时由朝鲜"运米来北京低价出售,数量约在三万五千担左右"⑤。除此之外,伪临时政府行政委员会亦拨款1000万元,要求财政、实业两部派员南下采购大米。在芜湖购得一批大米6800包后,⑥这些大米被交由伪北京市公署保管,并由物资调节委员会将其一部分分配给政府各会、部、署,售与这些机构的低级职员,其余由伪北京市公署分配给各粮店销售与平粜。⑦伪北京市公署根据北京的实际情况实行平粜政策,规定平粜办法,即"按照全市户口,由各区段户籍警士挨户分发米票一张(不论人口之多寡),票面书明凭票购买

　　①《京市物价逐日飞涨》,《新民报》1939年8月31日第2版。
　　②《为批卖运京粮食被水阻事致天津市商会的函》(1939年),天津市档案馆藏, J0128-3-009656-033。
　　③《为赴京接洽物资损失情形事致常务董事会的报告》(1939年),天津市档案馆藏,J0128-000463-007。
　　④《华北日军当局转让面粉十万袋救济京市民食》,《北京晨报》1939年9月19日第5版。
　　⑤《今日开全委会议》,《北京晨报》1939年9月4日第5版。
　　⑥《芜湖大米运京》,《北京晨报》1939年9月13日第5版。
　　⑦《决议两要案》,《北京晨报》1939年9月19日第5版。

四斤,每斤合国币一角四分"①。由这些得到粮票的住户前往指定的粮店购买。在疏通来源的同时,亦对北京的粮食消费情况进行了调查,根据社会局及北京市商会的调查:"大米一日约需一千二百担,面粉一日约需五千袋,其他杂粮如小米、枚子米、小麦、玉米、黄豆等一日约需七千担。"②根据北京市粮食消费的状况,并根据不同粮食的来源渠道,制定了相应的政策,分别由日本特务机关、日本军部、伪临时政府及北京市公署相互合作与采购,由各地运来不同粮食。如北京市大米大由南方运来,由伪临时政府派员前往南方采购;北京市面粉并无固定的来源之所,而是掌握在日本军部及特务机关之手,只有征得其同意,才能将各地面粉运往北京销售,如伪北京市公署在得到特务机关的许可后,方将河南面粉每月运往北京75000袋销售等。杂粮则多出自内蒙古地区,亦需得到日军军部的同意,方可将这些杂粮运往北京销售。③除了从内蒙古地区购得杂粮外,北京市物价调节委员会要求北京附近几个县,诸如大兴等县,禁止将小米等8种杂粮输出县境。④扩展粮食来源渠道的措施虽然表面上是为了调节民食,但实际上却包藏祸心,企图通过这些小恩小惠塑造其"亲民""中日亲善"的假象,妄图以此掩盖侵略的事实,消泯中国人民的反抗意识,培养其所需要的"皇国顺民",进而达到稳固其统治的目的。但调剂民食的措施,在客观上缓解了北京市粮食短缺的情况。

二是制定粮食等标准价格。

北京市在拓展来源渠道的同时,亦制定了各种粮食的标准价格,采取限制购买措施等防止囤积居奇之风的盛行。北京市粮食等物价的上涨,除来源不畅外,在很大程度上亦是由本地商人囤积居奇引起的,正如记者所言:"因天津水灾之影响,北京市中之日用品价格日以上腾……然暗中居奇,藏置不售,即如主食之米,日人所食者每三斗一俵价为二十五元,较

① 《当局决实行平籴》,《北京晨报》1939年9月24日第5版。
② 《大量面粉昨到京》,《北京晨报》1939年9月27日第5版。
③ 《本京食粮来源日畅,各种外货飞涨不已》,《新北京》1939年10月2日社会版。
④ 《决议两要案》,《北京晨报》1939年9月19日第5版。

前已涨一倍,通例十九元七八角,或二十元之米,昨日行市每一升涨为六角五。"因此呼吁当局,"奸商不道德之手段,遂使消费者极感不安,深望当局设法取缔,对此奸商抹除殆尽,以安民命"①。又如"京市粮商高抬物价,操纵居奇。关系利用发生水灾,交通不便之际,竟口口将存货囤积,任意涨价,贪图暴利深为一般市民所痛恨……当此水灾严重时期,难民麇集,竟一味投机暴利,实属毫无人心,殊为可恶。势非予以极严厉之制裁,不能逡改。为安定人心,保障灾黎计,对于贪图暴利、垄断民生之奸商均应从严罚办"②。在此等舆论声势下,有关方面亦展开了对粮食标准价格的讨论,最终确定粮食等日用品的标准价格,并采取限购措施,希冀达到平抑物价的目的。

对粮食制定标准价格,首由日本方面开始,继由伪北京市公署仿照实施。粮食价格上涨虽是经济问题,但在北京市看来,它也是影响治安的重大政治问题,"事实上粮贵,小民生活不易,难免影响社会问题,而波及治安问题",因此"友邦方面已对日商定出粮食标准价格,为草包米每包(八十八斤)十四元三角,并由朝鲜、大连备有大宗向京输入,并允到达时分给中国粮商一部承售"③。伪北京市公署亦是在这一前提下召开各粮商会议,与各粮商协议粮食标准价格,"希望大家以地方治安、人民生计为重,协助市公署维持局面,在少取不多吃之可能范围商定价格,由邹会长(北京市商会会长邹泉荪,笔者注)明日呈市公署物资委员会讨论办理,共同打破日前难关"④。同时为了消除粮商的疑虑,规定粮食标准价格只限于九、十两月,待到十月新粮上市,粮食标准价格即可解除。⑤但制定粮食标准价格并非易事,正如北京市商会会长邹泉荪所言:"限制涨价,表面上似甚简单,但事实上如不统筹妥当,则弊病立生。例如定价过高,则等于不

①《日用品囤风仍炽,价格益趋轩昂》,《新民报》1939年9月1日第2版。

②《当局谋划制裁奸商》,《北京晨报》1939年9月2日第5版。

③《京市调整粮食价格,采用标准价格》,《新北京》1939年9月6日社会版。

④《京市调整粮食价格,采用标准价格》,《新北京》1939年9月6日社会版。

⑤《京市调整粮食价格,采用标准价格》,《新北京》1939年9月6日社会版。

平;过低则杜塞来源(因北京非生产区),且恐有资财者乘机囤积。"①迭经数次开会讨论,始由"官方公定标准价格,划一出售"②,并规定此种标准价格的实施期限为一个月,到时根据实际情况再确定是否延续。所定价格参见表11-2:

表11-2　北京市制定粮食标准价格

| 品类 | 单位 | 标准价格(元) |
| --- | --- | --- |
| 西贡米 | 包 | 35.00 |
| 清水米 | 包 | 35.00 |
| 小站米 | 包 | 35.00 |
| 仰光米 | 包 | 33.00 |
| 蓝贡米 | 包 | 30.00 |
| 小草米 | 包 | 17.00 |
| 布袋米 | 包 | 13.00 |
| 天官面粉(下同) | 袋 | 8.20 |
| 五燕 | 袋 | 8.10 |
| 金豹 | 袋 | 8.00 |
| 钟楼 | 袋 | 8.00 |
| 水牛 | 袋 | 8.00 |
| 柳树 | 袋 | 8.00 |
| 大三井 | 袋 | 8.00 |
| 单鱼 | 袋 | 7.70 |
| 蝙蝠 | 袋 | 7.70 |
| 洋楼 | 袋 | 7.70 |
| 帆船 | 袋 | 7.70 |
| 绿树 | 袋 | 7.70 |
| 福星 | 袋 | 7.70 |
| 绿斗 | 袋 | 7.70 |
| 红龙 | 袋 | 7.70 |
| 绿龙 | 袋 | 7.50 |
| 兵船 | 袋 | 7.40 |
| 炮车 | 袋 | 7.40 |

资料来源:《决自明日起施行》,《北京晨报》1939年9月10日第5版。

---

① 《京平抑粮价无效,即辞会长职》,《新北京》1939年9月6日社会版。
② 《煤粮等标准价格》,《北京晨报》1939年9月8日第5版。

通过分析伪北京市公署制定的标准价格,可知除西贡米标准价格较水灾初期上升外,其他粮食标准价格均较水灾初期有所降低。伪北京市公署在制定标准价格的同时,为了防止用户过量购买,亦规定了限购措施,即"每户每次购买大米草包及布袋以一包为限,麻袋以半袋为限,面粉以一袋为限,在此限度以内仍须零售,以资区别"[1]。同时为了防止商人阳奉阴违,伪北京市公署要求社会、警察两局随时检查,严格惩处那些违规商人。尽管如此,伪北京市公署制定的标准价格在社会上并没有得到积极的回应,如"近闻各米面商多有表面按照规定价格,预备少数货物在门市零售,敷衍官方,故将旧存货物密隐别处,藏匿不售,致市民有钱无处购买食粮"[2]。北京商人的消极应对与商人的逐利本性有关,在一定程度上亦影响了市民的生计,更影响了维持治安的初衷,因此政府相继出台各种政策,诸如打击不法粮商及粮店,鼓励市民实名举报,同时指定粮店按照标准价格进行零售等。[3]通过这一系列措施,"供求已可相应,价格亦趋平稳"[4],这在一定程度上暂时缓和了北京市物价上涨的局面。

## 二、安置难民及募集灾款

由于京津相邻,在消解天津水灾对北京带来的影响之外,伪北京市公署在维持本地治安的同时,通过各种方式对天津加以援助。早在天津水灾发生的第三天,日军南云司令部及日本宪兵队便召集北京市警察局各队职员开会,讨论天津水灾发生后维持北京市治安的问题。日军认为水灾发生以后,天津治安状况令人担忧,由于"北市位居津邻,唇齿相连,如津市发生情况发生变化,则必受其影响"。因此除要求日军方面严加查察及巡逻外,亦要求北京市警察局担负起同样的责任。北京市警察局在上

---

① 《当局决严厉取缔》,《北京晨报》1939年9月20日第5版。

② 《取缔抗命粮商》,《新北京》1939年9月20日社会版。

③ 《当局决严厉取缔》,《北京晨报》1939年9月20日第5版。

④ 《民食绝无虞》,《北京晨报》1939年9月21日第5版。

述指示下,一方面限制京津之间的交通,对天津所来之旅客不论何处下车,皆严加检问;另一方面加强了对重点区域的防护。①正是在这一前提之下,北京采取了不同措施对天津施以援手。

一是安置来京难民。

天津水灾发生以后,天津难民纷纷逃往北京避难,"连日难民由天津及杨村登车来到东车站的已有五千多人,北京的小店和三等旅社几乎都满了,那些贫苦难民目无亲友的,投店或无房,或无钱而流落在街头檐下的,在每晨的四五点钟逐处都可以看到的"。除此之外,由于水灾发生初期,天津市内积水量继续上涨,沿途准备逃亡北京的难民就达到三四万人。②但这些"逃亡"北京的难民大多是被操纵安排的。在北京市日伪政府看来,这些受灾的难民不仅给治安带来巨大的隐患,而且如果任其自由逃难,亦给其统治带来许多困难。因是之故,水灾发生以后,在救灾的名义下,日伪政府将这些难民引流到天津附近的北京、唐山、秦皇岛等城市,尤其在北京安置了较多难民。③之所以将这些难民引流到北京,一方面是因为北京日伪机构林立,例如有日本宪兵队、日本特务机关及日军华北方面军司令部等,它亦是伪华北临时政府所在地,军警遍布,方便监管难民;另一方面,通过把这些难民引流到城市,防止难民向农村迁徙,可以有效地防止这些难民投入抗日阵营中去。当然,这并不排除难民自发地向北京流动,北京作为华北仅次于天津的第二大城市,不仅可以给这些难民提供一定的就业机会,而且还能提供所谓的物资救济。天津难民被安排到北京之后,通过设立收容所对其集中管理,如"京市当局以津市水灾严重,居民逃避来京者甚多……通令四郊区署于城郊附近觅广大房屋或庙宇,俾为设立收容所之用"④。除设立的收容所之外,各民间组织亦设置了大

①《北京特别市警察局警务科关于南云司令部重富少佐提出事项注意办理、南云接洽事项检查带武安县会署护照者、注意电灯场水中、天津水灾事宜发款等通知》(1939年),北京市档案馆藏,J184-002-35191。

②《京市救护天津灾民四收容所成立》,《新北京》1939年8月25日社会版。

③《灾民无衣御寒》,《新北京》1939年9月18日社会版。

④《本市当局救济逃京难民》,《新民报》1939年8月24日第3版。

量的收容所,如北京日华商工协会为救济灾民起见,组织了临时水灾救济会,并于龙泉寺筹设临时收容所一处,[①]此外又续设收容所于彰内正谊口、三里河织灵公所及虎坊桥湖广会馆。[②]世界红十字会于江南城隍庙设立第一难民收容所,于龙泉寺孤儿院设立第二难民收容所,[③]此外又于龙树寺筹设第三收容所,以东郊冬狱庙作为第四收容所筹备处等。[④]正字慈善会于吕祖阁内设立难民收容所一处等。为了将这些难民纳入收容所,北京各界除被动设立收容所外,在各大交通要道出示招收难民的标帜,并配备运输难民的车辆。[⑤]因此,天津难民到达北京之后,便被各大收容所收容。这一方面方便了对天津难民的管理,使难民有了栖身之所;另一方面亦方便了对难民的监管,这亦是设立收容所的主要目的所在。

设立收容所后,对收容所内难民进行了严密的监视,尤其是那些出所移居他处的灾民,"应分传各管署饬户籍警注意调查"[⑥],并依照表式详查填报到署,然后由各区署汇总报局。如对陈高氏等3人,对其年龄、职业、性别、移居地址、居住日数等均有详细的调查。[⑦]通过这样的监管或监视,难民的一举一动都暴露于面前,并第一时间掌握了他们的移居之所。

北京市对天津难民的接纳表面上看起来有利于难民的救济,使得难民有了一定的栖身之所。但其初衷并不在于救济这些难民,而是通过设置收容所,达到对这些难民的控制和监视,防止这些难民流入农村的一种防范措施。除了收纳这些难民之外,北京市亦组织了政府机关职员及当地群众为天津水灾捐款、捐物,并利用日伪舆论喉舌大肆宣传天津受灾情

---

① 《京商工协会在龙泉寺设收容所》,《新北京》1939年8月24日社会版。

② 《京商工会设三收容所》,《新北京》1939年8月27日社会版。

③ 《京津救灾运动》,《新民报》1939年9月2日第3版。

④ 《北京特别市警察局关于红十会在城隍庙设难民所并请造贫民册、因津水灾各娱乐场所加价等训令、函》(1939年),北京市档案馆藏,J184-002-20310。

⑤ 《京市救护天津灾民四收容所成立》,《新北京》1939年8月25日社会版。

⑥ 《北京特别市警察局外五分局关于奉警察第四科通知调查天津水灾来京难民被收容又移民及调查表等呈、复》(1939年),北京市档案馆藏,J184-002-20224。

⑦ 《北京特别市警察局外五分局关于奉警察第四科通知调查天津水灾来京难民被收容又移民及调查表等呈、复》(1939年),北京市档案馆藏,J184-002-20224。

况,一方面大肆渲染救灾活动,另一方面在客观上亦起到了募捐的作用。但其意图并不在于募捐活动本身,而是通过募捐及群众的捐助,塑造所宣扬的"王道乐土"的假象,具有一定的政治企图。

二是宣传、组织政府人员及民众募捐。

天津水灾发生以后,北京市除对来平的天津难民实施救济外,还广泛动员并组织政府人员及民众捐款捐物,并利用各种媒介广泛宣传天津受灾情况,以期达到募捐的目的。在水灾的冲击下,天津新闻媒介或者暂时停刊,如天津一大报纸《庸报》;或者缩小版面,对天津水灾的报道并不详细,如《东亚晨报》《新天津》等。从另一个层面来说,北京新闻媒介在一定程度上弥补了这一不足,北京市各大新闻媒介诸如《北京晨报》《新北京》《新民报》《实报》等除对天津水灾详细报道外,北京新闻协会还组织北京市各大报社前往天津调查水灾情况,并将调查情况诉诸报端。各大报社的关注点不同,有利于我们全面了解天津水灾的情况。除此之外,北京市亦组织演剧、映演天津水灾电影等方式,使北京市观众切身体验天津的受灾情况,以达到劝募的目的。通过报纸等诸多媒体报道天津的灾情,以及北京对天津水灾及在北京难民的救济等,起到了一种宣传的效果和一定的募捐作用。除上述各项劝募活动外,北京市亦通过各区的公益会进行劝募,公益会是类似于保甲组织的机构,各街道将捐款首先交由公益会保存,并造具清册,然后汇交至各该管区署,再由区署统一交到伪北京市公署。此外,伪北京市公署亦按照工薪比例,规定各政府机构职员的捐款数目。

在宣传上,北京各大新闻媒体除累牍报道天津水灾动态外,北京市新闻协会亦于8月24日组织各大新闻媒体的记者前往天津调查水灾状况,并将视察情况以视察记的形式登载于报端。如《北京新闻协会津沽水灾视察记》①《京新闻记者团津沽水灾视察记》②《京新闻协会代表天津水灾视

---

①《北京新闻协会津沽水灾视察记》,《北京晨报》1939年8月26日第5版。

②《京新闻记者团津沽水灾视察记》,《新民报》1939年8月26日第3版。

察记》①等均以极富渲染力的笔法描述了天津受灾情况及救济情况，"日、法、英租界及南市等处一片水乡悉成泽国，被淹之各街市船舫往返，轴舻相接，置身其间俨有'东方威尼斯'之感""所历各街市以往均属繁荣地带，今则笙歌消歇，景象凄凉，水深没头，惨不忍睹"②等等，媒体在描述上述惨象时，并痛陈天津亟待救济，借此向社会各界进行劝募。

如果说北京市新闻协会是以文字形式来描述天津水灾惨象的话，那么电影等方式更能从视觉上触动观看者的神经。为了使北京市民"彻底了解天津被灾情形惨重，因之诱得市民同情，则奋臂而起，倾囊相助"③，由新民会倡导，继与伪北京市公署合作主办了为期6天的天津水灾讲演及电影大会，每天由新民会代表张君衡、王倩报告视察天津的情形，继公演天津水灾实况两卷，"影片系天津难民实况，观众多有泣泪者"④。讲演及电影宣传不仅能使观众切身体会到天津水灾的惨重，更能起到较好的募捐作用。因此由伪北京市公署与新民会合作主办的天津水灾讲演及电影大会，在一定程度上发挥了不可替代的宣传作用。

在募捐措施上，天津水灾的消息传到北京以后，北京各界除进行各种宣传外，亦发起了各种募捐活动。此种活动共分为两种，即由政府主导的劝募以及社会各界的劝募，两种办法同时进行，囊括了北京市社会各界，共同构成了对天津募捐不可或缺的一个部分。

天津水灾的发生首先引起了伪北京市公署的注意，伪北京市公署一面派遣吴承湜前往天津慰问，一面由伪北京市市长余晋龢致函伪天津市市长温世珍："顷闻贵市因上游水溢，竭成灾害，淹没室庐，人畜损失称巨，属在邻对，无任悯恻，并由署捐助国币五千元，另行汇上，即乞酌充急赈。"⑤此外，伪北京市公署亦规定了各级职员的捐助办法，首由余晋龢捐

①《京新闻协会代表天津水灾视察记》，《新北京》1939年8月26日社会版。

②《北京新闻协会津沽水灾视察记》，《北京晨报》1939年8月26日第5版。

③《本市水灾映演大会》，《北京晨报》1939年9月2日第5版。

④《昨晚映演津灾电影，观众咸洒同情泪》，《新民报》1939年9月8日第3版。

⑤《津市几如陆沉，北京市公署捐款五千元》，《北京晨报》1939年8月24日第5版。

助 300 元,栗屋捐款 100 元,吴承湜捐款 40 元、辅佐官各捐 30 元,各参事、局长、处长、主任亦各捐 30 元作为提倡外,规定"所有本署及所属各机关及各该所属人员,亦应一体捐助"。并规定相关办法,即"科长十元,股长六元,科员每月薪水一百元以上者三元,百元以下者一元,办事员五十元以上者五角,五十元以下者二角,书记一角。其所属各级职员由该局长参酌比照以上数目捐助",并规定 10 日内将是项捐款送交到署。①伪北京市公署除规定政府各级职员捐款办法外,亦印制《告市民书》及《劝募款物书》等劝募手册,向社会公开募捐。为了达到劝募效果,伪北京市公署制定了劝募办法:"一、凡市民均应量力捐助救济款项,不论多寡,务必踊跃输将。二、市民如有衣服、食品、物件可救济者,不论品类,均可捐助。三、市民捐助款项物品,请各径送至本街巷公益公会代收,并掣取收据,务于一星期内送交。四、每日收到款项、物品,市公署当即汇登新闻纸,以示表彰。"②但北京市发起的募捐活动具有一定的强制意味,伪北京市公署规定由各区公益会代收,然后统一汇交到署。日伪时期北京城区公益会是模仿日本市内町内会而设立,其设立的主要目的在于"谋本街巷之警备爱护与发展,并与警察保持密切联络,借以防止盗难、灾害等事,窃维出入相友"③。各区公益会直接隶属于各区公区署,由警察局直接领导,因此劝谕市民捐款、捐物的责任自然落到公益会的头上。既然伪市公署制定的劝募办法具有一定的强制性,警察局亦不敢怠慢,要求公益会"限文到之日起,三日内一体办齐"④,"务须依限办竣,以资救济"⑤等。这种募捐活动一直持续

———————————

①《北京特别市警察局局长关于天津受灾所有本署及所属各机关人员一体捐助的训令》(1939年),北京市档案馆藏,J181-022-06702。

②《北平市警察局内四分局发津市水灾告市民书及力劝募捐等问题的文件》(1939年),北京市档案馆藏,J183-002-24767。

③《北平市警察局令发城区街巷公益会章程办事细则、自由职业团体、文化宗教团体管理规则》(1939年),北京市档案馆藏,J181-017-00066。

④《北平市警察局内四分局发津市水灾告市民书及力劝募捐等问题的文件档案》(1939年),北京市档案馆藏,J183-002-24767。

⑤《北平市警察局内六区关于发已故退职警士闫素保等遗族恤金证书、界内各公益会劝募天津水灾救济捐款衣物已办理竣事的呈》(1939年),北京市档案馆藏,J183-002-37885。

到天津水灾结束。截至1939年10月24日,也即天津水灾结束的前一天,公益会共募捐款38116.88元,连同其他各项捐款,共计募捐61119.02元,[①]由伪北京市公署全部汇交天津。伪北京市公署的募捐活动是北京市各界募捐活动的一部分,并在其中起了主导作用。

　　除伪北京市公署主导的募捐活动外,社会民间组织亦参与到这种募捐活动中来,募捐的形式以义务戏为主。天津水灾发生以后,北京新闻协会针对天津水灾的严重性,决定将赈灾的范围扩大到天津,因此义务戏的演出,亦主要以北京新闻协会为后援展开,虽然也有艺人自动发起义务戏进行劝募活动,但根据现有的资料来看,为数比较少。这一方面说明日伪时期艺人并没有自由演出的权利;另一方面说明了对戏院控制之严,只有那些与其合作的戏院才能开演。因是之故,就整个民间组织发起赈灾活动来看,戏院及艺人并没有任何自由开张及开演的权利。由北京新闻协会、国剧职业分会及北京市商会联合举办的三日义务戏采用的是推销戏券的办法,由上述三方各推销一部分,但由于北京市商会将戏券退还一部分,便引起了新闻媒体的批评:"据闻此次筹赈活动以新闻协会及国剧职业分会最为努力,讵商会方面对于送去推销之戏券竟退还一部分,于善举义行似欠热诚。"此外,记者亦以唐山为比照,"试以唐山而论,本为一普通市区,当地商会竟能踊跃筹赈,集腋成裘,捐助赈款达五千余元之巨,乃堂堂首都之商会反不及一唐山,良可慨叹云"[②]。从这一层面来说,由新闻协会发起主办的义务赈灾戏演出并不仅仅是纯粹的义务戏演出,而是带有强烈的政治意味。此外,戏券的售放亦具有一定的强制性。虽然如此,这三晚的义务戏效果亦比较突出,1939年9月16日,由新北京报社社长凌抚元携款两万元前往天津散放赈款。[③]除此之外,北京市新闻协会亦主办了

---

①《京市署救济津灾》,《北京晨报》1939年10月24日第5版。

②《赈灾义剧成绩显著》,《北京晨报》1939年9月13日第5版。

③《救济天津水灾昨拨二万元》,《新北京》1939年9月15日社会版。

杂耍游艺大会①及各大电影院的天津水灾义务电影活动②等。天津市新闻记者协会为了感谢北京市新闻协会的这一义举,于10月4日进行了回谢,并由日本顾问冈一太氏呈献感谢信一封,以表谢意。③

无论是北京市组织的募捐活动,或者是所谓民间力量的募捐活动,基本上都是以日伪政权为主导展开的。这种募捐活动其实是以救灾的名义,塑造其所宣传的"王道乐土"及"亲民""仁政"的假象,意在通过这种小恩小惠掩盖其侵略的基本事实,以此愚弄沦陷区人民,使沦陷区人民甘心充当其统治下的顺民。但北京市的募捐活动在客观上减轻了天津市的压力,北京市的救灾活动成为天津市救灾活动中不可或缺的一环。

## 三、散放救济物资及组织医疗队奔赴天津救灾

灾后,北京除安置来京难民并进行募捐外,亦根据天津的不同需求,拨放救济物资,同时派遣医疗队赴津支援救灾。无论是安置难民,劝募赈灾款抑或拨放救济物资,组织医疗队,都是以伪北京市公署为主导,主动参与实施,且在有某种动议之后,与伪天津市公署才有往来磋商。如在拨放船只方面,首由伪北京市公署将船只凑齐并交由国际运输公司托运之后,才与天津市有往来函件。此外,在组织医疗队方面,亦是伪北京市公署有了动议之后,获得伪天津市公署首肯,才派医疗队前赴天津实施救灾。从一定意义来讲,北京市在整个天津救灾的过程中是主动参与者。由于北京、天津两市特殊的地缘关系,除却特殊的背景来说,两市在共同应对自然灾害方面具有一定的同步性及协调性。对天津加以积极的救济,在一定程度上就是对本市的救济,反之亦然。从这一意义来说,两市在突发的自然灾害面前,是患难与共的关系,正是基于这种关系,北京市才积极主动对天津加以救援。北京市的这种救灾活动在一定程度上减轻

---

① 《京津水灾杂耍游艺大会》,《北京晨报》1939年9月23日第5版。

② 《北京各电影院募集义捐》,《新民报》1939年8月27日第3版。

③ 《津记者协会派代表来京申谢新协会》,《北京晨报》1939年10月5日第5版。

了天津市因水灾带来的负担。

一是散放救济物资。

天津水灾发生之初，伪北京市公署根据天津的受灾情况，除汇寄灾款5000元外，认为"救护工作以船只为主"，因此由颐和园事务所征调划船10只、北海24只、中央公园8只，交国际运输公司免费运往天津应用，[①]并致函伪天津市市长温世珍届时与国际交通公司联络，权作交通、救济之用。[②]对北京市的慷慨义举，天津市除表达感谢外，将这些船只用于救灾活动，并在水灾结束后送还北京。[③]与此同时，北京市慈善团体本部亦与天津市慈善团体进行联络，由北京市本部筹措棉衣、粮食等，然后由天津市慈善团体分部运往天津救灾。虽然是慈善机构的团体行为，但亦需要两市开具许可证明书，并由伪天津市公署致函伪北京市公署说明缘由后，方可运输。如为了救济灾民，基督教救世军天津中队通过北京本部制作棉衣4000套，拟运往天津，供灾民抵御严寒之用，首由伪天津市公署开具证明书并得到其函件通知之后，北京市警察局才可放行。[④]但在粮食的运输上，仅靠两市公署的沟通是不起作用的，由于是军需物资，必须得到京津日本陆军特务机关许可之后，方可由北京运往天津。如正字慈善会天津分会通过本部在北京募集小米500包，除由伪天津市公署开具许可证明及两市公署沟通外，在得到两市特务机关的许可之后，北京市警察局方才放行，由正字慈善会天津分会运往天津。[⑤]由此可以看出，只有在不妨碍日本战争体制下，两市物资才可以自由流动；涉及军需物资时，须经各市

① 《北京特别市公署为解救天津水灾借用游船的训令及管理颐和园事务所呈报运回游船损坏情形的呈》(1939年)，北京市档案馆藏，J021-001-01165。

② 《关于国际公司送津航舶四十二只请予查收一事给天津温市长的电文(中日文)》(1939年)，天津市档案馆藏，J0001-003515-001。

③ 《关于送还木船以立感谢一事给北京余市长的电文》(1939年)，天津市档案馆藏，J0001-003515-005。

④ 《北京特别市警察局关于救世军天津中队定县警备队丰台陆军御用商等持证明书运赈济棉衣及持证运粮等训令》(1939年)，北京市档案馆藏，J184-002-20208。

⑤ 《北京特别市警察局关于慈善会天津分会粥厂、黄村镇非邦均镇清河镇商会通县西集镇陈东明持证运粮等训令》(1939年)，北京市档案馆藏，J184-002-20212。

特务机关许可方可流通。因此，就这一层面来说，伪北京市公署的救济力度是有限度的。

二是组织医疗队赴津救灾。

天津水灾发生以后，首由北京市卫生局于9月1日致函天津市卫生局，表明将组织两组医疗队赴津进行灾后救护。在得到伪天津市公署的首肯后，赴津医疗队正式筹建。之后，北京市卫生局迅速拟定了《天津水灾北京救护队办法草案》（以下简称《草案》），该《草案》规定组织两组医疗队，一组留在北京救护来平之难民，另一组前往天津灾区实施救护。此外该《草案》亦从药械材料、临时费用、家具、食料等分别加以规定，并规定赴津医疗队由医师1人、护士2人、夫役1人组成，其膳宿杂费、在津旅费等亦有所规定。此《草案》呈报伪北京市公署以后，伪市公署将《草案》修改为"药材由天津军部供给，医师由各大医院调派，仅发旅费"①。在获得伪市公署批准后，卫生局即派教导股医员陈树斌、护士王诚侑、关景斌及差役1名于9月3日前往天津救护。②该救护队于9月3日赴津，到津领取药品、器具及卫生材料后，于9月7日开始救护工作，至10月17日结束，并于10月22日返京。

救护班抵津后即开展繁忙的救护工作，为了随时了解救护班在天津的工作情况，北京市卫生局要求在津救护班按日汇报。北京市救护班于9月7日开展救护工作，首由天津市卫生局指定收容所3处，上午7时至12时在1处治疗，下午2时至6时在另2处治疗，"内外等科每日有难民患者二百余人预防注射，凡入所难民者均施行检疫注射"，每日晚还要"缮具工作报告表数份，次日报局"。随着入所的难民日渐增加，患者亦日益增加，"工作甚繁"③。10月2日救护班又奉命前往各难民收容所巡回、检疗等，

---

① 《卫生局关于派遣天津水灾救护队给市长的折呈及诊疗患者日报表》（1939年），北京市档案馆藏，J005-001-00462。

② 《京卫生局救护班赴津》，《北京晨报》1939年9月6日第5版。

③ 《卫生局关于派遣天津水灾救护队给市长的折呈及诊疗患者日报表》（1939年），北京市档案馆藏，J005-001-00462。

"查职等此次负六处难民收容所患者之责,每日分别前往各难民收容所检疗,现在工作较先前更为紧张"①。北京市救护班在津救护工作得到了天津市各界的认可,"付(副)局长与该局科长并本间部队各机关等时至各收容所视察,各所难民与管理难民人员等对视察人员声称职等热心服务,治疗精细,职等甚得视察长官面为奖励"②。从9月7日至10月17日,北京救护班在津各收容所治疗难民患者达4877名,预防注射霍乱达3490人。③为了表彰北京救护班在津的工作成绩,在该救护班返京前,天津市卫生局予其感谢状一份,表示对他们的感谢。

综合上述,区域城市史是指区域内部城市之间及城市与区域之间关系的历史,正如美国学者施坚雅所说:"每一个本地和区域体系均是一个有连结点的,有地区范围的,而又有内部差异的人类相互作用的体制。"④北京、天津作为华北的两大城市,自古以来就存在着密切的联系。作为天子之渡的天津,由于距离北京最近,加之又是河、海两陆码头,因此它不仅是北京的门户,更是华北的漕运中心及各种货物的转运中心,为北京提供粮食等安全保障;相反,北京作为华北的政治、文化中心,在经济上严重依赖天津的供应,近代以来,这种趋势更加明显。在一定意义上讲,"没有北京就不会有天津这个北方大城市的出现,没有天津则不能长期保住北京的首府地位"⑤,因此天津对北京的影响,是周围城市所不能相提并论的。日伪统治时期,北京、天津是日军重点盘踞和经营的两大城市,此时天津的经济体系被纳入日本侵华的战争轨道上,天津成为"日'满'华经济体制中战争军需品加工制作中心和日'满'运送华北战略物资的供应集散中

①《卫生局关于派遣天津水灾救护队给市长的折呈及诊疗患者日报表》(1939年),北京市档案馆藏,J005-001-00462。

②《卫生局关于派遣天津水灾救护队给市长的折呈及诊疗患者日报表》(1939年),北京市档案馆藏,J005-001-00462。

③《卫生局关于派遣天津水灾救护队给市长的折呈及诊疗患者日报表》(1939年),北京市档案馆藏,J005-001-00462。

④[美]施坚雅主编,叶光庭等译:《中华帝国晚期的城市·中文版前言》,中华书局2000年版,第3页。

⑤王玲:《北京与周围城市关系史》,第118页。

心"①。这一时期的天津在经济功能上表现为超经济功能的性质。而北京,则仍旧延续其政治、文化中心的功能,仍旧是华北地区"首都"或"首府"所在地,文化畸形繁荣。对天津、北京的这种定位,是在日本侵略的大背景下展开的,也就从根本上决定了这一时期京津城市关系的性质。这一时期的京津关系是在日伪政权主导下进行的,改变了原有京津城市关系正常的发展轨道,成为日伪政权用来粉饰太平、奴化中国人民的工具。因此日伪政权不仅注重这一时期京津之间的关系,而且以恢复京津城市关系的名义,相继恢复和发展了京津之间的铁路及公路交通等,在一定程度上拉近了京津城市之间的距离。正是由于北京、天津之间的这种特殊关系,1939年8月天津水灾的爆发,不仅对北京造成了一定的冲击,也迫使北京市在"同舟共济"及"救灾恤邻"的名义下,主动对天津市加以救济,从而在一定程度上减轻了天津市因水灾带来的负担。

当然,无论是北京市的自救,抑或对天津市的救济,都具有一定的隐秘性及欺骗性。日伪控制下的北京市通过对本市及天津市的救济,意在塑造其"亲民""善民"及"王道乐土"的假象。为此,各种舆论喉舌对北京市的救济活动进行了蛊惑人心的渲染,企图以此泯灭沦陷区人民的民族意识,达到其培养顺民的目的。

---

① 罗澍伟主编:《近代天津城市史》,中国社会科学出版社1993年版,第656页。

# 第十二章　失业问题与职业介绍活动

　　职业介绍是指一定的主体为劳动者求职和用人单位招聘用人提供中介服务的活动。主体包括两个部分：一是从事职业介绍活动的机构；二是从事职业介绍活动的媒体和个人，如亲朋好友推荐，报纸、杂志、广播介绍与职业有关的信息等。[①]职业介绍的渊源甚早，凡是有相互独立的社会经济实体的地方，就有与此相关的活动。不过，就严格意义上的现代职业介绍而言，其源于英国1900年颁布的《职业介绍法》。中国的现代职业介绍，有的认为产生于第一次世界大战以后，尤其是在20世纪20年代。[②]有的认为，1927年9月中华职业教育社创办的"上海职业指导所"是中国第一个具有现代意义的职业介绍机构。[③]职业介绍分为私营和公营两类，后者一般是由政府举办的社会福利事业，不以赢利为目的。职业介绍的兴起，既与社会经济的需求有关，也与失业人口的产生有关。民国以来，尤其是20世纪20至40年代，社会各界关于"职业介绍"的讨论，就多与失业现象如何解决相关。抗战结束后，1946—1949年国民政府社会部天津职业介绍所的成立及其活动，即属政府部门试图应对失业问题的一个反映。

---

① 李正龙等编著：《就业与培训，政策与实务》，北京大学出版社2008年版，第56页。

② 江红英：《国民政府与抗战时期的职业介绍》，《抗日战争研究》2010年第1期。

③ 喻兆明：《职业介绍理论与实施》，中华书局1948年版，第12页。

# 一、战后天津的失业问题

近代以来,天津是华北的工商业和金融中心。1937—1945年日本占领天津期间,一方面直接没收、霸占、经营华人企业;另外也在津投资设厂,建立了包括钢铁、机械、电力、化工、橡胶、纺织、造纸、火柴、建材、制药、皮革等各个行业的工厂。日本投降后,国民政府对以上企业进行接收,接收过程相当混乱。天津与其他大中城市一样,因人事、经费、原料的缺乏,大部分企业停工减工。据天津各业工会联合会的统计,截至1946年12月,天津共有工厂2834家,其中局部开工者2215家,全部停工者562家,全部开工者仅57家。由此一来,大批工人纷纷失业。天津市社会局的调查表明,1945年12月,全市有工人58万多人,失业者竟高达23万人,失业工人达到工人总数的40%。[1]失业使工人失去了赖以谋生的手段,无法维持个人及其家庭的生计。以下是《益世报》刊登的来自一位失业工人的来函,反映了广大失业工人的辛酸:

> 回忆去年万众腾欢,庆祝胜利声中,我的职业也随风吹去了。以前我在塘沽水利工厂,苟延残喘的在日寇势力下度过,而现在反而失掉职业。光复时厂方公开演讲,通知失业员工,俟厂房接收竣事,定能全体复工。我只好作苦工糊口,等候音信,迄今恰好一年。厂方消息渺茫,而厂方的压迫,却又降临到我的头上,前住之永利宿舍,厂方勒令迁出。并将电灯拆去,叫我急速腾房,否则拆去门帘;再不搬走,厂方另有相当办法对付。我闻信以后,创伤的心,毫无主见,唯素知编辑先生热心,解除人之危急,故恳代为刊登报端,则感激不尽矣。[2]

---

[1] 陈卫民编著:《天津的人口变迁》,天津古籍出版社2004年版,第79页;《津敌伪工厂接受后失业者达廿三万》,《益世报》1945年12月1日第2版。

[2]《失业者的悲歌》,《益世报》1946年8月18日第2版。

失业之外,日益飞涨的物价加剧了失业工人及其家庭的生活困难。为了争取生存的权利,广大失业工人纷纷向市政府请愿,展开了要求复工、救济和改善生活的斗争。①天津市社会局在1946年度的工作报告中称:1945年11月至本年度发生的"劳资纠纷"案有270起,其中工人要求发遣散费案57起,要求提高工资案82起,要求救济案12起,要求复工案32起,反对厂方解雇工人案44起,其他原因的纠纷案43起。②可见,由失业而引起的劳资纠纷案占绝大多数。

抗战胜利前夕,国民政府为迎接抗战的胜利以及解决战后的一系列政治、经济问题,于1945年5月5日召开的"六大"就提出必须注重民生问题,而安定民生的首要之举是辅导国民就业,解决战后的失业问题。面对战后庞大的失业工人群体以及此起彼伏的工人运动,国民政府更加感到救济工人的急迫性。抗战胜利后,国民政府和天津市政府采取多种措施,试图治理战后天津的失业问题。

首先,进行一般救济。

国民政府社会部制定了《收复区失业工人临时救济办法纲要》,规定失业工人的救济范围、救济标准和救济原则。"失业工人之救济暂以维持其三个月之生活为限,其救济全额参酌其过去之工资津贴或兼顾现时生活水准;凡失业工人于停工减工时领有厂房遣散费者不再发给救济金,领有维持费者如其维持费数额相当于遣散费者以曾领遣散费论,其不及遣散费数额标准者委员会应责令厂方补足,如厂方无力负担时委员会得核

①《富源铁工厂呈请救济失业工人(案卷级)》(1946年1月1日),天津市档案馆藏,J0025-3-003437;《本区失业工人登记救济案卷(案卷级)》(1946年1月1日),天津市档案馆藏,J0033-1-000131;《工人代表安维荣呈请救济失业工人(案卷级)》(1946年1月1日),天津市档案馆藏,J0025-3-003440;《南货厂失业工人王恩荣等呈救济(案卷级)》(1946年1月1日),天津市档案馆藏,J0025-3-003448;《兴元制油厂失业工人全海亮等请救济(案卷级)》(1946年1月1日),天津市档案馆藏,J0025-3-003475;《固力果工厂王泽圃等呈为失业请救济(案级)》(1946年1月1日),天津市档案馆藏,J0025-3-003483;《市令失业代表齐锦湘等请救济(案卷级)》(1947年1月1日),天津市档案馆藏,J0025-3-004127等。

② 天津市地方志编修委员会编著:《天津通志·政权志·政府卷》,天津社会科学院出版社1996年版,第278—279页。

减发给一部分救济金补足之。凡失业工人于工厂停工减工时未领有遣散费或维持费者厂方应予补发，厂方认为三个月无复工可能者发给遣散费全部或局部；复工可能者分别发维持费"①。

天津市失业工人临时救济委员会于1945年12月7日成立，隶属于社会部，本会设委员11人，天津市社会局局长胡梦华为主任委员，社会部代表为副主任委员，其余代表由经济部、善后救济总署、第九十四军司令部、天津市党部、天津市政府、天津市社会局、天津市警察局、天津市商会和总工会各派代表1人充任。在该组织的领导下，天津市社会局展开了对失业工人的调查与登记，并于1945年12月25日召开记者招待会，对外宣布"现在需要救济之工人，约三万人"②。该局会同社会部特派员办事处、市党部、经济部特派办公处、纺织公司、商会及各工会分区分组，按照《救济办法纲要》发放救济金，每名1000元。③1946年，又发放19厂，2147人，且提高了救济金的标准，每名发放4000元、6000元、10000元不等。④此外，社会局还在行政院善后救济总署的协助下，向失业工人发放面粉、棉被等实物。⑤

其次，协助工厂复工和增加职业介绍。

临时的紧急救济，只能在短期内缓解工人失业所造成的衣食无着之状，无法保障工人们未来的生活，同时也造成了政府的财政压力。正如社会部所说："固有维持工人一时生活，以安定社会之功，但不能解决失业问题。且长此以往，不但徒以耗费财力、劳力，适足以养成将来怠惰之习性。"⑥所以，政府从协助复工和职业介绍两个方面尝试解决。

为了解决工厂复工问题，天津市政府在原料、资金的供应上做了一定

---

① 社会部京沪区特派员办事处：《社会法规汇编》，社会部出版1945年版，第212页。

② 《粥厂明毋开始施放，胡梦华局长昨向记者报告》，《大公报》1945年12月26日第3版。

③ 《天津市社会局施政报告摘要》，《益世报》1946年6月28日第2版。

④ 《天津市周刊》（第1卷第2期，1946年12月21日），天津市档案馆藏，J0252-1-003088。

⑤ 《粥厂明毋开始施放，胡梦华局长昨向记者报告》，《大公报》1945年12月26日第3版。

⑥ 《社会部上海市失业工人临时救济委员会关于以工代赈问题的座谈会议记录》（1945年），上海市档案馆藏，Q108-1-97-25。

的努力。1946年2月,平津复工贷款委员会成立,向因流动资金缺乏而无法复工的民营工厂贷款。据报道,截至1946年7月,永利公司贷得2亿元,北洋纱厂、恒源工厂、仁立东亚毛纺厂等7家各贷得1亿元。[①]复工的工厂增加,到1946年底,复工工人达12万人,比1945年底增加8万人。

现代职业介绍所,一战以来就传入中国,但多为私人所设。为了加强对职业介绍所的监督和管理,国民政府在全面抗战以前相继颁布了一系列职业介绍法规,如1931年12月的《职业介绍所暂定办法》、1935年8月7日的《职业介绍法》。天津市政府社会局也曾筹划设立官办职业介绍所,但无果而终。全面抗战时期,国民政府采取了许多发展职业介绍的措施,1942年颁布了《社会部社会服务处附设职业介绍所办事规则》《私设职业介绍所暂行办法》《私设职业介绍所登记规则》等;专设相应的管理机构——赈济委员会和社会部,设立公立职业介绍机构(重庆职业介绍所等),办理难民职业介绍,加强对私立职介机构的监管等。[②]在日伪时期,伪天津特别市政府社会局办有职业介绍所,但未开展实际工作即废止。[③]抗战胜利后,面临失业人群的扩大,国民政府社会部推进职业介绍工作,相继在上海、天津和汉口等地成立了职业介绍所,天津职业介绍进入一个新的历史阶段。

## 二、社会部天津职业介绍所的成立与宣传

抗战胜利后,"天津市为北方首屈一指之工商业大都市,其需要职业介绍尤甚于其他都市"[④]。天津市社会局仍有设立职业介绍机构的想法,1946年2月王业猷起草了职业介绍所计划及章程,黄霭庐起草了天津市

① 《民营厂矿贷款额决定为三十二亿余元》,《益世报》1946年7月18日第4版。

② 江红英:《国民政府与抗战时期的职业介绍》,《抗日战争研究》2010年第1期。

③ 《天津特别市公署关于通过职业介绍所暂行规则一事给行政委员会呈》(1938年11月11日),天津市档案馆藏,J0025-2-000209-002;《天津特别市政府为废止职业介绍所规则事给第五区公所训令》(1944年11月16日),天津市档案馆藏,J0034-1-000363-07。

④ 郝廷敬:《两月来之天津职业介绍所》,《社会工作通讯》1946年第3卷第12期。

青年职业介绍所组织大纲,但都未付诸实践。[①]

　　而几乎同时,1945年底,社会部开始计划筹办天津职业介绍所,并请天津市社会局协助。本来委派计划委员何清儒博士担任筹备主任,但因他同时担任天津东亚企业公司及上海中华职业教育社等处职务,工作繁忙,不克实际负责。1946年5月,又派陕西省社会处科长汤鸿庠为筹备副主任。汤鸿庠8月1日到津,经过两个月的筹备,10月1日在罗斯福路258号(今和平路)正式成立天津职业介绍所。图12-1为社会部天津职业介绍所的组织架构。

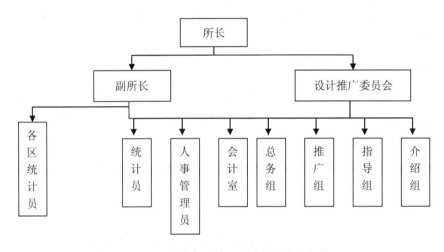

图12-1　社会部天津职业介绍所组织架构

资料来源:汤鸿庠:《社会部天津职业介绍所》,《职业介绍》1947年第1期。

　　成立之初,设主任、副主任,后改为所长、副所长。所长、副所长之下分设介绍组、指导组与总务组,后增设推广组。4个组各置组长1人,研究员2人,会计主任1人,干事8～10人,助理干事4～6人,人事管理员、统计员、会计助理员各1人。"本所员工多系征求而来,加以短期技术之训练,视

　　①《王业猷函拟职业介绍所计划及章程》(1946年2月),天津市档案馆藏,J0025-3-003863-001;《黄蔼庐送社会局天津市青年职业介绍所组织大纲》(1946年2月18日),天津市档案馆藏,J0025-3-003858-001。

志趣能力分担工作。并注重进修组织,有读书会,定期做读书报告、工作感想及心得"①。此外,还视实际需要,分区设立登记站,每站设主任1人,干事助理、干事各1人,由本所职员调派兼任,并设置推广委员会,聘请当地各界领袖及热心职业介绍人事为委员,协助本所业务之设计与推广。②

　　社会部天津职业介绍所的主要业务,侧重于职业介绍、职业指导、职业推广3个部分。为了让市民了解该所的业务并与旧式的老妈店(见后述)区别开来,介绍所主任何清儒说:"我们的工作好像类似'老妈店',可是方法、性质与老妈店大不相同;我们的工作不只是为求职者谋一个位置,同时指导他、帮助他如何做事,使他有相当的技术,使他能够乐业。同时给求才机关供给需要的人才增进工作效率;面对种种困难:不能因难而退,必定尽力而为,给社会上解决一些问题,以促进社会安宁。"③社会部1946年11月27日公布的《社会部天津职业介绍所组织规程》,规定了各组的工作职责:

第三条　介绍组掌理左列事项

一、关于厂矿行号机关团体等之求才登记谈话介绍事项;

二、关于求职者之登记谈话介绍事项;

三、关于求职者之性向智能体格等之测验及考察事项;

四、关于求才求职等表卡管理及统计事项;

五、其他有关职业介绍事项。

第四条　指导组掌理左列事项

一、关于择业就业改业辅导之咨询及指导事项;

二、关于职业训练及职业补习教育及举办及协办事项;

三、关于得业人员之继续指导及联谊事项;

四、关于职业介绍职业训练及就业辅导等问题之研究编纂暨参考整

---

① 郝廷敬:《两月来之天津职业介绍所》,《社会工作通讯》1946年第3卷第12期。

② 汤鸿庠:《社会部天津职业介绍所》,《职业介绍》1947年第1期。

③《不是老妈店》,《益世报》1946年10月1日第4版。

理等事项。

五、其他有关职业训练及指导事项。

第五条　推广组掌理左列事项

一、关于厂矿行号机关团体之联络调查事项；

二、关于求才求职之征询事项；

三、关于失业状况之调查统计事项；

四、关于职业介绍之宣传推广事项；

五、关于协助办理失业救助事项；

六、关于协导创造就业机会事项；

七、关于协助区域内各职业介绍机构之改进事项；

八、其他关于推广联络事项；

…………①

概括起来，介绍组办理求职求才登记、谈话、测验、介绍、卡片管理等事项，指导组负责职业训练、职业指导、继续指导、编辑，推广组进行调查统计、宣传联络、推广征信等。

为了增加天津市各界人士对该所的了解，以便更好地开展各项业务，介绍所采取公告宣传、报刊宣传、广播宣传、电影宣传、通讯工作及口头宣传等多种方式。以下是职业介绍所成立第一年的宣传工作：

1.公告宣传：制作五面木板分别悬挂于本市劝业场、南市、东车站、下瓦房、官银号等交通要冲，随时发布消息。

2.报纸及刊物宣传：经常在本市各报及刊物，发布职业论文及求职求才消息，如《大公报》《益世报》《工商日报》《商务日报》《大众晚报》《中华晚报》等，成立一年内发布求才消息710次、求职消息641次。《益世报》于1945年12月鉴于社会上的失业现象，特于第二版"社会服务"专栏之下开

---

① 《社会部天津职业介绍所组织规程》，《社会工作通讯》1946年第3卷第12期。

设"职业介绍",对外公布公司机关商号征集人员,或失业者寻求职业,将其姓名、年龄、性别、拟谋之职位及来函详细住址,公开列载介绍。

3.广播宣传:在天津广播电台及中行广播电台轮流广播职介消息,并定期作专题广播,以阐述职业介绍之理论。成立一年内共计求才广播71次,求职广播141次。

4.电影宣传:与影业公会商妥制作玻璃板经常送往光明、华安等6家大电影院,放映职介消息。成立一年内共计104次。

5.通讯工作:遇有各机关各部门需用人才,或有求职者时,本所利用通讯方法,征集专门人才及就业机会。成立一年内计发布求才通讯85次,求职通讯109次。

6.口头宣传:利用各种机会,或公共场所,随时举行谈话或讲演,宣布职介之理论与消息,以推广职业。成立一年内计求才宣传44次,求职宣传50次。①

通过以上各种方式的宣传,职业介绍所的各项业务得以开展起来。

## 三、职业介绍工作

为了更好地开展职业介绍工作,社会部天津职业介绍所对天津的工厂、失业状况、学校毕业生等进行了调查,以服务于职业介绍。在市区繁华中心和交通便利地点设立登记站,以便求职求才者登记。具体工作分两个部分:

第一,职业介绍。

推广介绍业务,随时征集就业机会。征集方式分直接访问、间接访问、通讯征集和广告征集等4种。还经常与各机关学校、工商团体、法团及新闻界取得密切联系,以随时发布消息,征集就业机会。职业介绍主要有

---

① 汤鸿庠:《社会部天津职业介绍所成立一周年工作概况》(1947年),天津市档案馆藏,X0065-Y-000075-001。

专才介绍和零工介绍两类。专才介绍,是使学有专长的失业人才获得适当职业。更多是零工介绍,为求才者获得短期工作和现职人员获得业余工作而设。零工种类大致有计时、计件两种,具体包括打字、誊写、撰稿、翻译、裁缝、绘图、整理、账目、零星劳工、装饰布置、雕刻、副业推销、机件修理等。①

职业介绍所规定了一套职业介绍的工作流程:

1.登记工作。凡来求职者,先向问询处索取求职表,逐项填讫交登记处,经审阅后,发给号牌等候谈话;求人者,先到问询处索取求才表填写后等候谈话。

2.谈话工作。谈话负责人按照号数对求职者分别举行谈话,谈话时注意求职者之职业技能、志趣、希望职业、希望待遇、态度、言语、外表、体力、身材各项工作,并于求职表背面分别记载符号,以作配合介绍之依据。对求人者之谈话,注意所需人才之各项条件及约谈时间,分别详记求才表内。

3.配合介绍。求职者经谈话后,如当时有适当机会即缮写介绍函交由求职者持往求才处举行面洽,成功与否由求才处函复本所以便统计。如当时无适当机会即将求职表暂存,有效期间为一个月,有机会时随时通知再为介绍,求职表过期可申请延期。求才者经谈话后,即由介绍负责人按照所需人才之各项条件,在过去求职者中找求适当人才分别通知来所谈话,如愿任该项工作,即缮写介绍函持往求才处面洽,如求才者规定在本所接洽,即由本所按照规定时间分别通知双方举行面洽。②

4.测验工作。求职者经谈话后,为了解其职业技能有时举行测验。举行测验者,有文书、华文打字及会计三项。谈话人认为须测验者,即将受测验者之姓名、测验项目通知负责测验人,当即按照实施测验,将评定

---

① 汤鸿庠:《一年来的天津职业介绍所》,《社会工作通讯月刊》1947年第4卷第12期。

② 也可能到求才单位面洽和考试。参见天津市商会《为推荐打字员给职业介绍所函》(1947年10月9日),天津市档案馆藏,J0128-2-000176-037。

之等级通知谈话室转卡片室,记录于求职表上,以便随时查考。①

从以上的工作流程来看,职介所通过谈话、测验等多种方式,综合考察求职者的兴趣、能力,以及与求才者人才要求的匹配程度。

因失业工人是最大的失业群体,介绍所起初侧重劳工职业介绍,但逐步由普通失业劳工推广到社会各个阶层。譬如,注重学校毕业生的职业介绍。1947年暑假,抗战胜利后第一批毕业生较之战前就业更加困难。著名史学家、北京大学秘书长郑天挺说:"处处听见裁员,处处听见失业。专门技术人员如此,普通行政可知,新毕业学生就业更可知。大家全滞留在学校所在的几个大都市,集聚越多,谋事越难。"②社会部天津职业介绍所帮助毕业生介绍工作。《大公报》1947年6月23日报道:"社会部天津职业介绍所协助此辈毕业生,曾分函平津各中等以上学校,征求各该校毕业生希望职业,以便介绍工作,截至六月九日已收到三十一校学生复函。内中南开大学、唐山工学院等专科以上者五校,职业学校五校,中学二十一校。求职学生共一千八百三十一人,内中以希望服务教育界为最多,共二百三十七人,其次希望作会计者以一百五十三人,希望服务于工厂者一百四十九人。现职业介绍所已根据统计分向各有关机关接洽,请予以安置。到该年8月,一部师范生及体专学生已分别代为介绍入本市各学校服务。"③职介所还计划对逃亡难民、失业公务员等介绍职业,但没有取得明显效果。

第二,职业培训和指导。

首先,举办职业补习教育和职业训练。

职业补习教育,是对在职青年,利用业余时间补习有关职业的知识。譬如,鉴于华洋贸易频繁、交易语言困难,职介所特主办短期商业英语会

---

① 《原社会部天津职业介绍所移交清册(文件级)》(1951年1月),天津市档案馆藏,X0065-Y-000075-001。

② 郑天挺:《大学生毕业就业问题》,《益世报》1947年9月7日第1版。

③ 《毕业生求职者多》,《大公报》1947年6月23日第5版。

269

话班,以便提高营业效能。该班并不公开招生,以商店保送从业店员为原则。①由于各机关对会计人才需要甚多,职介所与天津市政府会计处合办会计补习学校。②据统计,职介所成立两年来举办会计五期共计667人,英语会话班一期计22人,业余英语六期共计163人,店员进修班四期共计109人,升学补习班四班共88人。③

职业训练,是对失业青年或缺乏职业技能的青年,进行短时间的职业技能训练。所长汤鸿庠说:"只怕无专长,不怕无职业……无论你是劳心,或是劳力,只要有一技之长,不愁无有职业。"④所以,职介所"训练完全着重在技术方面,例如护士,训练科目为担架、绑扎、皮下注射等;电工训练为电报收发、电线组装、电机修理等。其他如机械修理、打字、手工艺、缝纫及保姆等均就其必需技术方面施以训练"⑤。

其次,职业指导。

职介所于1947年2月开始举办职业指导,对象是:"在校或甫由学校毕业者,对于就业方向彷徨不能决定途径者;选定职业而不知如何准备者;无业或失业而不知如何进行得业者;对于现任职业不满意而有意谋求升进者;有意改换职业而犹疑不决者;有职业而感觉能力不能胜任者;对所就职业不感兴趣者;在工作中受环境限制,不能施展才能者;不得主管人谅解及同事见有嫉妒情势或误会之情形者;在本身职务以外欲谋求发展者。"⑥针对不同的群体,该所举办过继续指导、升学指导和职业指导等。

继续指导的对象,是经该所介绍得业的求职者。求职者由本所介绍得业后,职介所指导组经常派人到他们的工作地点进行访问联络,询问工

---

①《职业介绍所主办商业英语会话班》,《大公报》1946年11月21日第5版。

②《会计补习学校明晚假二中开学》,《大公报》1946年12月15日第5版。

③《原社会部天津职业介绍所移交清册(文件级)》(1951年1月),天津市档案馆藏,X0065-Y-000075-001。

④ 汤鸿庠:《职介工作中的几个启示》,《社会建设》1949年第1卷第9期。

⑤《原社会部天津职业介绍所移交清册(文件级)》(1951年1月),天津市档案馆藏,X0065-Y-000075-001。

⑥《职业指导,职业介绍所开始举办》,《大公报》1947年2月8日第5版。

作上各种情形,并进行指导。对于用人机关,也做同样访问,既可知道得业者是否工作勤勉,也可知道用人机关对本所有何批评和建议改进的地方。除指导组外,也动员其他组室人员参加此项访问工作。

升学指导,一般安排在寒暑假,为将要毕业而欲继续升学的学生举办升学补习班,帮助考生们解答有关升学的问题,如某校何月何日招生,在何处考试,报名需要什么手续等。为方便距离市区较远的学校或外埠学校来津招生以及考生的便利,职介所在1947年初增设了代办招考业务,各机关、团体或学校,选取人才、招考学生、学徒等均可委托该所代办。"于录取后必须保证任用,俾不能使人利用该所为号召或借口"①。

职业指导,是对一般失业或无业青年提供就业指导。如刚毕业的学生,不知如何选择职业,职介所通过和他们谈话,按其知识、经验与能力指示选择职业的方向。职介所公布指导办法后,职业上发生问题的青年纷纷前往请求指导,甚至外埠青年也有以信件请求指导。②但此项工作并未取得明显成效。

## 四、扶助私立职业介绍所的发展

除了办理自身的职业介绍之外,社会部天津职业介绍所还协助社会团体创办职业介绍所,并推动妇女职业介绍,改进传统"女店"的介绍业务。

第一,社会团体职业介绍所。

为了应对战后的失业问题,国民政府除了在工商业较为发达的城市,如重庆、上海、天津、汉口创办直属于社会部的官办职业介绍所之外,1946年8月还制定了《各省市推进职业介绍设施暂行办法》,鼓励各省市独立设立职业介绍机构,对各级社会服务处及人民团体办理的职业介绍机构予

---

① 《职业介绍所代办招考各项事宜》,《大公报》1947年1月15日第5版。
② 《为教育部与社会部天津职业介绍所另拟中学生职业指导方案事致教育局呈(附新拟原则)(案卷级)》,(1946年10月22日),天津市档案馆藏,J0110-3-001147-007。

以奖助。在社会部天津职业介绍所与天津市社会局的指导与协助下,天津社会团体开始创办职业介绍所。

为推进社会团体建立职业介绍机构,天津市社会局1947年3月召开机关团体座谈会,并提供社会部天津职业介绍所业务说明、职业介绍办法和零工介绍办法等供参考。参加者除了社会部天津职业介绍所以外,还有商会、总工会筹委会、教育会、妇女会、各区农会、工业协会、天津天祥市场与劝业场各商同人联谊会、各同乡会妇女之家、社会服务福利社等22家单位代表。社会局号召"商会各同业工会、总工会、各区工会及农会应尽先设立单独职业介绍机构;各妇女会、教育会、社会服务设施及同乡会,可先成立职业介绍组"①。

会后,反应较快的是天津各同乡公会,1947年6月大都成立职业介绍所。各同业公会也陆续办理,其中最早办理的是卷烟工业工会、银行商业公会、报关公会、自行车商业同业公会、钱商业公会也积极筹备职业介绍所。截至1947年10月,工商团体成立职业介绍所的有天津卷烟工业同业公会、天津实业三友社、天津市社会服务福利处、天津市第六区农会、天津市第九区农会、安徽旅津同乡会、献县旅津同乡会、任丘县旅津同乡会、东光县旅津同乡会、天津市妇女之家、全国工业协会天津分会等11家。②

各社会团体附设的职业介绍所也制定了章程草案,以规范职业介绍业务的开展。如1947年9月29日天津市织染工会同业公会制定了《附设职业介绍所章程草案》,明确规定了该所的职业介绍范围、部门设置及工作职责及费用标准:

第五条　本所介绍职业之范围限于织染工业,不分男女性别;

第八条　所经常费计分二种:甲介绍费由需人求职双方按求职者第

---

①《天津市社会局关于召开各机关团体筹设职业介绍所会议给全国工业协会天津分会函》(1947年2月28日),天津市档案馆藏,J0128-3-010149-011。

②《关于各机构办理职业介绍业务情形的签呈》(1948年9月2日),天津市档案馆藏,J0025-3-006278-028。

一个月薪资各担任四分之一只交一次,乙补助费,本所经常费如遇不敷开支,由天津市织染工业同业工会补助;

第九条　本所设置秘书室下设总务调查两股;

第十条　总务股职掌事项:办理需人者求职者一切手续,调剂人才之需要及供给,指导就业及训练服务,办理本所文书会计庶务及编造一切表册,其他有关职业介绍事务;

第十一条　调查股职掌事项:调查人力供求状况,调查介绍就职之工作状况及其品格与动态,调查违犯厂规之职工及处理事务,调查工厂营业状况,调查就业失业人数,考察职工失业原因。[①]

由各社会团体所组织成立的职业介绍所,一方面可以借鉴社会部天津职业介绍所的成功经验;另一方面也可以发挥各自的优势,在自己所熟悉的领域内引导相应失业群体的人员流动,缓解失业问题。

第二,妇女职业介绍。

社会部天津职业介绍所在开展职业介绍的过程中,认识到"求才者对女仆与家庭教师甚殷,而介绍成功者少",究其原因"非因待遇不良,家庭教师或因师资之缺乏,而女仆纯为下级社会对介绍所尚无认识"[②]。

天津妇女之家曾办理妇女职业介绍业务,社会部天津职业介绍所派人协助妇女之家成立介绍部,办理求才求职登记及配合介绍工作。为了加强双方的联系,还制定了工作联系办法,规定:妇女之家介绍部所需要的有关业务表卡,由社会部天津职业介绍所供给;每月二日之前,前者需将上月之求才求职成功等各项数字,及失效各项表卡,送往后者以便统计。

抗战胜利以前,私人开设的以专门介绍男女佣人的职介机构——女

---

①《关于私设职业介绍所事项(织染公会附设职业介绍所章程草案)》(1947年9月),天津市档案馆藏,J0129-2-002334。

②《老妈店的今昔》上,《大公报》1947年1月8日第5版;《老妈店的今昔》下,《大公报》1947年1月10日第5版。

店(俗称老妈店),在职业介绍中处于绝对优势。①抗战胜利后,社会部职业介绍所发现社会上对女佣的需要极为迫切,但由于雇主只给四五万元,应征者甚少。同时,由于该所利用广播及报纸作为宣传手段,征聘女佣的消息很难传入妇女的耳中。而女店虽然是女佣求职的主要门路,但经营困难,门可罗雀。1947年1月8日《大公报》上的一篇文章反映,该记者在"雇老妇难"的喊声中,走访了天津市佣工介绍所大吉里一家名为"安次县李家女店"。"在这间手巴掌大的残窗破壁的黑暗小屋里,除了一张跌角的桌子和一个断了腿的板凳外,整个屋子就被一张床占据了。几双破箱笼和露着棉花的破被横七竖八地扔在了床上。屋子的墙上挂满了篮子、布袋、瓶子,煤灰尘埃已经把它们染成了黑色,好像几十年没有人动过了。屋子的空地上,一个用汽油桶做的火炉,正熊熊得燃着火",所闻"从八月十五日起到如今才有四个人出店。我还算好的呢! 有两个人住在这里,不远的孔家店里半年多没人上过一个人。这个巷子里除了东头一家聂家店偶然也有一二个老妈住店外,其余都是好几个月见不到一个人的。同善里八家女店情形和这里差不多,而河北三马路、四马路的几家以及特别一区的三家,是经年无人住店的。现在她们的生活,都是靠每天给别人洗洗衣服、缝缝获得来的几个钱,过着不死不活的穷日子"②。

为了协调战后对老妈职业的供给与需要,克服女店本身存在的诸种弊端,改善其职业介绍设施,社会部天津职业介绍所与天津市社会局、警察局加强合作,对天津现有的女店数目和状况展开了调查。截至1947年10月,天津女店共有37所,主要分布于第一、第二、第三、第六、第七各区。而其组织与设备均极简单,多数属于旅店性质,每处仅店主一人经营业务,房屋不过一二间,既无表册规则,更无业务设备;业务范围多以介绍女仆为主,亦兼有介绍乳母者。当社会对老妈急切需要的时候,女店的介绍成功率很低,每月介绍成功者不过一二人。与此同时,社会部天津职业介绍所与天津市社会局、警察局根据社会部规定佣工介绍所规则,并参照本

---

① 成淑君:《近代天津女佣介绍所探析》,《历史教学》2008年第18期。
②《老妈和老妈店的今昔》上,《大公报》1947年1月8日第5版。

市实际情形,拟定管理办法。除将原先"女店"改为"女佣介绍所"外,更规定管理及改善办法,改造以往弊端:收介绍费数额不得超过女佣第一个月之工资半数;介绍费由雇佣双方平均负担,以一次为限。为示奖励起见,规定凡办理女佣介绍所工作满2年以上,有显著成绩者,由社会局呈请社会部予以奖励,或由社会局直接奖励。

## 五、成效与不足

社会部天津职业介绍所存在两年余,取得了一定的成绩。天津职业介绍所成立的第一个月,登记求职者达1500余人。1946年底10月、11月、12月3个月,求职登记者已至2682人,求才登记238次,委托物色人才199人。从介绍成功的数量来看,仍是这3个月的统计,介绍成功者与求职人数之百分比分别为:10月份2.4,11月份9.3,12月份11.1,成功百分比处于增加之势。[①]成立两年来,介绍成功3000人。对于所取得的成绩,职介所所长汤鸿庠认为,"进步原因是由于介绍技术的改进,介绍时所方必定仔细考量求才、求职双方的条件,然后才负责介绍,并且尽量争取时间,争取机会,因而取得社会信任,一般敢于委托所方,群众便从而推广"[②]。

尽管如此,职介所介绍成功人数的比例仍是很低的。而且,求职者多为初小、高小、初中以上毕业程度,占求职总数的88%,而不识字和其他求职者占12%。委托物色人才,以学校、军政机关等居多,工厂、商店只占总

---

① 汤鸿庠:《社会部天津职业介绍所》,《职业介绍》1947年第1期。

② 汤鸿庠:《职介工作中的几个启示》,《社会建设》1949年第1卷第9期。抗战时期,国民政府社会部在重庆、内江、贵阳、遵义、桂林、衡阳、兰州等地办有职业介绍所或职业介绍组。据1944年统计,介绍成功者总计1005人。(江红英:《国民政府与抗战时期的职业介绍》,《抗日战争研究》2010年第1期)汉口职业介绍所,1946年10月成立至1949年2月,介绍成功1576人。[郭娟:《战后汉口职业介绍所研究(1946—1949)》,华中师范大学硕士论文,2012年,第64页]与之相比,天津职业介绍所的成绩还是较大的。但上海职业介绍所1946年1月至1949年5月,介绍成功7399人。(丁勇华:《战后国民政府官办上海职业介绍所探析》,《现代商贸工业》2012年第1期)以开办时间平均计算,上海比天津稍强。

数的28%。①也就是说,真正为底层失业工人服务者是有限的。

职业介绍成绩之所以有限,大致有以下3点原因:

首先,由于时局险恶,工商不景气,该所的工作更不易配合生效,"战乱使社会上一切正常的职业断了环节,人与事的配合也失去了平衡"②。天津的机关学校工厂,因受环境限制,大多只能维持现状,很少添人用人的机会,职介所没有力量给每个求职者以就业的机会。

其次,求职者的能力往往不能与求才者的需要相匹配,社会上急需的专门技术人才缺乏。对此,《大公报》多次进行了报道。如1946年11月8日:一月以来,业务所感之最困难者,非求职者多而求才者少,而求职者之能力往往与求才者之所需不能配合。例如今日求才者所需之会计人才,为专门会计人才,而求职者希望充会计者甚多,但多所学非所用。如某公司愿出高待遇求得一熟练技术之打字员,然登记欲求该项职务者多为普通打字学校速成班毕业,对个人技术方面,并无深湛之训练。技工工人,尤感缺乏;1948年1月2日:"求才的多半要专门技术人才,而求职的则多是普通人才,双方的条件不能适应,所以介绍成功的少。"对此种人才供应与社会需要脱节的情况,社会部天津职业介绍所虽已举办各种职业训练班,但无法从根本上解决这个问题。另外,从求才者一方来看,职介所遇到的另外一个很大的困难是,"求才者很多是出最小的报酬,而要找到极完美的人才。我们试想一想,如果一位家庭教师的待遇比不上一个女仆,那如何能得到理想的教师呢?"③

再者,该所人力和财力不足。战后通货膨胀日趋严重,物价步步上涨,该所之人力和经费都很紧张。尤其在人力方面,该所所长汤鸿庠指出:"在这两年中,工作上给我们第一个启示,是说一个社会工作者应当有任劳任怨的勇气,尤其是职介工作,费力不易讨好。本所二十几位同人,每日在自己的岗位上,并无多少闲暇。如介绍组之应付登记谈话,推广组

---

① 汤鸿庠:《社会部天津职业介绍所》,《职业介绍》1947年第1期。

②《人浮于事,求职困难》,《大公报》1948年2月2日第5版。

③ 汤鸿庠:《职介工作中的几个启示》,《社会建设》1949年第1卷第9期。

每日奔走联络,指导组昼夜不息地办理补习教育,总务组每月领面领油以及每次为柴米油盐之筹措发愁,会计室之进表册办预决算,都是很劳累的。"[1]职介所员工的精神可嘉,为职业介绍做出了贡献,但"现有的二十几位工作人员,已不敷工作的需要"[2],也是明摆的事实。作为一个职业介绍机关,为了给求职者提供更多的就业机会,自然需要加强与各团体、学校、机关的沟通与联络,但限于人力和物力,很难实现。

总之,社会部天津职业介绍所在三年内战的动荡环境中,建立不易,生存更难。

---

① 汤鸿庠:《职介工作中的几个启示》,《社会建设》1949年第1卷第9期。
②《职业介绍所将扩展》,《大公报》1947年10月2日第5版。

# 下　篇

市民群体与日常生活

# 第十三章　手工业工人的劳工与生活

近代中国城市经济的发展,以现代产业最能体现其现代化进程。然而,相对传统的手工业也是城市经济运行的重要组成部分,并和现代产业形成一种复杂的互动关系。只是以往学界对乡村手工业关注较多,对城市手工业却有所忽视了。这里主要阐述近代天津手工业工人的群体面貌、日常劳动与生活以及他们在生存压力下所进行的抗争。

## 一、手工业工人的群体面貌

关于近代天津手工业工人的总量,在南京国民政府之前很少有系统的统计。南京国民政府成立后,天津市社会局对当时天津的工人数量有了初步调查,但是这些调查并不完整,许多小规模的手工作坊和家庭手工业工人均被忽略。

据1929年5月天津市社会局对天津中小工厂的调查,646家中小工厂共有男工15217人、女工379人、童工4240人,合计19836人。其中地毯、织布、染织、漂染、针织等5个行业合计14183人,占总数的71.5%。[①]这次调查是针对中小工厂,调查对象基本上是手工工场和作坊。1933年底,天津市社会局再次组织开展了工业调查,天津市华界1213家大小工厂和作坊工人总计36703人。其中,男工26035人,占71%;女工2315人,占6%;

---

① 《社会局调查各工厂工人统计》,《益世报》1929年5月16日第13版。

童工8353人,占23%。行业分布来看,纺织业工人最多,为25180人,化学工业次之,为3515人。那么,这里面有多少手工业工人呢? 从不同行业来看:纺织工业中的现代工业主要为纺纱业,其他织布、帆布、毛巾、线毯、织绒、织带、提花、线轴、栏杆、地毯、针织等业基本为手工业。纺纱业雇佣男女工人及童工分别为11128名、1386名和337名,共计12851名。纺织工业总人数为25180人,去掉纺纱业,剩余12329人,其中男工7867人、女工517人。上述各纺织手工业使用童工3945人,其中织布业1200人、提花业841人、地毯业497人、针织业461人。化学工业工人共计3515人,其中火柴业为规模最大的现代工业,其男女工及童工人数合计2286人,剩余各业合计1229人。饮食品业中面粉业为规模最大的现代工业,其使用人数为493人,其余各业为643人。[①]剔除纺纱业、火柴业、面粉业这3类主要的现代工业行业,其余各业工人数量为21073人。假定这21073人基本为手工业工人,则手工业工人约占全部被调查产业工人的57.4%。

另据南开经济研究所的调查,1929年天津地毯、织布、针织等3个行业和1930年磨坊业工人和学徒共计23369人。[②]其中,地毯、织布、针织业合计21051人,比1929年5月天津市社会局调查所得织布、染织、漂染、针织、地毯14183人多6868人。据天津市社会局1929年5月的调查,织布、染织、漂染、针织、地毯之外,各业有工徒5653人。而据社会局第二次调查,除纺织工业、化学工业、饮食品工业之外,各业有工徒共计6872人。据此估计,天津市手工业工人和学徒的数量在3万人以上。

近代天津城市手工业工人具有什么样的群体性特征呢?

在年龄方面,天津手工业工人以年轻人为主。南开经济研究所对地毯业354名工人的调查显示,他们的年龄在15～44岁之间,其中17～29岁

---

① 天津市社会局编:《天津市工业统计(第二次)》,天津市社会局1934年版,第65—69页。

② 方显廷编:《天津针织工业》,李文海主编:《民国时期社会调查丛编(二编)·近代工业卷(中)》,福建教育出版社2010年版,第335页;方显廷编:《天津之粮食业及磨房业》,《经济统计季刊》1933年第2卷第4期。

之间的工人有332人,占93.8%。①针织业工人的年龄与地毯业一致,也在15~44岁之间。113名工人中有95人的年龄在19~27岁之间。②织布业工人年龄同样是在15~44岁之间,据对317名工人的调查,18~31岁之间的工人有282名,占88.9%。③与手织业相比,磨坊业工人的年龄则相对偏大。在83名磨夫中,年龄介于21~45岁之间者有67人,占总数4/5,"盖磨房工作笨重,非年富力强者莫办"④。

在籍贯方面,天津手工业工人主要来自河北、山东等周边地区。如地毯业354名工人中有326人来自河北各县,15人来自山东,10人来自天津,其余3人来自山西、察哈尔、辽宁。⑤针织业113名工人中有104人为河北各县人,仅有7人为天津本地人。⑥织布业317名工人中,有244人为河北各县人,55人为山东人,天津人只有12人。⑦由此可见,天津手工业工人多来自外地,本地人较少。这既反映了近代工业化过程中人口由农村向城市迁移的趋势,也在一定程度上反映了本地人与外地人在就业中的结构性差异。

在入厂方式方面,较为多样化,但绝大多数是由人介绍。被调查的354名地毯业工人中,由人介绍入厂的有165人,因个人与雇主之关系而入厂的有71人,自请入厂的仅有51人,其他67人。⑧针织业工人的入厂方式也是类似,在被调查的113名针织业工人中,仅有10人为自荐入厂,其余103人均是由同乡、朋友、师兄、亲戚、邻居等介绍入厂。介绍人的职业

① 方显廷编:《天津地毯工业》,南开大学社会经济研究委员会1930年版,第60页。
② 方显廷编:《天津针织工业》,李文海主编:《民国时期社会调查丛编(二编)·近代工业卷(中)》,第330—331页。
③ 方显廷编:《天津织布工业》,李文海主编:《民国时期社会调查丛编(二编)·近代工业卷(中)》,第386页。
④《天津之粮食业及磨房业》,《经济统计季刊》1933年第2卷第4期。
⑤ 方显廷编:《天津地毯工业》,第58—59页。
⑥ 方显廷编:《天津针织工业》,第330页。
⑦ 方显廷编:《天津织布工业》,第385—386页。
⑧ 方显廷编:《天津地毯工业》,第60—61页。

各不相同,但以同业中人居多,有64人。①织布业中,被调查的317名工人,自荐入厂的有28人,其余289人率经雇主朋友、同乡、亲戚、师兄、邻居等介绍入厂。介绍人的职业,大多为同业。②上述3种手织业工人入厂方式表明,乡缘、业缘、血缘等传统关系在工人择业方面具有重要作用。

尽管天津手工业工人基本上来源于河北及山东的农村地区,但由于手工业的发展往往受到市场的影响而呈现出不稳定性,或者因为某些行业生产的季节性,导致手工业工人处于流动状态。20世纪初,从山东、河南、山西、陕西以及其他各省在春季赴津做工的有三四万人,这些人在冬季则又返回家乡。③1929年南开经济研究所对310名地毯工人的调查表明,1925年至1929年之间入厂的工人有221人,占71.3%,而1928年和1929年两年入厂的工人即有124人,占40.0%。绝大部分地毯业工人的入厂时间较短,说明地毯业的劳工转移率较高。④大多数织布业工人在厂时间同样较短,调查的317名工人中有233人即73.5%在厂坊的工作时间不及3年,在厂坊仅半年者达100人。"此种情形可谓为织布业中不稳定之现象,工人在厂坊供职,既不能长久,则朝三暮四,习以为常"⑤。

## 二、手工业工人的日常劳动与生活

手工业工人是顽强生活在社会底层的群体。一般来说,他们工作时间长,休息时间少,工作环境糟糕,收入低下,生活艰苦。

表13-1反映了20世纪30年代天津手工业工人的日工作时间。

---

① 方显廷编:《天津针织工业》,第332页。

② 方显廷编:《天津织布工业》,李文海主编:《民国时期社会调查丛编(二编)·近代工业卷(中)》,第388页。

③ [日]中国驻屯军司令部编,侯振彤译:《二十世纪初的天津概况》,天津市地方史志编修委员会总编辑室1986年版,第17页。

④ 方显廷编:《天津地毯工业》,第61页。

⑤ 方显廷编:《天津织布工业》,第388页。

表13-1　1933年天津各手工行业工厂工人日工时分布与工厂数

| 行业（个）／工作时间（小时） | 纺织业 | 化学业 | 饮食品业 | 服用品业 | 机器、金属品业 | 土石制造及建筑业 | 竹木骨角制造业 | 文具及运动品业 | 精整工业 | 总计 |
|---|---|---|---|---|---|---|---|---|---|---|
| 6 | 1 | 1 | 1 | — | — | — | — | — | 1 | 4 |
| 7 | — | — | 2 | — | — | 6 | — | — | 1 | 9 |
| 8 | 7 | 7 | 2 | 3 | 3 | 3 | 1 | 1 | 1 | 28 |
| 9 | 4 | 5 | 1 | — | 5 | 2 | 1 | — | 1 | 19 |
| 10 | 98 | 26 | 42 | 6 | 39 | 9 | 4 | 3 | 33 | 260 |
| 11 | 20 | 5 | 5 | 3 | 21 | 2 | 6 | — | 4 | 66 |
| 12 | 223 | 16 | 8 | 10 | 45 | 5 | 7 | 2 | 17 | 333 |
| 13 | 46 | 6 | 6 | 1 | 16 | 2 | 3 | — | 3 | 83 |
| 14 | 123 | 2 | 2 | 4 | 18 | 1 | 6 | — | 9 | 165 |
| 15 | 131 | 2 | 4 | 3 | 19 | 1 | 5 | — | 7 | 172 |
| 16 | 18 | — | — | — | 3 | — | 3 | 1 | 6 | 31 |
| 17 | 1 | — | — | — | — | — | — | — | — | 1 |
| 不详 | 6 | — | 2 | — | 1 | — | — | — | — | 9 |
| 总计 | 680 | 71 | 75 | 30 | 170 | 31 | 36 | 7 | 83 | 1183 |

表注：剔除原表纺织业中的纺纱业、化学业中的火柴业、饮食品业中的面粉业等现代化工业。
资料来源：天津市社会局编：《天津市工业统计（第二次）》，第97—105页。

从上表来看，天津手工业工人每天工作时间最少为6个小时，最长为17个小时，普遍在10~15个小时，该区间的人数有1079人，占总人数的91.2%。另外，手工业工人的工作时间有一定的行业差别。纺织行业工人的工作时间普遍较长，最长达17个小时，绝大部分工人工作时间在12个小时及以上，占纺织工人总数的80.6%；化学工业、饮食品工业、土石制造及建筑业工人工作时间以10个小时及以下居多；服用品业、机器金属品业、精整工业、竹木骨角制造业等大半在12个小时及以下。

手工业工人的工作环境非常糟糕。1930年的调查对天津地毯业的厂坊环境作了如下描述："一进地毯工厂或作坊之天井中，便见杂乱无章，肮脏不洁之状。大多数厂坊占房屋仅数间，皆挤集一处，光线暗淡，空气恶劣，又乏卫生上之设备，其工作房中唯一之光线，即来自其门，若在春冬两季不宜开门时,则并此亦无之,其余则由久经尘土堆积之窗户透入极微弱之光线而已。且工人不知卫生,随处吐痰,惰于沐浴。一离天井,即为露天厕所,臭气几遍全室。地上满布渣滓、碎屑、羊毛、垃圾、灰土等等,龌龊不堪。多数厂坊之空气中充满干燥游荡之微物,即从屋之一端视其他隅,亦感困难,呼吸几不可能。扫地时率不先洒以水,故徒增加灰尘。泥墙乌黑,破烂污秽,垃圾堆积,不勤清扫,实无卫生之可言。唯外人主办及中国自办之大工厂中,其情形则差强耳。"①针织业厂坊基本由租赁而来,大都空气不流通,房屋狭小。多数小作坊仅租赁每间可以容纳5~6人的小房屋2间,既作工作室,又作办公室、货栈、厨房、饭厅、卧室。②织布业工人"工作地方小而不洁,小作坊中工人并无一定寝床,夜间即席地而睡……布厂中工人之生活,直无卫生之可言"③。恶劣的工作环境极大地危害了手工业工人的健康。如沙眼在地毯业中成为主要疾病,"沙眼之流行已为一般所承认之现象"。天津329名地毯工人和学徒中,患沙眼病的有143人,占43.5%。④

手工业的工资制度相当复杂,包括了计件工资制和计时工资制,以计件工资制为主。计时工资制又分为计日、计月和计年等多种形式。织布业中织匠工资多为计件,以工人每月工资为一定率,再根据工人工作量多寡,为之增减。据对317名工人的调查,仅有16人的工资为计时给付,其他301人工资大都以计件论,有少数工人工资为计时和计件兼用。⑤提花业织工工资系按货给资,每织1匹布工价1元8角至2元4角。⑥织面袋布业工人工资分论月、论活两种,织工、摇管工皆论活及分线头之多寡,若织650头、700头的布匹,每匹给3角,若织750头,则每匹给3角5分,每人每日用铁轮木机能织2匹。摇管工工资按捆给价,每捆重约8.5斤,摇棉纱1

① 方显廷编:《天津地毯工业》,第65—66页。

② 方显廷编:《天津针织工业》,第310页。

③ 方显廷编:《天津织布工业》,第393页。

④ 方显廷编:《天津地毯工业》,第66—68页。

⑤ 方显廷编:《天津织布工业》,第390—391页。

⑥《天津工业之现状(四续)》,《中外经济周刊》1927年第205号。

捆给洋2角4分或5分,每人每日可摇纱2捆。①蓝砖窑厂制坯工人工资系按照所制坯数给价,制坯工价分为4种,每制行砖坯(即小号砖坯)1万个,工价4元,每制料半坯(即比行砖坯大1/2坯)1万个,工价6元,每制方砖坯1块算行砖10块。②火柴工厂的厂外工人糊火柴盒,工资也是按件计算。20世纪30年代糊火柴盒的工价为每糊1000个火柴盒给28~32个铜元,手工快的小女孩每天能糊制两三千个。③此外,有的手工行业实行计件与计时混合的制度,一般每月或每日有额定的工作量和工资额,若超过工作量,则按超过工作量予以奖励,若完不成工作量,则在额定工资内扣款。比如针织业工人"系按工给资",织造袜子手套每日以4打为合格,如能多织1打,加给奖金1角2分,少织1打则扣工资若干。④

芝麻油业、化妆品业、染坊业、酱园业等行业主要实行计时工资,有日计、月计、季计、年计。20世纪20年代,各芝麻油店工资制度,"近年皆论月,工头每月六元,寻常工人五元,最低者三元"⑤。化妆品业所雇佣工人分长雇和添雇两种。长雇工人皆不谙制货,每月工资约6~7元。添雇工人均是熟练工人,经验丰富,工资较高,每月8~9元。⑥酱园业工人工资多以年季计,或临时雇用,以月计的甚少。"工资如以年季计(一季时间长短,或半年或三四个月,随两面协议,全无标准),除供膳宿外,四十元至六十元。一季二十元至三十元,月计四元至八元。临时工人膳宿工人自理,每日二角五分至四角不等"⑦。酿酒业厂坊雇佣工人分长工与临时雇工,均系以日计资。长工每日工资5角至9角;临时雇工日工资为9角至1元,此类工人必须身体强壮,能挑负150公斤以上至重物,并且熟谙酿酒技能,因

---

① 《天津工业之现状(四续)》,《中外经济周刊》1927年第205号。

② 《天津工业之现状(三续)》,《中外经济周刊》1927年第201号。

③ 《火柴公司厂外工人》,《大公报》1933年10月4日第13版。

④ 《天津工业之现状》,《中外经济周刊》1927年第198号。

⑤ 《天津工业之现状(续)》,《中外经济周刊》1927年第199号。

⑥ 《天津工业之现状(再续)》,《中外经济周刊》1927年第200号。

⑦ 王达:《天津之工业》,《实业部月刊》1936年第1卷第1期。

此"非一般普通工人可比"①。

关于天津手工业工人的工资收入情况。在北京政府时期,1916年天津手工业工人日工资的情况(见表13-2):

表13-2 1916年天津劳动工资调查

| 类别 | 日给工资数(元) | | | 备注 |
| --- | --- | --- | --- | --- |
| | 最高 | 普通 | 最低 | |
| 织工 | 0.40 | 0.30 | 0.10 | 丝棉麻毛 |
| 染房 | 0.13 | 0.10 | 0.05 | 供食 |
| 成衣 | 0.30 | 0.20 | 0.10 | 承做中西衣服。供食 |
| 制帽 | 0.20 | 0.13 | 0.05 | 中西冬夏各种帽。供食 |
| 磨房 | 0.40 | 0.26 | 0.13 | 供食 |
| 酿酒 | 0.25 | 0.10 | 0.05 | 不供食 |
| 酱园 | 0.30 | 0.20 | 0.10 | 制酱类及酱油酱菜。不供食 |
| 木匠 | 0.40 | 0.30 | 0.20 | 不供食 |
| 瓦匠 | 0.40 | 0.30 | 0.20 | 不供食 |
| 锯匠 | 0.30 | — | — | 不供食 |
| 石匠 | 0.10 | 0.07 | 0.05 | 供食 |
| 制砖瓦 | 0.10 | 0.07 | 0.05 | 供食 |
| 木器家具 | 0.20 | 0.15 | 0.10 | 供食 |
| 造车 | 0.15 | 0.10 | 0.05 | 供食 |
| 制金银器 | 0.20 | 0.15 | 0.05 | 供食 |
| 制铜锡器 | 0.10 | 0.07 | 0.04 | 供食 |
| 铁匠 | 0.10 | 0.07 | 0.04 | 供食 |
| 桶匠 | 0.10 | 0.05 | 0.02 | 供食 |
| 制竹柳棕藤器 | 0.10 | 0.05 | 0.02 | 供食 |
| 造纸 | — | 0.10 | — | 供食 |
| 榨油 | 0.10 | 0.06 | 0.03 | 供食 |
| 油漆匠 | 0.40 | 0.30 | 0.20 | 不供食 |
| 雕刻 | 0.30 | 0.25 | 0.20 | 刻字、雕花等。不供食 |
| 印刷 | 0.80 | 0.40 | 0.15 | 铅板、木板及石印。不供食 |
| 男仆 | 3.00 | 2.00 | 1.00 | 供食,月工资 |
| 女佣 | 2.00 | 1.50 | 1.00 | 供食,月工资 |

① 王达:《天津之工业》,《实业部月刊》1936年第1卷第1期。

| 类别 | 日给工资数(元) | | | 备注 |
|------|------|------|------|------|
| | 最高 | 普通 | 最低 | |
| 夫役 | 0.20 | 0.15 | 0.10 | 各项人夫、短工 |

资料来源:天津市档案馆等编:《天津商会档案汇编(1912—1928)》,天津人民出版社1992年版,第2523—2524页。

其中,织工、成衣、磨房、酱园、木匠、瓦匠、锯匠、油漆匠、雕刻、印刷等技术性较强的行业工人的日工资较高,最高均在0.30元及以上,但最低工资只有几分左右。

到南京国民政府时期,20世纪30年代,根据1933年底天津市社会局的调查,天津工人平均月收入工资为12.13元,各业中饮食品业工资最高,平均月收入16.67元,竹木骨角制造业工资最低,平均仅5.17元,"此项工业,因系规模极小之作坊,故工资极微"[1]。这次统计包括了现代工业工人的工资,主要涉及纺纱业、面粉业、火柴业等现代工业集中的行业。纺纱业工人共12851人,月收入在0~5元者有429人,6~10元者有1312人,11~15元者有5354人,16~20元者有3660人,21~25元者有995人,26~30元者有557人,31~35元者有414人,36~150元者有130人。火柴业工人共2286人,月收入均在6元至25元之间,6~10元者有895人,11~15元者有901人,16~20元者有390人,21~25元者有100人。面粉业工人493人,月工资均在11元以上,11~15元之间最多,有325人。可见,现代工业工人月收入在11~15元之间者最多。剔除这3个行业,其余行业基本为手工行业,有工资的工人合计15184人,每月收入在0~5元者为3949人,6~10元者为7335人,11~15元者为2483人,16~20元者为776人,21~25元者为368人,25元以上者比较少,仅273人。可以说,手工业工人的工资以6~10元之间比重最大,5元以下者次之。[2]与纺纱、面粉、火柴业等现代工业相比,手工业工人的工资明显较低。

[1] 天津市社会局编:《天津市工业统计(第二次)》,天津市社会局1934年版,第77页。
[2] 天津市社会局编:《天津市工业统计(第二次)》,天津市社会局1934年版,第83—92页。

近代天津手工业工人的生活状态是怎样的呢？南开经济研究所对132个手艺工人家庭生活进行了详细调查，为了解手工业工人的生活状态提供了样本。在家庭消费支出中，食物、房租、燃料为最多的3项支出，其中食物占最大比重，[①]说明这132户家庭在杂项支出上没有余力。由于职业收入是手艺工人的固定性收入，所以从家庭职业收入和家庭支出两者关系来考察家庭的经济能力具有较强的可靠性(见表13-3)：

表13-3　1927年9月—1928年6月天津132个手艺工人家庭消费支出

单位:元

| 收入分组 | | 第1组 | 第2组 | 第3组 | 第4组 | 4组合计 |
|---|---|---|---|---|---|---|
| 各组家数 | | 23 | 50 | 44 | 5 | 132 |
| 平均每家人数 | 实在人数 | 3.8 | 4.1 | 4.8 | 5.4 | 4.3 |
| | 等成年男子数 | 2.9 | 3.0 | 3.8 | 4.5 | 3.4 |
| 平均每家10个月支出 | 食物 | 95.85 | 99.40 | 126.87 | 143.10 | 109.59 |
| | 衣着 | 10.58 | 9.83 | 11.76 | 13.24 | 10.73 |
| | 房租 | 18.50 | 22.35 | 30.09 | 39.60 | 24.91 |
| | 燃料 | 19.05 | 22.39 | 23.53 | 33.37 | 22.60 |
| | 杂项 | 9.17 | 8.31 | 11.19 | 9.10 | 9.45 |
| | 合计 | 153.15 | 162.28 | 203.44 | 238.41 | 177.28 |
| 收入总数 | | 137.40 | 173.01 | 217.34 | 255.66 | 184.34 |
| 盈(+)亏(−) | | −15.75 | +10.73 | +13.90 | +17.25 | +7.50 |
| 职业收入 | | 135.37 | 171.90 | 209.67 | 239.13 | 180.29 |
| 盈(+)亏(−) | | −15.78 | +9.62 | +7.23 | +0.72 | +2.98 |

资料来源:根据冯华年:《民国十六年至十七年天津手艺工人家庭生活调查之分析》,《经济统计季刊》第1卷第3期,1932年9月,第505页表整理。

表13-3显示,以职业收入计算,4组家庭盈余最多为9.62元,最少仅0.72元,1组家庭超支15.78元。可以说"此辈之衣食住三大生活要素均在

---

① 冯华年:《民国十六年至十七年天津手艺工人家庭生活调查之分析》,《经济统计季刊》1932年第1卷第3期。

无可再简无可再陋之限度,谅无再事积蓄之余力"①。

饮食结构最直接地体现了家庭生活水平的高低。132家手艺人家庭
10个月食物消费支出平均为109.59元,其分类支出数如表13-4所示:

表13-4　1927年9月—1928年6月天津
132个手艺工人家庭食物消费支出

单位:元

| 食物类别 | 支出数额 | 支出比例(%) |
|---|---|---|
| 米面类 | 66.91 | 61.1 |
| 豆及豆制品类 | 5.48 | 5.0 |
| 蔬菜类 | 12.57 | 11.5 |
| 肉类 | 7.90 | 7.2 |
| 蛋及牛乳类 | 0.14 | 0.1 |
| 鱼及海味类 | 3.22 | 2.9 |
| 调味类 | 4.63 | 4.2 |
| 油类 | 5.65 | 5.2 |
| 糖及粉类 | 1.29 | 1.2 |
| 瓜果类 | 0.69 | 0.6 |
| 杂食类 | 1.11 | 1.0 |
| 食物总计 | 109.59 | 100 |

资料来源:冯华年:《民国十六年至十七年天津手艺工人家庭生活调查之分析》,《经济统计季刊》第1卷第3期,1932年9月,第509页第十二表。

从整体上看,手工艺人家庭以素食为主,肉类、蛋及牛乳、鱼及海味等
荤食只占1/10。肉类有猪肉、羊肉等,鱼的种类较多,但消费量极少,蛋的
消费量也甚微,平均每家10个月蛋的消费量仅5枚。在素食中,以米面类
食物为主,蔬菜类居第二位,而其他食物则比较少。在米面类食物中,以
玉米面、机器白面、白米、切面、小米、果子为主,约占米面类食物的96%。
蔬菜以白菜为最主要,其他有土豆、韭菜、葱、黄豆芽、绿豆芽、豆腐、粉条

---

① 冯华年:《民国十六年至十七年天津手艺工人家庭生活调查之分析》,《经济统计季刊》
1932年第1卷第3期。

等。从营养成分来看,以碳水化合物的摄入量为主,脂肪的摄入量很少。据研究,当时美国人通常每日摄入热量为3000卡路里,与之相比,天津手艺人每天摄入热量仅2100卡路里,不及人体的正常需要,热量来源也主要是米面类等素食,由荤腥类食物提供的热量非常少。[①]可以说,天津手工业工人的生活水平处于绝对贫困状态,其收入仅仅能够应付生存性的最基本消费需求。

## 三、手工业工人的生存抗争

在生存压力下,近代天津手工业工人经常采取罢工或以罢工相威胁等集体行动。

铜元是平民阶层工资收入和生活支出的主要货币单位。近代天津多次发生铜元危机,铜元不断贬值,给普通民众的生活带来了极大的害处。按币制规定,1银元可兑换铜元100枚。1912年6月,天津银洋与铜元比价为1元兑换132枚,众商民申述"小本营业大受影响",加以"粮价亦涨,总言小民困苦已不堪言"[②]。铜元贬值加剧了物价上涨。1925年1月,天津"铜元行市逐日增长,现每洋1元易铜元260枚,较一月前每元涨有36枚之多。而各种物价,除玉米面价格随铜元定涨落外,其他日用百物,并未减落一文,则全津贫民所受之损失,不胜言喻"[③]。工人工资结算以铜元为单位,而日常交易也以铜元为单位,铜元的贬值和物价的上涨意味着工人购买能力的下降。面对生活上的窘境,手工业工人采取了一系列集体行动。1914年6月,地毯业三盛永作坊工人李玉珩要求照旧章增长工价1倍,地毯行"少为增涨,未从其愿",遂发动义盛公、同兴公、义聚恒、三盛永、玉盛

---

① 冯华年:《民国十六年至十七年天津手艺工人家庭生活调查之分析》,《经济统计季刊》1932年第1卷第3期。

② 天津市档案馆等编:《天津商会档案汇编(1912—1928)》,第1259页。

③ 《物价腾涨与津民生计之状况》,《大公报》1925年1月11日第6版。

永、庆丰合、义合公等作坊工人罢工。[1]1921年9月,天津文盛、和益、德元、德昌、永盛、德成等香店制造料香工匠也为要求增长工价而罢工。该工匠工价历年系按照钱1吊880文作现洋1元计算,而此时洋元市价已增至3吊有余。因此工人以粮价高昂,邀集工人,全体罢工,要求增长工价。[2]鞋业工人多次采取罢工措施或以罢工相威胁,要求增长工价。1920年8月,鞋业工人"因近来生活程度日高,每日工作所得不足糊口",相约要求雇主增加工资,如不能达到目的,"即罢工为最后之武器"[3]。1921年9月,鞋行内外作工人要求增加工价,否则全体罢工。[4]1922年3月,天津鞋行切排工人以铜元跌价,突然罢工,其余各外工也相继罢工,停工者万余人。[5]1923年铜元危机中,3月鞋行工人要求维持工价,鞋行将鞋工工资由铜元改发银元,但鞋行尚作工人"要求过厉,敝行各商号难供无厌之求,是以拒绝,深恐该尚作心怀不平,有不肖工人居间蛊惑,演出恶剧"。1923年6月,鞋行缝作工人全体罢工,要求涨工价。1924年7月,该行工人再次以铜元跌价为由,散布传单,策划罢工。[6]

20世纪30年代初,受世界经济危机的影响,劳工问题较以往增多。其中,地毯业工人的罢工最为频繁。1929年4月,特别一区美商美隆地毯工厂工人向厂方要求以地毯剪下之花毛划归工会所有,遭到厂方拒绝。全厂270余工人实行怠工,厂方极为愤怒,谓工人若怠工,工厂即停业,并预备支给工人应得工资,驱逐工人离开该厂。美隆工潮由此发生。[7]1929年4月,天津提花工厂实行减薪2角,引起工人不满,险酿成工潮。[8]1929年5月,染绸绫业工人要求增加酒资,资方不允许,劳资双方产生争

① 天津市档案馆等编:《天津商会档案汇编(1912—1928)》,第3132—3133页。

② 《香店工人罢工》,《益世报》1921年9月21日第10版。

③ 《预防鞋业作集会罢工》,《益世报》1920年8月10日第10版。

④ 《商会预防鞋业工人罢工》,《益世报》1921年9月1日第10版。

⑤ 《鞋工罢工之续志》,《大公报》1922年3月19日第1版。

⑥ 天津市档案馆等编:《天津商会档案汇编(1912—1928)》,第1272页。

⑦ 《美隆工厂工潮》,《大公报》1929年4月4日第11版。

⑧ 《提花厂减低工资》,《大公报》1929年4月14日第12版。

议,劳方并以罢工相威胁。①1930年11月,法租界大来洋行附设之地毯厂工人因所吃面包太黑,酿成工潮。后经理被撤,工潮平息。12月,工人再次因面包太黑,工资待遇太劣,全体绝食,将厂门封闭,不准职员出入,并毁坏木器若干。工部局调来消防队,与工人对峙。②天津市社会局调查称:"工人工资为工人维持生活唯一之来源,近年生活程度日高,而各工厂则均以营业不振,无力增加,于是工人感觉收入之不足,每以要求增加工资,而致酿成工潮,故近年劳资纠纷之动因,往往以工资问题为主。"③

除了要求增加工资外,其他因素也导致了工人的罢工行为。开除工人引起的罢工比较常见。1926年,美商海京地毯厂因工人组织工会,被厂主开除,激成罢工风潮。④1929年5月,乾昌地毯工厂将在该厂作工的地毯工厂第四分会干事李有真、杨宣两人无故开除,激起全厂400余工人罢工。⑤1929年8月,美商海京地毯厂工人发生罢工,其原因为该厂开除工人数名,诸工人跪求厂方收回成命,未果。⑥1930年8月,泰隆地毯厂再次因开除工人发生停工风潮。⑦此外,还有停业、工头剥削等引起的劳资纠纷或工人罢工事件。1932年11月,博明织布工厂以营业不振,宣布停业,遣散工人,100余名工人失业,发生劳资纠纷。⑧1932年11月,英租界美商倪克地毯厂100余名工人因工头剥削过甚,举行全体罢工。⑨

近代天津城市手工业工人的罢工事件,不管是要求增加工资,还是反对解雇工人,或者反对停业、工头剥削等,这些抗争行为均是基于手工业工人的生存需求,是基于"生存伦理"的抗争。手工工人抗争所依赖的资源经历了由非正式组织资源向正式组织资源的转变,他们的行动意识也

---

① 《染工争议》,《大公报》1929年5月6日第12版。
② 《大来地毯厂之面包黑白酿成风潮》,《大公报》1930年12月16日第7版。
③ 天津市社会局编:《天津市工业统计(第二次)》,第77页。
④ 《海京工厂又发生工潮》,《益世报》1926年2月4日第10版。
⑤ 《又一地毯工厂工潮》,《大公报》1929年5月13日第12版。
⑥ 《海京工潮》,《大公报》1929年8月21日第11版。
⑦ 《泰隆工潮解决》,《益世报》1930年9月6日第6版。
⑧ 《博明织布工厂宣布停业遣散工人》,《大公报》1932年11月8日第7版。
⑨ 《倪克地毯工人昨日罢工》,《大公报》1932年11月18日第7版。

由不自觉向自觉转变,在集体行动中的表现由不积极到更加积极。

　　起初,手工业工人进行罢工等集体行动往往是在少数工人的鼓动或胁迫下开展起来的,他们尚未萌发出阶级意识,也没有成立专门的工人组织,而是借助各种传统资源谋划罢工等事宜。1914年6月,地毯业三盛永作坊工人李玉珩要求增长工价1倍,因地毯行"少为增涨,未从其愿",遂煽动数家作坊工人罢工。这些工人没有正式的工人组织,筹划罢工的方式为在景乐茶园约集开会,"聚众数百人之多,每日在西门外景乐茶馆会议"①。1915年8月,天津磨夫为增长工价而罢工。天津磨夫多为盐山县人和其他各县人,其住处有17处,每处各有1名首领。罢工起于各处磨夫首领散发传单,蛊惑工人,导致全行业磨夫要求增长工价而罢工。17处磨夫首领,要求全体工人必须采取一致措施,不罢工者每人罚洋17元、酒席17桌。②1921年9月,香业工人罢工,为首罢工工人将各作坊工人聚集在一起,在会宾茶楼谋划罢工,增加工资,散发传单,并威胁不愿意罢工的工人,"如有不遵罢工定章私自工作者,定以白刃相见"③。1926年,天津文升香店、德胜香店、和益香店等工人每日在场院西德茶楼会议,决定举行全体罢工。作为纸牌工人头目,刘某与工人在河东沈庄子某姓空房会议,因向各纸牌作坊要求增加工资未获允许,决定全体罢工。④上述事实表明,在20世纪一二十年代,手工业工人的集体行动没有正式的组织资源,其行动的开启往往是由于少数工人领袖的鼓动,工人领袖以煽惑、强制甚至惩罚的措施发动工人,工人的罢工行为并非完全出于自觉和自愿。在工人的联结中,传统的乡缘、地缘关系在手工工人罢工中发挥了凝聚工人的非正式组织力量,成为手工工人走向罢工的资源支撑。

　　尽管大多数手工工人的集体行动没有正式的组织资源,但也不排除少数行业建立过工人组织。如鞋业切排作工人在20世纪初组织了切排工

---

① 天津市档案馆等编:《天津商会档案汇编(1912—1928)》,第3132—3133页。
② 天津市档案馆等编:《天津商会档案汇编(1912—1928)》,第3168—3169页。
③ 天津市档案馆等编:《天津商会档案汇编(1912—1928)》,第3184页。
④ 《手艺工人罢工讯》,《大公报》1926年9月8日第7版。

研究分会。该会本以研究切排工艺为目的,但在民国初年切排工研究分会多次发动切排工罢工,要求增长工价。1915年,切排工研究分会以兴义隆鞋店虐待工人并多次强迫切排工人落价,请求总商会核议维持。此外,各鞋店勒令切排作工人捐助储金,切排工研究分会致函天津鞋商的组织天津鞋商研究所,要求归还工人储金。鞋商研究所再三推诿,切排工研究分会请求总商会予以解决。与此同时,天津鞋商研究所及鞋行全体向天津总商会指控切排工研究分会敛钱肥己,请求将其解散。天津总商会派员调查,认为该会“成立以来,向未研究工作如何进步,如何改良,日专与鞋店作难,鞋店每向工人挑剔工作或有辞退工人,该分会即于鞋店出以抵制,或怂恿工人罢工手段相对待,并勒逼贫苦切排工人每人每年纳会费4元,每日尚须出铜元1枚,以供该分会之挥霍”。天津总商会将此事详报直隶军务巡按史,请求将切排作研究分会立即取消。最终,直隶军务巡按史发布饬令,将切排工研究分会解散。①至此,天津鞋业切排作工人的组织被解散。天津切排工研究分会作为工人组织在研究工艺的原始功能之外,已经萌发出维护工人利益的意识。

北洋政府时期,工会组织没有成立之前,手工工人罢工等集体行动的化解往往由雇主组织(比如商会)或私人在劳资之间发挥调解作用,而北洋政府对待罢工的态度则是严厉取缔,没有发挥积极作用。1922年3月,天津鞋行工人罢工,鞋商研究所一方面函请警察厅严禁;②另一方面致函切排作工师,指责要求工价过高,而商号经营困难,获利极微,并威胁称如长期罢工,将另招工人或歇业。不过,鞋商研究所也主动让步,议定“对于洋价少作,且罢工损失,酌予津贴”,限3日内开工。③鞋商研究所还请总商会发布布告,指出全体罢工“不过有首要数人鼓动令双方废时失业”,“唯恐社会不明真相,误会苛待工人,陷吾侪于不义,不得不将详细披露”④。

① 天津市档案馆等编:《天津商会档案汇编(1912—1928)》,第3144—3155页。
②《严禁鞋行罢工》,《大公报》1922年3月18日第1版。
③《鞋工罢工之续志》,《大公报》1922年3月19日第1版。
④《布告鞋工之纠葛》,《大公报》1922年3月22日第1页。

这一举措无非是为了赢得舆论制高点。在鞋商研究所与工人僵持不下之际,美华鑫等20余家鞋店因不满鞋商研究所之举动,单独向工人提出优待条件,解决了纠纷。①这说明,一些手工业主并不想与工人对峙下去。至3月21日,罢工已经10天,商会与鞋商研究所均束手无策。赵耀庭、贾树清两人"特联络合与双方融洽者十余人,出而调停",先向工人接谈,再赴鞋商研究所与各商接洽。②经协调,切排工人与鞋商订立了约章,增加了工价,于25日复工。③此次罢工的解决,公权力并没有介入,警察厅只是象征性地发布了严禁罢工的布告。私人调解发挥了重要作用,"敝所与调和人一再磋商酌增价目,几至舌敝唇焦,始克就绪"④。不过,赵耀庭、贾树清具有中共背景,说明中共积极在手工工人中施展影响。1923年和1924年鞋行缝作工人两次要求涨工价而全体罢工,也是"经友人出为调停了处完结"⑤。由于工人组织缺位,因此集体行动发生时,雇主组织亦是参与协调的重要力量。1923年初鞝鞋工人要求增加工价,经鞋商研究所"迭次向双方调和",最终满足了工人的要求,规定工价随铜元波动。⑥这说明鞋商研究所面对罢工虽有时采取威胁态度,但在协调劳资纠纷中亦有积极表现。

北洋政府对于罢工等集体行动持严禁态度,缺乏有效的调解机制。1914年6月,三盛永地毯作坊工人李玉珩煽动罢工,各作坊以罢工有损实业,亦妨碍治安,呈请天津警察厅查照究办。李玉珩被罚做苦3个月,以儆效尤。⑦1919年天津成衣行要求增长薪水而罢工,警察厅发布布告称,"若不严行查禁,将何以保地面之公安"⑧。20世纪20年代天津地方政府多次发布布告,严禁罢工。针对鞋业工潮,有评论认为各方"依然抱其专制主

---

① 《鞋商对待劳工之近讯》,《益世报》1922年3月22日第10版。

② 《鞋工潮可望平息》,《大公报》1922年3月23日第1版。

③ 《鞋商工人之约章》,《大公报》1922年3月26日第1版。

④ 《鞋工和解后备案》,《大公报》1922年3月30日第1版。

⑤ 天津市档案馆等编:《天津商会档案汇编(1912—1928)》,第1272—1273页。

⑥ 《鞋工要求增价之结果》,《大公报》1923年4月22日第2版。

⑦ 天津市档案馆等编:《天津商会档案汇编(1912—1928)》,第3132—3134页。

⑧ 《警厅禁止成衣罢工布告》,《益世报》1919年11月6日第10版。

义,施其高压手段,由鞋商而研究所,由研究所而总商会,由总商会而警察厅,彼则曰取缔,此则曰拿办"。这种对待劳工的态度,"当此各界工党蓬勃之际,设使激出意外,若辈不得辞其咎也"①。上述史实表明在劳资之间官方没有起到调解作用。

20世纪20年代后,随着国民革命的兴起,在革命启蒙下,手工工人阶级意识逐渐萌发,组织程度得到提高。1922年下半年,中国劳动组合书记部在天津设立支部。在中共的发动下,一些行业开始组织起来,成立了鞋业切排工人联合会、绱鞋同业会、缝纫同业救国团等组织。1924年,中共天津地委成立,地毯、扎彩油漆、雕刻、绱鞋、提花等手工行业陆续成立了工会。1925年8月,成立了天津总工会,但很快被北洋政府取缔。同年12月北伐军进入天津,总工会恢复活动,三条石铁厂工会、木器工会、立兴帆布厂工会等手工业工会建立。②1925年前后,国民党也打入天津,建立了天津市党部,支持并发动工人罢工。总工会也得到了国民党的支持,以团结工人,鼓动工人罢工。1926年初,总工会宣言称:"工会是保护工人的母亲……有了工会,才没有人敢欺负工人,有了工会,咱们生活才有靠背,有了强大的工会,资本家才不敢无故打骂、开革,有了坚固的工会,军阀才不敢任意压迫、逮捕、枪杀。"③不过此后,总工会无形解散。1928年8月,天津市总工会"接受了中国国民党的命令,听从了中国国民党的领导"而成立。总工会声称:"固然要求改善以往我们所不堪忍受的困苦生活,但这绝非是我们唯一的目的,我们组织工会最重要的意义,是要集中我们的力量,准备着负起建设的责任,解决自公开组织工会以来之纠纷。"④

南京国民政府成立后,天津手工业工人相继成立了工会组织。据

①《鞋商对待劳工之近讯》,《益世报》1922年3月22日第10版。

② 天津市总工会工运史研究室编:《天津工人运动史》,天津人民出版社1989年版,第35、49、51、86页。

③《津总工会之宣言恢复》,《益世报》1926年1月10日第11版。

④《天津市总工会成立》,《益世报》1928年8月26日第10版。

1929年4月天津市社会局调查,天津市手工业成立工会的有地毯业、印刷业、制革业、提花业、金银业、漂染业、鞋业等。其中地毯业共成立了7个分会,会员人数1692人。提花业有4个分会,会员人数546人。鞋业有5个分会,会员人数447人。①据1930年2月调查,天津各级工会174个,工人31519人。②由于国民党开展民众训练工作,工会的成立得到了国民党的支持。工会成立后,工人被组织起来,借助于工会力量开展集体行动。1929年11月,德商泰隆地毯厂将毫无过失的4名工人开除,引起劳资纠纷。被开除工人即复地毯工会第一分会请求援助,该会当即转呈总工会。③在工会的组织之下,手工工人在与雇主的对抗中具有了更加有力的组织武器。

在劳资纠纷引发的工人罢工等集体行动中,天津市国民党党部及民训会、社会局等党政部门成为劳资争议的协调者。市党部民训会积极推动工会的成立,开展工人组训工作,以"领导工人参加国民革命"④。而社会局则为调解工潮的机关。与此同时,一些处理劳资关系的机构相继设立,并发布了《劳资争议处理法》等相关立法,天津特别市社会局据此成立了劳资仲裁委员会,社会局还设立劳资调解委员会。1931年1月,市劳资争议处理委员会成立,争议发生伊始先由市党部或社会局予以调解,若不能解决,则由该会解决。⑤这些制度规定和组织设置,为手工工人及其工会与雇主之间纠纷的解决提供了保障,逐渐形成了党政调解机制。党政力量的介入,为集体行动的组织发动以及纠纷的解决提供了支持。1929年4月4日,美商美隆地毯厂工会因要求花毛被拒、工人被开除实行罢工。工厂以经营困难为由,趁机停业。工人主动罢工引发的集体行动由此转

---

① 《各工会组织之概况(续)》,《益世报》1929年4月8日第11版;《各工会组织之概况(续)》,《益世报》1929年4月9日第11版;《各工会组织之概况(续)》,《益世报》1929年4月12日第11版。

② 《津门琐话·工会统计》,《大公报》1930年2月22日第11版。

③ 《泰隆劳资潮》,《大公报》1929年11月22日第12版。

④ 《总工会二届代表大会》,《大公报》1929年4月16日第11版。

⑤ 《劳资处理会成立》,《大公报》1931年1月29日第7版。

变为被动谋求复工的维权运动,市总工会、社会局、政府、党部纷纷参与进来。在总工会、民训会请求下,市长崔廷献向美总领事要求该厂复业,并允诺由市党部及总工会自行处分被开除的工会分会执委李静山等3人。美总领事称停业非因工人罢工,实因营业亏累,复工须请示美国总厂。①市党部民训会为维护工人利益,提出复工、花毛归工人、停业时预发3个月工资、复业时优先使用旧工人等4项条件,②被拒绝。美隆表示可以复工27天,期间不开除工人,但拒绝花毛一项,代以40元奖金。停业后,每人多支给1元。工人对停业后只给1元颇为不满。③尽管如此,工人表示可以复工。④毯业工人这次集体行动得到了天津市当局的支持,但罢工的最初目的没有实现,还使厂方以极低的成本获取了停业的合法性。事后,市民训会认为罢工事前既无准备,又未得到总工会许可,进而对各工会提出训诫:"此后关于劳资纠纷,应以法定手续以求解决,不得轻举妄动,自肇失败。逼不得已而罢工,必须事先呈报总工会……以肃工会之纪律,而整革命之战线。"⑤同时,市民训会要求各雇主不得任意辞退及虐待工人,要"明了组织民众团体之意义"⑥。市民训会的态度表明,国民党希望将工人的罢工行为纳入组织化的管理和控制之下。

市民训会的训令也表明在政权建设步入正轨后,国民党的劳工政策已发生变化,由国民大革命时期的"袒工抑商"向强调"劳资合作"转变。这一政策转变深刻影响了工人集体行动利益诉求的达成度。1932年11月,博明织布厂筹组工会,发起人张秀甫等8人被开除,全体工人进行交涉。7日,工厂趁机以营业停顿为由解散全体工人。工人群赴中共领导的工联会求助,在工联会委员李连顺带领下两次向市社会局、党部请愿。

---

① 《交涉中之美隆工潮》,《大公报》1929年4月6日第11版。

② 《美隆工潮仍未解决》,《大公报》1929年4月7日第11版。

③ 《美隆工潮已转圜》,《大公报》1929年4月8日第11版。

④ 《美隆工潮平息》,《大公报》1929年4月9日第11版。

⑤ 《市民训会告诫工会罢工为最后之武器》,《大公报》1929年4月12日第11版。

⑥ 《党部请市府通令厂主店主不得任意开除工人店员》,《大公报》1929年4月13日第12版。

市党部允诺"如确因工友组织工会,而驱逐工人,决令资方恢复工人工作。若系因营业亏损,亦当详查核办"①。市党部的态度是试图在劳资双方之间维持公正。次日,市社会局、党部、工联会召集劳资双方商讨办法。厂方称营业欠佳,愿发给维持费以解散工人。工人认为厂方实是借口歇业遣散工人,以另招工人。②首次调解无果而终,但党政部门还是默认了厂方可以停业。9日,社会局再提出3项办法,即发给预告期间工资、另给3天食宿费、将来营业时尽先使用旧工人。对此,厂方只认可前两条。③就在僵持不下之际,厂方另雇佣工人在夜间生产,被辞工人异常愤怒。④经社会局多次协调,厂方同意了前述3项办法,但工人要求全体复工。⑤之后,工人决定向市党部请愿,工潮的调解由社会局转移到了市党部。25日,党部提出解雇工人发给预告期间工资、厂方负担停工期间工人食宿费、复业时尽先雇佣旧工人3项办法。此时,纠纷已拖延半月有余,在党部压力下,双方表示接受。不过,工人要求提前复工、雇佣全体工人,厂方答应考虑。⑥26日,双方在市党部签字,工人额外提出11月27日起复业,最少须用40名工人,解雇工人每人发给工资6元。⑦应该说,这一协议一定程度上维护了工人的利益。但厂方选录工人时,将组织工会之工人尽行解雇,工人表示不满。社会局令厂方将所录用工人及解雇工人名单送社会局,由社会局酌定。⑧此案的解决反映了国民党所秉持的"劳资合作"的理念,兼顾了劳资双方的利益诉求,并未一味站在工人立场。

　　通过上述事实可以看到,工会作为工人的行业组织,在工人与雇主的

---

①《博明织布工厂宣布停业遣散工人》,《大公报》1932年11月8日第7版。

②《博明工厂工潮昨开劳资调解会》,《大公报》1932年11月9日第7版。

③《博明工潮昨日调解会仍无结果,再发工人食宿费十元》,《大公报》1932年11月10日第7版。

④《博明工厂另雇新人工作,工人闻询极愤慨》,《大公报》1932年11月15日第7版。

⑤《博明工潮劳资仍僵持》,《大公报》1932年11月22日第7版。

⑥《博明工潮解决》,《大公报》1932年11月26日第7版。

⑦《博明工潮解决,工厂复工》,《大公报》1932年11月27日第7版。

⑧《博明工厂工潮余波》,《大公报》1932年11月29日第7版。

争议中发挥了积极作用。手工业工人的集体行动虽然没有政治性的诉求,但影响着近代天津的政治生态。此起彼伏的工人罢工冲击了国民党政府的统治秩序,因此在面对劳资争议双方时,国民党更加强调双方的和解,以维护其政治统治的稳定。

# 第十四章　普通邮员的工作与生活

　　新式邮政的建立和发展,是近代中国现代化进程的重要标志之一。在这一领域,天津以其处于华北经济贸易的中心而得风气之先,走在全国前列。1878年初,洋人控制的天津海关以天津为中心,在北京、天津、烟台、牛庄(营口)、上海等5处海关试办模仿欧洲之法开办邮政,收寄华洋公众邮件,由此拉开了天津乃至全国邮政现代化的序幕。1912年以后的民国时期,邮政事业发展迅速,天津设直隶邮务管理局,其管辖范围曾一度远至热河、察哈尔、内蒙古等省区。在邮政运营中,邮政人员为其主体,有邮务官和普通邮员之别。①这里主要考察1912—1928年北洋政府时期天津普通邮员的状况,包括邮员构成、录用升迁、工作实态以及福利待遇等。②此一时期,尽管各路军阀头目你方唱罢我登场,政局动荡,混战不断,然而邮政却能夹缝生存,迅猛发展。之所以如此,原因很多,但邮政行业内部尤其是邮员的面相颇值得探究。

## 一、邮员的数量与构成

　　1878年海关以天津为中心试办邮政近20载,1896年清朝正式建立大

---

　　① 从北洋政府时期看,邮政人员一般分为"四班",即邮务官、邮务员、邮务生及拣信生,邮务官和邮务员属高级人员,邮务生及拣信生属低级人员。此外,还有信差、邮差、杂役等。见张梁任:《中国邮政》上卷,商务印书馆1935年版,第113—114页。

　　② 以考察华籍邮务人员为主,洋员不在此列。

清邮政官局,翌年正式挂牌营业。然而此时,天津局只有洋司事1员,供事1员,听差2名,信差7名,邮差3名,可见邮政并未获得大规模发展。[①]1900年,天津始大规模建所设局。1912年中华民国建立,大清邮政改名中华邮政,随着政治经济的变化和信息传递的活跃,邮政更进入快速发展时期。由图14-1和图14-2可见,1913年底之后,邮政局所开始大量增加。1914—1918年,邮政局及代办所从925所增加到1043所,1925年达到高峰。随着邮政机构的扩大,邮员数量也大大增加。1913年邮员总人数较1912年6月底增加2.7倍。1914年之后,平稳增加,到1918年达到高峰。而后处于波动状态,1925年为又一个峰值。

局所数量

图14-1　1912—1928年天津邮政局所数量变化折线

注:局所数目不包含城邑信柜、村镇信柜和村镇邮站。

资料来源:根据1912—1928年各年度定期册报局所数量数据制作而成,包括天津市档案馆藏,W0002-1-000075,W0002-1-000093,W0002-1-000116,W0002-1-000120,W0002-1-000146,W0002-1-000164,W0002-1-000188,W0002-1-000208,W0002-1-000232,W0002-1-000245,W0002-1-000270,W0002-1-000299,W0002-1-000307,W0002-1-000349,W0002-1-000388,W0002-1-000443。

--------

①《中华民国十年邮政事务总论》,北京市邮政管理局文史中心编:《中国邮政事务总论》(中),北京燕山出版社1995年版,第692页。

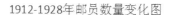

图 14-2　1912—1928年天津邮员数量变化折线

注：1912年统计数字为截至1912年6月30日的数字；1913年及以后各年度统计数字为截至该年度12月31日的数字。

资料来源：根据1912—1928年各年度定期册报人员分布数据制作而成，包括天津市档案馆藏，W0002-1-000075，W0002－1－000093，W0002－1－000116，W0002-1-000120，W0002-1-000146，W0002-1-000164，W0002-1-000188，W0002-1-000208，W0002-1-000232，W0002-1-000245，W0002-1-000270，W0002－1－000299，W0002－1－000307，W0002-1-000349，W0002-1-000388，W0002-1-000443。

　　邮员的构成主要表现在以下3个方面。

　　第一，邮员层级分明。分层是任何行业最基本的管理与运行结构。海关税务司设立和掌管邮政以来，均从税务司人员中遴选邮政人员，并无专业人士。清政府于1906年设立邮传部，1911年将邮政大权从海关税务司中接管过来，但所设邮员仍采用原来的洋员分级办法，分为邮务总办、司账、邮务司事、供事。中华民国成立后，1913年改革邮政人事制度，设立自身录用晋升体系。表14-1和表14-2为邮局工作人员的构成情况。

表 14-1　1913年邮政改组前后职务对照

| 原有职务名称 | 改组后职务名称 |
|---|---|
| 邮务总办 | 邮务长 |
| 司账 | 邮务官 |
| 邮务司事 | 邮务佐 |
| 供事 | 邮务员 |
| — | 邮务生 |

资料来源:《1913年11月13日交通总长周自齐呈大总统报明改组邮局办法并附比较表请鉴核文》,仇润喜主编:《天津邮政史料》第三辑,第6页。

表 14-2　四班制邮员等级体系

| 邮务官 | | |
|---|---|---|
| 超等一级邮务官 | 超等二级邮务官 | |
| 一等一级邮务官 | 一等二级邮务官 | 一等三级邮务官 |
| 一等二级邮务官 | 一等二级邮务官 | 一等三级邮务官 |
| 二等一级邮务官 | 二等二级邮务官 | 二等三级邮务官 |
| 三等一级邮务官 | 三等二级邮务官 | 三等三级邮务官 |
| 四等一级邮务官 | 四等二级邮务官 | 四等三级邮务官 |
| **邮务员** | | |
| 超等一级邮务员 | 超等二级邮务员 | |
| 一等一级邮务员 | 一等二级邮务员 | 一等三级邮务员 |
| 一等二级邮务员 | 一等二级邮务员 | 一等三级邮务员 |
| 二等一级邮务员 | 二等二级邮务员 | 二等三级邮务员 |
| 三等一级邮务员 | 三等二级邮务员 | 三等三级邮务员 |
| 四等一级邮务员 | 四等二级邮务员 | 四等三级邮务员(试用) |
| **邮务生** | | |
| 超等一级邮务生 | 超等二级邮务生 | 超等三级邮务生 |
| 一等一级邮务生 | 一等二级邮务生 | 一等三级邮务生 |
| 一等二级邮务生 | 一等二级邮务生 | 一等三级邮务生 |
| 二等一级邮务生 | 二等二级邮务生 | 二等三级邮务生 |
| 三等一级邮务生 | 三等二级邮务生 | 三等三级邮务生 |
| 四等一级邮务生 | 四等二级邮务生 | 四等三级邮务生 |

| 拣信生 | | | | |
|---|---|---|---|---|
| 超等一级拣信生 | 超等二级拣信生 | 超等三级拣信生 | 超等四级拣信生 | 超等五级拣信生 |
| 一等拣信生 | 二等拣信生 | 三等拣信生 | 四等拣信生 | 五等拣信生 |
| 试用拣信生 | | | | |

资料来源:《1913年11月13日交通总长周自齐呈大总统报明改组邮局办法并附比较表请鉴核文》,仇润喜主编:《天津邮政史料》第三辑,第6页。

由上可见,邮员分为高级人员和次级人员,邮务长每邮区1名,其下设有邮务官、邮务佐、邮务员,是为高级人员;邮务生乃新增等级,为低级人员;此外还有拣信、信差、邮差、听差、杂役等。自邮务官至拣信生为四班制,各班内部一般又分5个等级,每等之下又设3级(超等邮务官和超等邮务员只有一、二两级)。

第二,邮员本籍与外籍七三开。籍贯分布,往往能反映一个行业的开放程度。近代以来,直隶本省及外省的农民、商人、知识分子涌入天津,其中一部分人进入邮政行业,使得天津及直隶地区的邮员具有了地域色彩。1913年改革邮员录取机制以后,正式职员考试录取,底层人员多就近招聘,因而正式职员的籍贯地具有一定程度的随机性,而底层邮员多为当地人。表14-3为直隶邮区邮员籍贯及人数统计。

表14-3　1913年直隶邮区邮员籍贯及人数统计

| 籍贯 | 直隶 | 浙江 | 江苏 | 广东 | 福建 | 山东 | 盛京 | 安徽 | 山西 | 江西 | 河南 |
|---|---|---|---|---|---|---|---|---|---|---|---|
| 人数 | 175 | 16 | 14 | 13 | 9 | 9 | 5 | 3 | 2 | 1 | 1 |
| 占比 | 70.56% | 6.45% | 5.65% | 5.24% | 3.63% | 3.63% | 2.02% | 1.21% | 0.81% | 0.4% | 0.4% |

资料来源:依据Service List for The Year 1913,天津市档案馆藏,W0002-1-000093卷制表。

如表14-3所示,70%以上的邮员来自直隶本省。外省人居三成,以浙江人、江苏人、广东人、福建人居多,此外还有部分邮员来自盛京、安徽、山西、江西以及河南。本省人占据绝大多数,与地缘优势及人口基数有关,他们具有熟悉本地事务、安全度高、局所负担较轻等明显的任职优势,是邮局的根基。[①]尤其是底层邮员,他们只需熟悉交通线路,而无甚技术和文化要求,故全部从当地招录。外省人以江浙闽粤人士居多,既与宁波帮、闽粤潮帮在天津的活跃密切相关,也与中国邮局发轫于福州、民信局兴起于浙江宁波有联系。[②]

第三,邮员队伍年轻化。年龄结构,在一定程度上反映着行业的实力与活力。邮员的年龄结构,一是入职年龄,二是某一时间点在职邮员的年龄区间。表14-4为天津邮政总局在职邮员(不含信差、邮差、杂役等员)的年龄、入职年龄统计。

表14-4　1912年2月在职邮员年龄、入职年龄及未婚人数统计

| 年龄 | 人数 | 人数<br>(按入职年龄) | 年龄 | 人数 | 人数<br>(按入职年龄) | 年龄 | 人数 | 人数<br>(按入职年龄) |
|---|---|---|---|---|---|---|---|---|
| 16 | — | 1 | 28 | 6 | 5 | 40 | — | |
| 17 | — | 2 | 29 | 5 | 4 | 41 | 1 | |
| 18 | — | 2 | 30 | 6 | 2 | 42 | 1 | 1 |
| 19 | — | 1 | 31 | 2 | 3 | 43 | 1 | |
| 20 | — | 7 | 32 | 4 | — | 44 | — | |
| 21 | 1(未婚) | 6 | 33 | 8 | — | 45 | — | |
| 22 | 2<br>(1人未婚) | 7 | 34 | 2 | 1 | 46 | 1 | |
| 23 | 2 | 8 | 35 | 3 | — | 47 | 1 | |
| 24 | 2 | 7 | 36 | 3 | 1 | 48 | — | |
| 25 | 3<br>(1人未婚) | 3 | 37 | — | | 49 | — | |
| 26 | 6 | 2 | 38 | 3 | — | 50 | — | |
| 27 | 3 | 4 | 39 | — | | 51 | 1 | |

注:入职年龄乃笔者根据邮员1912年年龄及入职年份推断而出。

资料来源:依据Report on the Postal Staff serving in the Tientsin Sub—District on 1912.2.29,天津市档案馆藏,W0002-1-000075卷制表。

---

① 《1912年4月9日北京邮政局邮务总办申玛思致天津署分局邮务总办第258—2851号文附件:有关二等支局和经事的试行规则》,《1914年9月17日直隶邮务管理局邮务长韩拟呈邮政总局总办第1608—2938号文》,仇润喜主编:《天津邮政史料》第三辑,北京航空航天大学出版社1990年版,第3、92页。

② 刘书蕃:《序》,交通、铁道部交通史编纂委员会:《交通史邮政编》,《国邮史记》编辑部1930年影印;汪维进:《论近代宁波民信局的兴衰》,《重庆邮电大学学报》2013年第6期。

由上表可见,邮员入职集中在20~24岁之间,有35人,占总人数的51.47%;25~29岁入职人数也较多,为18人;所有邮员中入职年龄最小为16岁,最大为42岁。以20~30岁尤其是20~24岁的青年为主,表明年龄优势明显,身强体健,思维活跃,学习能力强,易于接受新鲜事物。从1912年2月邮员的静态年龄看,26~30岁较为密集,共26人,占总人数的38.24%;次为31~35岁,有19人,占总人数的27.94%。邮员皆达壮丁年龄,而且至少有1~6年的工作经验。

## 二、邮员的录用与晋升

如何招收工作人员并使其获得晋升的机会,是经营管理和有序运行的重要内容。

邮政录用邮员的基本方法是考试。邮政人员中一直奉行邮务官、邮务员、邮务生及拣信生的四班制,故邮员考试也大致分为相应的4类。此外,信差入局也要通过简单的考试,邮差、杂役等员则无考试程序。因邮务官不属于普通邮员,不在阐述之列。

第一,邮务员招录。此种考试视邮区职位空缺而定,随时在各邮区举行。投考人一般报考试用二级邮务员,考试科目包括算学、普通地理(以交通路线为要)、汉文译洋文、洋文译汉文、汉文论说、洋文论说六科,既测试其计算能力、常识、中英文水平,又考察逻辑思维、分析概括能力和语言表达水准。考试合格者,成为试用二级邮务员,试用期为18个月。在管理局或支局轮岗,以熟悉各项邮政业务。试用期满,其业务令人满意者,可保充试用一级邮务员。试用期同样为18个月,试用期满后,须参加四等三级邮务员考试,除试用二级邮务员所考内容外,加试邮务事项,以考察其对邮务知识的掌握情况。[1]譬如,直隶邮区1915年度的邮务事项试题为:[2]

---

① 交通、铁道部交通史编纂委员会:《交通史邮政编》,第226—227页。
②《直隶邮区1915年度定期册报》,天津市档案馆藏,W0002-1-000116。

（一）如包裹内装五件，经邮局查出有渍污或损坏他物之性质，此应如何释法，试详述之。

（二）若由他局寄来保险信上火漆印查有损毁或由抵动痕迹时，应如何释法。

（三）如有以过期之汇票向取银局取银，应如何办法。

（四）如遇挂号邮件被匪劫去，应如何措置。设自己为内地局长，所失之件系在所属局内，又应如何释。

（五）禁止寄递之煽惑人心邮件，邮局人员对此应如何与邮件人员释理检验之手续，试详言之。

以上5道试题，并未测试常规寄递程序，而是考察邮务员对违规情形及危机事件的应急处理。也即邮务员除需熟悉邮政运营基本规则外，还须具备沟通协调能力和应变能力。

邮务长将本邮区内试用期满且考核合格者的名单呈送邮政总局总办，名单内声明是否保荐升级，并列明缘由。获得推荐升级的试用一级邮务员，可委以实任，成为四等三级邮务员。

第二，邮务生招录。邮务生的招录程序，与邮务员相似。投考人分为两类，一是已经归入正班的拣信生，一是新投考之人。已经归入正班的拣信生，考试科目包括汉文论说、简易算术、地理、关于局内日行公务之问题及外国语言文字，要求明显低于邮务员。新投考之人考试上述前3项可稍从简易，通晓洋文者另试外国语言文字。外语并非投考邮务生的必要条件，但能识别邮件封面上的洋文信息并转列入簿册或收条内为邮务生的日常业务，故邮务生日后必须具备简单的英文能力。①

第三，拣信生招录。分普通拣信生和洋文拣信生两类。普通拣信生考生一部分来自邮局当地18岁以上27岁以下的年轻人，另一部分源于信差中特别优秀者。考试科目为中文论说、简易算术及中国地理，题目"应

---

① 交通、铁道部交通史编纂委员会：《交通史邮政编》，第238页。

从浅近"。考试及格者即派充试用拣信生,试用期1年,满期后称职者转入正班。在实际工作中,拣信生的工作与邮务生有诸多重叠,除却分拣邮件之外,他们还需处理诸多日常事务,诸如"开发收条、缮备寄信清单、编存档案、出售邮票等",因而经常被充当为邮务生使用,以使邮务生分出身来从事更为重要的工作。同样地,邮务生也经常从事邮务员的工作,邮务员被委任更为重要的工作。如此一来,邮员个体感觉深受重视,邮局也得以用低廉的人力成本从事高价值的活动,减少了财政支出。[①]

洋文拣信生是另外加派人员,派于管理局、一等局或支局、二等局或较大的三等局需要处理洋文业务之处,并不用于补充普通拣信生的缺额。报考人有两类:一为当地18岁以上27岁以下的申请人,二为特别优秀的普通拣信生或信差中"具有必需之学业程度者"。考试科目按"按照邮政办事规则所规定",除却普通拣信生所考3门科目外,还增加外国语言文字类测试。考试通过者即录用为试用洋文拣信生,试用期较普通拣信生较短,为6个月。然而试用期满后,除了要令其上级满意外,洋文拣信生需再度考试,唯有掌握足量邮政知识的人才才得以升级。[②]

第四,信差招录。信差投递及收揽信件,须具备识文断字及执笔写字的能力,故为四班人员以外唯一需要考试录用的人员。信差的申请人同样来自两个渠道,一是当地18岁以上27岁以下的投考人,二是自愿申请改入此班次的听差。信差考试内容比较简单,只要识字执笔考试及格即可。信差与邮件及民众直接接触,其工作关乎邮件是否安全快速送抵,故邮局选用信差,尤为重视品行,"诚实可靠""小心翼翼""殷勤有礼"且"体质强壮"的年轻人更受邮局青睐。考试合格录用的信差,同样需要经历6个月的试用期,期满称职者可转入正班。

此外,邮差及其他杂项人员的录用则较为简单,一般身强体壮即可,只是邮差尚需常识知其差务职责。[③]

---

① 交通、铁道部交通史编纂委员会:《交通史邮政编》,第242—243页。

② 交通、铁道部交通史编纂委员会:《交通史邮政编》,第246—247页。

③ 交通、铁道部交通史编纂委员会:《交通史邮政编》,第252页。

由制度的角度观之,邮员考试已经具备了现代人事录用制度的特征。从考试难度来看,申请高班次者,考察内容更为全面深入,申请低班次者,考察内容相对简单;由考试科目而言,地理、算术等科目与邮政相关性大,专业性强,可以考察邮员是否具备从事邮政业的专业知识和综合能力;就人才培训来讲,试用制度为邮员提供了学习适应期,尤其是轮岗制度,使邮员能够尽快熟悉邮政的各个业务环节。严格的考试招录程序,塑造了一支高素质的员工队伍,为邮政的快速发展奠定了良好的基础。

健全的考核晋升机制,是企业激励和留住员工的关键。前述邮政人员分为若干等级,这一等级制度的支撑就是晋升体制。不同班次的邮员,考核晋升的方式也有所不同。

第一,邮务员的考核。邮务员的晋升,受工龄、劳绩以及岗位需求的影响。考核邮务员是否合格,依据的是邮务员密报。密报制度是针对邮务官和邮务员的一项秘密考核制度。密报每年由邮务长填写,上交邮政总办,作为邮务官和邮务员晋升与否的重要参考。密报将邮员分为5个班次:第一班,特别优长者,当具有"卓越之学识""完全可靠可信""才具特著""处事明达";第二班,优长者,也应"可靠可信""办事称心""实堪委以重任";第三班,为中常者,至少应"心地尚属忠诚",其办事"于优劣两方面亦无特著之可言";第四班,中下者,为"乏于才具""不称置于中常班内者";最末班为不堪任用人员,凡划入此班的人员,均为品德有亏的人员。[1]由此观之,邮局注重考察的维度主要是忠诚可靠、处事能力和学识才具。只有被评为"特别优长者",才有机会获得邮务长的保荐升阶,但是邮务长必须叙述详由。后来出任南京邮政总局局长的刘书蕃,在1912年6月的密报中,即获得特别优长的评价。在学识上,其中西学水平均获"非常好(very good)"的评价,英语会话及作文双A,且通晓3种方言,福建话、南方官话以及北方官话;在处事能力上,所有的工作均获得非常出色的评价,办公准确、整洁、高效,且具备打字技能;在忠诚度上,也获得"非常忠

<hr>

① 《天津市档案馆第2842卷》,仇润喜主编:《天津邮政史料》第三辑,第435—436页。

诚"的肯定。①当年,他被提拔为后班头等供事,3年后成为首批华人邮务长之一。

至于邮务员的晋升速度,特别优长人员在一次推升之后,再行推升不受时间的严格限定,只要公务上有人才需求,即可破格提拔。刘书蕃在1898—1911年13年间连跃9级,可谓平步青云。优长人员及中常人员的晋升,则"纯以资格深浅为标准",即参照工龄按章晋升,多数邮员属于此类。中下人员基本无晋升之望,但若其能"尽力从公",则其在现居等级至少4年后,得邮务长荐举,可酌量提升。不堪任用人员,或"立予辞退或撤退",或留用察看,6个月期限内,视其表现决定复职或开除。②1922—1927年直隶邮务管理局15个职员的清单表明,5年来,有2人晋升3级,平均每隔1年晋升1级;有8人晋升两级,平均每隔1~2年晋升1次;5人晋升1级,平均每2~3年晋升1次。③大致晋升3级属于资质特别优长者,晋升2级属于优长者,晋升1级属中常者。

除却邮务员班次内部的升阶,"成绩特著者"可申请升入邮务官班次,但需该管邮务长对其既往之服务及品行完全满意,予以保荐,获得资格者才可参加升班考试。考生可考3次,有1次合格即可。邮政总局总办将参考职位遗缺及该员上次晋升之期酌情予以邮务官等级。以邮务员吴祖荣为例,1921—1925年4年连晋3级,为表现特别优长者。1926年,由三等一级邮务员直接升阶至四等一级邮务官。④

通过密报制度,邮务员的选拔有据可依,故"推升无须致谢,缘其推升之结果非为加惠个人起见","辞退或撤退之时,亦属无可怨尤"⑤。当然,由于缺乏科学量化的考核方法,对邮务员评价的好坏全凭邮务长一人判

---

① Confidential Report on Chinese Senior Staff,天津市档案馆藏,W0002—1—000116。

②《天津市档案馆第2842卷》,仇润喜主编:《天津邮政史料》第三辑,第437—438页。

③ 据天津市档案馆藏 W0002-1-000245、W0002-1-000270、W0002-1-000299、W0002-1-000307、W0002-1-000349、W0002-1-000388整理。

④ 据天津市档案馆藏 W0002-1-000232、W0002-1-000245、W0002-1-000270、W0002-1-000299、W0002-1-000307、W0002-1-000349、W0002-1-000388整理。

⑤《天津市档案馆第2842卷》,仇润喜主编:《天津邮政史料》第三辑,第438页。

断,极易受其个人好恶或与私交好坏的影响。

第二,邮务生的考核。邮务生的考核,无密报作为依据,但也按工作表现分为成绩可观、成绩中常及成绩不佳三类。成绩可观者,为服务工作中"深心敏锐"并"有才具"的邮务生,可按邮务长规定的晋升期限自然递进;成绩中常者,指"仅能免于陨越,此外并无可取"之邮务生,其晋级不能按照规定年限自然升阶,需要"从缓";成绩不佳者,是针对"素有过失不能适意"之邮务生而言,其"非特不应递级",如若所犯过失情节较重或屡犯,则"予以开除"[①]。表14-5为邮务生补充晋升办法:

表14-5　1920年邮务生补充晋升办法

| 类别 | 三等三级以下之邮务生 | | 三等三级及以上之邮务生 |
| --- | --- | --- | --- |
| | 1920年前入局者 | 1920年后入局者 | |
| 特别优长者 | 1年后晋升 | 1年后晋升 | 18个月后晋升 |
| 优长者 | 1年后晋升 | 18个月后晋升 | 2年后晋升 |
| 中常者 | 18个月后晋升 | 2年后晋升 | 两年半后晋升 |
| 中下者 | 2年后晋升 | 两年半后晋升 | 3年后晋升 |

资料来源:交通、铁道部交通史编纂委员会:《交通史邮政编》,第240—241页。

由表14-5可知,与邮务员一样,邮务生的补充晋升办法将邮务生也分为4类,即特别优长者、优长者、中常者、中下者,资质优良的邮务生晋升速度较资质平常的邮务生为快,三等三级及其以上等级的邮务生晋升速度较低等级的邮务生为慢。假设某邮务生初入邮局为学习一级邮务生,倘使其一直位列特别优长者行列,根据此年限规定,其升至超等一级邮务生需要服务22.5年,其他优长者或中常者所需年限更长。

表现优秀的邮务生,可升入邮务员阶层。也即,如果邮务长认为邮务生"品行才具实堪升入此项班级",且"该生在邮务生班经过一年者"[②],可以将其呈报邮政总局总办,允其参加升班考试,通过考试,可升入邮务员

---

① 交通、铁道部交通史编纂委员会:《交通史邮政编》,第238页。
② 交通、铁道部交通史编纂委员会:《交通史邮政编》,第239页。

班次。1920年以后,邮务生升班考试按期举行,凡是"品行才器堪以升班者",准其参与升班考试。①按期举行考试,开通邮务生向邮务员班次的流动渠道,对于邮局选人纳贤、鼓励后进影响很大。

第三,拣信生的考核。拣信生分普通拣信生和洋文拣信生,晋升路径各有不同。

普通拣信生初入邮局为试用拣信生,1年后称职者可归入正班,升为五等拣信生。其后,如果该生的工作服务令其主管满意,且在工作中"热诚任事、心思灵敏",即逐级递升。服务9年后,试用拣信生可升为一等拣信生。一等拣信生服务满2年后,若想升为超等拣信生,则需要通过考试。归入正班的普通拣信生服务满4年者,可与外界投考人一同参加邮务生班次录用考试,及格者升入邮务生班次。②

相较于普通拣信生,洋文拣信生的晋升更为严苛。试用洋文拣信生接受训练并服务6个月后,需参加学识考试,考试通过、其主管人员满意,且其对于工作亦甚"勤敏"者,方可升级,不合格者则免去职务。升入四等洋文拣信生之前,须再考试,考察其是否可充当二三等级邮局长之职,考试合格且能缴纳保证金者升级,不合格者免去职务。已归实用的洋文拣信生,只要获得邮务长的许可,即可与外界投考人一同参加邮务生甚至邮务员的升班考试。③

同等级的拣信生,洋文拣信生比普通拣信生地位要高。例如,四等洋文拣信生可担任三等局甚至二等局邮局长,而超等五级及以上等级的普通拣信生才可充任三等邮局长。另外,服务满4年的普通拣信生才能参加邮务生录用考试,而只要是实任的洋文拣信生,即可参加邮务生乃至邮务员的录用考试。洋文拣信生被视为邮务生及邮务员的备选人。

第四,信差、邮差及其他杂役人员的考核。在升班方面,信差如"服务勤慎"且有"必须之知识",可参加拣信生考试;邮差中考试合格且熟悉该

① 交通、铁道部交通史编纂委员会:《交通史邮政编》,第241页。

② 交通、铁道部交通史编纂委员会:《交通史邮政编》,第243—244页。

③ 交通、铁道部交通史编纂委员会:《交通史邮政编》,第247页。

管局地方及村镇者,可递补为信差;杂役人员中的听差考试合格且其服务令主管人员满意者,亦可递补为信差;其他人员则只享受薪资的升涨,无升班之可能。

综上可见,邮政晋升体系为邮员跨班次流动保留了一条通道,低层次邮员获得向中上层流动的可能,从而激发了学习和工作的积极性。

## 三、邮员的工作实态

工作实态,也就是日常工作,由此可以了解邮员每日工作的具体内容,工作的时间、环境等。根据工作的性质和地点,邮员分为办公局员、行动邮局局员、邮差、信差,不同班次不同岗位的邮员工作内容及环境差别巨大,即便是同一职位或者同一等级的邮员,因所在局所不同,其工作环境也不尽相同。

第一,邮政局所内邮员。在邮政局所内,邮员的邮政业务范围宽泛,单以对象划分,包括函件、包裹、汇兑、新闻纸等,再加以邮政储金及印花税等代理业务,种类繁多,涉及面甚广。本文旨在研究邮政人员,以反映邮员工作状况为主,故这里以函件的收发寄递为主,窥探各等级办公局员的工作。

首先,办公流程细化、专业化。

寄发函件,按照交寄手续分类,分为普通信函、挂号信函、快递信函和保险信函。以保险信函为例,邮局因承担了损失赔偿责任,比普通邮件更加慎重。凡开设保险信函业务之邮局,均设一保险信函处,并开设保险信函窗口,由专人负责管理。据1926年《通邮处所集》(第12版)载,[1]当时天津办理保险信函的局所有天津管理局、天津旭街支局、东马路支局、英中街北口支局、塘沽、唐山、保定、滦州车站、山海关、秦皇岛、北戴河海滨、正定、石家庄等。以上局所均为二等邮局以上,由此可知邮员至少为邮务

---

① 仇润喜主编:《天津邮政史料》第三辑,第155页。

生等级,故办理保险信函的工作为邮务员及邮务生的工作日常。要想将一封保险信函寄到收件人手中,需要经过交寄、寄发、接收、递交等工作程序。

交寄。寄件人到办理保险信函业务的邮局,购买适应信函大小的保险封套,封志信函,粘贴邮票,规范填写封面信息,办理交寄。保险信函窗口的邮员接过保险信函,先要验视信函是否遵照邮章办理,封志合格的封套上须有纯净火漆所盖的同样印志两个;粘贴邮票时,各邮票中间须互留空隙;封面需完整填写姓名、住址及保险价值等信息。然后,称验信函重量,标注在封面,掣给寄件人收据,将信函登入发往收件局的保险信函清单,并放入铁柜内妥善保管。

寄发。邮局寄送保险信函之前,要对其进行封发,由两名邮员共同完成。他们将所有保险信函从铁柜中取出,逐一验明并在清单上签字。捆扎成束后,用纸包封,盖上火漆印志,封入标有投递局名的保险邮袋,登入特别记录簿。再将邮袋押送至挂号处,挂号处在特别记录簿签字交接。为保证安全,邮袋照常封志,与普通邮袋没有任何差异,同其他普通信函或快件直寄接收局。知照单也随邮袋一并寄往。

接收。接收局收到知照单,立即交给保险信函处登记入簿。待收到邮袋后,核对邮袋与知照单,逐一查验、称重袋内信函,确认无误后签字画押,将保险信函清单一份寄回原寄局。假若邮件有遗失短少等情事,邮局长或邮务长立即通知发件局及管理局。

递交。经检查无误的保险信函,即可投递。投递之法与普通信函不同,邮局在收到信函之时,向收件人寄发知单,通知其到局亲领。邮局柜台窗口邮员收回知单,并向收件人索取经两家当地著名铺商签名盖戳的保结,辨认来人是否为收件人或其代理人。检查无误后,收件人在收据上签字,并将收据存案。

至此,保险信函的旅程结束,但保险信函处邮员的工作尚未完结。每日结班之前,他们仍要逐一核对当日发出之收据存根,确认当日所封之保险包封已经交付挂号处,确保所有信函已经登记入簿等。①

寄送一封保险信函,经历以上程序需要8名办公邮员及若干位邮差,可见邮政分工已经非常细化、专业化。天津直隶邮务管理局设有文案处、账务处、邮政材料处、档案处、无着邮件处、大公事房、发信处、本地处、快信处、挂号处、包裹处和联邮处等12个处,每个处有多位邮员,每位邮员负责一道程序,多位邮员共同完成一项工作。

其次,工作时间的差异。

工作时间有工时、工作时间段两种含义。前者指每日、每月抑或每年工作的时间长短,如八小时工作制,为每日8个小时;后者指工作的时间段,通常分为昼班、夜班或者昼夜兼程等。办公局员的工作时间,主要关乎前者,其工作时间视其所在邮局的营业时间而定。现以1915年12月1日直隶邮区邮员工作详情表为例②,对此作一说明(见表14-6)。

表14-6　1915年12月1日天津管理局辖段二等、三等邮局日工作时间

| 二等邮局 | | | | | | | |
|---|---|---|---|---|---|---|---|
| 工时(小时) | 11 | 13 | 13.5 | 14 | 14.5 | 15 | 15.5 | 16 |
| 邮局数量(个) | 1 | 6 | 4 | 9 | 7 | 3 | 1 | 1 |
| 三等邮局 | | | | | | | |
| 工时(小时) | 13 | 13.5 | 14 | 14.5 | 15 | 15.5 | 16 |
| 邮局数量(个) | 8 | 7 | 11 | 10 | 3 | 1 | 1 |

资料来源:依据《直隶邮区天津管理局辖段二等邮局1915年12月1日邮员工作详情表》,天津市档案馆藏,W0002-1-000120卷制表。

天津邮务管理局辖邮员105人,有上至邮务官下到拣信生等多个职别。管理局邮员办公均为昼班,基本可以实现朝九晚五,八小时工作制。有的职位出于工作需要,每日工作9~10个小时,如包裹处负责查验封发邮包的邮员,每日上午9时或9时30分上班,下午6时或6时30分下班,工

---

①《天津市档案馆第2876卷》,仇润喜主编:《天津邮政史料》第三辑,第137—146页。

②《1915年12月1日直隶邮区邮员工作详情表》,天津市档案馆藏,W0002-1-000120。

作9个小时;大公事房负责出售邮票的邮务生,每日早7时30分上班,晚5时下班,每日工作9.5个小时;管理局工作时间最长的是负责窗口挂号服务的试用邮务生,每日朝八晚六,工作10个小时。有些部门工作量大,工作时间长,实行倒班制。如发信处、快信处以及挂号处的邮员,他们的工作与寄发邮件直接相关,要求每日早六时起至晚间打烊均有邮员在岗,故分为两班,或朝六午一,或午一至下班,虽然每天只工作7个小时,但上班时间早,下班时间晚。总体而言,与其他行业工人相比,邮务管理局邮员的工作时间皆为昼班,较有规律。

天津支局的邮员,工作时间则要长得多。天津城内共13个支局,其下邮员最高级别为三等三级邮务员,最低级别为拣信生,工作时间一般都在每日10小时以上,有4个支局的上班时间为朝六晚九制,长达15个小时。邮员经常工作至深夜,如一支局负责保险、快递、挂号的拣信生,工作时间自上午10点起,至深夜12点止。

直隶邮区下二、三等邮局的职员,每日工作更长,一般都达到10个小时以上。小表为二等、三等邮局的工作时间。

天津管理局辖段二等邮局共32所,日工时为14～14.5个小时的局所占半数,平均日工时为13.97个小时,日工时最长者达16个小时。三等邮局41个,工作时间与二等邮局几近,日工时平均值亦为14个小时,最长者也是16个小时。而且,邮局长与普通员工的上班时间相同。有的地方同类级别的邮局,劳动强度更大。如承德府二等邮局,每日工作时间都是朝六晚十,达16个小时。承德府二等邮局长韩景琦为四等三级邮务员,每日工作同样是16个小时。

由上可见,邮局越在地方,邮员工作时间越长。

第二,行动邮局局员。铁道运输在直隶邮区占有重要地位。1904年已有铁路邮运,后称火车邮局。1914年,中国加入国际邮联,随后在京奉、津浦两条铁路线设立高效铁路邮运系统——行动邮局,归天津邮务长管辖。所有邮联邮件皆可在火车上处理,意在快速传递进出口邮件。兹以行动邮局为例,介绍火车邮务员的工作日常。

行动邮局每周运行两个来回,运行时间按照线路长短不等。京奉线行动邮局每周一、周五上午9时从北京出发,下午7时27分抵达奉天(今沈阳),每周三、周日上午9时35分从奉天出发,晚间9时30分抵达北京,每周运行47个小时15分,也即邮员每周一、三、五、日工作,周二、四、六休整。津浦线行动邮局情况大致相同,每周运行50个小时40分。①

行动邮局与普通火车邮局相同,均为在火车上加设1节邮政专用车厢,车厢内配备邮件间、分信间、拣信格子、抬桌及木凳等,由专人随火车运营递送邮件。与火车邮局不同的是,行动邮局具有二等邮局的职别,且需与外国邮局交换邮件,因而其人员配置高于火车邮局。火车邮局通常由1名拣信生担任火车邮局长,如有必要,再派1名信差为其助理。行动邮局长则由谙熟洋文的邮务员担任,其属员通常两人,为谙悉洋文知识的邮务生或拣信生。

火车开行之前,邮局长需提前检查邮车是否挂于列车尾端,如未挂于列车,邮局长应劝请铁路长官加挂。行动邮局的主要任务是与客局、本国地方邮局及其他火车邮务互换封固的邮件总包。由其他邮局送交行动邮局的邮件,须登入正副两份寄信清单,并由邮局长署以全名,正份留存,副份交给押送邮件人员携回地方邮局存案。寄交行动邮局的邮件总包,在火车开行后即行开拆,按照各邮件的寄往地分拣,重行封固邮件总包。火车每抵达一站之前,将在此站交寄的邮件封装完成,寄信清单也随包封存。待到火车抵站,由地方邮局人员上车收取重行封装的邮政总包及需要转运的邮政总包,并交付需由行动邮局运送的邮件。通过以上环节的工作,行动邮局将沿途各地的邮政局所联系起来。

邮局对火车邮务人员有严格的要求,比如邮车内不准起伙食,不得留客,不能携带任何货物,否则立即辞退。邮员只能在拣信间歇息,不得在锁闭的存放邮件专间休息。未经邮局长许可,邮局长助理不得擅离邮车。由于行动邮局人员在旅途中需要连续甚至彻夜工作,因而邮局予以

① 《1916年6月27日天津邮务长海澜呈邮政总局总办的报告》,仇润喜主编:《天津邮政史料》第三辑,第369页。

补贴。①

第三，邮差。20世纪20年代，中国邮政已经形成邮差线、铁路线、汽车线、航船线、航空线齐备的运输网络，但仍以邮差线为主。1918年，邮差邮路17000里，占邮路总里程的74.5%。邮差的日常工作包括以下内容：

首先，邮差运输流程和时间。

邮差运邮，即邮差肩挑邮件，以人力往返于邮站之间的运邮方式。邮差邮路均配有排单，邮差出发前，检查确认所有邮件均已准确无误地登入排单，且邮袋封志完好无损。出发时，在排单上加盖日期戳记，填写出发时间。邮差线路根据沿途村镇数量，大致每隔50公里设置1个邮站，邮差对于其沿途应经之邮站，无论是否有邮件递送，都正常报到，并请邮局长或邮政代办人填写到达时间，签字证明。迨到达邮件接收站，邮差将排单交予邮局长或邮政代办人，请其查验邮袋与排单项目是否相符，注意点收。其后，邮局长或邮政代办人在排单上写明邮差到达时间并签字证明。排单由最终接收局交给本区管理局核对。

邮局对邮差的运邮时间要求极为严苛，设定了严格的赏罚机制。如果邮差未在限定时间内到达指定邮站，将按其延误钟点数予以处罚。如果下段邮路邮差能将上段邮路邮差延误的钟点弥补回来，则将上段邮路邮差的罚金给予下段邮路的邮差作为奖励。反过来，如果邮差比排单规定的时间较早到达邮站，也不给予奖励，因为它对邮政运输并无影响。赏罚金额由邮务长规定，每小时不超过银元1角。②

邮差邮班根据邮路及沿途站点情况，分为每日邮班、隔日邮班、日夜邮班等。"其在通衢大道，尤为力求迅速。计轻班邮件往来大道者，每日准可发班一次。重班邮件间日发班一次，或每星期发班二次。并于多数地段，或用昼夜兼程邮差，或用马差运送轻班邮件"③。表14-7为部分旱班邮路表：

①《天津市档案馆第98卷》，仇润喜主编：《天津邮政史料》第三辑，第355—365页。
② 交通、铁道部交通史编纂委员会：《交通史邮政编》，第251页。
③ 1920年第3版《邮政纲要》第1780条，仇润喜主编：《天津邮政史料》第三辑，第349页。

表 14-7　1916年部分旱班邮路

| 邮路起止点 | 邮路长度（里） | 班次 | 全年行程（公里） | 徒步或骑马邮差人数 |
|---|---|---|---|---|
| 杨村—王庆坨 | 107 | 二天 | 19474 | 1 |
| 天津10支局—王庆坨 | 81 | 每天 | 14742 | 1 |
| 沧州—马厂 | 192 | 二天 | 17472 | 1 |
| 盐山—羊二庄 | 108 | 二天 | 19656 | 1 |
| 沧州—桑园 | 393 | 日夜 | 143052 | 11 |
| 盐山—宁津 | 165 | 二天 | 30030 | 2 |
| 泊头镇—郝村 | 90 | 二天 | 16380 | 1 |
| 泊头镇—盐山 | 123 | 每天 | 44772 | 3 |
| 南皮县—马村 | 134 | 二天 | 17199 | 1 |
| 东光县—吴桥 | 86 | 二天 | 15652 | 1 |

资料来源：1920年第3版《邮政纲要》第1780条，仇润喜主编：《天津邮政史料》第三辑，第349页。

由表14-7可见，1916年，隔日班邮差每趟行程约100公里，每日班邮差每天行程约40公里，日夜邮差每次行程约35公里。综合几种类型的邮班，邮差平均每天运邮行程50公里左右，以常人5～6公里1个小时的步行速度计算，邮差每天大约负重行走8～10个小时。

1915年火车运邮开通后，邮差的运邮线路根据火车时刻表重新组织。随着邮运效率的提高，部分邮路的邮差工作量上升。例如泊头镇至献县之间的邮差邮路，在津浦铁路开通之前，为隔日班邮路。发往献县的邮件皆经京汉铁路至沧州，再经沧州至献县的每日班邮差送达，泊头镇至献县的运邮量很少，隔日班邮路即可满足需求。津浦铁路开通以后，发往献县的邮件，改由津浦线发至泊头镇，再经泊头镇至献县的邮路运至献县。为配合邮车的发抵时间，该段邮路增加1名邮差，改为日夜兼程邮路，邮差每日下午3时出发，日夜兼程，运送上午11时36分到达泊头的南方邮件和下午2时39分到达泊头的天津邮件。邮件夜间即可到达献县进行拆分，转天上午即可投递。[①] 由于运邮频率增加，邮差班次由隔日班改为每天日夜

---

[①]《1913年12月5日直隶邮务管理局安德呈邮政总局总办帛黎第202号半公函》，仇润喜主编：《天津邮政史料》第三辑，第329—330页。

兼程,分拣员也需连夜分发邮件,邮员的工作量大大增加。

其次,邮差的工作环境。

邮差常年暴露于荒郊野外,长途跋涉,异常艰苦。如直隶邮区常遭遇水患,1915年4月17日,1名邮差在运送赤峰寄往开鲁的邮件途中,经过喇嘛荒河时溺毙。1917年邮政事务总论记载:"各邮差于涉越被水地面时,必须与艰苦相竞,若值无船之际,则需首戴邮件,泅水以涉急流,颇有几次殆难逃生。"有些为地域偏远、环境恶劣之地,如阿尔泰附近,所有通往这里的邮路均要经过数条大河,在雨水期难于渡涉。有的邮差在邮运途中,染病不起乃至身亡。1918年科布多至乌里雅苏台邮路段瘟疫猖獗,有3名邮差染病身亡。10月间,新疆流行感冒,"邮局员役于此一时或彼一时罹此而卧病者,几均人人如是"[1]。

此外,邮差还要面临强盗、战乱等危险。邮政各年月报常有邮差遭遇强盗而导致邮件丢失的记载。如1915年1月8日晚,邮差从沧州前往盐山县的途中,在作龙堂遭遇强盗抢劫,邮件丢失。同年2月9日晚,邮差赵喜接近顺义沙井村时,遭遇强盗,被抢走4个包裹和他的路费3美元现金。[2] 强盗以财物为目标,邮员一般并无生命危险,他们要及时上报情况,否则须自负责任。[3]战乱对邮政业有阻碍。直隶邮区1926年3月份月报记载:

　　负责在马厂和沧州间跑行的马厂局邮差孙德胜(音)于1926年2月19日出班后,第二天未回局。1926年2月21日一名替补邮差出班,但直到1926年3月3日才返回马厂局。据该替补邮差称,国民军曾强行派他去向小站运送弹药,他是在途中偷着跑掉的。他所携带的邮件未受损失。邮

---

① Monthly Report of District Occurrences for 4th Month, 4th Year, C.H.M.K.(April , 1915),天津市档案馆藏,W0002—1—000116;北京市邮政管理局文史中心编:《中国邮政事务总论》中,第456页;仇润喜主编:《天津邮政史料》第三辑,第323、326—327页。

② Monthly Report of District Occurrences for 1st Month, 4th Year, C.H.M.K. (January, 1915),Monthly Report of District Occurrences for 2nd Month, 4th Year, C.H.M.K.(February,1915),天津市档案馆藏,W0002-1-000116。

③ 交通、铁道部交通史编纂委员会:《交通史邮政编》,第251—252页。

差孙德胜也是被当兵的抓去干这类活儿,因他未从命而受到了毒打。孙德胜于1926年3月9日返回马厂局,他所携带的邮件亦未受损。[1]

可见,在战乱之中,邮差仍能尽力保护邮件。不仅如此,邮差还尽力穿越战线,或绕道而行,保证运邮工作的进行。1925年直奉军阀战争,京津间火车停止运行,邮局即派几名信差骑着自行车探道,打通了京津间每日班邮路。[2]

第四,信差。和邮差一样,信差也负责邮件的投递。在接到其他邮局的邮件后,邮局首先在邮件背面加盖日戳,进行分拣,随后分发给信差投递。

在天津租借地内,1913年之前,信差通常把邮件投送到仆人居室或者厨房,由仆人转交给收件人,但经常因此造成邮件延误甚至丢失。为此,天津邮局进行改革,邮差每到一户,即在门前按门铃,等待签收。[3]如此,大大减少了邮件在仆人手中耽搁的时间,提高了递达收件人手中的效率。信差回局,立即向领班报道,领班记录他们的回局时间,并查看信袋,检查邮件是否全数投递。如果信差无故晚回,领班会将情况上报管理局予以处理。

为保证信差投递的效率,邮局对信差实施了严格的监督制度。因普通邮件邮费低,数量多,不便跟踪投递情况,为此每个邮区会选出一定数量的投递检查员,负责监督一定数量的信差。每当信差出门投递之前,他们悄悄从该信差的信袋中随机抽取几封邮件,记录邮件的投递地址,随后到地检查邮件是否递达。如邮件未按时递达,投递检查员要将情况上报管理局;若信差表现优良,投递检查员也及时报告其优良行为,为信差的晋升提供依据。

相比之下,挂号邮件的投递程序更为复杂,不必设置专门的监督制度

---

① 《直隶邮区1926年3月份月报附件1》,仇润喜主编:《天津邮政史料》第三辑,第471页。

② 《直隶邮区1925年年报》,仇润喜主编:《天津邮政史料》第三辑,第467页。

③ 《1913年8月份直隶邮界月报》,仇润喜主编:《天津邮政史料》第三辑,第416页。

即可达到管理监督的效果。所有挂号邮件到局后,局员按顺序编号,将邮件的顺序编号、挂号号(原寄局)、到达日期登记入簿。信差投递时,请收件人在收据上签字,如有回执,则请其一同在回执上签字,确认无误后方可递给信件。回局后,信差立即将回执寄给原寄局,并将收据交给领班,领班查实收据签字的真伪,按挂号信顺序妥善留存,并在登记簿上记录邮件投递日期。如此,领班只需检查登记簿上已投挂号信的记录,即可掌握信差的工作情况。①

信差的工作时间与城市投递道段的数量及投递班次相关。天津租界地和市内的投递班次不同,根据1927年2月的规定,天津租界地的投递班次由每日8次减少为每日7次,市区由每日6次减少为每日5次。②同年3月,租界地的投递次数亦减为每日5次,城区的投递道段有所扩大,在信差的分配上,由一人一段改为两人一段。改革之后,每个信差平均每日出班投递2.5次,每日工作约8个小时。③考虑到信差投递完毕需要返回邮局报到,信差的日工时应与邮局营业时间大致一致,当不少于10个小时。

信差是邮局中与公众接触最频繁的人,其精神风貌影响着邮局在公众心目中的形象。有鉴于此,邮局"不厌其烦"地对信差的行为举止做了详尽的规定,并印成册子要求人手一册。信差不得涉足"黄赌毒",无论服务还是休息时间都不得在街市闲游或涉足茶楼酒肆,服务期间不得与人闲谈或口角斗殴,骑自行车时不得飙车,邮局制服需保持整洁不得污损等。④

比较而言,邮局对邮差、信差的管理和监督是最为细致、严苛的。之所以如此,邮递行业是一个视时间为生命的行业,邮差、信差所负责的运送及投递工作直接关系到邮局工作的速度与效率,因而加强对邮差、信差的监督,可以最大限度地避免邮务拖延,提高运邮效率。

---

① 《第260号通令附件2第八项》,仇润喜主编:《天津邮政史料》第三辑,第418—420页。

② 《1927年2月份邮区事务月报》,仇润喜主编:《天津邮政史料》第三辑,第424页。

③ 《1927年3月份邮区事务月报》,仇润喜主编:《天津邮政史料》第三辑,第424页。

④ 张樑任:《中国邮政》上卷,第181页。

# 四、邮员的待遇

待遇与晋升机制是相辅相成的,邮员待遇高低由晋升等级决定,而晋升等级最切实的体现即为邮员的待遇。邮员待遇涵盖范围甚广,按照张樑任在《中国邮政》中的界定:狭义的待遇包括"薪金、津贴及年终奖励金";广义的待遇,除此之外,还包含"养老金、假期旅费及抚恤"等;再宽泛一些,则意为"一切可享受之权利",涵盖"保障制度、晋级制度"等。[1]这里所讨论的待遇,为广义之待遇,包含薪金、津贴、年终奖励金、养老金、假期及抚恤。

第一,薪金。

邮员的薪金,依邮员所在班次职别划分,而职别又依工作年限不断晋升,因而邮员的薪资水平依工龄而定。

邮务员的薪金,以关平银[2]发放,试用期为月薪关平银25两,转正后,每升阶1级增加10两。表14-8是各等级邮务员的月薪水平。

表14-8　1913年邮务员的月薪水平

单位:两

| 等级 | 超等一级 | 超等二级 | 超等三级 | 一等一级 | 一等二级 | 一等三级 | 二等一级 | 二等二级 | 二等三级 |
|---|---|---|---|---|---|---|---|---|---|
| | 250 | 225 | 200 | 180 | 160 | 140 | 125 | 110 | 100 |
| 等级 | 三等一级 | 三等二级 | 三等三级 | 四等一级 | 四等二级 | 四等三级 | 试用一级 | 试用二级 | |
| | 90 | 80 | 70 | 60 | 50 | 40 | 30 | 25 | |

资料来源:《1913年11月17日邮政总局总办帛黎签署的第333号通令》,仇润喜主编:《天津邮政史料》第三辑,第11页。

由表14-8可见,1913年,超等一级邮务员的月薪为250两,是初入局的试用二级邮务员的10倍。当然,按照邮务员的晋升速度,即便表现十分

---

[1] 张樑任:《中国邮政》上卷,第145页。

[2] 关平银1两折合银元1.5元。

优异的邮务员,至少要经过20年才能升为超等一级邮务员,因而多数邮务员一生也达不到这一水平。

邮务生及其以下邮员的薪金皆以银元发放。表14-9为邮务生的月薪水平。

表14-9　1920、1925年邮务生月薪水平

单位:两

**1920年**

| 职别 | 超等一级 | 超等二级 | 超等三级 | 一等一级 | 一等二级 | 一等三级 | 二等一级 | 二等二级 | 二等三级 | 三等一级 | 三等二级 | 三等三级 | 四等一级 | 四等二级 | 四等三级 | 试用 |
|---|---|---|---|---|---|---|---|---|---|---|---|---|---|---|---|---|
| 薪资 | 100 | 90 | 83 | 75 | 68 | 60 | 54 | 48 | 45 | 42 | 39 | 36 | 33 | 30 | 27 | 24 |

**1925年**

| 职别 | 一等一级 | 一等二级 | 一等三级 | 二等一级 | 二等二级 | 二等三级 | 三等一级 | 三等二级 | 三等三级 | 四等一级 | 四等二级 | 四等三级 |
|---|---|---|---|---|---|---|---|---|---|---|---|---|
| 薪资 | 100 | 90 | 80 | 75 | 70 | 65 | 60 | 55 | 50 | 45 | 40 | 31 |

资料来源:交通、铁道部交通史编纂委员会:《交通史邮政编》,第352—353页;《1925年定期册报》,天津市档案馆藏,W0002-1-000307。

表14-9显示,1920年,四等三级邮务生月薪27元,随后每晋升1级增加3元,二等二级邮务生以上级别,每晋升1级增加6元。1925年以后,邮务生薪水上涨。

拣信生薪金水平(见表14-10)。

表14-10　1917年拣信生月薪

单位:两

| 职别与等级 | 洋文拣信生 | | | | | | | | | | | |
|---|---|---|---|---|---|---|---|---|---|---|---|---|
| | 超等一级 | 超等一级 | 超等二级 | 超等三级 | 超等四级 | 超等五级 | 一等 | 二等 | 三等 | 四等 | 五等 | 试用 |
| | 50 | 47 | 44 | 41 | 38 | 35 | 32 | 29 | 26 | 23 | 20 | 18 |
| 职别与等级 | 普通拣信生 | | | | | | | | | | | |
| | 超等一级 | 超等二级 | 超等三级 | 超等四级 | 超等五级 | 一等 | 二等 | 三等 | 四等 | 五等 | | |
| | 34 | 32 | 30 | 28 | 26 | 24 | 22 | 20 | 18 | 16 | | |

资料来源:交通、铁道部交通史编纂委员会:《交通史邮政编》,第247页。

洋文拣信生初入局月薪18元,转正后增至20元,此后每升1级增加3元,最高级别的洋文拣信生达到50元。普通拣信生的待遇没有明确规定,初入局之人"按当地薪水发给",转正后薪水较试用者增加1元,此后每升1阶增加2元,最高级别至34元。相比之下,洋文拣信生比普通拣信生高,外语人才和洋文业务深受邮局重视。

其他如邮差、信差、杂项人员,入局时均按当地标准发薪。此后,如工作勤勉,则邮差每过1年增加月薪7角5分,最多增薪8次,即经过8年,共增薪6元。信差的涨薪梯度较为复杂,有24年半增加工资的时间,最高可较初入局时增薪16.25元。听差第一年后增加月薪1元,此后每隔两年增加月薪1元,最多增薪11年,共6元。[①]1916年册报显示,徒步邮差平均每人每月支付16.75元,马差14.02元,邮车司机12.82元。[②]

与此比较,天津久大精盐工厂工人,平均月薪在9.57~13.28元之间,最高在18元上下。[③]而以上邮员的薪金则是较高的,之所以如此,大概与邮政业具有较强的独占性有关。

第二,津贴、养老金和年终奖励金。

津贴是薪金的补充,意在对薪浅任重者或者有特别差务者予以补助。邮政津贴名目很多,如调遣津贴、特别津贴、辽远津贴等。署理津贴、调遣津贴只涉及邮务官,不予叙述。特别津贴视任务的重要性而定,主要发放给身居要职而资浅薪微的邮员,如管理局账务处邮员、邮局长等人。以邮局长为例,诸多二、三等级邮局长为拣信生或邮务生担任,级别不高而任务繁重,故发放特别津贴予以补助。特别津贴数额不固定,随该邮员的晋升而减少,当该员薪水与其职务相符时即取消。若该员离职或调职,也自动取消。若该员休短假超过28日,则多休之假暂停津贴补助。辽远津贴,发放给派赴边境或内地辽远之地的邮员。邮务员或邮务生派赴内地暂时

① 交通、铁道部交通史编纂委员会:《交通史邮政编》,第252—253页。

②《1916年定期册报》,天津市档案馆藏,W0002-1-000120。

③ 林颂河:《塘沽工人调查》(1927年),李文海主编:《民国时期社会调查丛编·城市劳工生活卷(下)》,福建教育出版社2005年版,第793—794页。

服务,期限未满一月者,可领取每日不超过银元5角的伙食补贴。信差如充当差长可享受每月不超过银元5元的津贴。

另一项为养老金,1929年设立,其前身是保证防后金和资助金,设于1923年。邮务生及其以上人员享受保证防后金,邮局每月从其薪金中扣除10%为其开设账簿,年终根据盈利多寡,从邮员所扣金额中拿出75% ~ 100%分别计入该员账簿作为防后金,按年利8厘发给利息。拣信生及以下各员,邮局按其服务年限每月给予资助金。服务满5年而未及10年者,拣信生每月给予资助金1.5元,信差1元,邮差及杂役予以0.75元;服务满10年而未及15年者,拣信生每月得资助金2.5元,信差2元,邮差及杂役1.25元;服务15年以上者,拣信生每月发给资助金4元,信差3元,邮差及杂役2元。1929年,保证防后金和资助金取消,改为养老金,规定邮员服务满25年者,方可按照在职最后一个月的薪水,发给25个月,超过25年者,每多一年多发放半个月。前后对比,前者每年从邮员自己的薪金中扣除资金,日后作为保证防后金,实为用邮员自己的薪金养老;后者为邮局出资为员工养老,于邮员更为有利。

再一项为年终奖励金,正式设于1919年。此前,邮务员及其以上人员凡工作满7年者,均可按照第七年末月薪水,发给1年薪给,称"七年养老金"[①]。邮务生及其以下人员不享有七年养老金,而是发放年赏,凡服务满3年者,年末发1个月的薪给作为奖励金;服务满1年而不足3年者,发半个月薪给;服务不满1年者不享受此项奖励。[②]1919年以后,七年养老金和年赏取消,改为年终奖励金,试用于所有邮政人员,规定:凡服务满10年者,按照末月之薪率,发放1.5个月的薪水;服务10年以下者,发给1.25个

---

① 张樑任:《中国邮政》上卷,第154页。

② 交通、铁道部交通史编纂委员会:《交通史邮政编》,第372—375页。七年养老金虽名为"养老金",但应为年终奖励金。一是1919年七年养老金与年赏取消,设立年终奖励金,二者具有前后传承之因缘,而养老金于1929年才设立,时间上两者无法对接;二是从发放对象看,七年养老金涵盖范围为邮务员及其以上人员,年赏发放范围为邮务生及以下人员,发放对象刚好涵盖所有邮员而又互不冲突;三是养老金的前身保证防后金和资助金均设于1923年,而七年养老金和年赏均于1919取消,故年赏不是养老金的扩充,而是对七年养老金的补充。

月的薪水;服务未满1年或年中退职者,按期服务年限及当年服务月数,折合比例发给。

第三,假期。

邮员享受的假期主要包括长假、短假和病假。从班次界定,邮务生及其以上之邮员享有请长假及短假的权利,拣信生及其班次以上之邮员享有请病假的权利。从工龄上限定,请假门槛为"服务满四年且办事满意"[1]。

长假对于邮务员而言,服务满4年且办事令人满意者最长可请假4个月,2个月发给全薪,2个月不发薪,唯此假期4年内只准1次,且4个月假期不予拆分。邮务生服务满4年且办事满意者最长可请假1个月,并发全薪。

短假的标准是,服务未满4年者,1次请假7日或者全年累计请假10日之情形,"难邀核准";邮务生及以上之邮员服务满4年者,邮务员全年累计可请短假7日以上、展期至28日以下,邮务生全年累计可申请短假不超过14日。[2]

病假长短只有工龄之差,而无班次之别。拣信生及以上之邮员,服务满4年,准给不逾1个月的全薪病假,可展期5个月,展期假发给半薪;服务满1年而不足4年者,可展期2个月,发给半薪;服务未满1年者,可续假1个月,但不给薪水。此外,"凡邮员请长假回籍往返者,由此处调至彼处者,并出巡以及特别职务者",均照规定发给旅费。邮务生、邮务员及以上之邮员长假回籍者,发放往返旅费的50%。[3]

第四,抚恤。

邮局对于邮员因公亡故或致残者,有所抚恤。1919年以前规定,对于服务期间遇害,工作满6个月者,发给抚恤费4个月薪水,未满6个月者发给抚恤费2个月薪水。1919年后,抚恤范围扩大,亡故、残疾及正常离局

---

① 交通、铁道部交通史编纂委员会:《交通史邮政编》,第339页。

② 交通、铁道部交通史编纂委员会:《交通史邮政编》,第341页。

③ 交通、铁道部交通史编纂委员会:《交通史邮政编》,第366页。

人员,均享有抚恤。因公亡故或致终身残疾者,按照该员所在班次的起首月薪的10倍发给抚恤费,但总额不得超过银元150元。此外,对于该员最初服务5年,每年按照其亡故或残废时的薪金发放半个月薪金,其后服务各年每年发放1~4个月薪金。对于身故或因病致休或年老裁退的邮员,其最初服务5年,每年按照其离局时的薪金发放半个月薪金,其后服务各年每年发放1~4个月薪金。

以上各项待遇显示,工资水平以及其他待遇与邮员的班次等级直接相关,邮务生及其以上人员的待遇优于其他邮员,邮员待遇依班次由高至低逐步降低。

综上可见,天津邮政业普通邮员的数量、构成、分层、晋阶、工作和待遇等方面,既呈现了北洋政府时期中国邮政主体的基本形态,[1]也是中国邮政制度现代化进程的重要一页。尽管其仍以原始的体力服务为主,但其人事制度愈益完整,运输流程愈益细化,使用工具愈益多样化,已大致具备了现代邮政业的特征,适应了中国邮政业发展的需要。

---

① 邮员还有一些面相,如携款潜逃、私揭邮票、洗邮、高价售邮、私自夹带甚至走私等问题,但因资料不足,未做研究。

# 第十五章　沦陷时期伪天津市政府普通公务员之生存状态

当一个国家遭遇外国入侵乃至占领时,或者外国入侵乃至占领一个国家时,一定会面临以下问题:占领区的政治、经济、社会是如何运转的?侵略者和被侵略者的生存状态如何? 这是世界历史上不少国家和地区曾经有过的现象。中国近代史上同样存在这一历史现象,日本大规模侵华时期的中国更是如此。兹以伪天津市政府为中心,探讨日伪统治时期普通公务员的生存状态。天津是华北日伪政权统治的重心之一,较能体现沦陷时期伪政府的统治轨迹。与影响力较大的政治人物相比,普通公务员群体是日伪政权得以运转的基础性力量,其具体面相包括普通公务员的任用及其制度、薪俸与生活状况,以及受到的身心控制等方面。

## 一、普通公务员的任用及其制度

1937年7月30日,日军占领天津。在8年沦陷期间,天津的傀儡政权经历了伪天津市治安维持会、伪天津特别市公署和伪天津特别市政府等3个阶段。8月1日,也即日军占领天津的第三天,在日本驻屯军和日本陆军特务机关的控制下,伪天津市治安维持会很快成立,以"维持地方治安,恢复秩序,安定人心"为宗旨。其主要机构为:秘书室和一、二、三科,下属总务局、财政局、警察局、海上警察局、卫生局、工务局、社会局和教育局。原先一些直属中央和归省辖的机构也划归伪天津市治安维持会管理,主要有:高等法院、地方法院、内河航运局、北运河河运局、商品检验局、长芦盐务局、海关监督总署等。伪天津市治安维持会存在的时间只有4个月，到12月17日，在此基础上成立了伪天津特别市公署，其主要机构为：秘书处、顾问室、警察局、社会局、卫生局、教育局、工务局、财政局、公用处、宣传处等。伪天津特别市公署存在了6年，到1943年11月改称为"天津特别市政府"①。顾问室由日本特务机关派人控制，其他机关也多安插日本人任顾问，影响和决定着伪政府的人事权力。需要说明的是，沦陷时期天津一直处于华北日伪政权的管辖，1937年12月伪中华民国临时政府在北京成立，1940年3月改为伪华北政务委员会。

伪天津市治安维持会的职责，主要是维持沦陷初时的社会稳定，为伪市政府的成立做筹备工作。日军占领天津之初，原市政府各机关陷于停顿，职员也随之解散。8月1日伪天津市治安维持会成立后，为维持正常统治秩序，通告各机关人员限期到原单位报到。该通告原文为："查本市旧日各机关，如市政府、社会、公安、财政三局。科长以下各职员，统限8月7日起，至9日止，携带履历片分别到原机关报到，听候任用，如逾期不报即作为离职，择员另补。"②处于惶恐不安之中的旧职员，除个别外逃谋生，绝大多数只能留在当地，因为他们既受家庭之累，地方政府又不可能像中央政府那样可以转移到大后方，也很难到大后方找到合适的工作。何况，他们也不能有先见之明，看到最后日本侵略失败的结局。因此，他们在见到伪天津市治安维持会的通告后，如抓住救命稻草一般，报到者"甚为踊跃"。到8月9日，"已报到者计前市府134人，财政局68人，社会局56人，公安局80（警察在外），前市府及三局共计338人，占到原单位的70%强"③。但伪天津市治安维持会并非全部招收旧员，也选录其他机关团体

---

① 王仕华：《天津沦陷后的汉奸组织治安维持会》，中国人民政治协商会议天津市委员会文史资料研究委员会编：《天津文史资料选辑》第二十辑，天津人民出版社1982年版，第216—218页；黎始初：《日本侵华时期的天津傀儡政权》，天津人民出版社1982年版，第93—97页；《天津特别市公署机关系统表》，《津津月刊》1942年第1卷第1期；《为呈送本府及所属各机关之名称地址清册请鉴核由》，《天津特别市政府公报》第269号，1944年6月，第10—13页。

② 《所有旧机关人员限期报到》，《庸报》1937年8月7日第1版。

③ 《津市治安维持会行政机构已完成》，《庸报》1937年8月10日第1版。

的职员,但为数较少。如总务局,额定80人,其中该局旧职员有50余人,近占65%。①商检局更是如此,实际录用49人,曾在该局任职者39人,占曾在旧市政府任职总数的79.6%。②也就是说,日伪政权初期,绝大多数公务员是来自南京国民政府时期的公职人员。

为杜绝国民政府势力的渗入,伪天津市治安维持会在任用前市政府公务员的同时,又令其与国民党撇清关系。伪天津市治安维持会以1937年7月29日的通县抗日事件给当地政权造成极大损失为由,认为这一事件是国民党长期潜伏并煽动操纵通县保安队造成的,要求伪天津市治安维持会所辖所有公务员,一律脱离国民党籍,宣称国民党"鼓吹邪说,危害实烈于洪水猛兽,迄今痛定思痛,用曲突徙薪之谋,正本清源"③,并对拒不脱党者进行清洗。另外,仿照以前互保烟结的办法,强迫各职员互相保证与国民党毫无关系:"如曾经被迫或因其他不得已之情形加入国民党而未担任党内重要工作者,特别予以自新之路。准其另填悔过书,并登报声明脱党。"④再者,如后所述,日伪政权对公务员不断地进行"思想改造",以保证其忠于伪市政府。伪市政府以及日本宪兵队对公务员的思想一直进行着严密的盘查,防止国共两党势力的渗入,以保持公务员思想上的"纯洁性"。

不过,由于旧市政府职员报到者甚多,仍有一些未被录用。伪天津市治安维持会以"往日官府用人,虽亦根据官制,然往往额外设员,滥竽充数,早经成为习惯。本维持会成立于军事之秋,地面凋敝,财政困难,人事自不可不严定限制"为理由,以"一夫三役"为用人原则,规定一人应工作三人之事。旧市府各机关1935、1937年全员分别达600、900余人,现在降为300人,伪天津市治安维持会人事"虽不能以一三为比例,而至少亦可达

---

① (伪)天津市治安维持会编:《总务局工作报告》,《天津市治安维持会施政工作报告》,1938年印,第3页。

② 天津市商品检验局《天津治安维持社会局、总务局令造职员名册、履历清册及本局呈报》(1937年9月),天津市档案馆藏,J0159-1-000011。

③《公务员脱离党籍》,《庸报》1937年11月26日第4版。

④ (伪)天津市治安维持会编:《总务局工作报告》,《天津市治安维持会施政工作报告》,第148、150页。

到职务无荒废,薪资无虚糜之情况"①。未被录用的旧市政府职员,向伪天津市治安维持会申诉生活无着,请求录用。如旧市政府书记长王林祥"家口众繁……嗷嗷待哺,待救孔亟",前市政府书记员罗守谦"家困难言……如蒙成全,庶几全家得以温饱",前市政府书记员霍玉田"全家已感断炊之虑……赏一噉饭之所或酌一川资,以便归里",前财政局第二科稽查员张鹏"若不急谋一线生机,即行将坐以待毙矣",前财政局第一科总务股科员高文俊"生活顷陷绝境……迅予救济,畀以微职,俾生活无忧,不至做鬼于异乡",前捐务征收所书记吴时杰"只有束手待毙……若令往财局候用,实属迫不及待"。但伪天津市治安维持会多以各机关人员已满,无从设法,拒绝录用。②可见,有些人能进入伪天津市治安维持会已经是非常之幸运了。

1937年12月"天津特别市公署"成立后,机构扩大,继续招录旧市政府职员。一直没有获得机会的前市政府职员,继续申请职位,但与伪天津市治安维持会时一样,仍有一些未被录用。前述王林祥、霍玉田,重新申请职位,仍遭失败。以前市政府书记员为例,如邓芳林"山穷水尽,顿起绝粮之悲……赖拯援以获存",书记员王九江"彷徨无策……伏肯钧座……准予录用,以资糊口",薛赋"力疲筋竭,无法支持……请求救济,设法安插",姜书田"全家老幼,嗷嗷待毙……恳请……设法救济,予以录用,庶使全家老幼得免于难",王春如"一家数口,时告断炊……拟恳……准予录用,借以维持生活"。但特别市公署同样以员额已满,不予录用。③

除了选用前政府职员,"天津特别市公署"以及后来的"天津特别市政府"还举行初级公务员考试,选拔公务人员。如1939年5月的公务员招考,规定报考条件为:"如有高中以上学校毕业,现尚闲居,或文学政治技术具有相当经验者,均请亲缮履历,知函行政委员会,截至5月底止。"④在

---

① (伪)天津市治安维持会编:《总务局工作报告》,《天津市治安维持会施政工作报告》,第2页。

② 《旧市府职员限期报到听候任用的布告及旧人员请求工作与该署的来往文书》(1937年8月至11月),天津市档案馆藏,J0001-3-010654。

③ 《旧市府职员限期报到听候任用的布告及旧人员请求工作与该署的来往文书》(1937年12月至1938年10月),天津市档案馆藏,J0001-3-010654。

④ 《政府广求人才》,《庸报》1939年5月8日第2版。

1944年，共有756人参加公务员考试，录取210人，录取率仅为27.8%；任用135人（其中50人为临时），占录取人数的64.3%。①可见僧多粥少，考取和任用公务员的难度是很大的。

至于日伪政权的公务员制度，包括公务员的级别、任用资格、管理、待遇、奖惩等，也基本上承袭了国民政府的做法，只是对个别细节有所修改。②在伪天津市治安维持会期间，相关办法和规定主要有《职员考勤暂行办法》《职员进退转调处理暂行办法》《职员星期假日暂行办法》《职员请假暂行办法》《官吏休假规程》等。"天津特别市公署"成立后，主要有《临时政府公务员任用条例》《官吏假期规程》《临时政府公务员支俸暂行细则》《官员暂行考绩规则》《公务员恤金条例》《公务员特种抚恤条例》《公务员抚恤法》等。

公务员的级别，日伪政权也与国民政府时期一样，分为特任、简任、荐任、委任等4等，级别逐次递减，不同等级在资历要求、工作分发以及薪俸待遇等方面都有区别。同等之中，又分若干级，据"资格深浅、事务繁简、学识短长及执务勤惰以定叙级之标准"③。在伪天津市政府，具体划分为："公署设市长一人简任、参事二至四人简任。秘书处设秘书长一人简任，秘书三至六人荐任；各科设科长一人荐任、科员若干人委任。局设局长一人简任，局内设科，各科设科长一人荐任，科员若干人委任，雇佣书记若干人，视事务需要可设技正一人荐任、技士一至二人委任、视察员若干人委任。"④在以上级别中，没有国务总理和各部部长一级的特任官，市长在简任官中职位和待遇最高；局长、科长级荐任官，也属于高等公务员，地位和待遇较高；科员为委任官，地位和待遇为普通公务员，数量最多，占各机关的80%以上，这也是本章所关注的工作人员。

---

① 据天津特别市政府编印：《中华民国三十三年一月至六月天津特别市政府工作报告》，第7—8页；《中华民国三十三年七月至十二月天津特别市政府工作报告》，第6页的数据计算。

② 天津市地方志编修委员会编著：《天津通志·人事志》，天津社会科学院出版社2001年版，第78—90页。

③《公务员支俸暂行细则》，《庸报》1938年1月28日第3版。

④ 天津市地方志编修委员会编著：《天津通志·人事志》，第103页。

为了防止公务员工作懈怠,提高其工作积极性,规定了奖励和惩戒办法。1939年规定,奖励分4种,由高到低为提升、晋级、加薪和记功。惩戒也分4种,由高到低为停职或斥革、降级、罚薪和记过。记功至3次者可加薪或者晋级,记过累计3次者则给予罚薪、降级或停职、斥革。予以奖励的事项有:服务认真始终不懈成绩卓越者,办事敏捷处理得当者,供献条陈确有见地可供实施者,办理取缔案件最多者等。应给予惩戒的事项有:执行怠忽贻误公务者,瞻徇敷衍意存蒙蔽者,屡经告诫不知振作者等。发现公务员有违法、失职等行为时,交由公务员惩戒委员会处理。①

伪市政府通过考绩方法来决定奖惩。考绩分年考和总考两种。1939年颁布的《公务员考绩条例》规定,年考于每年年底进行;总考3年1次,为公务员3年成绩的考核。考绩分初核、复核和最后复核3个程序,分别由各级长官考核。初试和复试时,长官就所属各公务员工作概况、平日工作、学识、操行等3项列出事实,依考绩表所定分别填载,呈由最后复核的长官核定等级及奖惩。年考列一等者得晋级或记功,列二等者不予奖惩,列三等者得降级或记过。总考列一等者升用或进至本职最高级,列二等者不予奖惩,列三等者免职或降至本职最低级。②1942年,又制定《公务员每月考绩办法》,规定公务员须填写月终考绩表,包括工作勤、惰、优点等,以此作为年终考核的依据。③根据考绩,公务员获得不同等次的记功、加薪、晋级等奖励。如1939年,财政局获一、二等奖者211名,占该局公务员总数的78%。④

① 《天津特别市公署公报》第35号(1939年),天津市档案馆藏,401206800-J0044-2。

② 温世珍:《为奉命抄发公务员考绩条例仰遵办致公用处的训令》(1939年12月),天津市档案馆藏,401206800-J0001-3-012298-001;天津特别市公署教育局:《本局民国二十八年公务员考绩表》(1939年),天津市档案馆藏,401206800-J0001-3-010252-002。

③ 天津特别市公署:《抄发本署关于公务员每月考绩办法及考绩表致宣传处的训令》(1942年12月),天津市档案馆藏,401206800-J0001-3-009520-001。

④ 天津特别市公署:《为办理上年公务员考绩事给本署各职员的署令》(1940年1月),天津市档案馆藏,401206800-J0001-3-010281-005;天津特别市公署:《为所送民国二十八年公务员考绩表已经最后核定给社会局的指令》(1940年1月),天津市档案馆藏,401206800-J0001-3-010281-008;财政局:《为呈送公务员考绩表给市公署的呈》(1939年12月),天津市档案馆藏,401206800-J0001-3-010281-015。

表面看来,有不少关于公务员的法令和规定,但在实际操作中,仍缺乏有效的监督手段,并不能完全按章行事。每一届市长、局长等高层的就职,都会带来其同学、亲友的依次跟随录用,其中又充斥了大量的伪造证件、私盖政府印章等骗取公务员任用资格的行为。有无与上层的关系,直接影响了任用及其职位。如练习生,有关系者数日之后即可任用,没有关系者则可能数年之后仍是候补。公务员的考绩过程,也多走形式,以1939年教育局、1941年公用处的年终考绩表为例,大多填写套话,如工作"努力""勤劳""热诚",学识"富足""优博""优秀",操行"清廉""端正""直正"。主管长官对他们多评为成绩"优良",甚至要求"请予晋级"以拉拢人心,但对得罪自己的人则给予差评。①虽然《公务员考绩条例》也规定,主管初试和复试的长官如有裙带关系或经办考绩、惩戒的人员有遗漏办错事者,应"依法予以惩戒",并成立公务员考绩委员予以监督实行。但是大多数情况下,在考绩中并没有设置这个机构,从而使得考绩制度实行起来极为混乱。②

那么,普通公务员的基本构成如何呢?

天津商品检验局从属于社会局,从其职员履历大致可以看出日本占领之初日伪政权的基本面貌(见表15-1):

表15-1 天津市商品检验局职员履历(1937年10月)

| 职务 | 姓名 | 籍贯 | 任职年龄 | 出身 | 曾任职务 |
|---|---|---|---|---|---|
| 局长 | 吴季光 | 天津 | 29 | 燕京大学 | 曾任本局技正及检验股长、代理事务主任 |
| 秘书 | 邬次元 | 辽宁营口 | 33 | 大连日语专门学校 | 曾任营口县公署秘书、奉天市政公署秘书、天津内河航运局秘书 |
| 总务股股长 | 邬次元 | — | — | — | |

① 天津特别市公署教育局:《本局民国二十八年公务员考绩表》(1939年),天津市档案馆藏,401206800-J0001-3-010252-002;天津特别市公署公用处:《关于报送本处民国三十年年终公务员考绩表给市公署的呈》(1941年12月),天津市档案馆藏,401206800-J0001-3-012334-004。
② 《天津特别市公署公报》第36号(1939年),天津市档案馆藏,401206800-J0044-2。

| 职务 | 姓名 | 籍贯 | 任职年龄 | 出身 | 曾任职务 |
|---|---|---|---|---|---|
| 总务股会计 | 韩通元 | 天津 | 35 | 北平商业专校 | 曾任本局事务员、会计股股员 |
| 总务股股员 | 杨国政 | 浙江杭县 | 44 | 江苏法政学堂 | 曾任天津清查处总务科员 |
| 一 | 关伯润 | 湖北江陵 | 35 | 北京朝阳大学 | 曾任本局文书员 |
| 一 | 沈涑 | 山东历城 | 26 | 北京朝阳大学 | 曾任天津公务局科员 |
| 一 | 朱慰恩 | 河北 | 25 | 北平华北高级中学 | 曾任本局技佐 |
| 一 | 张怀民 | 河北 | 47 | 北平电气学堂 | 曾任本局雇员 |
| 总务股练习生 | 孙景明 | 静海 | 27 | 天津商业中学 | 曾任天津开滦矿务局协成分销处司账 |
| | 李子青 | 吉林 | 28 | 吉林第四师范学校 | 曾任本局雇员 |
| 一 | 周振英 | 河北 | 32 | | |
| 一 | 王之青 | 河北 | 20 | 天津特别一区中学 | 曾任本局练习生 |
| 文书事务员 | 庾德麟 | 天津 | 48 | 直隶法政学堂 | 曾任天津特别一区公署职员、科员、股长 |
| 收发事务员 | 祁鹤龄 | 北平 | 52 | 家塾十五年 | 曾任本局事务员、助理员、雇员 |
| 会计事务员 | 赵峥 | 武清 | 34 | 京师畿辅中学、天津银行簿记学校 | 曾任本局事务员 |
| 庶务事务员 | 宫济华 | 天津 | 25 | 天津新学书院 | 曾任天津实业银行行员 |
| 监印员 | 殷道周 | 北平 | 29 | 北平第四中学 | 曾任天津内河航运局稽查员 |
| 保卷员 | 齐植松 | 天津 | 34 | 天津商学院 | 曾任本局技佐 |
| 报验股股长 | 祝弼 | 北平 | 27 | 清华大学 | 曾任本局事务员 |
| 报验股技佐 | 朱文斌 | 江苏久合 | 28 | 辅仁大学 | 曾任辅仁大学理学院助教 |
| 报验股股员 | 殷宗翰 | 河北宛平 | 37 | 天津德华中学 | 曾任津浦铁路管理局材料科科员 |
| 一 | 孟朝铠 | 北平 | 42 | 北京汇文大学 | 曾任北京警察厅科员、天津造币厂办事员 |
| 报验股练习生 | 刘振武 | 河北高阳 | 34 | 县立甲种商业学校 | 曾任本局练习生 |
| 一 | 李恩普 | 天津 | 23 | 天津汇文中学 | 曾任天津市政府书记 |
| 农检事务员 | 张元福 | 北平 | 30 | 北平中国大学 | 曾任本局事务员 |
| 一 | 吴绍轩 | 天津 | 24 | 北平朝阳大学 | 曾任本局事务员 |
| 一 | 力劭农 | 福建 | 28 | 北平大学农学院 | 曾任本局技士 |
| 一 | 焦锡经 | 安徽 | 46 | 北平兽医学院 | 曾任本局技士 |
| 一 | 王蕴芬 | 上海 | 23 | 上海民主中学 | 曾任本局雇员 |
| 一 | 傅佐唐 | 河北遵化 | 29 | 唐山华英书院 | 曾任英大使馆打印员、津浦铁路车务处运输科员 |
| 一 | 李邵权 | 天津 | 24 | 高等中学 | 曾任本局技佐 |

| 职务 | 姓名 | 籍贯 | 任职年龄 | 出身 | 曾任职务 |
|------|------|------|------|------|----------|
| 一 | 赵振元 | 河北玉田 | 33 | 天津师范 | 曾任本局技佐 |
| 一 | 曹鹤翔 | 浙江杭县 | 21 | 天津圣功中学 | 曾任本局练习生 |
| 一 | 白毓新 | 河北通县 | 24 | 天津圣功中学 | 曾任本局练习生 |
| 一 | 胡恩玉 | 天津 | 28 | 天津特区中学 | 曾任津浦铁路司事 |
| 一 | 江善辅 | 江苏 | 32 | 北平大学农学院 | 曾任本局技士 |
| 一 | 陈庆昇 | 湖北 | 28 | 清华大学化学系 | 曾任本局技士 |
| 畜产技士 | 沈友仁 | 河北清苑 | 26 | 北平大学工学院 | 曾任本局代理技士 |
| 练习生 | 白经楚 | 天津 | 27 | 天津新学书院 | 曾任本局技佐 |
| 一 | 姜恩仲 | 天津 | 25 | 高等中学 | 曾任本局技佐 |
| 一 | 张恩绩 | 河北 | 30 | 北平四存中学 | 曾任本局技佐 |
| 一 | 靳义 | 河北 | 26 | 北平华北中学 | 曾任本局技佐 |
| 一 | 贾竹友 | 河北 | 21 | 天津觉民中学 | 曾任本局练习生 |
| 一 | 关荫绍 | 北平 | 28 | 高等小学 | 曾任本局练习生 |
| 一 | 简蓬壶 | 福建 | 38 | 天津新学书院 | 曾任本局练习生 |
| 一 | 吴贞媛 | 天津 | 22 | 天津中西中学 | 曾任本局练习生 |
| 一 | 郑家玫 | 广东 | 22 | 天津仰山中学 | 曾任本局练习生 |
| 一 | 何清兰 | 天津 | 22 | 天津仰山中学 | 曾任本局练习生 |
| 一 | 许晓东 | 安徽 | 42 | 莱芜圣雅各中学 | 曾任本局雇员 |
| 一 | 王锦珍 | 天津 | 24 | 天津仰山中学 | 曾任本局练习生 |

资料来源：天津市商品检验局：《天津治安维持社会局、总务局令造职员名册、履历清册及本局呈报》(1937年9月)，天津市档案馆藏，J0159-1-000011。

根据后述公务员的级别，表15-1所列公务员中，除了局长、局秘书和2名股长，其他都可视为普通公务员，共计46人。由此大致可以看出以下3个特点：

第一，文化素质较高。除了52岁的祁鹤龄的学历为"家塾十五年"、关会绍为高等小学以外，其余均是中等学校以上出身，其中毕业于大学和专科学校的有24人，约占普通公务员总数的52.2%，超过一半以上。学历之所以较高，与公务员的录取资格有关。伪天津市治安维持会期间，公务员大部分为旧政府的职员，而国民党政府考试院曾规定，公务员考试分为普通考试、高等考试和特等考试三等,应考人员需要具备相应的资格和学历,普通考试为公私立中等以上学校毕业或相同学力,高等考试为公私立大学及专科学校毕业或同等学力。[①]

第二,平均年龄较小。年龄最大的52岁,年龄最小的仅20岁,平均30岁,其中30岁以下者27人,占普通公务员总数的58.7%。表中所示不是入职年龄,否则还要年轻一些。可见,日伪政权普通公务员是一个比较年轻化的构成。

第三,地方色彩浓厚。来自天津14人、河北13人、北平5人,总计京津冀地区32人,占普通公务员总数的69.6%。即便是其他地区的人,也大都是毕业于天津和北京的学校。可见,日伪政权比较注重对当地人的选用,以增强他们的认同感和归属感。

表15-1所显示的基本特征也大体适用于局长、局秘书和股长等高级公务员。

又据1941年伪天津特别市公署公用处职员的统计,除了局长、荐任秘书、科长、技正之外,第一科、第二科、技术室其他普通公务员共计39个。具体信息只有年龄和籍贯,而无学历和任职前的工作机关。在任职年龄上,最大55岁,最小23岁,平均35岁,其中30岁以下者12个,占总数的30.8%,比沦陷初期天津市商检局公务员的任职年龄大。在籍贯上,来自天津13人、河北13人、北平4人,总计京津冀地区30人,占总数的76.9%,比天津市商检局的京津冀比例高。[②]总体而言,公用处普通公务员的基本特征与天津市商检局相似。

## 二、普通公务员的薪俸与生活

公务员是一个依靠政府薪金维持生计的群体。在整个沦陷时期,随着

---

① 《考试法》(1929年8月),刘昕主编:《中国考试史文献集成》第七卷,高等教育出版社2003年版,第335页。

② 据《天津特别市公署公用处行政工作暨事业计划汇刊》,1941年印,第7—10页资料计算。

战争的发展,其生活经历了一个从比较舒适到十分艰难的过程。沦陷初期,由于物价上涨幅度较小,公务员凭借其较高且稳定的收入,处于一个相对优越的生活状态。后来通货膨胀加剧,"物价是几何数的上涨,而薪金却是按成上涨"。由于薪俸没有得到相应的提高,生活水平持续恶化,以至于最后难以维持基本的温饱。[①]以下所述,主要是普通公务员的状况。

在伪天津市治安维持会期间,公务员的月工资分为甲、乙、丙、丁、戊五等。其中,甲等700元,仅委员长一职;乙等分2级,分别为500和560元,包括委员、局长和秘书长;丙等由180~300元,分为7级,每20元1级,包括秘书主任、科长、秘书、督察长、督学、技正、处长、特区公署主任等职;丁等分为14级,在40~160元之间,其中40~80元每增加5元一级,80~120元每增加10元一级,120~160元每增加20元一级,包括秘书、主任、科员、办事员、视察、调查员、稽查员、督察员、技师、技士等职位;戊等分为10级,在20~38元之间,每增加2元一级,职位包括书记和雇员。[②]以上所列,甲、乙、丙三等为高级公务员,丁、戊两等为普通公务员,薪俸在20~160元之间。再以伪天津市治安维持会时期的总务局为例,对公务员薪俸的分布做进一步具体的分析(见表15-2):

表15-2　伪天津市治安维持会总务局公务员月俸

单位:元

| 科目 | 局长 | 秘书 | 科长 | 主任 | 主任 | 科员 | 科员 | 科员 | 科员 | 办事员 | 办事员 | 办事员 | 书记 | 书记 |
|---|---|---|---|---|---|---|---|---|---|---|---|---|---|---|
| 人数 | 1 | 1 | 3 | 5 | 3 | 1 | 7 | 5 | 1 | 6 | 7 | 14 | 7 | 3 | 16 |
| 薪俸 | 500 | 200 | 260 | 160 | 140 | 120 | 100 | 85 | 80 | 70 | 60 | 50 | 40 | 35 | 30 |

资料来源:(伪)天津市治安维持会编:《总务局工作报告》,《天津市治安维持会施政工作报告》,第8—9页

从上表15-2中所见,局长、秘书和科长列甲、乙、丙三等,为高级公务员;主任、科员、办事员、书记列丁、戊两等,为普通公务员。普通公务员共

①《小公务员的生活》,《华北新报》1944年7月12日第4版。
②(伪)天津市治安维持会编:《天津市治安维持会施政工作报告》(1938年印),《总务局工作报告》附录《天津市治安维持会官等官俸表》。

75人,占全局总人数的93.7%,薪俸集中于30~160元之间。

1937年12月,伪天津特别市公署成立后,对公务员的薪俸制度进行了调整。按《临时政府公务员支俸暂行规则》规定:"公务员薪额分为特任、简任、荐任、委任四等,又将科员以下普通事务员未入编制者列为雇员,委任之后为最后一等。"每等又分若干级,特任分4级,一级2000元,四级800元,其间每级相差400元;简任分6级,一级700元,六级450元,每级差50元;荐任分12级,一级400元,十二级180元,每级差20元;委任分12级,一级170元,十二级60元,每级差10元;雇员分6级,一级55元,六级30元,每级差5元。①委任为普通公务员,其薪俸额度与伪天津市治安维持会期间相差不大。

在公务员中,普通公务员的收入比较低,但如果与工人相比,仍是优越的。表15–3为天津市部分行业工人的工资表:

表15–3　天津市工厂工人月工资一览(含童工)(1938年6月)

单位:元

| 类别 | 纺织业 | 服装业 | 饮食业 | 橡革业 | 玻璃业 | 印刷业 | 造纸业 | 交通业 | 家具业 | 冶炼业 |
|------|--------|--------|--------|--------|--------|--------|--------|--------|--------|--------|
| 最高工资 | 14.54 | 13.5 | 54 | 25 | 28 | 27.6 | 11.75 | 30 | 15 | 13 |
| 最低工资 | 5.13 | 4.25 | 10.2 | 3.83 | 2 | 5.5 | 3.75 | 6 | 5 | 9 |

资料来源:《民国二十七年天津特别市公署行政纪要》,1938年印,附录《各业工厂一览表》。

由上表可见,天津各类企业只有饮食业工人的最高工资为50多元,接近公务员中的科员、办事员,其他几乎都低于30元。而普通公务员,最低的书记、雇员,也有30元。况且,工人每天工作时间都在10个小时以上,公务员则每天只有6~7个小时的工作时间,伪天津特别市公署就规定上班时间为9:00—12:00、14:00—17:00,每天工作6个小时,甚至有的机关每天只有半天上班时间。衣食无忧的生活,以及令人羡慕的社会地位,使得公务员及其妻子具有明显的优越感,以至于被其他劳动阶级冠以"先生""老爷""太太"的称号。不过,这种日子到物价上涨之后发生了改变。

---

① 天津市地方志编修委员会编著:《天津通志·人事志》,第105页。

天津沦陷后,物价即开始小幅上升。1939年,日伪对经济实行全面统制,物价上升明显。1940年特别是1941年底太平洋战争爆发后,物价出现疯狂上涨乃至难以控制的局面。之所以如此,一是日本对战略物资进行大肆掠夺,实施更加严格的物资管制。日军在天津成立米谷统制会,统购华北各地所产大米,禁止市民食用贩卖,强行收购天津郊区所产水稻,以为军用。[①]二是货物来源减少,天津货物大多依赖于外部供应,但由于日军对物资进行严格的管制和英美等国对中国出口的限制,致使输入天津的商品大量减少。三是相较七七事变之前,到1941年为止,天津市人口增加了40余万,加上奸商富户争相囤积居奇,更给物价造成了极大的压力。四是货币的流通总量也有显著增加,事变前华北的货币流通总额约为2.6亿元到3亿元之间,但到1939年为止,联合银行货币发行额已增至6亿元,蒙疆银行也发行7000万元,二者之和较前增加了2倍多。[②]表15-4为1937—1945年天津市部分商品物价指数统计:

表15-4　天津批发物价指数(1937—1945年)

| 年份 | 食品 | 纺织品 | 燃料 | 杂项 | 总指数 |
|---|---|---|---|---|---|
| 1937 | 113 | 110 | 103 | 112 | 109 |
| 1938 | 138 | 126 | 167 | 144 | 142 |
| 1939 | 198 | 204 | 220 | 199 | 211 |
| 1940 | 374 | 416 | 282 | 341 | 373 |
| 1941 | 414 | 490 | 311 | 366 | 420 |
| 1942 | 629 | 567 | 431 | 563 | 559 |
| 1943 | 1884 | 1898 | 1178 | 1521 | 1811 |
| 1944 | 7204 | 14904 | 11944 | 10434 | 9053 |
| 1945 | 70707 | 140919 | 164708 | 101895 | 104868 |

资料来源:南开大学经济研究所编:《南开指数资料汇编》,统计出版社1958年版,第16—17页。

注:物价指数以1936年7月—1937年6月为100。

---

① 朱仙洲:《沦陷时期的天津粮食批发业》,中国人民政治协商会议天津市委员会文史资料研究委员会编:《沦陷时期的天津》,1992年编印,第145页。

② 郑林:《近年来之物价与日常生活》,《天津杂志》1941年第2卷第2期。

由表15-4可见，1937—1938年物价涨幅相对较小，1939年明显提高，1940—1942年大幅度上涨，普遍上涨了4~6倍，而1943—1945年，上涨了数十倍甚至数百倍。

从零售物价也能看到这种变化，表15-5为1937—1942年天津零售物价的统计：

表15-5　1937—1942年天津的零售物价

| 时期 | 大米 | 白面 | 玉米面 | 小米 | 猪肉 | 煤油 | 市漂布 | 青市布 | 煤球 | 房租 |
|------|------|------|--------|------|------|------|--------|--------|------|------|
| 单位 | 市斤 | 市斤 | 市斤 | 升 | 市斤 | 市斤 | 尺 | 尺 | 百斤 | 间一月 |
| 1937 | 0.129 | 0.106 | 0.055 | 0.103 | 0.326 | 0.148 | 0.110 | 0.122 | 0.63 | 1.98 |
| 1938 | 0.159 | 0.132 | 0.090 | 0.147 | 0.287 | 0.184 | 0.157 | 0.156 | 0.92 | 2.01 |
| 1939 | 0.262 | 0.167 | 0.117 | 0.195 | 0.445 | 0.280 | 0.230 | 0.225 | 0.90 | 2.48 |
| 1940 | 0.603 | 0.397 | 0.256 | 0.438 | 0.939 | 0.677 | 0.553 | 0.540 | 1.40 | 4.0 |
| 1941 | 0.691 | 0.366 | 0.184 | 0.411 | 0.979 | 0.580 | 0.544 | 0.522 | 1.69 | 5.45 |
| 1942 | 1.279 | 0.574 | 0.301 | 0.650 | 1.200 | 3.161 | 0.758 | 0.700 | 1.56 | 5.88 |

资料来源：孔敏主编，彭贞媛副主编：《南开经济指数资料汇编》，中国社会科学出版社1988年版，第281—286页。

注：以每年6月份物价为准。

与物价指数所反映的情况一样，1937—1938年的零售物价处于一个相对较低的水平，1939年开始明显增加，1940年以后更是大幅度提高。

尽管1939年后物价开始上升，但天津市公务员每1元钱的购买力，仍相当于大米4斤或白面8斤、布4尺。以一个五口之家而论，即便是比较低级的科员，月薪60元加上津贴及补助，也足以保证家庭衣食无忧。可以说，沦陷之后的前三年是公务员生活的"黄金时期"。但1940年后，物价迅速上涨，1940年6月米价上涨到了每斤0.6元，比天津刚沦陷时上涨了4倍多，而薪俸依然是依据《临时政府公务员支俸暂行规则》的等级发放，实际购买力自然下降为沦陷时的25%。普通公务员的生活一落千丈，1940年2月22日《庸报》载：伪天津市警察局法警刘朝彦，每月收入数十元，"近因经济压迫更甚，又无额外收入，故感觉妻子饥寒，自己无法解决，顿起自杀之念。二十日值夜班夜深人静之时,留下遗书跃入河中而死"[1]。

为了应对物价上涨、改善公务员的生活,伪特别市公署也试图增加工资或津贴。1938年12月和1939年3月,两次对市属各机关晋级加薪,委任职晋两级加薪20元,荐任职晋两级加薪40元;1938年冬季12月到次年2月,每月增发津贴午饭费5元,年底增发一月薪饷。[2]1940年,工资又有增加,如工务局主任科员、科员、技士一般增加10元左右,技佐、办事员一般增加5元左右。[3]同年初,伪临时政府决定将以前节假日时临时发放的津贴常设化,雇员最低津贴每月25元,职员每月30元到40元不等。天津市也作出相应变化,司法机关的数百名职员联名向伪特别市公署上书,要求与北京公务员享受同等待遇。[4]6月,伪特别市公署鉴于"物价暴涨,民众生活极感高压,尤以各机关薪俸微薄,收入有限,不能随势上涨,若不设法增补,情况堪忧",决定对各机关员役发放津贴,自荐任到委任职分为60元、40元、30元、25元四等。[5]但由于增加工资和津贴的速度低于物价上涨速度,因此这一措施所显现的效果是有限的。据燕京大学教授郑林1941年对京津物价与日常生活的调查,一般五口之家,月入百元以上方可勉力维持温饱。[6]但天津低级公务员的薪俸加津贴,大多不超过百元,加上配给和补贴只可勉强维持而已。

为了应对不断恶化的局面,日伪政府还对公务员的生活方式进行了一些限制。譬如,伪特别市公署秘书长陈啸崴就鼓吹"勤俭增产""自肃自戒""我若多吃一样东西,别人就要少吃一样;我如多穿一件衣服,别人就要少穿一件,当此非常时期,我们应该时刻体念这个意思,努力减低个人

---

[1]《薪薄粮贵难维持生计,一警士投河自杀》,《庸报》1940年2月22日第3版。

[2]《体念下级员役,温市长增发津贴饭费》,《庸报》1939年11月3日第3版。

[3] 天津特别市公署工务局编:《民国二十九年度天津特别市公署工务局报告》,1940年印,第5—9页。

[4]《津司法机关人员,要求发放津贴》,《庸报》1940年4月11日第3版。

[5]《市属机关员役,下月起给予津贴》,《庸报》1940年6月25日第3版。

[6] 郑林:《近年来之物价与日常生活》,《天津杂志》1941年第2卷第2期。

的占有欲"①。发动"华北治安强化运动"之后,多次发布相关的命令和实施办法,规定每月的1日和15日为市民自肃运动日,每月月末的一星期为"职员反共自肃运动周",公务员应该做到:停止公私宴会,停止饮酒,停止召妓及冶游。②

太平洋战争爆发后,华北地区更进入严重的粮荒时期,粮食自给率大大下降,面粉为53%,杂粮为98%,大米仅为20%。日军制定了包括确保、保有、配给、增产等措施在内的"紧急粮食政策""主要粮食配给纲要""非常物价及物资对策纲要""华北紧急粮食对策纲要",设立财团法人华北食粮平衡仓库,以调整供求及平衡价格,缓解粮食危机。③伪天津特别市公署及伪市政府也开始实行粮食配给制度,将大米列为军用,严禁民间私藏和贩卖,之前每月配给公务员1袋廉价大米亦改为面粉配给。表15-6和表15-7为1943年6月和1944年4月天津市的粮食配给情况:

表15-6　1943年6月天津市民粮食配给

| 粮食种类 | 价格(元/斤) | 大人(斤) | 老人(斤) | 小孩(斤) |
|---|---|---|---|---|
| 一等面粉 | 0.8 | 2.5 | 0.5 | 1.5 |
| 二等面粉 | 0.7 | — | — | — |
| 玉米粉—文化米 | 0.65—0.75 | 1 | 3 | 2 |
| 总计 | — | 3.5 | 3.5 | 3.5 |

表15-7　1944年4月天津市民粮食配给

| 粮食种类 | 价格(元/斤) | 大人(斤) | 老人(斤) | 小孩(斤) |
|---|---|---|---|---|
| 一等面粉 | 0.8 | 4.5 | 3 | 3 |
| 二等面粉 | 0.7 | — | — | — |
| 玉米粉—文化米 | 0.6—0.7 | 1 | 1 | |
| 总计 | — | 5.5 | 4 | 3 |

资料来源:《庸报》1943年6月13日,1944年4月10日。

---

① 陈啸巅:《敬告天津市民切应注意的几件事》,《天津杂志》1941年第2卷第2期。
② 李鹏图:《告诫所属自肃自戒》,《庸报》1941年8月6日第3版。
③ [日]日本防卫厅战史室编:《华北治安战》(下),天津人民出版社1982年版,第58—59页。

由上表可见,政府配给粮每月约在3～6斤之间,老人和小孩少于大人。每人每月只有四五斤的配给粮,连最低限度的生存需要都无法满足。市民只能到政府指定的零售粮店购买高价粮食,价格往往比配给价高数倍以上。而且,得半夜起床到粮店排队,粮店开门后1个小时就告售罄。不仅数量少,粮食的质量也每况愈下,市民买到的主要是由各种杂粮混合磨成的杂合粮。

日伪政府继续用晋级加薪、加发津贴、补助等形式来应对物价狂涨,以保障公务员的基本生活。[1]到1944年,荐任薪俸已达到300元以上,委任120元以上,雇员也达到了50元以上,比沦陷初期增加了2～4倍;津贴及其他,荐任官月入约为640元,荐任科员400余元,委任官280元,雇员190元,比沦陷初期增加了50倍以上。[2]对委任八等七级以下的普通公务员,增加津贴10～65元。[3]与此同时,为了所谓改善在职公务员的生活,伪市政府还将能力不足、年老以及有不良嗜好或常不到班的公务员予以淘汰,共计裁员2031人,然后对剩余人员晋级加薪,提高生活津贴和配给。[4]伪市政府还设立公务员消费合作社,负责对食物、燃料、衣布等几项生活必需品的配给事宜。

然而,以上措施同样没有取得预期的效果。工资的增长速度仍远远落后于物价的涨速,有人将此时与沦陷前几年相比之后说:"吾人'最理想'之待遇至低级公务员每月之薪俸,似应为千元以上。然八月初旬物价再涨,又不敷矣。吾人所根据者为面价,此时两千元只够本地面六袋之价格,相当于民国二十七年三十元之薪俸者(民国二十七年五燕牌面粉5

① 《为各机关公务员二十九年年终加俸仍照上年成案办理长警夫役赏金各发给一个月仰即造册》,《天津特别市公署公报》第95号,1941年1月,第20页;《为本署公务员及警役等生活费自五月份起酌为增加简任人员酌给事务津贴一案》,《天津特别市公署公报》1943年第226期。

② 《小公务员的生活》,《华北新报》1944年7月9日第4版。

③ 天津特别市政府编印:《中华民国三十三年七月至十二月天津特别市政府工作报告》,第5页。

④ 天津特别市政府编印:《中华民国三十三年一月至六月天津特别市政府工作报告》,第3页。

元—袋），今日之两千元只够买烧饼两千个，民国二十七年一元可买二十三个，其余尚有超过往年两百倍之物品，亦司空见惯之事实也。"①在此情况下，除了少数发国难财的商人和部分上层公务员外，大多数普通公务员都处于极为困难的生活状态。②

1944年，天津《华北新报》对小公务员的生活进行了一系列的调查，认为其"贪污，不敢，而且也无利可贪；偷，更不敢，而且也没有那门手艺；夜里拉人力车，很少，因为读书人出身没力气"。他们只能这样生活了：一是过利用剩余物资的日子，例如穿前些年的衣服，使用前些年的积蓄、物品等；二是借亲戚朋友，直到借无可借；三是当，无路可借时，衣服、桌椅、瓷器等皆送往当铺换来几斤杂合粮。此项调查对公务员的生活窘状还有更详细的描述：

首先，吃饭成为普通公务员所面临的一个最为严重的问题。荐任以下的公务员基本上吃不到大米白面，杂粮也不够吃，甚至吃不上。以一家四口论，每人每天1斤半杂合粮，全家合计6斤，市价每斤6元，一天花费24元，一个月720元。那么，荐任以下公务员的收入仅吃饭一项便入不敷出了。他们一般都在机关里吃午饭，"小手巾里包了半个窝头，或者一点烙饼，饭盒里一块咸菜，上午下班以后，各自弄一碗开水，就在自己的办公桌上低着头吃（低着头的缘故，是因为吃半个窝头怪不好意思的）"。政府虽然每月给公务员配给1袋白面，但由于家中粮食短缺，不敢食用，而是将白面出卖，再买杂合粮，多得十几斤，以多维持几日的生活。

其次，穿衣也很困难。由于布料涨到1尺10多元，公务员不敢穿新衣，戴新帽，以至于"白的变黄，黄的变灰，灰的落色再变白。破即打补丁，一年四季一件长袍，拆掉棉花即是夏装。以前是笑破不笑补，现在连破也没人笑了"。为了体面，在机关里要穿裤子，但一个月的收入也做不了一条西装裤子。破了就补，从底下一直补到大腿上。连人力车夫都笑话小

① 《决战第一，吃饭第一》，《华北新报》1944年8月13日第1版。
② 张澜生：《天津沦陷生活琐记》，中国人民政治协商会议天津市委员会文史资料研究委员会编：《沦陷时期的天津》，第244页。

公务员:"我们比公务员好的地方就是在穿上用不着讲究。"

再者,住房紧张。房租涨到每间每月二三十元,"一般的公务员,问他住在哪里,他会说'我不常在家,有工夫去看看'。这不是客气,而是家里连待客的房子都没有"。房东一般只租给3个月,期满之后,房租随物价上涨而增加。

另外,交通也变得不易。一般公务员的住处都远离机关,由于天津的电车仅有7条路线,既拥挤,等车又耗时间,而自行车1000多元1辆,每次修理又好几块钱,所以小公务员只能选择走路上班。走路上班也有问题,"1.时间,平均在1小时以上。2.体力,走到机关时已耗费太多精力。3.磨损,损坏鞋子和裤子,一双鞋子,自己做也要二三十元,粗线裤子十元一条穿一个月就坏,又是一大笔支出"。由于长时间走路,他们的鞋子已到了千疮百孔的地步了。

总之,即便不算"行"之一项,关于衣、食、住,一个公务员的收入至多能维持其中一项,"以一项的收入,做三倍用,任何巧妇也难为无米之炊"①。日占区公务员的饥寒交迫,于此可见一斑。

同年《华北新报》记者对财政局职员甲先生的访问,也特别具体地呈现了普通公务员的生活状态:

甲先生1933年清华大学毕业,在天津特别市财政局工作,如今已逾10年,全部收入为每月290元,一家五口,有3个孩子。甲先生的家在偏僻胡同的一个小房子里的两小间西房,摆满了杂物。甲先生身穿夏布小衫,肩头与后背满是补丁,旧得不成样子,下穿洋布裤子,已不是一种颜色,还有两个大补丁,穿一双千疮百孔的鞋。日常的花销为:房租25元、电灯3元、水钱5元、捐税3元、煤和柴120元(做完饭就熄炉),杂合面每日需5斤。将配给的白面卖掉,配给价40元,可卖256元,再买杂合粮。另有市民配给,全家可得20多斤杂合粮,每月仍需再赔100多元。为了买杂合粮,"书

---

① 《小公务员的生活》,《华北新报》1944年7月13日第2版。

本全卖了,书架子也卖了,每个月一定有几天,一天只吃一顿饭"。甲先生虽然才30多岁,可由于生活的重担,两鬓就已经花白了。他每天需要走路两小时上班,搬不起家,找房子、租排子车少说也要1000元,可以过3个月日子,走路却又要费鞋、费衣服。两年前午饭还能带一点面食,而现在白面都拿去换杂合粮都不够吃,只能带窝头,"好在同事都一样"。[①]

以上描述典型地刻画了公务员在沦陷区的窘境。

## 三、普通公务员受到的身心控制

公务员与日伪政权的关系,除了日常工作之外,主要表现为他们的身心都受到严密的控制。

首先是人身控制。

伪天津市治安维持会成立不久,即要求所属各机关将该处职员履历表编册上报。为"保障职员及其家眷安全起见",发给职员两种证明书:一是住宅保障证明书,上面印有中日两国文字;二是职员身份证明书,包括编号、职员照片、身份、服务处所、姓名年龄、有效期限等,由所在机关领导签字有效,作为有效凭证,要求全部佩戴徽章,以作出入考察。不仅如此,还规定证明书及徽章不得转借或让与他人,在污损破坏及不能适用时应该呈报。特别市公署成立后,也要求各机关填报职员调查表,包括人数、教育程度、年龄、籍贯、异动、考勤等,每月调查1次,30日前呈报市公署。伪市公署须将每月的职员异动表编制成册,除了交给华北伪政权之外,也要交给日军陆军特务机关。[②]通过以上几项措施,职员的资历、住宅、家庭

---

① 《小公务员的辛酸生活访问记》,《华北新报》1944年7月26日第4版。

② 《关于各所属机关请发职员身份证明书和住宅证明书的呈文指训令(清册)》(1937年10月),天津市档案馆藏,401206800-J0001-3-011245;天津特别市公署:《该署向陆军特务机关编送职员异动表的公函》(1938年),天津市档案馆藏,401206800-J0001-3-010337;天津特别市公署:《为函送本年十二月职员异动表给天津陆军特务机关的函》(1941年2月),天津市档案馆藏,401206800-J0001-3-010337-012;华北政务委员会:《为发公务员资历登录册页定式及用法说明致天津特别市公署的训令》(1940年8月),天津市档案馆藏,401206800-J0001-3-010347-001。

等基本情况基本上被日军特务机关和日伪市政府所掌控。

伪市政府还利用保甲连坐的形式,对公务员进行人身控制。1939年5月,颁布《天津特别市公署职员保证书暂行办法》,规定公务员入职必须签订保证书,以"保证公务人员品行端谨,思想纯正"。其主要内容有:现职人员应由同等阶级职员二人或主管长官或殷实商号一家保证,填具保证书交人事科审核存查;新委人员在未任职之前,应取具现职人员二人或殷实商号一家保证,填具保证书交人事科审核后,再行通知到差任事;本公署职员如发现有操守不端及轨外行动情事,承保人及承保商号应负法律上一切责任;凡承保人员去职或承保商号停业时,应由人事科通知换保或自行办理;本公署职员于退职后六个月内,承保人或承保商号应继续负责保证。① 当人事发生变动时,也要及时填报,"以便查考"②。可见,无论是对新任还是在职乃至退职后的人员,都形成了一套相互牵制的人身控制措施。

其次是教育控制。

在沦陷区,日本一向实行奴化教育,目的是使当地民众归化日本。对日伪政府的公务员,其政策措施也是如此。为了训化行政人员,日伪政权建立了新民学院、日语讲习所等机构。1939年,新民学院设立"官吏再教育班",要求华北各伪政权派遣公务员入学"深造",学期约为4个月。伪天津特别市公署规定,各机关选送合格在职人员入学,在学期间保留原职,并发给薪俸八成。第一次派出各机关选出的6名职员"赴院深造",规定毕业回机关服务8个月后晋级加薪,后改为无须等待8个月,回本职工作时即可晋级加俸,雇员经"深造"后可升任委任职,"以表资励"③。学习时间

---

① 天津特别市公署:《该处职员保证书》(1939年5月),天津市档案馆藏,401206800-J0001-3-012285。

② 天津特别市公署:《为填送公务员保证书日期致宣传处训令》(1943年5月),天津市档案馆藏,401206800-J0001-3-009521。

③《函为本署志愿加入第三届官吏再教育班受训人员请查照准予入学由》,《天津特别市公署公报》第22号,1939年8月,第10页。

后来改为6个月,到1944年已招生11期。①

日伪政权特别强调日语学习,除了中小学强化日语课之外,还将日语程度列入公务员考绩中操行的重要内容,以此来强迫其学习日语。日军希望借此来弱化公务员的中国民族国家观念,认同"中日两国同文同种,本为一家",实践"中日提携",沟通"两国文化",让他们安心为其殖民统治服务。1941年12月,伪华北政务委员会教育总署发出政令,要求各省市教育厅局对在公共团体服务者以及欲在公共团体服务者,实施日语检定考试。伪天津特别市公署积极响应,不久即拟订《职员普及日语办法》,其主要内容有:"1.主旨:本署为实践中日提携、沟通两国文化,并谋语言互无隔阂为主旨;2.受众:凡属本署及各局处在35岁以下之公务员均须入班受课,35岁以上者自愿听之;3.讲师:由本署及各局处擅长日语人员担任,必要时聘专任人员;4.时间:每日午饭后两点到两点五十分;5.地址:本署大礼堂,其他机关自行决定;6.一切书籍、讲义、文具由公家供给;7.卒业成绩优良者给予语学奖金,考绩不合格者予以惩戒;8.开始日期:由12月1日开始;9.讲师待遇:酌给车马费。"②以上规定涉及了日语教育的方方面面。以1943年为例,参加日语班学习的公务员有180余人,分甲乙两班,甲班上课时间为周一、三、五,乙班为周二、四、六。每天下班后,在伪天津特别市公署大礼堂上课,无特殊事故不得请假。③不过,由于客观条件的限制和公务员以"事务繁忙"为由的抵制,这项政策并没有达到预想的效果。

再次,心理控制。

尽管日伪政府中华民国临时政府在北京组建时,仍打着国民政府的旗号,采用民国纪元,斥责重庆方面为"伪国民政府",但实际上显然是受日本控制的傀儡政权,采取各种办法加强公务员和市民对日本的认同感。

---

① 天津特别市政府:《关于为选送新民学院第十一期官吏再教育班学员给宣传处的训令》(1943年12月),天津市档案馆藏,401206800-J0001-3-009516-005。

② 天津特别市公署:《市署令规定职员普及日语办法》(1941年12月),天津市档案馆藏,401206800-J0001-1-00325。

③ 天津特别市公署:《关于本署职员日语班已于今日开课的情况》(1943年1月),天津市档案馆藏,401206800-J0001-2-000032-029。

伪天津特别市公署奉日本为"平等待我之友邦",鼓吹"中日共荣""中日亲善",伪市长温士珍的《告市属公务人员书》集中体现了这一论调:

中日同种同文,本东亚兄弟之国,虽以往之情感,见智见仁,不必尽洽。毕竟亲者不失其为亲,何况地理交通关系唇齿相依,此中日民族之共荣共存,盖为莫之而为者。即兹大敌当前之非常时刻,正两民族共同战斗之日,当舍小异而求大同,忘昨非而觉今是,以谋我之顽敌,自不待言。况友邦年来扶助我之自主独立,尽力颇多,近更声明交还租借,废除治外法权,并交还多数敌性权益,似此平等待遇,善意支援,实为国际上罕见之睦谊,是以吾人就从前种族思想等思想加以肃正,对友邦日本此次圣战,实有一体一心,同生共死之必要……。①

由文中可知,日伪政府以中日两国同属东亚、"唇齿相依""同文同种"为理由,试图通过日本交还租借和废除治外法权等,使公务员忘掉中日以往的恩怨,增加对日本的认同。与此同时,为了转移视线,还把造成中国贫穷落后的原因归结为欧美帝国主义的侵略,要求公务员在公文中一律把英美两国写为"獉""獚",将两国视为畜生之流,以示对两国的鄙视。

日伪政府鼓吹日军强大,不可战胜,以此强化市民和公务员的"良民""顺民"心态。日军占领天津以及其他主要城市,市民看到了日军强大的战力,也动摇了一些人包括公务员对于中国抗战胜利的信心。徐州、汉口、广州等城市陷落后,伪天津市政府都要举行盛大的庆祝会。如1938年10月,汉口陷落,伪天津市政府于市公署礼堂举行联合庆祝大会,规定市属各机关职员必须参加,市长和各局局长相继发表庆祝辞。②还规定每年七月七日为"兴亚日",通令各机关放假一日。③太平洋战争爆发后,日军

①《津温市长发告所属人员书》,《庸报》1943年3月16日第3版。
②《津庆祝汉口陷落》,《庸报》1938年10月31日第3版。
③中共天津市委党史研究室等编:《日本帝国主义在天津的殖民统治》,天津人民出版社1998年版第273页。

制定了在华北开展"思想战"的指导纲要,加强了"思想战"的力度,强调:"一、阐明大东亚战争的意义;二、提高向东亚民族解放迈进的觉悟;三、重新认识在东亚新秩序建设中华北的重特殊性。"①与日军保持同步,伪天津特别市公署也先后开展了"自肃运动""圣战献金运动""治安强化运动"等。对于公务员还特别规定,在此时期要求全体职员每周一集合举行朝会,每月第一个星期一由市长训话,其余由秘书长、各局局长以及参事轮流训话,内容包括"大东亚圣战""灭共""肃正公务员身心"等,强调"兹以大东亚战争节节胜利之时,后方公务人员负责指导民众,尤须肃正身心,以赴时艰,为人民表率"等。②不仅如此,还将公务员的思想行为列入考绩事项,进行考核。譬如第五次"治安强化运动"中,要求伪市政府各机关公务员乃至普通商户、市民参加常识考试,以100分为满分,70分为及格,须将成绩送达治运本部。伪天津特别市公署第四科公务员的常识测验题包括12个题目:1.试言第五次治运以十月八日为始期,其有何种意义? 2.第五次治运共有多少日期。3.试列举第五次治运四大目标。4.在第五次治运四大目标中,以哪一个目标包括的范围最广。5.试述大东亚战争之本然意义。6.大东亚战争何以能操必胜之券? 7.试言个人对于革新生活之事实。8.何谓革新生活? 试扼要说明之。9.试诵读本市第五次治运之格言。10.解释下列名词:恪守时间,勤劳奉公,砥砺廉隅,敏于事慎于言,公生明廉生威。11.本市对于治运工作何者为最重要? 12.剿灭"共匪"与减低物价,在本市内孰为重要? 试略言之。③由上可见,日伪政权从各个方面加强公务员对"治安强化运动"和所谓大东亚战争的重视和认同。从伪市政府各机关公务员的测验成绩来看,都在及格线70分以上,多为80、85、90、95分几个层次,④表明他们对这些题目的答案是比较熟悉的,一定

① [日]日本防卫厅战史室编:《华北治安战》(下),第70页。

②《肃正公务员身心》,《庸报》1942年7月12日第3版。

③《关于第五次治安强化运动公务员测验题及成绩统计表》(1942年12月),天津市档案馆藏,J0001-3-010437。

④《本署及所属各单位关于第五次治运公务员常识测验成绩表》(1942年12月),天津市档案馆藏,J0001-3-010437。

程度上反映了日伪政权的心理控制。

但不能不说,日伪政权尽管对公务员采取了人身控制、教育控制和心理控制等手段,但很难说取得了预期的效果。

从根源上讲,与主要官员不同,普通公务员任职的目的主要是为了生活,很难说他们加入日伪政府是为了"卖国求荣",为日本人服务和效忠。他们大都是读书人出身,在战乱背景下没有其他的谋生手段,日军占领天津时为1937年7月底,他们尚未领取月薪,当市政府各机关就地遣散,他们大多随难民进入租界等地躲避战乱,生活陷入困境之中。前述伪天津市治安维持会以及"天津特别市公署"成立后,旧市政府职员急谋职务的情况,就是为了解决燃眉之急,不赘。这一类出于不得已而参加日伪政权的公务员,只要他们不仗势欺人,市民并没有表示憎恨的情绪。

也有的公务员是出于投机心理而加入日伪政府,唯一目的就是发财。如警察署职员马世俊,利用职务之便,调查各富户财产状况后纠结同伙实行偷窃抢劫。仅在1939年5月26日,就以搜查毒品为名,从日租界永福里吴占元家内抢去赤金手镯6只、金戒指14个及300余元钞票。①此类投机分子往往不顾百姓的死活,敲诈勒索,中饱私囊,为百姓所痛恨。

事实上,对于"汉奸"一词,绝大多数公务员包括高级公务员,都是比较在意和忌讳,心理是矛盾的。就一般意义上理解,《辞海》对"汉奸"的解释是"原指汉族的败类,现泛指中华民族中投靠外国侵略者,甘心受其驱使,或引诱外国入侵中国,出卖祖国利益的人";《现代汉语词典》的解释为"原指汉族的败类,后泛指投靠侵略者、出卖国家民族利益的中华民族的败类"。按此衡量,在日伪政府中服务的职员大都被视为汉奸。有趣的是,日伪政府也曾对汉奸下过定义,认为:"凡是假借外人力量,压迫本国同胞,满足自己贪婪欲望,出卖国家民族利益,不顾东亚解放者,都是汉奸。"②显然,这个定义的前半部分和一般意义上的汉奸含义类似,但后半句则加上了"不顾东亚解放者",则将自己划到了日本的战壕里。这个定

---

① 《公务员做强盗》,《庸报》1939年10月14日第3版。
② 《谁是汉奸》,《华北新报》1944年6月18日第1版。

义表明,他们实际上是想推脱自己的汉奸身份。当日军占领天津,社会动荡不安和政府解散之际,连森冈特务机关长都说:"平津知名士众,或时势之转移,或避免汉奸之污名,右顾左眄,志愿救济众庶者,实不多见。"①可见,重组和加入市政府机构在当时的舆论中是有汉奸之嫌的。任伪华北政务委员会教育总署督办的汤尔和,也极力否认汉奸的身份,他在劝周作人与日军合作时说:"谁说我们是汉奸,北平是我们出卖的吗?现在有一个口号,叫'曲线救国',我们不正是这样,在日本的天下,总得有人维持,总得有人出面,总得有人敷衍,老百姓都要生活吧,我们把损失降到最低限度,这种忍辱含垢,才是真正的大仁大义。"②汤尔和的说法,反映了一部分日伪政府工作人员的心态,尤其是高级工作人员,一方面否认自己的汉奸身份,另一方面又标榜自己是在为国家民族而从事"和平运动"。为了转移人们的视线,还把汉奸的名分推诿到其他人身上,"贪官以老百姓做牺牲,满足自己的欲望,置民族国家于不顾,是不是汉奸?土豪劣绅、奸商不杀穷人不富的害民虫,是不是汉奸?'口头喊抗战,心里想发财。双眼望英美,一身靠苏联''一夫发财万骨枯'以裙带关系讨得美差大发其财(以长沙大火和宋子安非法垄断火车运营为例),是不是汉奸?"③

　　高层人员尚且如此,中下级公务员对"汉奸"两字的心态也不例外。当伪天津市治安维持会和伪特别市公署成立时,尽管不少旧市政府职员出于生活所迫,急于报名谋职,但也有等待观望者,之所以观望,很大程度上是惧怕背上汉奸的骂名。用伪特别市公署的话说,这些人"对于时局认识不清,观望畏葸,恐染汉奸之嫌,而从旁待机者,实居多数,遇变则标榜洁身,处安又唯恐或后"④。其实,很难说急于报名谋职者就没有这种心态,只是被生活所迫不得不如此罢了。在中下级公务员中,还广为流传一

　　① (伪)天津市治安维持会编:《天津治安维持会成立周年纪念大会开幕仪式》,《天津市治安维持会施政工作报告》,1938年印,第4页。

　　② 王晓华等编著:《国共抗战肃奸记》,中国档案出版社2001年版,第244页。

　　③《谁是汉奸》,《华北新报》1944年6月18日第1版。

　　④《旧市府职员限期报到听候任用的布告及旧人员请求工作与该署的来往文书》(1938年11月),天津市档案馆藏,J0001-3-010654。

首最早由伪军中传出的顺口溜:"抗战五年多,和平两年半,什么都不落,落个当汉奸,自觉低一头,更怕见熟人,浑身是臭气,终身洗不完。"①这更说明,公务员认为汉奸身份是不光彩的。

不过,由于他们出于生存或投机的目的,从事的工作大多具体而细微,与意识形态没有太大关系,对日伪政府也就无所谓忠诚和死心塌地了。他们固然需要日本的庇护,日本也需要他们的协助,双方各为本身的利害打算,彼此就会有斗争和妥协,两者之间不纯粹是"一面倒"的关系。从战后天津逮捕和审查汉奸的档案来看,市民所检举的汉奸或者是伪市政府处长以上的官员,或者是有明显资敌行为和残害中国人的警察、商人、黑社会头子等,很少有普通公务员。有的公务员被市民检举曾在日军"治安强化运动"中献金献铜,但政府调查后认为,此为在职之内迫不得已之举,不能作为判别汉奸的证据。②这也部分地表明,一般公务员很难说是典型意义的汉奸。

以上主要从录用、制度、薪俸、生活、控制等方面,对沦陷时期天津市政府普通公务员的多重面相做了较为具体的考察。大致可以得出这样的结论:普通公务员主要是一批为了谋生而进入伪政府系统的职员,公务员制度大体继承了南京国民政府时期的做法;他们曾有过一段较为优裕的生活,但随着战事的扩大、通货膨胀的加速,越来越陷于困顿之中;他们无论在人身、教育还是心理上都受到日伪政权的控制,但谈不上所谓忠诚。可以说,普通公务员既依赖日伪政权,又受其严密监视,在物质生活和精神世界上都处于扭曲的挣扎状态。

---

①《小公务员的生活》,《华北新报》1944年7月13日第2版。

②《关于市民等检举汉奸的函件及所属各局查办情形》,1945年11月—1946年12月,天津市档案馆藏,401206800-J0002-3-007150。

# 第十六章　沦陷时期市民的恐惧生活

日本发动的侵略战争给中国造成巨大的破坏,遭受日军侵略的地区不但民众生活异常困难,人身安全更是毫无保障。在华北最大的工商业城市天津,长达八年的日伪统治给这座曾经繁华的城市造成了巨大的破坏。异常动荡的局势,严重打乱了天津原有的社会秩序和市民生活,天津市民在日伪刺刀之下承受着巨大的痛苦。恶性通货膨胀和食品的严重匮乏,使原先富足的家庭陷入贫困,使更为贫穷的市民陷入营养不良和饥荒。地方黑社会势力上升到一个新高度,毒品、走私、赌博和娼妓在城市里变得更加公开化和普遍化,大量市民被征募成为苦力并被迫做苦役。①

## 一、毫无保障的人身安全

日军的轰炸给天津造成了巨大的损失,更给天津市民带来了极大的恐慌和严重的伤亡。著名学者来新夏当时家住在火车北站附近,此处正是日军轰炸的重点目标,据他回忆,1937年7月29日中午,"忽然一阵轰隆隆的巨响,房舍似乎在晃动,天花板上的灰皮似乎在震落,胡同里和大街上人声沸腾,还夹杂着孩子们凄厉的哭喊声"。当时日军的轰炸非常猛烈,一颗炸弹落在了来新夏的邻居家,导致其全家葬身火海。又因消防队

---

① [美]罗芙芸著,向磊译:《卫生的现代性:中国通商口岸卫生与疾病的含义》,江苏人民出版社2007年版,第298页。

无法救护,着火的建筑只能任其燃烧,以致河北一带遍起大火、房屋坍塌,难民露宿街头。①而7月31日天津又全天降雨,失去家园、无处躲避的难民在雨中啼哭呼号,景象十分悲惨。②逃难的人群中夹杂着一片老幼哭声,日机看到街上的人流后开始向无辜的人群反复扫射,有人被机枪射中倒在人群脚下,有人捂住带血的伤口,跌跌撞撞向前涌进。③

来新夏一家人最终逃往意租界的友人家避难,但还有数万市民扶老携幼欲进入租界而不能。因逃难的市民数量太多,意、英、法租界都相继戒严,法租界当局拉起万国桥,将逃难的市民阻隔在特三区及东站一带,意租界也在东西两端布置电网,并派步哨严密监视警戒。逃难的天津市民无法进入租界却不甘离去,就在租界外露宿街头。紧挨着意租界的特二区,也就是过去的奥租界,这时也成了避难之处,满街满巷都是难民,过去租不出去的空房都住满了。大安街是意租界和特二区的分界线,这时都大门紧闭,携妻带子、背着包袱的逃难人群在大安街上徘徊。④伪天津市地方治安维持会成立后,为日军维持统治秩序,强令市内商店开门,难民才渐渐从街头回到家中。

日军为维持殖民统治,在天津戕害不少文化界人士。1938年6月27日上午7时许,耀华学校校长赵天麟正由伦敦道昭明里2号家中出来步行去学校上班。刚出门不远,就被两个骑自行车的日本特务尾随,其中一个匪徒身穿短裤,学生打扮,从袖口掏出手枪,向赵天麟背后接连开了两枪。赵天麟中弹处均为要害,当场牺牲。英租界秩序立行大乱,当时租界华捕闻有枪声立即鸣笛求援,在凶手正欲趁乱逃避之际被赵天麟的便衣警卫还枪击中,随即华捕赶到肇事地点,将两犯当场擒获。凶手在审讯中供认他们是"暗杀团"分子,那天是受中村和"李二先生"派遣到英租界来行刺

① 来新夏:《旅津八十年》,南开大学出版社2014年版,第51—52页。

② 《事变后之天津》,《大公报》(上海)1937年8月10日第4版。

③ 来新夏:《旅津八十年》,第52页。

④ 阿凤:《沦陷生活见闻录》,中国人民政治协商会议天津市委员会文史资料研究委员会编:《沦陷时期的天津》,1992年编印,第214页。

的。<sup>①</sup>而《益世报》经理生宝堂和《新天津报》创办人刘髯公也被日本兵绑架抓入宪兵队后而遭杀害或被迫害致死。

此外更有大批无辜平民惨遭杀害。日本占领天津之后,"天津东车站在最近两个月内,先后死在敌人手里的同胞不下三千人,凡是经过该地而被敌人认为可疑者,即行抓去拷问,招也是死,不招也是死,每天枪毙大批无辜的同胞"<sup>②</sup>。而太平洋战争爆发后,天津英、美、比利时等国的工厂企业全部被日军"军管理",在这些"军管理"的企业中,工人遭受日军肉体上的毒打与精神上的威吓,更有不少工人被日军杀害。

日军武装接管了英商和记洋行,改称"军管理和记洋行",负责加工和冷藏军用食品,直接为侵华战争服务。和记洋行的工人陷入被剥削和折磨的苦难之中,在日军严密的监视之下工人挨打成为家常便饭,当时和记工厂中光刑讯室、禁闭室就有36处。有一次他们把工人魏玉凯剥光了衣服,推到零下20度的冷库里,最后工友们想方设法将他救出来,否则他会被活活冻死。工人在干活时日军士兵端着刺刀监视,一不小心就被拖出去毒打,厂内的3棵洋槐树、大门口的铁栏杆、厂内的电线杆,都是日本兵经常殴打工人的地方,厂里经常可以看到前楼三楼上、院里的电线杆上、大门的铁栏杆上捆着工人,或者有工人被剥光衣服吊在树上毒打,凡是被带到这里的工人全都被打得皮开肉绽,甚至在冬天日本兵打完工人后还要拖到冷冻房去冻一天一夜。此外日本兵还用灌凉水、"背口袋"等毒刑拷打工人,其设置的禁闭室,经常保持不空。<sup>③</sup>

工人吴洪文回忆,他们在和记冷库干活时几个日本兵就在一旁监视,看到谁干活稍微慢一点儿,不是用皮鞭子抽,就是用大皮靴踢,或者用棍子乱打一气,工友们几乎每天都带点伤回家。有一天吴洪文和工友从冷

① 《耀华中学校长赵君达被狙殒命》,《天声报》1938年6月28日第4版;赵智铨:《日特暗杀教育家赵天麟真相》,中国人民政治协商会议天津市委员会文史资料研究委员会编:《沦陷时期的天津》,第201页。

② 《天津来人谈》,《新华日报》1938年1月15日第2版。

③ 天津社会科学院历史研究所编:《天津和记洋行史料》,《天津历史资料》1980年第6期。

库出来向三楼扛鱼时,因为腹中无食、身体虚弱,再扛上一百几十斤的冻鱼,浑身无力的吴洪文没上几个台阶就连人带鱼滚了下来,工友们赶紧将他扶起来,饿晕了的吴洪文从地上捡了一个掉下来的冻鱼头就啃,正巧被几个日本兵看见,结果被其一顿拳打脚踢,不一会儿就不省人事。后来工友们向日本兵求情之后,才把他抬回了家。吴洪文不仅全身是伤,胳膊被踢断,浑身青肿,而且工资更是分文未给就被赶出了工厂,被迫拖着伤残的身子靠拄着木棍上街要饭,沦落街头。①

尽管吴洪文的遭遇非常悲惨,但能够活命却已属幸运,当时遭日本兵毒打致死的工人不在少数,和记的车工梁七就是被日本兵毒打致死的。②此外更有不少工人惨遭日军杀害。张宝山回忆,1943年初夏,当他在和记工厂三楼的屋顶干活时,忽然看见三个日本兵拉着马老头祖孙二人来到房顶,那三个人轮流用背口袋的架子摔马老头,不一会儿马老头就七窍流血而死。接着他们又用同样的方式摔马老头的孙子,摔得孩子不住地大声惨叫,不到半个小时,祖孙二人双双含冤死在日本兵手里,惨不忍睹。后来他听说,因为马老头爷孙俩刚来工厂干活不熟练,日本兵说他们干活不好,后来又有人告诉日本兵说马老头的孙子偷吃了一把蛋粉,于是穷凶极恶的日本兵抓住马老头的孙子毒打,马老头赶忙上前哀求日本兵住手,这几个日本兵一看马老头胡子上有干蛋粉,就说他也偷吃蛋粉,将祖孙二人活活摔死。③

此外,日军还经常把工人拖到海河沿,毒打后踢入河内。④而且不只是工厂内的工人随时可能遭遇横祸,路过工厂的路人也可能随时丧命。日军占领和记后,和记新仓库外的那条大道即变为鬼门关,日军在那里设岗检查行人,稍有不慎就会命丧刀下,不知多少中国人在那儿成了刀下

---

① [日]广濑龟松主编:《津门旧恨——侵华日军在天津市的暴行》,天津社会科学院出版1995年版,第51—52页。

② 天津社会科学院历史研究所编:《天津和记洋行史料》,《天津历史资料》1980年第6期。

③ [日]广濑龟松主编:《津门旧恨——侵华日军在天津市的暴行》,第52—53页。

④ 天津社会科学院历史研究所编:《天津和记洋行史料》,《天津历史资料》1980年第6期。

鬼。某天有一个农民经过仓库外,因为一个油烟袋和火炼被日本兵搜出来,日本兵就用刺刀将其捅死,然后把死尸踢进河里。①1942年秋天,几个日本兵在河边看见一个拾破烂的老妇,竟将老妇踢到河里,任其在河里拼命地挣扎呼救,这几个日本兵却在岸上忘形地大笑,还不许别人下河救人。不一会儿老妇精疲力尽沉了下去,而日本兵却大笑着溜回了厂里。②

除了和记工厂之外,在河东大王庄六纬路中从九经路到十五经路这一段,日军设置了两处铁丝网,用以阻拦盘查行人,因为在这一路段中有两处关键设施:日军仓库与发电厂,行人从此路过都要经过日军的搜身检查,看是否携带了违禁物品,如卷烟、火柴等。如果被搜出易燃物品,就被认为有纵火嫌疑,当即抓捕送往日本宪兵队,外地人不了解情况,在此处伤亡甚多。③市民也创作与之相关的歌谣,控诉日军的暴行:"大王庄,某经路,传言死人无其数;原因是,靠仓库,怕人带进引火物。"④

根据统计,在八年之中,日军在天津市区造成的平民直接伤亡6088人,其中死亡5932人。⑤

除了对于平民的杀戮,还有大量市民因被怀疑有抗日嫌疑而遭到日军大肆抓捕,特别是有不少教育文化界人士被捕。1944年,日军在太平洋战场接连失利。出于负隅顽抗的需要,日军准备打通平汉、粤汉铁路,形成"大陆交通线",天津作为日军集结的兵站基地,为求有一个安全的后方,战役开展前天津日本宪兵队有计划地连续进行了搜查逮捕活动。日伪当局于1944年1月8日宣布,天津在此后半个月内举行全市警察、保甲

① 〔日〕广濑龟松主编:《津门旧恨——侵华日军在天津市的暴行》,第53页。

② 〔日〕广濑龟松主编:《津门旧恨——侵华日军在天津市的暴行》,第53—54页。

③ 褚凤亭:《日本侵占天津时苦难生活的回忆》,政协天津市河东区委员会文史资料委员会编:《河东区文史资料选辑》第十七辑,2005年印,第83—84页。

④ 陈泽民、魏国璋:《八年苦选段》,政协天津市西青区委员会文史资料研究委员会、中共天津市西青区委党史资料征集委员会编:《西青文史》(7)(纪念抗日战争胜利五十周年专辑),1995年印,第164页。

⑤ 天津市委党史研究室编:《天津市抗日战争时期人口伤亡和财产损失》,中共党史出版社2014年版,第9页。

人员联合大检查,搜查"不良分子"和"嫌疑分子"。此后从2月到4月,日本宪兵队连续发动了两次大逮捕,被捕的对象都是文化界、教育界的著名人士,如2月19日,日本特务带领宪兵在劝业场门前逮捕了原中法大学教授王润秋。相继在市区被宪兵队逮捕的还有天津达仁学院院长袁贤能、天津工商学院院长刘迺仁、天津师范学校教导主任王晋恒、耀华学校校长陈晋卿、新学中学校长黄道、广东中学校长罗光道等人。天津著名的学院院长和中学校长们被逮捕,引起全社会的震动。①3月20日,工商附中也发生了一起日军逮捕爱国教师的事件,由于暗藏在学校的汉奸特务告密,很多老师被日本侵略者以煽动学生抗日的罪名逮捕,关进了日本宪兵队,后来由于查无实据,大多数老师被释放,但体育老师靳家堤被捕后一直下落不明,有传闻他是被日军强迫送往日本充当劳工折磨致死。②

日军在天津嚣张跋扈,对天津市民动辄一顿暴打,天津市民不仅做人的尊严受到严重侮辱,人身自由也毫无保障。行人走在马路上或者经过有日本兵站岗的门口,需向日本兵行九十度鞠躬礼才能通过,稍有疏忽即招来日本兵的打骂。③在"治安强化运动"中,日军每发动一次"治安强化运动"都要公布一些"治运"口号,强迫天津市民背诵,伪政府还发给各行各业印有"治运"标语的小布条儿,命令人人佩戴和背诵。他们规定在火车站和市内交通要道设置检查卡口检查行人,被检查的行人要当场背诵"治运"口号,如果背不出来,轻则罚款,重则毒打一顿,有的甚至被扣上反日罪名送进宪兵队。因此在五次"治安强化运动"期间天津市民人人自危,大家相约不出门或很少出门,走路时如发现前面又在检查,便赶快绕道而行,以免遭到毒打。④

① [日]广濑龟松主编:《津门旧恨——侵华日军在天津市的暴行》,第27页。
② 张绍祖:《从工商附中到实验中学》,中国人民政治协商会议天津市河西区委员会文史资料委员会编:《河西文史资料选辑》第二辑,1997年印,第67页。
③ 褚凤亭:《日本侵占天津时苦难生活的回忆》,政协天津市河东区委员会学习文史资料委员会编:《河东区文史资料选辑》第十七辑,第83页。
④ 张澜生:《天津沦陷生活琐忆》,中国人民政治协商会议天津市委员会文史资料研究委员会编:《沦陷时期的天津》,第246页。

八年之中,天津市民的日常生活不得安宁,如果有人外出久久不归,全家人就提心吊胆,不知所措,唯恐遭到什么不测。[1]

## 二、劳工的悲惨命运

天津市民不仅人身安全没有保障,更面临着被抓劳工的严重风险。日军为了战争的需要,在经济掠夺的同时,还把天津作为招募劳工的兵站,特别是随着日军侵略战线的不断拉长,其对于劳工的需求量也不断增加。日本特务机关、日本驻津军队及日伪政府设立了"华北劳工协会""华北满蒙劳务联络会议"等专门组织,负责为日军在天津抓捕劳工。伪政府规定招募劳工,必须是20岁至40岁、身体强壮的男子,但实际上日本在华北强掳劳工的手段完全是胡作非为、肆无忌惮,被日伪抓走的劳工中,既有五六十岁的老人,也有十三四岁的儿童。[2]

日军掠夺劳工主要用诱骗、摊派和强行抓捕等3种手段。无论是负责向伪满输送劳工的大东公司、"满洲劳工协会",还是日本的株式会社,在华北招募劳工多数采用欺骗手段,特别是1939年水灾后大量灾民涌入天津,日伪以救济天津水灾为名,由伪满劳工协会在天津灾民中强制挑选壮丁数千名,陆续运往关外做苦工。日军的欺骗手段诸如谎报做工地点,本来是送往边境矿山、深山密林做苦役,却谎报地点很近,是劳工们愿意去的大城市;谎称生活条件优越,劳动薪水高,招工工头讲到东北去住洋楼,吃大米白面,一年能挣好几百块;谎称来去自由,许诺发给来回路费、安家费,有时工头还当场发几块钱,但集中上车后劳工就失去了自由,所发的钱也抵了工钱,当然这些欺骗手段是上不了文件的。[3]当时黑社会头目袁

① 褚凤亭:《日本侵占天津时苦难生活的回忆》,政协天津市河东区委员会学习文史资料委员会编:《河东区文史资料选辑》第十七辑,第84页。

② 黎始初:《日军控制下的天津伪政权》,中国人民政治协商会议天津市委员会文史资料研究委员会编:《沦陷时期的天津》,第63页。

③ 中央档案馆等编:《日本侵略华北罪行档案 8 奴役劳工》,河北人民出版社2005年版,第22页。

文会凭借日军势力大摆香堂、广收门徒,爪牙遍及全市,成为日伪时期最大的恶霸,他们在南市的"人市"诱骗劳工,以干苦力为生的林质声就被袁文会的爪牙骗去。其时林质声正在南市拉货,这个爪牙过来和林质声套近乎嘘寒问暖,然后表示手头有点搬砖卸瓦的体力活,就在北平,之后还领着林质声吃了饭,又给他买了一件棉袄作为诱饵,将林质声骗往劳工的集合地点。到了集合地点后,林质声想出去放放风,被站岗放哨的人拦了回去,说道:"你知道这是什么地方吗? 你被卖了,一百块钱(伪联银券),领你来的是人贩子。"林质声这才如梦初醒,然而已经失去了自由。之后林质声几经辗转,被拉运到"满洲电器化学四部"做苦工,九死一生。[①]

同样的厄运也降临在黄世兴和他堂兄身上。以干杂活为生的黄世兴,在1944年寒冬腊月之时被骗招为劳工。当时因家中生活十分困难,寒冬腊月又很难找到活干,黄世兴只能和堂兄在谦德庄和三不管的"人市"碰碰运气。当时他们正好看到一圈人正围着听一个人在做招工宣传,说雇人到塘沽干活,3个月保准回家,每天给工钱,吃得还好,"大冬天上哪找事去啊?"于是黄世兴和他堂兄没有多想就报了名,连同其他15人坐上1辆破的敞篷汽车,车上蒙上一块大苫布。不知开了多长时间,车停住了,揭开苫布,黄世兴发现自己被拉到劳工集中营,外有护城河、三层电网,门口有日本兵荷枪实弹站岗,里面一排排的木头房子约有十几间,每间房子都编了号,黄世兴被赶进了3号房,屋里关了足有两三百人,早关起来的人头发又脏又长,满脸是泥,被折磨得三分像人,七分像鬼。[②]

摊派则是强制性招募手段。因为日军用欺骗手段骗招劳工已无法完成任务,进而又实行硬性的摊派指标,在占领区内划分地区摊派劳工数量,然后伪天津特别市警察局按照这一数量再向各区分配,日军需用劳工时以各区人数及贫富情形等分摊人数,各区分摊数量如下:第一区17%,第二区16%,第三区9%,第四区5%,第五区4%,第六区16%,第七区14%,

---

① 郭文杰:《八年梦魇:抗战时期天津人的生活》,天津古籍出版社2016年版,第119—120页。
② [日]广濑龟松主编:《津门旧恨——侵华日军在天津市的暴行》,第59页。

第八区19%。①日军摊派劳工数量很大,如1943年华北劳工协会天津办事处发布《天津地区紧急索要劳工确保计划书》,按照"计划书"天津应供出劳工数达15000人。②特别是1944年末到1945年,日军在败局已定的情况下开始在各大城市和一些战略要地拼死抢修机场和重要工事,准备负隅顽抗。在天津,日军大力抢修张贵庄军用机场,从1944年下半年开始强征大批劳工。该项旷日持久的大工程严重侵扰了天津市民,甚至直到1945年9月2日,在日军投降半月余之后,天津日军甲第1820部队才派员来社会局称,之前由各区摊派强征的劳工已经没有需用的必要,于9月2日9时全部解散。③

日军摊派强征劳工对于天津市民的搜刮和侵扰十分严重,天津市民当然也不甘心被奴役的命运,劳工逃跑的现象十分严重,1941年10月逃跑劳工11人,11月就增加至57人。④但逃跑的劳工也有不幸身亡者。1944年11月24日上午12时,驻张贵庄机场警察小队长孙振文报告称,第七区募送的32岁劳工宋鸿文于当日晨6时被电身死。宋鸿文家住南市聚粮里62号白家店,家有老母和子、女各一人,以跑自行车贩卖粮食、做小贩为生,之前曾被强征劳工送往张贵庄,但在十余日之后成功逃回,却又于11月19日被强征前往张贵庄。宋鸿文于当日晨6时与其他两名劳工用截倒的树干做支架,准备从电网中爬出,但其他两人逃出后,宋鸿文因身高

---

① 《天津特别市警察局颁行"劳工供出待遇办法"、"劳工家属补助费及摊款办法"函》(1945年1月20日),居之芬、庄建平主编:《日本掠夺华北强制劳工档案史料集》(下),社会科学文献出版社2003年版,第804页。

② 《天津特别市政府关于颁行"天津地区紧急索要劳工确保计划"及"各区劳工供出人数表"令》(1944年7月17日),居之芬、庄建平主编:《日本掠夺华北强制劳工档案史料集》(下),第626页。

③ 《天津特别市社会局请各区待会修张贵庄机场劳工函》(1945年9月1日),居之芬、庄建平主编:《日本掠夺华北强制劳工档案史料集》(下),第800页。

④ 《天津特别市警察局严缉潜逃劳工令与附件》(1941年12月6日),居之芬、庄建平主编:《日本掠夺华北强制劳工档案史料集》(下),第712页。

较高的关系,上身虽已爬出而腿却触到电网,以致被电网烧死。①

而被强征劳工的家庭则因家中缺少了主要劳动力,经济负担加重,导致倾家荡产。如第四区区长报告称,该区所有劳工大多数是携眷属来天津谋生的外地人,而劳工被征募后,其眷属在天津举目无亲,衣食无着,只能坐以待毙,因此被强征劳工的眷属"携老扶幼来保哭啼,所述困难情形,惨不忍闻"②。

但即便如此,骗招和摊派的劳工数量仍然难以满足日军对劳力的需求,而且被骗招和摊派而来的劳工数量越来越少,日军对劳动力的需要却不仅日甚一日,而且十分急迫,仅靠上述两种方法已不可能满足其侵略战争的需要。尤其是日军提出"天津为华北产业中心地,为确保劳工计",要"将数万浮游劳工之贵重劳动资源加以利用"后,进而干脆派出士兵和以袁文会为首的爪牙,上街去抓捕所谓的"浮浪"③。

仅以抓劳工一项来说,袁文会的罪行即令人发指。天津是日军的劳工转运站,袁文会当时被日本宪兵队聘为"招工"总头目,他通过门徒、爪牙、大小脚行头子到处抓工,手段极为残暴,他们有时派遣爪牙,携带武器、驾驶卡车,行至劳动人民集聚的地点,刹住车之后下车就抓,造成人心惶惶,不知何日大祸临头。他们还开设黑店,将过往住店的旅客连夜抓走。④有不知内情从外地来津谋生的农民住在客店里,其实这客店就是抓劳工的据点,他们软硬兼施诱骗客人上钩,客人一旦被骗走就陷入

　　①《市警察局关于为日军修筑张贵庄机场的劳工因不堪折磨在逃亡中被日机场电网烧死的密报》(1944年10月27日),中共天津市委党史研究室等编:《日本帝国主义在天津的殖民统治》,天津人民出版社1998年版,第488页。

　　②天津市第四区区长赵均:《天津特别市第四区公所呈请市政府对雇佣劳工酌加工资与配给文》(1944年9月16日),居之芬、庄建平主编:《日本掠夺华北强制劳工档案史料集》(下),第800页。

　　③《为请供给天津市浮游劳工由》(1944年6月16日),居之芬、庄建平主编:《日本掠夺华北强制劳工档案史料集》(下),第562页。

　　④天津社会科学院历史研究所编:《天津的脚行》,《天津历史资料》1965年第4期。

虎口。[1]

　　1938年来津谋生的李思九在庆生祥布庄学生意，1940年他险些被日本兵抓了劳工。庆生祥有一个分号在西门南，叫泰和成，1940年秋末冬初之际的某天，大约上午10点钟的时候，李思九扛着10匹花布从西门北庆生祥往泰和成去，当走到离西门脸约20米处时，一个年长者将他拦住，指着他说："没看见西门脸日本兵抓人吗？赶快往回跑！"李思九往前一看，在西马路和西关街交叉路口处停着一辆卡车，上面站着四五个日本兵，拖着上刺刀的枪，另外有三四个日本兵空着手准备往车上拉人，地下站着两个拿枪的日本兵，见到四边路口来的年轻人就往车上赶，车上空手站着的日本兵就往车上拉。当时车上已有三四人被抓，日本兵正按着他们的头，李思九见状赶紧从后街跑了回去。在这之后日本兵时来时不来，有时早来有时晚来，让人摸不着规律，连续抓人达半个月之久，社会上很长一段时间人心惶惶。[2]

　　日军抓捕劳工的行径给天津市民带来了严重的恐慌，就连伪天津市公署也承认"不料以偌大之区分，近日时有抓人情事，万民惊恐，殃及邻闾……万民畏避，市面寥寥，均不敢出首"[3]。当时为了缓解天津市民的恐慌，曾经有报纸导演一出自问自答，刊登所谓的读者来信称：

　　我是一个始明世故而知识薄弱的小孩子，我更是一个小小的商人，但我问事迫切，所以不得不大着胆子，请教于您。我请教的事情很简单，就是我走在马路之际便遇见几个汹汹的人在马路上抓人，他们抓人的手腕很厉害，他们只要抓住你就是不去不行，你不去他们便是一顿狠打，狠打之后你还是得去。抓人之法对于无事之人当然没有什么关系，但每日那

---

　　① 姚士馨：《河东地道外旧貌》，政协天津市河东区委员会文史资料征集工作委员会编：《河东区文史资料选辑》第二辑，1989年印，第140页。

　　② 李思九：《目睹日本侵略军抓华工的罪行》，《南开春秋》编辑部编：《南开春秋》第七辑，1993年印，第204页。

　　③《天津特别市公署秘书处关于本市强迫拉夫万民惊恐请警察局查明具报函及附件》（1941年8月11日），居之芬、庄建平主编：《日本掠夺华北强制劳工档案史料集》（下），第709页。

些似牛似马而公事忙碌的人,被他们抓走,又当如何? 正有生死紧要之事的商民们,一旦被抓住,又当怎么办呢? 如此一来,事情岂不是要陷于混乱之中吗?①

然后报社编辑对此进行回答,称读者所见"一定是抓去做工,并没有什么危险的",只是这种"招工"的方式不是很负责任,由此才带来了社会的恐慌情绪。②然而这种自问自答的狡辩行为完全是欲盖弥彰,进一步暴露了日军抓捕劳工给天津市民带来的恐惧。

被抓捕的劳工更是遭遇灭顶之灾,因为劳工遭受非人待遇,死亡人数非常庞大。日军在塘沽新港以"募工协会"的名义,设立了对外称冷冻公司、实则是从海路转运劳工的集中营,这里三面环水,一面设有日军岗哨,为防止劳工逃跑,四周安装电网,筑有碉堡,架起数十挺机枪,如监狱一般。在天津被抓捕的劳工中,有的是抗日志士被从监狱或宪兵队抓走,有的是普通老百姓被诬陷有抗日言行而被抓走,有的是从劳务市场上骗走,有的是从大街上被掳走,这些劳工在无安全保障的情况下从事采矿、建筑等重体力劳动,过着非人的生活。③恶劣的条件使许多劳工没被转运就冻死、病死、饿死,更有许多劳工在转运途中和强体力劳动中惨死。

有一年夏天,一列装运劳工的火车停在河东旺道庄,骨瘦如柴的劳工被锁在空气污浊的铁闷罐车里好几天没人过问,在烈日暴晒、铁皮车的炙烤下,许多劳工被活活渴死、闷死。④前文提到的黄世兴在劳工集中营经历的第一个晚上,就有三四十名劳工不幸罹难,这些死难者被扔上一辆大马车,"像捆麦子一样,把死者往车上一扔,不知道拉到哪里去了,可怜这些死难同胞,连家住哪里、姓甚名谁都没有留下来就被折磨死了。更可悲

---

① 《请问为什么要抓人》,《天声报》1940年5月29日第3版。

② 《请问为什么要抓人》,《天声报》1940年5月29日第3版。

③ 《七七事变后日本帝国主义在天津的殖民统治概述》,中共天津市委党史研究室等编:《日本帝国主义在天津的殖民统治》,第40页。

④ 姚士馨:《河东地道外旧貌》,政协天津市河东区委员会文史资料征集工作委员会编:《河东区文史资料选辑》第二辑,第140页。

的是,有的人明明还有一口气儿,救救准能缓过来,也被日本鬼子当死人拉走了"①。劳工们每天吃的是豆饼面掺麸子蒸的小团子,夜里蒸熟后往席上一倒冻成冰坨,次日一早每人发一个,"一咬掉冰碴,根本嚼不动",饮水更为困难,集中营每天只分给每人一碗凉水,不论够不够,如果谁有怨言被日本兵发现就是一顿棒打。②被折磨了四十三天之后,黄世兴等六百人被拉走,他们被日本兵用枪逼着艰难地爬上一艘轮船,船底下装着煤,煤上铺着席子,六百人在席子上蜷缩着,谁也不知道拉到哪里去。当船行至大连时,由于盟军轰炸,船停了半个月,粮水全断,劳工们只能喝海水,连渴带饿又死了二三十人,被日军扔进大海。后来他们被转运到日本,六百人还剩四百二三十人,黄世兴的堂兄也死在了船上。下船之后黄世兴等人被拉到日本茨城县的日立铜矿,这时六百名劳工只剩二百七十人左右,之后还时常有劳工在开采时因塌方被砸死。劳工们一天要承受长达十四五个小时的繁重劳动,吃的却是鱼骨粉掺豆饼面的团子,没有蔬菜,每人一点儿咸辣椒秧。③

天津颐中烟草公司被抓去日本当劳工的齐树林,则被拉运到日本九州熊本县司山煤窑采煤。煤窑中的劳工干活不穿衣服,只发一条短裤,住的是大棚子,一个棚子住一百多人,吃的粥只是用海水煮一下的几个饭粒,又咸又苦,平常也不让喝水,每一夜都要死上几口人。日本监工每隔一天往外拉一趟死人,中国劳工有病也不给看,反而被断了口粮而活活饿死,死了以后,架起木头,把人烧成灰,往土坑里一倒。④根据档案记载,从1940年到1945年,日本侵略者从天津抓走劳工共计73374人。⑤劳工伤亡极大,有人作诗感叹:"饥民无计渡难关,骗做华工命草菅。驱入车船拖出

---

① [日]广濑龟松主编:《津门旧恨——侵华日军在天津市的暴行》,第60页。
② [日]广濑龟松主编:《津门旧恨——侵华日军在天津市的暴行》,第60页。
③ [日]广濑龟松主编:《津门旧恨——侵华日军在天津市的暴行》,第60—61页。
④ [日]广濑龟松主编:《津门旧恨——侵华日军在天津市的暴行》,第57页。
⑤《七七事变后日本帝国主义在天津的殖民统治概述》,中共天津市委党史研究室等编:《日本帝国主义在天津的殖民统治》,第40—41页。

境,十人难见一人还。"①

## 三、性暴力的恐惧

除了杀戮和强征劳工,性暴力也使天津市民面临着极度恐惧。日本侵华战争中,作为弱势群体的女性命运十分悲惨,不但会遭到侵略者的杀戮,而且更多地成为侵华战争的性受害者。②日军的集团性暴力不仅发生在根据地及其周边地区,即日军所谓的"非治安区"和"准治安区",实际上在所谓的"治安区",日军的性暴力同样也十分普遍。虽然抗战进入相持阶段后,日军为实施长期的占领和统治,建立他们所谓的"王道乐土"和"大东亚新秩序",在其占领地区采取了一定的怀柔政策,但日军对中国妇女的强奸等性暴力事件仍然十分普遍。③根据日军见习士官小队长中村五郎的笔供,1943年11月中旬中村五郎于天津市内闯入中国人民宅里,用手枪、军刀胁迫强奸一名18岁中国妇女,又于当月下旬侵入民宅,强奸19岁中国妇女一名。④可见即便是沦陷区后方的天津,女性也难以摆脱悲惨命运。

日军强征"慰安妇",更是将天津推向恐怖的地狱。"慰安妇"制度是日本军国主义在侵略中国和亚洲其他国家期间,出于将战争持续下去的目的而强迫各国妇女充当日军士兵的性奴隶,并有计划地为日军配备性奴隶的制度,这一暴行极大地侵害了被强迫女性的人格、人性、民族自尊心和民族荣誉感,使她们蒙受了无比巨大的肉体和心灵上的痛楚。"慰安妇"与日军的关系,是数千年人类文明史上找不到第二例的男性对女性的集体奴役现象。⑤中国是日本实施罪恶的"慰安妇"制度受害最深的国家,强

---

① 天津社会科学院历史研究所编:《天津和记洋行史料》,《天津历史资料》1980年第6期。
② 邵雍编著:《中国近代社会史》,合肥工业大学出版社2008年版,第243页。
③ 中央档案馆等编:《日本侵略华北罪行档案9性暴力》,第9页。
④ 中央档案馆等编:《日本侵略华北罪行档案9性暴力》,第12页。
⑤ 苏智良:《日军"慰安妇"研究》,团结出版社2015年版,第17页。

征"慰安妇",设置"慰安所",实施性暴力,蹂躏中国妇女,是日本侵略者在天津犯下的严重罪行之一。①

天津作为日军所谓的"兵站基地",形成了一套完整的"慰安妇"制度,贯穿"慰安妇"的征集、选送、身体检查、输送等过程,并且自始至终驻天津的日军和宪兵都参与其中。日军在天津设置了专门办理"慰军事务"的机构"日军防卫司令部慰安所办事处",具体负责推行"慰安妇"制度。可以说,天津的日军"慰安妇"征集系统非常完善,是华北地区日军"慰安妇"制度推行较为彻底的地区。②

日军在天津东车站设置"慰安所",强迫中国妇女充当"慰安妇"。1939年冬,华北日本占领军司令多田骏指示华北各地伪政权,以保护良家妇女为借口,竟决定"责成地方,筹编军妓,慰劳皇军",温世珍则不遗余力迎合日军,主动设置"慰安所"。当时天津东车站有一大型水泥制水塔,其附近有一处高压电网缠绕、"拒马"成群、严加封闭的秘密院落,四周宽敞,警卫森严,院中央建有大面积东洋式厅房,厅内四面分布小单间百十个,各间内分置日式草垫席。每逢"慰问日",日军乘坐火车从外地抵东车站,集合后进入这"慰安所"③。据驻天津的日军士兵回忆:"中国的'慰安妇'只有十多岁,他们每天要接待100人。"④日军还曾经多次成批地强制征虏中国妇女充作军妓,送往前线供日军蹂躏,特别是在抗日战争即将结束、侵华日军面临崩溃之际,为鼓舞士气、负隅顽抗,日军在天津加紧了"慰安妇"的征集。⑤日军征集"慰安妇"除由黑社会头目王士海领导的"别动队"(即天津防卫司令部慰安所)通过天津市"乐户"联合会征集妓女外,日军

---

① 天津市委党史研究室编:《天津市抗日战争时期人口伤亡和财产损失》,第6页。

② 刘萍:《被侮的女性:战时日军性奴隶制度》,黑龙江人民出版社2011年版,第62—64页。

③ 郑道理:《日本军国主义作恶多端——在津秘设军妓院》,中国人民政治协商会议天津市和平区委员会文史资料委员编:《天津和平文史资料选辑》第五辑,1995年印,第97页。

④《日军士兵口中的天津日军"慰安所"》,苏智良等编著:《侵华日军"慰安妇"问题研究》,中共党史出版社2016年版,第102页。

⑤ 李秦:《新发现的日军强征中国妇女充当军妓史料析》,中央档案馆等编:《日本侵略华北罪行 档案9性暴力》,第234页。

还亲自出动强行掳掠良家妇女,在南市一带常有良家妇女被恣意妄为的日本兵和王士海领导的"别动队"强行抓捕成为"慰安妇",引发了天津市民的极度惶恐。[1]

被强征为"慰安妇"的受害者命运十分悲惨,她们不堪忍受日军暴行,有的自杀,有的逃跑,有的病残。[2]王士海率领他的"别动队"到处抓妓女,将她们绑架到医院强迫接受医院的检查,或将诱拐和强掳的一般女性送给日军军医。性病检查合格者就在日军或伪政府的监视下等待被送往前线,这期间不愿被送往前线做"慰安妇"的受害者就故意喝下有毒的东西,弄伤身体,或趁监守不注意之际逃走,即使是在送往前线的途中,或者被送到前线时,这些被强征为"慰安妇"的受害者仍然抓住一切机会设法逃走。据当时的报告书记载,由天津送往河南日军前线部队的"慰安妇",被伪警察和别动队的流氓连拉带拽地装上了卡车,大声哭骂着被送往前线。在总共86名受害者中,有8人因病被送回天津,43人逃走,其中还有人在逃跑时"从卡车的高台上跳下,结果摔断了手脚,有的人正好摔到了要害部位,就那么死掉了"[3]。

## 四、防空演习中的恐惧

随着战争的深入,为进一步调动战争资源,维护天津作为华北"兵站基地"的安全,从1940年底开始日军经常进行防空演习,在夜晚实行灯火管制。日军的防空演习不仅进一步桎梏了天津市民的生活,还造成了极大的恐惧。

---

[1]《天津特别市警察局特务科关于日军天津防卫司令部强征中国妇女充作军妓之情报》(1945年7月3日),中国社会科学院近代史研究所近代史资料编辑部编:《近代史资料》第94辑,中国社会科学出版社1998年版,第9页。

[2]《七七事变后日本帝国主义在天津的殖民统治概述》,中共天津市委党史研究室等编:《日本帝国主义在天津的殖民统治》,第42页。

[3] 林伯耀:《天津日军"慰安妇"之供给系统》,中央档案馆等编:《日本侵略华北罪行档案 9 性暴力》,第241页。

1940年12月，日军举行第一次大规模防空演习，全市所有的房屋窗门均需用布幕遮掩，以免室内灯光透出窗外，法租界也同时进行灯火管制。在演习的整整36个小时之中，防空警报怒吼，钟声大鸣，空中日军飞机不断来往视察地面情况。①地面上则有"警防团"来回巡视，家家户户均需在大门前放置一注满清水的木桶或铁桶，并备有一个装满黄土的麻袋，以便演习一旦遇有火灾发生或有飞机来袭投掷燃烧弹时，立即用黄土掩埋以免火势扩大。穿梭于街头的公共汽车和私用车辆也在车灯上蒙上红黑布，居民家中晚间用灯遮蔽以红黑灯罩，全市一时之间如临大敌，恐慌之象充斥于每个人的脑海中。②

塞班岛战役后，日军败局已定，防空演习日趋频繁，天津的气氛更显紧张。当时各学校都组织起防护分团，名义上由校长任分团长，综理全校防空事宜，但实则由日籍教谕负责。学校都设有遮蔽光线的窗帘、布幕和黑纸，以及简易警报器和风向飘筒，还有防火设备和救护设备，并且在固定时间讲述防空常识以及防火、防毒、消防之方法。③同时伪天津特别市政府制定《天津特别市防空日市民服务要领》，规定每月8日、18日、28日为"市民防空日"，全市市民均需穿着短装并将裤腿扎紧，公务员应一律穿着防空服、扎裹腿，同时进行市民"防空用具准备大检查"，防空日时市民无事不得外出。④

市民不仅需在家中备好防空土和防空水，晚上点灯要罩上黑布，还要在玻璃窗上贴上纸条，防止空袭的爆风气浪震碎玻璃。市民家中和学校教室的玻璃窗都贴上了纸条，商店的橱窗也被粘得严严实实，连橱窗里的陈列品都看不见了。⑤天津举行防空演习时，各居民、商店按照伪政府的指示在玻璃窗上贴上纸条，但在市民和商店铺户中，有的不明白粘贴纸条

---

① 《津市演习防空午夜实行灯火管制》，《新闻报》1940年12月14日第8版。
② 《津防空演习昨揭幕，官民一致协力参加工作》，《庸报》1940年12月14日第3版。
③ 《天津特别市各级学生防空训练实施办法》（1944年10月），天津市档案馆藏，伪天津特别市政府档案，J0001-2-000664-263。
④ 《防空日市民服务要领》，《东亚晨报》1943年11月7日第3版。
⑤ 林希：《老天津画传》，中国工人出版社2003年版，第124页。

的用意,有的则故意与日伪当局对抗,粘贴的防空纸五花八门,有用普通白纸的,也有用牛皮纸的,形状上更是贴出种种花样,有贴成方砖形的,有将商店店名剪字粘贴的,有粘贴广告的,有将商标剪下贴上的,还有的市民非常戏谑地贴出了龟背形。[①]这也是市民借此表达内心对侵略者的不满。后来伪政府统一规定,防空纸的纸条应贴成"米"字形,但"米"字形又与英国国旗造型一致,而英国与日本是交战国,这是日军不能允许的,于是又强制玻璃窗上的纸条必须贴成"井"字形。[②]

尽管盟军的轰炸目标主要是日军的军事设施、军用工厂,以及火车站、列车和货轮等交通设施,对平民威胁较小,但经常响起的空袭警报,仍使天津市民的日常生活提心吊胆,更使他们在防空演习中横遭盘剥,特别是日伪政府不断地在夜间进行"防空检查",经常有日韩浪人夜间闯入居民家中以"检查"为借口进行勒索,若不如意就随便扣上一个"通敌"的帽子,抓入宪兵队。而且天津人口密集,路上行人较多,每当遇到防空演习,正在行走的路人便纷纷往路两边商店的屋檐下跑,跑得慢了伪警察追上来就用警棍猛打。更有进城卖菜的农民一时慌神,连人带挑子被打倒在地上的惨状,还有拉人力车的车夫听见防空汽笛,人躲到路边而车子还停留在马路上,警察过来不容分说抢起警棍就砸。车夫的人力车多是租来的,无法承担车子被砸的损失,所以本就穷苦的车夫还得随时预备好包了钱的小纸包,在防空演习时将小纸包"孝敬"警察,这样停在路边的车子也就不会"暴露目标"了。[③]

## 五、水灾中的恐惧

1939年8月华北地区遭遇严重水灾,天津更是成为重灾区。8月19日大水冲入市区,20日天津多处防水堤坝决口,市区除北马路、意租界以及

① 《防空演习中天津杂记》,《立言画刊》1943年第260期。

② 郭凤岐主编:《老天津画廊》,天津社会科学院出版社2004年版,第232页。

③ 林希:《老天津画传》,第124页。

子牙河南岸等高地外,78%的面积被淹,时间长达一个半月之久,许多民房倒塌;加之物价飞涨,瘟疫流行,病饿交加,浮尸漂荡,惨不忍睹,受灾市民超过90余万。8月30日又有大风袭入市区,遭水浸泡的民房被大风刮倒超过十万间。[1]

洪水来势汹涌,人们不得不爬上平房的屋顶暂时躲避被淹的危险,只能眼看着自己的衣箱被冲开了,仅有的衣饰被水卷走,自己在没有一滴水也没有一点食粮的情况下,空着肚子站在房顶上等着救生船,渴望着有一条救生船会把他们送到安全的地方。然而日本的救生船虽然担负着救生义务,却只救日本人和有钱人,中国人要想登上救生船必须付出100元的现款,日本人则无须支付,所以救生船实际上成了趁火打劫的强盗船。[2]普通市民遭遇空前的灾难,在房顶上耐心地等了五昼夜却等不到救援的天津市民只能铤而走险,在水中慢慢步行到地势高的地带,徒步涉水求生,但结果却是悲惨异常:

我们谁都能够想得到,在齐颈的充满了地沟翻上来的排泄物的臭水中步行,是怎样一种残酷的刑罚,尤其是对于饿了五昼夜消失了精力的疲倦者,那将是世界上最可怕的惨景,有些个人会因为偶然地不经心,滑了一下腿,便轻轻地溜到水里去,没有了一点声息,廿分钟之后,水面上便增加了一具浮胀的尸体……最可惨的是有许多怀抱着未满周岁的孩子的妇人,她们尽了一切母性的天职,她们不顾一切地把孩子带到房顶,然后又把孩子抱得紧紧的,在齐头的水中蹚到了高地,可是结果呢? 当她们到达了安全地带想要喂一口奶给饿了两三个钟头的孩子时,她们才发现孩子早已在臭气逼袭的洪水中被冷水浸透,不幸失去了生命。她们能怎么办呢? 歇斯底里地哭着,无辜的婴儿还没有认清敌人的凶焰,便这样不声不

① 天津市地方志编修委员会办公室编著:《抗日烽火在天津》,天津人民出版社2005年版,第556—557页。

② 李卓:《一九三九年夏在天津》(三续),《新知半月刊》1939年第3卷第4期。

响地漠然投入了死神的怀抱。①

　　甚至有日本兵对于水灾中的天津市民不但不予施救，反而趁机加害。在日租界的旭街游弋着小汽轮，船上的日本兵手持挽子（一种连尖而带钩的撑船工具），声言救人，当时华竹绸缎店有个学徒落水，日本兵赶上后，名义上用钩子钩人，却硬把落水者的肺部钩了一个大窟窿，不久这个学徒就气绝死去。②

　　在水漫全城的情况下，天津市民不得不自己想办法自救求生。在大街上水深数尺的情况下，人们用盛粮食的大笸箩当作小船穿梭往来寻找生活用品，一些平时卖苦力的也改为临时的"船夫"，他们的船就是用薄薄的木板钉在一起，没有船舵，船桨也只是在没有抛光的薄木板上钉上一根圆木，他们就在这样一个随时可能翻落于污水之中的环境下迟钝行舟，缓慢穿梭于洪水中接送难民。还有一些和死神作斗争的小本生意者，他们推了木盒在齐肩的深水中做生意。③北平也成立了"天津水灾急赈会"，京剧名家连续举行赈灾义演，将筹得的善款送往天津。

　　这场大水浸没天津时间很长，受灾人口众多，至于此次水灾死亡人数，竟然没有留下一个准确数字。④大水退去之后，天津街头仍然一片凄凉，街道上的泥泞没过了行人的脚踝，南市一带贫民区的景象就更加凄惨了，如被黑社会头目袁文会羁押一年多的相声演员张寿臣，在逃脱袁的控制后偷钻电网，心急火燎地赶回家中，看到的景象却是"老幼缩卧床头，面有饥色。再一转视，家中什物、衣物当卖一空……"⑤洪水退去之后，霍乱、伤寒和痢疾等传染病流行，又造成天津市民的大量死亡。家中房屋倒塌的难民只能蜷缩于席棚之内，艰难地挨过寒冬。

---

① 李卓：《一九三九年夏在天津》（三续），《新知半月刊》1939年第3卷第4期。

② 林希：《老天津·津门旧事》，重庆大学出版社2014年版，第171页。

③ 李卓：《一九三九年夏在天津》（续六），《新知半月刊》1940年第4卷第1期。

④ 林希：《老天津·津门旧事》，第171页。

⑤ 张寿臣：《回顾我的艺人生涯》，中国人民政治协商会议天津市委员会文史资料研究委员会编：《天津文史资料选辑》第十四辑，天津人民出版社1981年版，第203页。

综上所述,天津虽然位于沦陷区后方,治安相较于战争前线略为稳定,但远离战争前线并没有让天津市民变得安全,他们仍然难以摆脱战争带来的厄运。兵燹之下,影响市民生活的除了恶性的通货膨胀和糟糕的粮食配给外,生活中的恐惧和对自身命运的担忧,更让天津市民的生活苦不堪言。天津市民生活中的灾难,是抗战时期沦陷区民众生活的一个典型代表。

# 第十七章　战后征兵及市民反应

战争首先要考虑兵和粮,所以征兵征粮是战争期间的一项必备工作。在战争期间,政府、基层和市民三者间利益博弈的过程一直都存在,而且"这种博弈在兵役推行过程中又尤为明显"[①]。国民政府的征兵主要在农村,但在城市也有发动,只是较少为学界所知罢了。这里主要对抗战结束后1946—1948年国民政府在天津的征兵过程及市民反应做一阐述。

## 一、兵役制度和机构的设置

抗日战争结束后,1945年9月,国民政府宣布全国兵役缓征一年。在缓征期间,国民政府在旧兵役法基础上,根据抗战期间办理兵役的经验,参考各国兵役制度,于1946年10月颁布了新的兵役法,确立了抗战胜利后新的兵役制度。与旧兵役法相比,新兵役法修改了许多地方,如在免役、禁役、停役等方面,新兵役法将"任职者也可以免役"[②]删掉,职业人可以申请缓召(推迟服兵役),但不能免役。新兵役法还将缓召的范围扩大,由原来的一项增加为六项,除了原来的"中等以上学校在学之学生"外,现任机关职员、军需工业等国防技术人员等也可以缓召。[③]在服兵役时间方

---

① 陈廷湘:《战时特殊利益空间中的国家、基层和市民——从抗日战争时期兵役推行侧面切入》,《河南大学学报》(社会科学版)2012年第5期。

② 秦修好编著:《兵役法及兵役法施行法图标解》,兵学书店1948年版,第40页。

③ 徐思平:《中国兵役行政概论》,文治出版社1945年版,第43页。

面,旧兵役法规定现役三年,新兵役法将三年改为两年,新兵役法规定"配偶及直系血缘亲属得享受生活救济之优待"等,而旧兵役法没有特别规定。在其他方面,新兵役法也有一些特色,比如倡导男女平等原则,鼓励女子服兵役。在过去多次兵役法修正中,可以说完全是以陆军为主,对于海、空军种,也仅是在附则中轻描淡写,而新兵役法则是将海、空军以专门章节列入,并作了详细的明文规定,显现出新兵役法趋于完整。

将兵役法重新修订以外,国民政府对中央和地方军事机构也作了调整。1946年6月,国防部在南京成立,隶属于行政院,下设新闻局、民事局、兵役局等部门,"国防部是全国兵役行政主管机关,内政部为全国兵役行政协管机关"[①],其中兵役局主要负责兵员补充、征召、除退及后备官兵的储备管理,职责划分明确。

在地方上,由于1945年以后"中共力量的壮大和控制范围扩展,使国民党统辖区域与抗战前均有不小的差异"[②],国民政府对各地方的军管区做了重新规划。原来在省一级设置军管区,省以下设师、团管区,其管区的管辖范围,与地方行政区域一致,但不仅导致军额支配重复,而且管区权力在省主席兼管区司令的手中。所以此次调整后,国民政府取消了军管区,改以人口为标准,将全国划分为若干个师管区、团管区。[③]

1946年10月,天津市设立冀北师管区司令部,下辖北平、天津、唐山、昌黎、沧县等5个团管区,其中天津团管区在1946年10月成立,下辖1个特别市(天津市)和8个县。[④]其中团管区为征集单位,县市为兵额配赋单位,乡镇为征兵调查单位。师、团管区司令部,受当地军事高级机关指导监督,办理区内兵役及有关事务,完全是属于委派办理的任务,省政府主席与辖市市长,虽然是兵役监督,但仅是协助的责任,不再兼任师管区司令。这样做可以"维持独立的兵役制度,少受地方政府的牵肘,事权

---

① 陈桢国等合编:《兵役法规》,大东书局1947年版,第3页。

② 夏静:《国民党政府兵役制度研究》,山东师范大学硕士学位论文,2009年,第75页。

③ 管区,即征兵及训练新兵机构。

④ 这8个县分别为三河、宁河、蓟县、平谷、武清、宝坻、香河和天津县。

集中"①。

其实,战时军管区只是负责辖区兵役的统筹工作,而具体征兵事务则主要由天津市的军事科、区公所和基层保甲,以及社会、警察两局配合完成。随着征兵具体情况变化,天津市也成立了具体的基层机构。1946年天津市政府准予各区成立募兵募款委员会。1947年4月底,天津市根据国防部命令成立军事科,人员以退役军官和在乡军人充任。1947年天津市依照规定,在各区成立兵役协会,配合地方上的各方作为补助力量,兵役协会委员由各区学校校长、在乡军人、战时军人家属、当地公正士绅代表组成,负责协助办理兵役宣传、兵役改进建议、协助征兵调查、监督征兵环节等工作。

## 二、征兵配额的划分标准

国共内战爆发后,为有效征集兵员,国民政府沿用了抗战时期的征兵制,但征兵制是抗战后在天津首次推行,普通市民、基层干部对征兵制多不了解。而且天津在当时是华北中心城市,工商林立,征兵对象大多是职业人,符合缓召条件的占多数,"完全实行征兵制,企业、工厂势必会受到影响"②。天津市兵役协会建议"采用募兵制,或抽签、中签后,可以用志愿兵替代"③。募集志愿兵不具有强制性,这样就避免扰乱商户、工厂的日常运转。但在警察局给市政府的报告中,可以看出募兵并未达到预想的效果,"应征兵额计三千二百六十三人,原来预计在本市捐募,不无困难,但结果截止九月十四日,总计招募五十五名,经军部检查合格者,仅三十五

---

① 储子润:《新兵役法的特色》,《冀北役政》1947年第1卷第1期。
②《为明年征兵以采取志愿兵为宜致国民政府国防部的公函》(1947年11月13日),天津市档案馆藏,J0002-3-008238-018。
③《为征兵宜募志愿兵事给市民政局训令》(1948年9月23日),天津市档案馆藏,J0002-3-007850-018。

人"①。募兵制虽然灵活，但不能保证有效兵源，战时兵员补充困难，也不能保证新兵素质，"过去为顾及都市环境改用募兵和雇兵制，结果新兵素质良莠不齐，许多地痞流氓专门卖身取得安家费，拨交部队后，趁机逃亡，过后再雇充新兵"②。既要顾及天津市的实际情形，也要提高士兵素质、减少逃亡，所以天津市是"以采用志愿兵为主，如志愿兵不足时，或款募不齐时，以抽签征集"③。从1946—1948年多次征兵情况看，采用的都是先募后征的办法。

在征兵分配指标问题上，国防部采取征额配赋的办法，就是把兵额摊派给各省市，"只要将兵额按时征完，不管各省市采用何种方法"④。关于征兵配额的标准，各地方之间有许多矛盾，比如关于平津冀三地兵额分配的标准，河北就提出了不同意见，他们认为所有应征名额，应依据地区的人口多少合理分配，理由是：河北自内战以来，政府能控制的县仅有30多个，总人口不超过500万人，但是平津两市的总人口则有400万人，而且河北农村的及龄男子都是长期从事生产的农民，如果大量壮丁被征入伍，长久以往，则"田园荒芜，生产锐减，军粮民食均将受到很大的影响"⑤。

对此，天津市提出应依据该地及龄壮丁数目减去免禁役缓征召人数，作为配额比例的标准，他们认为根据国防部颁布的《征兵处理规则》规定"身家调查在每年四至六月办理，抽签在每年九月到十月办理，在每年十

① 《为民国35年度临时征兵一案致市张市长的呈》(1946年9月17日)，天津市档案馆藏，J0002-2-000547-004。

② 天津市地方志编修委员会编著：《天津通志·政权志·政府卷》，天津社会科学院出版社1996年版，第285页。

③ 《为天津市征兵办法事致梁秘书长转杜市长的呈(附征兵办法志愿书等)》(1947年12月31日)，天津市档案馆藏，J0002-3-009370-001。

④ 《关于民国三十七年度征兵实施要则致天津市政府的代电(附实施要则)》(1948年3月8日)，天津市档案馆藏，J0002-3-007806-031。

⑤ 《为河北省农会呈请按人数比例征兵致国防部何部长的代电》(1948年7月9日)，天津市档案馆藏，J0002-3-008246-054。

一月至十二月办理征集"①,在时间上并不影响河北的农业生产,而且河北方面所提的"人口"包括男女老幼,如果以此为配额标准,有失公允。天津的工商业发达、学校众多,符合缓征召条件的人数较多,如国防部技术员工、高中以上学生等,所以不能以人口比例划分。②城市和农村确实有不同的现实情况,作为地方政府不得不将所管辖区域的人口、辖界考虑进去。其实之所以在推行过程中矛盾重重,主要是因为国防部摊派的数额确实很难完成。

天津市在区、保两级采用的也是数额摊派,将分配给天津市的兵额摊派至各区保。表17–1是1948年下半年天津市各区配额情况。

表17–1　天津市1948年下半年度各区征兵配额

单位:人

| 区别 | 一 | 二 | 三 | 四 | 五 | 六 | 七 | 八 | 九 | 十 | 十一 | 总计 |
|---|---|---|---|---|---|---|---|---|---|---|---|---|
| 配额 | 2214 | 687 | 613 | 505 | 283 | 635 | 712 | 1842 | 692 | 782 | 923 | 9888 |

资料来源:《为报本市发动"戡乱"战士办理情形等致华北"剿匪"总司令部的代电(附征兵配额一览表)》(1948年10月27日),天津市档案馆藏,J0002-3-002595-003。

表注:配额系依各区壮丁数及财富情形比例分配,两者各占50%。

原表格"总计"数字为10000,有误差。

表17–1的附注显示出天津市各区摊派,是按照各区壮丁数目、财富情况分配,两者各占50%,其中壮丁数目是依据天津市户籍登记的人口计算得来,而财富情况则是依照"各区地方建设费,营业税及特种营业税征收数字比例算出百分比,其中地方建设费占百分之三十五,营业税占百分之

　　①《为征兵配额不能按人口比例配赋致天津市政府的呈》(1948年7月29日),天津市档案馆藏,J0002-3-008246-056。

　　②《为征兵配额不能按人口比例配赋致天津市政府的呈》(1948年7月29日),天津市档案馆藏,J0002-3-008246-056。

四十五,特种营业税占百分之二十"①,天津市民政局局长曹钟麟认为,如果强行按照这个数目,不能算是十分准确,但"唯舍此标准外,更无其他可靠数字足为依据"②。从第四区1948年征兵各保配额看,天津市保一级依然采用的是各保壮丁数及财富情形比例分配,两者也各占50%(见表17-2)。

表17-2  天津市第四区1948年度征兵各保配额

| 保别 | 役男比例 | | 财富比例 | | 以上两项合计100% | 应配兵额 |
|---|---|---|---|---|---|---|
| | 役男百分比 | 50% | 财富百分比 | 50% | | |
| 1 | 2.54 | 1.270 | 9.74 | 4.87 | 6.140 | 31 |
| 2 | 2.61 | 1.305 | 11.24 | 5.62 | 6.925 | 35 |
| 3 | 2.78 | 1.390 | 8.70 | 4.35 | 5.740 | 29 |
| 4 | 3.10 | 1.550 | 2.44 | 1.22 | 2.770 | 14 |
| 5 | 2.73 | 1.365 | 4.38 | 2.19 | 3.555 | 18 |

资料来源:《本区民国三十七年度征兵各保配额表》(1948年11月5日),天津市档案馆藏,J0025-3-004975-035。

表17-2中的数量是天津市规定役男数及财富比例两项各占50%,分配给各保。役男比例数字根据各保户籍身家调查统计,而各保得财富依据屡次兵款、口款及马料费等各项标准参考制定。从以上两表可以看出,1948年天津市区、保两级征兵数额均采用各占半数的百分比而配额。1946年天津市社会局干部调查了第七、八、九等3个区的征募情况,兵额分配办法大致分为3类:第七区是每保11人,第八区由区统筹,第九区是根据各保的贫富分配兵额。③由此可见,天津市虽然对各区、各保兵额分

---

①《关于本届征兵配额致市政府呈》(1948年12月12日),天津市档案馆藏,J0002-3-007960-036。

②《关于本届征兵配额致市政府呈》(1948年12月12日),天津市档案馆藏,J0002-3-007960-036。

③《为在第七至第九区公所调查征兵实况的报告》(1946年9月27日),天津市档案馆藏,J0025-2-002805-020。

配办法作了统一规定,但各区、保分配办法也各有不同。

## 三、兵役动员的具体开展

第一,对基层干部进行培训。

在天津市的征兵过程中,基层干部是最直接的执行者,若不严格训练,许多征兵的具体任务就无法完成。而且天津市是抗战后首次推行征兵制,市民对兵役缺乏深度了解,恐惧心理比较严重,基层兵役干部又缺乏办理经验,所以对基层干部的培训、分工尤为重要。

1947年4月,天津市民政局成立军事科,对各项准备工作加紧筹备,积极推行,兵役会议对兵役干部讲解兵役法令。1947年天津团管区在军士招考满额后,对所有中下级干部逐条讲解李宗仁的"十大戒条",希望使他们"对上信仰对下信任,和自信的决心,然后能做到不贪污不舞弊,不买放壮丁,不虐待士兵,不克扣士兵,及对士兵保育之重视"[1]。冀北师管区司令李兆锁呼吁干部"要尽量发挥干部作用,你们要多想,多说,多做,多看,人人要争取主动,千万不要成为被动"[2]。

干部分工也是组织动员的重要工作。1946年,天津市成立临时征兵征募指导处,隶属于天津市政府,由社会局局长兼任处长,警察局局长兼任副处长,负责新兵募集之指导事项,分工详细。天津各区成立以区长为征兵官,下设总务组、征募组、监察组、宣传组的役政机构,各组下面有总干事一人,干事若干名,相比市一级分工更加具体。

为提高征集效率,对兵役干部考核、奖惩是必不可少的。国民政府针对县一级干部的考核,规定"凡征兵区域本年度之县长考绩,其征兵部分之考绩应占其总考绩三分之一"[3]。这样高的比重,显示征兵在当时是各

---

① 良初:《天津团管区一年来之回顾》,《冀北役政》1947年第1卷第2期。

② 李兆锁:《几项重要工作》,《冀北役政》1947年第1卷第1期。

③《为紧急补充征兵额事给天津市政府张市长代电(附临时征兵实施纲要各一份)》(1946年8月6日),天津市档案馆藏,J0002-2-000503-001。

区政府非常重要的工作。考核内容主要包括征集是否合理、新兵安家费发放、超(欠)兵额等,对于成绩优良者,给予一定奖励。互助小组组长工作成绩优良的,可以"免缴新兵安家费及新兵生活补助费"[1],就是如果组长本人是役龄男子时,也可以缓召。奖励办法主要分奖状、奖章、奖金及传令嘉奖等。[2]完成征兵配额时间越早,招募兵额越多,物质奖励越高。对工作给予奖励,既可以鼓励优秀者,也能提高兵役干部工作的积极性。

在办理兵役过程中若有违法乱纪行为,根据《妨害兵役治罪条例》,"如有违法舞弊人员,应依条例严办"[3];"乡镇人员,非持有县府正式印信之征集票,不能强拉捕捉,倘有违法舞弊情事,定予彻查严惩"[4]。比如天津市第八区将各保分为若干责任区,每责任区配置委员长一名,负责督导兵源、稽查收支等情况,[5]如有未如期完成征兵配额,除了追究保甲长责任,还要派员催办。冀北司令部派督查团督查各地兵役实施情况,为避免因熟人关系出现舞弊、包庇等情况,经常轮调其督征地点。

不仅如此,对违法行为,还鼓励市民检举揭发。1947年7月,天津市召开兵役会议,强调如有敲诈、勒索等情形,市民尽量向民政处检举,[6]民政局军事科专门有人管理此项告密信件。天津团管区在征兵期间,"就各地普设密告箱,奖励地方机关及人民对于接兵部队及办理兵役人员违法舞弊之检举告密"[7],"经手人殊有中饱之嫌一节,应请检举以凭查办,一经

① 《为征兵优良工作者奖励事致市府的呈》(1948年11月17日),天津市档案馆藏,J0002-2-000598-039。

② 《为拟具办理征兵奖惩办法致杜市长的呈(附拟具征兵奖征办法)》(1948年2月13日),天津市档案馆藏,J0002-3-008252-007。

③ 《关于严禁强拉顶替买卖壮丁冀征兵舞弊案致天津市政府的代电》(1947年2月4日)天津市档案馆藏,J0002-2-000714-014。

④ 《关于遵照征兵处理规则办理征兵事宜致天津市政府杜市长的代电》(1948年3月18日),天津市档案馆藏,J0002-3-007807-007。

⑤ 《为派专人负责督导兵源事给第三十六保保长训令》(1948年11月30日),天津市档案馆藏,J0025-3-004997-063。

⑥ 《津昨举行兵役会议》,《益世报》1947年7月15日第4版。

⑦ 《为检送征兵应注意事项致天津市政府杜市长的代电(附注意事项)》(1948年10月29日),天津市档案馆藏,J0002-3-007942-015。

查实,即行送由法院以贪污论罪"①。

第二,宣传兵役法令。

抗战后,天津刚刚结束数年的沦陷区生活,市民尚在憧憬新生活的喜悦氛围中,他们很难理解征兵打仗的行为,纷纷抱怨"待到现在,胜利实现了,却也带来了无尽的失望"②。面对这种情况,国民政府不得不先在情理上说服市民。

在宣传内容上,一是强调"服兵役是应尽的国民义务",如"应征当兵,捍卫国家,是国民应尽的义务,也是现代国民光荣的责任"③,这样的语言,在兵役宣传中特别普遍。二是抹黑中共,编造中共"恶劣行径",将市民自身的苦难强加在中共头上,鼓吹共产党是内战的"挑起者",编造共产党"残暴不仁"的行为。④三是宣扬英雄故事,将抗战名将的照片、简介刊登在报刊上,介绍他们的英雄事迹,尤其是在抗战中英勇杀敌的故事,也有描写古代英雄人物保家卫国的英勇事迹。

在宣传的方式方法上,有街头化装讲演,如化装成难民或敌兵,但着重于演说。广播演说主要是讲解兵役法令,阐述兵役理论。歌舞剧也是重要的宣传手段,"要表演从军故事,模仿当地风俗习惯"⑤,或者将当地的歌谣改编成兵役宣传的歌词,依照原来的曲谱教唱,比如《当好兵》《兵役歌》等。天津兵役协会还利用"文字、电台及其他诸种方式向全市市民宣导征兵之意义,办理兵役问题解答"⑥。此外还要定期举办座谈,讲解兵役法令条文,比如1947年8月,天津团管区司令张庆炎邀请县级干部、新闻记者、各乡镇保长一同召开座谈会,解释兵役办法,并对征兵交换意见。

①《为派员调查各区征兵费事致市政府呈》(1948年8月16日),天津市档案馆藏,J0002-3-009600-003。

②《大公报》社评:《我们人民的控诉》,《大公报》1946年8月21日第2版。

③《为征兵告河北平津父老兄弟书事致天津市政府的代电》(1947年8月31日),天津市档案馆藏,J0002-2-000599-010。

④ 陈桢国等合编:《兵役法规》,大东书局1947年版,第87页。

⑤ 陈桢国等合编:《兵役法规》,第88页。

⑥《为报征兵配额工作情形致国民政府的呈》(1947年6月30日),天津市档案馆藏,J0002-3-008245-002。

但要想在组织、宣传动员上产生效果,这不仅需要合理的理由、巧妙的技术手段,更需要让市民得到实际的好处。

第三,制定优待士兵、征属办法。

1946年,国民政府公布"按新兵每名发给征集费五千元、安家费二万元"①。天津各区奉令开始征兵时,征募到的新兵数额过少,所以为了能早日完成征兵任务,天津市规定每位士兵的安家费不能超过15万元。1947年以后,由于物价飞涨,壮丁对安家费的要求也水涨船高,各区保征募工作遭遇严重困难,原规定每名安家费不超过15万的原则早被打破,甚至突破百万。1947年1月时"最低者为十五万元,高者百五十万元,普通在六、七、八十万元左右"②,1948年1月天津市第五区"提高生活辅助费,每名为一千万元,介绍费五十万元"③,1948年天津市又将生活补助费提高至1000万元。

第四,还有优待士兵、征属。

优待内容有"减免地方捐款,子女免费入学,家属患病减免医药费,家属遭受意外事变得予救济,新兵入营服役期间其婚姻应予保障等"④。对于中签壮丁赠送喜报或匾联,并协同地方人士热烈庆贺。新兵集合入营时,联合当地人事举行盛大欢迎会,"家属婚丧大事,或生子女,优待委员会应协同地方人士吊丧或庆祝"⑤。新兵接收后,各级官长应"善加诱导,对其日常生活,尤应特别关切,须视同手足"⑥,使新兵不发生思想变动。对待新兵要"尊重他们的人格,耐心地开导说服,使其视军营如学校,视军

①《为紧急补充征兵额事给天津市政府张市长代电(附临时征兵实施纲要各一份)》(1946年8月6日),天津市档案馆藏,J0002-2-000503-001。

②《去年下半年社会局施政》,《益世报》,1947年1月31日,第4版。

③《为拨征募兵及生活辅助费事致冯局长签呈》(1948年4月2日),天津市档案馆藏,J0026-2-000172-047。

④《为津市警备旅兵源补充办法事致市府的呈(附办法一份)》(1948年5月25日),天津市档案馆藏,J0002-3-009614-042。

⑤ 陈桢国等合编:《兵役法规》,第100页。

⑥《为检送征兵应注意事项致天津市政府杜市长的代电(附注意事项)》(1948年10月29日),天津市档案馆藏,J0002-3-007942-015。

营如家庭,视军营如乐园"①,比如1947年7月新兵入营,天津团管区召开新兵入营大会,规定"每名新兵肥皂五块,纸烟八盒,火柴四盒,牙粉一袋"②。还可以免费洗浴,请新兵到指定影院观看影剧节目。

第五,制定处罚逃役行为条例。

1947年颁布的《妨害兵役治罪条例》规定:"伪造、变造、毁弃、损坏,或隐匿关于兵役的文书;捏造免役、禁役、缓征、缓召等原因;雇人顶替,或顶替他人等情况,处三年以上,五年以下有期徒刑。"③凡现役及龄男子有隐藏逃避等行为时,或者指定新兵到达县(市)征集所的报到日期而有故意迟延不到者,可以强行征集;如有延误,区乡(镇)保甲长应按刑事诉讼法的有关规定,向"当地管辖法院(或其他司法机关)告发,请予提起公诉,依法办理"④。

对于顶替兵役,未入营后被发现的士兵,由司法机关审判;已入营,均应视同军人顶替兵役,在入营后被发现,应"视同军人,归军法机关审判"⑤。对于逃避兵役的壮丁,依据《"戡乱"役政互助小组编组实施细则》规定:"如系住户,应传讯其户长或家属负责交出,如系商号店员,应追究铺掌或保证人员负责交出。"⑥各县市征送各部队新兵,如有逃亡经各部队报告补征时,应由原保甲限期补征,并同时将逃亡壮丁严密缉捕解送法办。⑦频繁征兵,导致市民大量逃亡,故1947年元旦实施大赦令,对逃兵予以赦免,其罪刑取消,不再追究,仍按普通壮丁征集。1947年10月,由于

① 李兆锁:《几项重要工作》,《冀北役政》1947年第1卷第1期。

②《津新兵入营大会》,《益世报》1947年8月12日第4版。

③ 陈桢国等:《兵役法规》,第123页。

④《为逃避兵役男子处理事给第三区公所训令》(1947年8月28日),天津市档案馆藏,J0032-1-000189-068。

⑤《为查禁潜兵卖兵逃兵应送回原部队法办等事给本区第十二保办的训令》(1947年10月11日),天津市档案馆藏,J0038-1-000052-049。

⑥《为壮丁逃避如何处置事给第四区公所训令》(1948年12月21日),天津市档案馆藏,J0033-1-000088-007。

⑦《为遇逃兵由部队补正事给第六保办公处的训令》(1947年2月1日),天津市档案馆藏,J0034-1-000505-183。

公布现役及龄男子名单以后,争相逃避,为防止再有此类情事发生,国民政府规定对"及龄壮丁在征时期内,予以严格之管制"[①],"现役及龄男子在征兵期间,应予管制禁止出境,并严定惩罚"[②]。

## 四、征兵效果和制约因素

从理论上讲,当参军成为每个役龄男子的义务,面对各级政府、基层保甲的广泛动员,征兵难度应该不大,就连天津市社会局局长胡梦华也说:"起初规定每保募兵额数时,保长等早悉位数嫌多,唯因兵役本属义务,又兼给费,优待良多,谅必争先恐后,一往顺利。"[③]但真实情况却是征兵难度非常大,几乎没有完成上级分配的兵额(见表17-3)。

表17-3  1946年8月至1948年底天津市征兵情况统计

单位:人

| 时间 | 数额 | 补充军种 | 截止日期 | 完成日期 |
|---|---|---|---|---|
| 1946年8月 | 3263 | 陆军 | — | 1947年1月 |
| 1947年7月 | 1500 | 陆军 | 10月初 | — |
| 1948年1月 | 7500 | 天津警备旅 | 1948年2月 | 7月底,尚欠873 |
| 1948年4月 | 300 | 海军 | — | — |
| 1948年8月 | 1000 | 伞兵 | 10月底 | — |
| 1948年9月 | 8000 | 保安旅 | — | 12月 |
| 1948年11月 | 10000 | 陆军 | 12月底 | — |

资料来源:《为民国三十五年度临时征兵一案致市张市长的呈(附草案一份配额表一份)》(1946年9月17日),天津市档案馆藏,J0002-2-000547-004;《为请依限完成征兵任务致际平市长的函》(1948年11月20日),天津市档案馆藏,J0002-3-002595-012;《征兵命令已到津》,《大公

---

①《关于现役及龄男子在征兵期间限制问题致天津市政府市长代电》(1947年10月20日),天津市档案馆藏,J0002-3-002126-012。

②《关于现役及龄男子在征兵期间限制问题致天津市政府市长代电》(1947年10月20日),天津市档案馆藏,J0002-3-002126-012。

③《为核减募兵数额事致天津市第三区公所的指令(附第三区公所呈)》(1946年10月15日),天津市档案馆藏,J0025-3-004882-037。

报》,1947年6月23日,第5版;《团管区已奉到征兵令》,《大公报》,1947年12月30日,第5版;《海军招兵》,《大公报》,1948年4月30日,第5版;《征兵》,《大公报》,1948年7月8日,第5版;《天津通志·政权志·政府卷》,天津社会科学出版社1996年版,第283页。

　　从表17-3可以看出,1946年8月至1948年底,规模较大的征兵有5次,总人数达到30263人;从时间上看,每次都是上次征兵还欠兵额,下次征兵命令已到。1948年上半年的征兵配额7500名,到7月市民政局召开各区兵役工作会议时,各区还欠873名,有的保甲长,先后相率逃避。

　　影响天津征兵的制约因素如下:

　　首先是基层保甲制度不完善。保甲长是推行征兵最基层的"兵役干部",他们发挥着关键作用。抗战胜利后,天津市的保甲长选举是先由当地国民党党部制定候选名单,然后将该名单交给区长,再由区长下达各个指定的保长,但"这些有选举资格的保长,十人中有六七人是敌伪时期的保长或中小汉奸"①,许多保甲长仍是沦陷时期的保长。在天津沦陷时期,他们就借助敌伪势力用种种手段"吞扣人民的配给粮,并且强力压迫市民向敌伪献铜、献铁、献金"②,除去献给敌伪一部分外,剩下的则全都落入自己囊中。从当时资料来看,市民的担忧是有道理的。这些所谓选举来的保甲长"不管市民生活实际情形如何,强意勒索"③,"从中舞弊,不但维护私人利益,而手段毒辣"④。他们甚至对兵役法缓征的规定一无所知,比如"只知保甲长之子弟、亲戚,概可免抽,至若一般市民虽系独子或负家庭责任者,均不能免"⑤。"保长的儿子全没抽上。天津市南大街一带的商家,抽中的都是厨房大师,柜上学生意的人一个也没有"⑥。对贫困人口,不管其家庭境况如何,强迫其入伍参军。国民政府没有及时完善基层保

　　① 不甘:《天津的"民生"》,《消息》1946年第12期。

　　②《须提高保甲长素质》,《大公报》1946年10月20日第4版。

　　③《须提高保甲长素质》,《大公报》1946年10月20日第4版。

　　④《关于依法办理征兵致市政府的代电》(1947年1月11日),天津市档案馆藏,J0002-2-000713-051。

　　⑤《征兵应恪遵兵役法》,《大公报》1946年10月23日第4版。

　　⑥《征兵惹起议论》,《大公报》1946年10月24日第4版。

甲制,用素质低劣的保甲人员去执行现代的征兵制,为征兵制推行艰难埋下了伏笔。

其次是户籍调查非常混乱。掌握准确户籍资料,是推行征兵制的重要条件。天津市在1946年到1948年底,曾多次组织户籍调查工作,但调查非常混乱,有些区的户口"在警察局调查后,又经区保调查,结果得出两个数目"①,所以有人质疑:户口调查应归区保,还是归警察局?权责混乱,导致户籍整理不清,征兵制也很难顺利推行。城市社会本身有高度的人口流动性,这对户口调查非常不利。1947年以后,由于天津周边战事不断扩大,外省市来津谋生的,以及逃亡来津的难民很多,仅1948年城市人口就比1947年猛增20万,②使户籍整理工作更加困难。除了户口登记很混乱,利用职权随意更改年龄也是常见问题。1947年6月天津市第八区规定:"申请户口异动、更改年龄须保甲长盖章,各警察派出所凭以办理。"③但这给保甲长为亲友随意更改年龄提供了便利的机会,"他人及龄男子之户口不准更动,但有的保甲长甚至其亲友之户口,却能任意变动"④。在很大程度上,干巴巴的政策条文并不能有效约束基层干部、保甲长的乱纪行为。

再者,新兵优待无法兑现。1947年以后,物价疯涨,生活成本急速增加,征兵所需的生活补助费、介绍费等也水涨船高,由1946年的2万元、15万元,到1947年1月的20万元、130万元,再到1948年的1000万元,如此庞大的征兵费用,几乎全由地方自筹,地方政府不仅要出兵,还要出钱。多次征兵、募款,使天津市民看见保甲长就害怕,甚至躲起来,同样保甲长也感到精疲力竭,"现本保所筹之款,计以两亿有余,多系保长分向各方挪

---

① 《去年下半年社会局施政》,《益世报》1947年1月31日第4版。

② 罗澍伟主编:《近代天津城市史》,中国社会科学出版社1993年版,第770页。

③ 《为防范征兵逃避事给第十七保训令》(1947年6月11日),天津市档案馆藏,J0037-1-000700-131。

④ 《对本市役政的几点建议》,《益世报》1948年11月26日第4版。

借,至今尚无善后办法,实感精疲力尽"①。虽规定了补助费数额,但因为经费不足,很多也都大打折扣,甚至还出现了"先当兵后补助"的现象,最后补助费都不了了之。侵吞壮丁安家费的事情也常有发生,有的被新兵家属告官。新兵安家费被各级层层搜刮,真正到新兵手里的少之又少。在优待和安家费方面,不能使其有效兑现,这使得本就生活困难的市民对参军更加望而生畏。

最后,更大的原因是市民对征兵的躲避乃至抵抗。入伍打仗很大可能会带来受伤和死亡,所以被征集各家"妻子老少,痛哭流涕"②。天津市民对战争的残酷性有着很直观的感受,"所征新兵,原规定须受训半年,然后使用,但很多上午征调,下午即用货车运走,结果死者死,伤者伤"③。市民应对征兵的手段主要有以下几种:

其一,雇人冒名代役。比如富裕家庭"竟肯出以百万至百五十万之代价,以小麦二十石至六十石,雇人顶替,冒名应征"④,天津唐官屯有一户人家"出三亩菜园(约值四百万),雇佣顶替一人"⑤。除了富裕家庭出钱雇人代役外,也有"二三人合雇一人者,各保甲情形不一"⑥,甚至还催生了一种职业——"买办式"的新兵雇佣,在征兵时,他们操纵雇用人数,哄动买价的提高,被称为"兵贩子"。

其二,申请缓召、免役。兵役法规定:不满十八岁、犯过重罪的、现任有关国防的专门技术员工、患病经证明不堪服作战任务、独负家庭生计责任、有同胞兄弟却均已服役等都可以申请缓召。而身体畸形、残疾或有痼疾不能服役等可以申请免服兵役。⑦天津市民大多是职工,很多都符合缓

<hr>

① 《为第十一区第三十三保请停止招募兵额事给该区公所训令附该区公所呈》(1948年5月17日),天津市档案馆藏,J0026-2-000174-016。

② 《征兵怪现象》,《益世报》1946年10月17日第2版。

③ 《去年下半年社会局施政》,《益世报》1947年1月31日第4版。

④ 《百姓谈虎色变》,《益世报》1946年9月28日第2版。

⑤ 《三亩菜园,雇人代兵役》,《益世报》1946年10月17日第2版。

⑥ 《征兵怪现象》,《益世报》1946年10月17日第2版。

⑦ 秦修好编著:《兵役法及兵役法施行法图表解》,兵学书店1948年版,第15页。

召条件。在天津市民政局1947年7月的非正式统计中,天津市及龄壮丁申请办理缓征缓召的人数,几乎与及龄男子数目相等,也就是说"及龄男子几乎全数申请缓征"[①]。

其三,转投机关、工厂而免服兵役。应征市民在"中签后转擅自投入军事机关充任公役或杂兵,企图避免兵役"[②]。有势力的家庭使家人"进入免役机关",甚至只求该处收留,可以不拿薪水。也有人"先行向关系机关纷纷请托,请求免役,有的人借词是呈保减口,或遣子外出,借端图免兵役"[③]。

其四,伪造证书、更改年龄,甚至男扮女装。如天津警局在办理案件过程中,曾查获伪造各大小中学毕业证明书225张,及各校木铁钢印多件,另卡片90余张。富家子弟"不是假借外出或上学,就是将年龄更改,以图避免被征"[④]。一些商户为了保证正常营业,"把店上的伙计,凡适龄者都给退了户口,然后把姓李的改成姓张的,姓张的改成姓王的,二十一岁的改成十七岁,二十四五岁的改成二十七八岁,反正是无资格被征"[⑤]。在检查户口时,发现"男扮女装者二名,一再询问,始云为避免兵役,故作女装"[⑥]。

其五,直接逃跑或藏匿。青年"一闻禁止户口变动令,竟不顾户主、经理意见如何,仓皇遁去"[⑦]。工厂工人,"听到征兵就觉惊惶而失措,工人本为雇佣性质,合则留,不合则去,工人为逃避兵役而辞退,工厂无法挽留"[⑧]。商铺店员,每逢征兵,早已逃匿无踪,每店只有两到三人留守,就等于歇业。每次基层保甲长来要人,有的男子躺在房顶,用草遮挡;有的藏

---

① 《津市壮丁征集较难》,《益世报》1947年7月22日第4版。

② 《平津及河北应征壮丁避免兵役治罪》,《益世报》1946年11月10日第4版。

③ 《征兵令下,青年逃亡》,《益世报》1946年9月30日第2版。

④ 《役政弊端应速改正》,《益世报》1947年8月29日第2版。

⑤ 《役政弊端应速改正》,《益世报》1947年8月29日第2版。

⑥ 《为了逃兵役,有人男扮女装》,《大公报》1947年4月1日第4版。

⑦ 《征兵令下,青年逃亡》,《益世报》1946年9月30日第2版。

⑧ 永光电线厂:《为工人逃避兵役事与河北平津区工业协会的来往函》(1947年6月5日),天津市档案馆藏,J0128-2-003219-008。

在柜子中,用破物蒙上;有的潜伏在炕洞,表面用木板盖上;有的蹲在墓穴,与枯骨待在一起,"犹如当年躲避日军的情形"①。

其六,采取自杀、自残等极端做法。1946年11月《大公报》称,某夫妇只有一子,此次中签,被征新兵,但全家靠其生活,恳求保长免征未遂,全家痛苦一夜,将其左耳割落。其他地区也有类似情况:承德及龄壮丁躲进山洞子里,不敢下山;江苏松江县居民朱培生"因被抽中壮丁,集中待运,思家心切,时常啼哭,突于本月四日夜,以碎碗片将睾丸割破"②。有时被征者的家属亦采取激烈的行为,如1947年5月《益世报》报道:"最近又复征兵,乃夫被编入适龄壮丁名册中,宋氏深恐乃夫一旦被征,自身将受凄苦,乘舅姑均未在家之际,乃跃身水缸中而自杀。"③

此外,士兵待遇差,也导致市民不愿当兵。著名作家王鼎钧回忆,他被俘至天津后,看到天津国民党士兵战俘营,"他们都是在第一线缴械就擒的战斗人员,军官跟士兵穿一样的衣服,一律不佩符号,但是你仍然一眼可以分出阶级,比方说,士兵穿又脏又旧的军服,连长穿干干净净的军服,团长穿崭新的军服"④。《大公报》报道,士兵饭菜"天天都是黄豆及青菜,因为营养不良,面呈菜色,形容枯槁"⑤。士兵的这种糟糕处境,对民众反感当兵的心态产生了较大影响。

因为征兵难度大,前线又急需兵员,故而天津市出现了强迫市民当兵的情况。尽管各级政府在政策法令上一直强调禁止拉壮丁等违法行为,但越是强调禁止强迫参军,就越说明强迫行为一直存在。甚至在某种程度上,政府默许甚至纵容了这种行为。譬如采取强制抽签、拉壮丁办法,"以查户口为名,将适龄壮丁抓集于区公所(公务员适龄者亦在内),听候团管区办理",经强制抽签,再由警察大队护送到区。⑥有一位盲人被人领

①《壮丁逃避兵役》,《益世报》1947年7月24日第2版。

②《新兵割睾丸自杀》,《大公报》1946年11月30日第4版。

③《乃夫适龄壮丁将入伍》,《益世报》1947年5月27日第2版。

④ 王鼎钧:《关山夺路——王鼎钧回忆录四部曲之三》,尔雅出版社2005年版,第351页。

⑤《士兵营养太差》,《大公报》1946年11月25日第4版。

⑥《夜入民家强抓适龄壮丁》,《益世报》1947年9月14日第2版。

到抽签现场,问兵役人员:"我是双目失明的人,凭什么还要抽签?"①在征兵任务急迫之际,区长、保甲长疲于应付。②1946年11月,市临时参议会委员认为征兵问题实系各区自治人员最感棘手的工作,有一区长向参议员表示:"征派名额急如火,催募壮丁难如登天,摊款被骂体无完肤,各种问题焦头烂额。"③第三区第二十二、二十三保长表示:"恐在此短期限内,难以募齐。"④1948年,第三区第五保长也表示:"势难如期完成,为此据实呈报谨呈。"⑤由于忍受不了压力,有些保甲长辞职,乃至直接逃跑。

综合上述,1945年10月国民政府接管天津后,由于天津的经济地位和战略位置极为重要,所以在天津范围内处理好城市与兵员的关系,不仅关系到国民政府在天津有效补充兵员,更关系到国民政府在整个北方地区的战略布局。为在天津市迅速恢复征兵秩序,国民政府做了许多"努力",导致天津工商业不能及时复工,严重影响了天津经济发展和市民生活。且天津市民厌战情绪强烈,国民政府在"情理"上无法说服市民;在优待方面,对士兵、征属的承诺无法兑现,政府在"利益"方面不能满足市民生活要求;在对城市基层动员方面,天津市基层兵役干部敷衍塞责,违法行为层出不穷,执法部门监督弱化。国民政府的基层保甲组织"力量"疲

① 《市民纷纷请求缓征召》,《大公报》1948年11月18日第3版。

② 在征兵过程中,保甲长谋取私利,民怨很大。各保甲长"凡事舞弊习以为常。胜利以还,仍旧恶习不改,征兵之事岂能例外。彼等对兵役法毫未认识清楚,按兵役法凡负家庭生活责任若可缓征,彼等均未阅读,只知保长之子弟、亲戚,概可免抽,至若一般居民虽系独子或负家庭责任者,均不能免"(《征兵应恪遵兵役法》,《大公报》1946年10月23日第4版)。征兵过程中,保甲长一手包办,"保长的儿子全没抽上,南大街一带的商家,抽中的都是厨房大师,柜上学生意的人一个也没有"(《征兵惹起议论》,《大公报》1946年10月24日第4版)。"与某人是朋友就可以少摊,与某人是亲戚就可以不收,知道某家有势力就自动不要,办理情况对外并不公开"(《须提高保甲长素质》,《大公报》1946年10月20日第4版)。"新役兵中都是劳苦阶层的人,没有一个有钱的子弟"(《征兵惹起议论》,《大公报》1946年10月24日第4版)。所以有人质疑:"有钱有势的大少爷若不募集,则人民将何以称政府为公?"(《征兵》,《益世报》1946年9月25日第2版)

③ 天津市地方志编修委员会编著:《天津通志·政权志·政府卷》,第283页。

④ 天津市第三区第二十二保、第二十三保长:《为募兵困难事致李区长呈》(1946年10月10日),天津市档案馆藏,J0032-1-000185-062。

⑤ 天津市第三区第五保长刘子祯:《为募兵困难事致李区长呈》(1946年10月9日),天津市档案馆藏,J0032-1-000185-063。

软。国民政府在天津征兵所采取的诸多措施,都无法有效动员天津市民从军,因而无法解决战争所带来的兵额短缺问题,反而使民众对国民政府丧失信心,加速了国民党政权在天津的瓦解。

# 参考文献

## 一、天津市档案馆资料

大陆银行总经理处

河北邮政管理局

天津典当业同业公会

天津市商品检验局

天津市立小本借贷处

天津市各行业同业公会

天津市仁立实业股份有限公司

天津商会

天津市社会局

天津市银行所属小本借贷处

天津市政府

天津特别市政府

天津银行业同业公会

## 二、中文著作资料

安立夫:《天津市搬运工人工作报告》,工人出版社1950年版。

北京市邮政管理局文史中心编:《中国邮政事务总论》(中),北京燕山出版社1995年版。

北宁铁路经济调查队编:《北宁铁路沿线经济调查报告》,北宁铁路管理局1937年版。

方兆麟主编,中国人民政治协商会议天津市委员会文史资料委员会、中国银行股份有限公司天津市分行合编:《卞白眉日记》,天津古籍出版社2008年版。

陈卫民编著:《天津的人口变迁》,天津古籍出版社2004年版。

[德]彼得·科斯罗夫斯基、陈筠泉主编:《经济秩序理论和伦理学》,中国社会科学出版社1997年版。

陈真等编:《中国近代工业史资料》第四辑,生活·读书·新知三联书店1961年版。

陈桢国等:《兵役法规》,大东书局1947年版。

仇润喜主编:《天津邮政史料》第三辑,北京航空航天大学出版社1990年版。

储仁逊撰,天津图书馆整理:《闻见录》4,国家图书馆出版社2016年版。

方显廷编:《天津地毯工业》,南开大学社会经济研究委员会1930年版。

方显廷:《天津棉花运销概况》,南开大学经济研究所1934年版。

费成康:《中国租界史》,上海社会科学院出版社1991年版。

甘厚慈编:《北洋公牍类纂续编》,文海出版社1986年版。

戈公振:《中国报学史》,岳麓书社2011年版。

[日]广濑龟松主编:《津门旧恨——侵华日军在天津市的暴行》,天津社会科学院出版社1995年版。

郭凤岐主编:《老天津画廊》,天津社会科学院出版社2004年版。

郭凤岐总编纂:《天津通志·金融志》,天津社会科学院出版社1995年版。

郭文杰:《八年梦魇:抗战时期天津人的生活》,天津古籍出版社2016

年版。

郭绪印:《清帮秘史》,上海人民出版社2002年版。

郭长久主编:《说不尽的天津邮政》,百花文艺出版社2001年版。

何一民等:《中国城市通史·清代卷》,四川大学出版社2020年版。

交通、铁道部交通史编纂委员会:《交通史邮政编》,《国邮史记》编辑部1930年影印。

金城银行总经理处天津调查分部编:《天津粮食业概况》,金城银行总经理处天津调查分部1937年版。

金磊总编:《中国建筑文化遗产》,天津大学出版社2012年版。

居之芬、庄建平主编:《日本掠夺华北强制劳工档案史料集》(下),社会科学文献出版社2003年版。

开滦矿务局史志办公室编:《开滦煤矿志》第一卷,新华出版社1992年版。

孔敏主编,彭贞媛副主编:《南开经济指数资料汇编》,中国社会科学出版社1988年版。

来新夏:《旅津八十年》,南开大学出版社2014年版。

来新夏主编:《天津近代史》,南开大学出版社1987年版。

来新夏主编,郭凤岐编著:《天津的城市发展》,天津古籍出版社2004年版。

黎始初:《日本侵华时期的天津傀儡政权》,天津人民出版社1982年版。

李风云等编著:《资本经营:企业管理理念的创新》,中国发展出版社1997年版。

李华彬:《天津港史(古、近代部分)》,人民交通出版社1986年版。

李竞能主编:《天津人口史》,南开大学出版社1990年版。

李文海等:《中国近代十大灾荒》,上海人民出版社1994年版。

李文海主编:《民国时期社会调查丛编(二编)·近代工业卷》,福建教育出版社2010年版。

李文海主编:《民国时期社会调查丛编·城市(劳工)生活卷》,福建教育出版社2005年版。

林希:《老天津·津门旧事》,重庆大学出版社2014年版。

林希:《老天津画传》,中国工人出版社2003年版。

刘成璧:《创业经济学》,北京交通大学出版社2008年版。

刘海岩:《空间与社会:近代天津城市的演变》,天津社会科学院出版社2003年版。

刘海岩主编:《清代以来天津土地契证档案选编》,天津古籍出版社2006年版。

刘蕙荪:《铁云先生年谱长编》,齐鲁书社1982年版。

刘明逵、唐玉良主编:《中国工人运动史》第一卷,广东人民出版社1998年版。

刘萍:《被俘的女性:战时日军性奴隶制度》,黑龙江人民出版社2011年版。

刘昕主编:《中国考试史文献集成》第七卷,高等教育出版社2003年版。

楼祖诒:《中国邮政驿发达史》,中华书局1940年版。

罗澎伟主编:《近代天津城市史》,中国社会科学出版社1993年版。

宓公干:《典当论》,商务印书馆1936年。

内政部人口局编:《全国户口统计(民国三十六年下半年)》,中华民国内政部统计处1947年印。

彭泽益编:《中国近代手工业史资料(1840—1949)》第二卷,生活·读书·新知三联书店1957年版。

濮文起:《民间宗教与结社》,国际文化公司出版1994年版。

齐如山:《故都三百六十行》,书目文献出版社1993年版。

齐如山:《齐如山随笔·清末京报琐谈》,辽宁教育出版社2007年版。

齐思和等编:《第二次鸦片战争》(五),上海人民出版社1978年版。

秦修好编著:《兵役法及兵役法施行法图表解》,兵学书店1948年版。

曲直生:《河北棉花之出产及贩运》,商务印书馆1931年版。

全国经济委员会编:《毛织工业报告书》,1935年版。

全汉升:《中国行会制度史》,百花文艺出版社2007年版。

上海社会科学院经济研究所编:《刘鸿生企业史料》中册,上海人民出版社1981年版。

尚克强、刘海岩主编:《天津租界社会研究》,天津人民出版社1996年版。

尚克强:《九国租界与近代天津》,天津教育出版社2008年版。

邵雍编著:《中国近代社会史》,合肥工业大学出版社2008年版。

社会部京沪区特派员办事处:《社会法规汇编》,社会部出版1945年版。

沈国谨编:《我国商品检验的史实》,实业部商业研究室1934年印。

实业部中国经济年鉴编纂委员会编纂:《中国经济年鉴续编》下,商务印书馆1935年版。

实业部中国劳动年鉴编纂委员会编:《二十二年中国劳动年鉴》,正中书局1934年版。

宋美云:《近代天津商会》,天津社会科学院出版社2002年版。

苏智良:《日军"慰安妇"研究》,团结出版社2015年版。

孙德常、周祖常主编:《天津近代经济史》,天津社会科学院出版社1990年版。

天津市档案馆、南开大学分校档案系编:《天津租界档案选编》,天津人民出版社1992年版。

天津市房地产管理局编:《天津房地产志》,天津社会科学院出版社1999年版。

天津人民出版社编辑:《满纸辛酸的保单》,天津人民出版社1966年版。

天津市档案馆编:《天津市档案馆馆藏珍品档案图录(1655—1949)》,天津古籍出版社2013年版。

天津市档案馆等编:《天津商会档案汇编(1903—1911)》,天津人民出版社1989年版。

天津市档案馆等编:《天津商会档案汇编(1912—1928)》,天津人民出版社1992年版。

天津市档案馆等编:《天津商会档案汇编(1912—1928)》,天津人民出版社1992年版。

天津市档案馆等编:《天津商会档案汇编(1928—1937)》,天津人民出版社1996年版。

天津市地方志编修委员会编著:《天津通志·政权志·政府卷》,天津社会科学院出版社1996年版。

天津市地方志编修委员会编著:《天津通志·旧志点校卷》(中),南开大学出版社1999年版。

天津市地方志编修委员会编著:《天津通志·商检志》,天津社会科学出版社2002年版。

天津市地方志编修委员会编著:《天津通志·人事志》,天津社会科学院出版社2001年版。

天津市地方志编修委员会办公室编著:《抗日烽火在天津》,天津人民出版社2005年版。

天津市河东区地方编纂委员会编:《河东区志·交通邮电志》,天津社会科学院出版社2001年版。

天津市社会局编:《天津市工业统计(第二次)》,天津市社会局1934年版。

天津市市志编纂处编:《天津市概要》财政编,百城书局1934年版。

天津市委党史研究室编:《天津市抗日战争时期人口伤亡和财产损失》,中共党史出版社2014年版。

天津市物价局编:《天津物价志》,天津社会科学院出版社1997年版。

天津市政协文史资料研究委员会编:《天津的洋行与买办》,天津人民出版社1987年版。

天津市治安维持会:《天津市治安维持会施政工作报告》,1938年印。

天津市总工会工运史研究室编:《天津工人运动史》,天津人民出版社1989年版。

天津特别市公署工务局编:《民国二十九年度天津特别市公署工务局报告》,1940年印。

天津特别市公署公用处:《天津特别市公署公用处行政工作暨事业计划汇刊》,1941年印。

天津特别市水灾救济委员会、华北救灾委员会天津分会编:《天津特别市水灾救济实录·弁言》,1939年版。

汪寿松等编校,倪瑞英等翻译:《八国联军占领实录——天津临时政府会议纪要》,天津社会科学院出版社2004年版。

王笛著,李德英等译:《街头文化——成都公共空间、下层民众与地方政治,1870～1930》,中国人民大学出版社2006版。

王鼎钧:《关山夺路——王鼎钧回忆录四部曲之三》,尔雅出版社2005年版。

王华棠主编:《天津——一个城市的崛起》,天津人民出版社1990年版。

王玲:《北京与周围城市关系史》,北京燕山出版社1988年版。

王铁崖编:《中外旧约章汇编》第1册,生活·读书·新知三联书店1957年版。

王晓华等编著:《国共抗战肃奸记》,中国档案出版社2001年版。

吴承明:《中国资本主义与国内市场》,中国社会科学出版社1985年版。

吴弘明编译:《津海关贸易年报(1856—1946)》,天津社会科学出版社2006年版。

武志勇:《中国报刊发行体制变迁研究》,中华书局2013年版。

徐思平:《中国兵役行政概论》,文治出版社1945年版。

许纪霖、宋宏编:《史华慈论中国》,新星出版社2006年版。

薛不器:《天津货栈业》,新联合出版社1941年版。

薛柱斗:《天津卫志》卷四,天津古籍出版社1982年版。

杨大辛编著:《天津的九国租界》,天津古籍出版社2004年版。

[英]雷穆森著,许逸凡、赵地译:《天津租界史》,天津人民出版社2009年版。

余新忠:《清代卫生防疫机制及其近代演变》,北京师范大学出版社2016年版。

喻兆明:《职业介绍理论与实施》,中华书局1948年版。

张大庆:《中国近代疾病社会史(1912—1937)》,山东教育出版社2006年版。

张樑任:《中国邮政》上卷,商务印书馆1935年版。

张焘:《津门杂记》,天津古籍出版社1986年版。

张中龠:《天津典当业》,万里书店1935年版。

张忠民:《艰难的变迁:近代中国公司制度研究》,上海社会科学院出版社2002年版。

张仲民:《出版与文化政治:晚清的"卫生"书籍研究》,上海书店出版2009年版。

章有义编:《中国近代农业史资料》第三辑,生活·读书·新知三联书店1957年版。

赵津:《中国城市房地产业史论(1840—1949)》,南开大学出版社1994年版。

郑天挺、谭其骧编:《中国历史大辞典》,上海辞书出版社2010年版。

中共天津市委党史研究室等编:《日本帝国主义在天津的殖民统治》,天津人民出版社1998年版。

中共中央文献编辑委员会:《毛泽东选集》第一卷,人民出版社1991年版。

中国第二历史档案馆编:《中华民国史档案资料汇编》第五辑第一编,江苏古籍出版社1994年版。

中国近代纺织史编委会编著:《中国近代纺织史》上下卷,中国纺织出版社1997年版。

中国人民政治协商会议天津市委员会文史资料研究委员会编:《沦陷时期的天津》,1992年编印。

中国人民政治协商会议天津市委员会文史资料研究委员会编:《天津近代人物录》,天津市地方史志编修委员会总编辑室1987年印。

中华全国总工会编:《搬运工人工会工作参考资料》,1950年版。

中央档案馆等编:《日本侵略华北罪行档案8奴役劳工》,河北人民出版社2005年版。

中央档案馆等编:《日本侵略华北罪行档案9性暴力》,河北人民出版社2005年版。

仲富兰主编:《图说中国百年社会生活变迁(1840—1949)——服饰·饮食·民居》,学林出版社2001年版。

周俊旗主编:《民国天津社会生活史》,天津社会科学院出版社2004年版。

周连春:《雪隐寻踪——厕所的历史 经济 风俗》,安徽人民出版社2005年版。

朱荫贵:《中国近代股份制企业研究》,上海财经大学出版社2008年版。

庄维民:《中间商与中国近代交易制度的变迁:近代行栈与行栈制度研究》,中华书局2012年版。

# 三、外文著作及译著

Ka-che Yip, *Health and National Reconstruction in Nationalist China:The Development of Modern Health Services,1928–1937*.Ann Arbor, Mich.: Asso-ciation for Asian Studies, Inc., 1995.

[美]罗芙芸著,向磊译:《卫生的现代性:中国通商口岸卫生与疾病的

含义》,江苏人民出版社2007年版。

[美]罗芙芸著,作舟译:《卫生与城市现代性:1900—1928年的天津》,《城市史研究》第15—16辑,天津社会科学出版社1998年版。

[美]裴宜理著,池子华、刘平译:《华北的叛乱者与革命者,1845—1945》,商务印书馆2007年版。

[美]施坚雅主编,叶光庭等译:《中华帝国晚期的城市·中文版前言》,中华书局2000年版。

[日]大岛浪次著,王振勋译:《天津棉花》,《天津棉鉴》第2卷第3期,1931年11月10日。

[日]南满州鉄道株式會社調査部:《天津を中心とする北支穀物市場—斗店に関する調査報告書》,南満州鉄道株式會社昭和十八年(1943)版。

[日]日本防卫厅战史室编:《华北治安战》(下),天津人民出版社1982年版。

[日]中国驻屯军司令部编,侯振彤译:《二十世纪初的天津概况》,天津市地方史志编修委员会总编辑室1986年版。

 Ruth Rogaski, *Hygienic Modernity: Meaning of Health and Disease in Treaty-Port China* .Berkeley: University of California Press, 2004.

[英]马士著,张汇文等译:《中华帝国对外关系史》第3卷,商务印书馆1960年版。

## 四、中文文章

蔼庐:《一般商家收受存款问题》,《银行周报》1932年第16卷第42期。

《〈北洋官报〉发行凡例》,《北洋官报》1902年12月29日。

《百姓谈虎色变》,《益世报》1946年9月28日。

《搬运工人的血泪——汽车运输三场"六号门"老工人赵恩禄口述》,《天津日报》1963年10月26日。

《搬运工人的血泪——解放前天津脚行对搬运工人的政治迫害和残酷剥削片段张庄印惨遭杀害》,《天津日报》1965年12月13日。

《北京各电影院募集义捐》,《新民报》1939年8月27日。

《北京新闻协会津沽水灾视察记》,《北京晨报》1939年8月26日。

《北洋大臣劄行总税务司公文》,《北洋官报》1903年6月5日。

《北洋官报总局详复邮寄官报自本年春季其按章纳费请转咨饬遵文并批》,《北洋官报》1907年5月16日。

《北洋官报总局详请饬催各州县积欠报费文并批》,《北洋官报》1907年5月16日。

《本埠要人宴会纪盛》,《大公报》1925年1月11日。

《本京食粮来源日畅,各种外货飞涨不已》,《新北京》1939年10月2日。

《本局禀定自九月初一日起报价改为银元照章公布由》,《北洋官报》1911年10月22日。

《本局广告》,《北洋官报》1907年5月15—16日。

《本局广告》,《北洋官报》1911年11月1日。

《本局寄报改章广告》,《北洋官报》1907年10月3日。

《本局厘定报价及定报新章广告》,《北洋公报》1912年3月1日。

《本局售报价目》,《北洋官报》1906年2月2日。

《本局售报价目》,《北洋官报》1910年4月17日。

《本局书籍报章寄售处》,《北洋官报》1902年12月29日。

《本局要紧广告》,《北洋官报》1903年8月12日。

《本局要紧广告》,《北洋官报》1903年8月2日、1903年8月4日。

《本市当局救济逃京难民》,《新民报》1939年8月24日。

《本市水灾映演大会》,《北京晨报》1939年9月2日。

《本市小本借贷处售出现款户统计千余,基金缺少尚在筹备中》,《益世报》1935年6月22日。

《毕业生求职者多》,《大公报》1947年6月23日。

《博明工厂工潮余波》,《大公报》1932年11月29日。

《博明工厂工潮昨开劳资调解会》,《大公报》1932年11月9日。

《博明工厂另雇新人工作,工人闻询极愤慨》,《大公报》1932年11月15日。

《博明工潮解决》,《大公报》1932年11月26日。

《博明工潮解决,工厂复工》,《大公报》1932年11月27日。

《博明工潮劳资仍僵持》,《大公报》1932年11月22日。

《博明工潮昨日调解会仍无结果,再发工人食宿费十元》,《大公报》1932年11月10日。

《博明织布工厂宣布停业遣散工人》,《大公报》1932年11月8日。

不甘:《天津的"民生"》,《消息》1946年第12期。

《不是老妈店》,《益世报》1946年10月1日。

《布告鞋工之纠葛》,《大公报》1922年3月22日。

《曹督军瀛眷来津》,《大公报》1917年7月27日。

曹牧:《近代天津工业化供水与水夫水铺转型》,《历史教学》(下半月刊)2015年第9期。

柴立夫:《津市公共卫生之我见》,《中国卫生杂志》1929年第7期。

《彻查当商减息纠纷,赎当减息延长半个月》,《庸报》1939年10月19日。

陈廷湘:《战时特殊利益空间中的国家、基层和市民——从抗日战争时期兵役推行侧面切入》,《河南大学学报》(社会科学版)2012年第5期。

陈啸戡:《敬告天津市民切应注意的几件事》,《天津杂志》1941年第2卷第2期。

陈泽民、魏国璋:《八年苦选段》,政协天津市西青区委员会文史研究委员会、中共天津市西青区委党史资料征集委员会编:《西青文史》(7)(纪念抗日战争胜利五十周年专辑),1995年印。

成淑君:《近代天津女佣介绍所探析》,《历史教学》2008年第18期。

《呈实业部公文》,实业部天津商品检验局:《检验月刊》1933年第12

月号。

储子润:《新兵役法的特色》,《冀北役政》1947年9月1日。

褚凤亭:《日本侵占天津时苦难生活的回忆》,政协天津市河东区委员会文史资料委员会编:《河东区文史资料选辑》第十七辑,2005年印。

《大公报》社评:《我们人民的控诉》,《大公报》1946年8月21日。

《大来地毯厂之面包黑白酿成风潮》,《大公报》1930年12月16日。

《大量面粉昨到京》,《北京晨报》1939年9月27日。

《大批鲜米日内运京》,《新民报》1939年8月26日。

《当局决实行平籴》,《北京晨报》1939年9月24日。

《当局决严厉取缔》,《北京晨报》1939年9月20日。

《当局谋划制裁奸商》,《北京晨报》1939年9月2日。

《当商突增息,各界反对呈请限制》,《益世报》1935年4月8日。

《党部请市府通令厂主店主不得任意开除工人店员》,《大公报》1929年4月13日。

《登坑赋》(仿《阿房宫赋》),《大公报》1914年7月16日。

丁广安:《交通货栈发展述略》,中国人民政治协商会议天津市委员会文史资料研究委员会编:《天津文史资料选辑》第五十二辑,天津人民出版社1990年版。

丁勇华:《战后国民政府官办上海职业介绍所探析》,《现代商贸工业》2012年第1期。

《都署批示汇录》,《大公报》1902年6月30日。

《对本市役政的几点建议》,《益世报》1948年11月26日。

《二十余万贫民嗷嗷待哺,自治监理处谋救济推广借贷处求治本,望各界人士共襄善举》,《益世报》1935年1月9日。

《发刊词》,天津商品检验局:《检验月刊》1930年第6、7期合刊,1930年5月。

《发刊小言》,天津商品检验局:《天津棉鉴》1930年第1卷第1期。

《发行凡例》,《北洋官报》1902年12月29日。

《法规·管理厕所暂行规则》,《天津市政公报》1931年第32期。

凡宗、宝刚:《搬运工人的窝铺》,《天津日报》1965年11月9日。

樊如森:《天津——近代北方经济的龙头》,《中国历史地理论丛》2006年第21卷第2辑。

方培文:《货栈常识》(续),《新天津星期画报》1933年11月12日。

方显廷:《天津棉花市场之组织》(附属机关),《大公报》1934年9月2日。

方显廷:《天津棉花市场之组织》(组织概要——买方与卖方之分析),《大公报》1934年9月2日。

方显廷:《天津之粮食业及磨房业》,《经济统计季刊》1933年第2卷第4期。

《防空日市民服务要领》,《东亚晨报》1943年11月7日。

《防空演习中天津杂记》,《立言画刊》1943年第260期。

《粪车水车 规定拉运时间》,《益世报》1929年6月22日。

《粪阀》,《益世报》1927年7月4日。

《封面告白》,《北洋官报》1902年12月29日。

《封面告白》,《北洋官报》1906年4月22日。

冯华年:《民国十六年至十七年天津手艺工人家庭生活调查之分析》,《经济统计季刊》1932年第1卷第3期。

《辅治会函请济安自来水公司暂缓增加水价》,《庸报》1938年4月25日。

《改善清洁事业》,《益世报》1936年11月26日。

《干果货栈经营概要》,《庸报》1940年1月14日。

《干果货栈经营概要》,《庸报》1940年1月28日。

《干果货栈经营概要》,《庸报》1940年1月31日。

《干果货栈经营概要》,《庸报》1940年2月3日。

《干果货栈经营概要》,《庸报》1940年2月4日。

《告白》,《北洋官报》1902年12月29日。

《告白》,《北洋官报》1903年9月15日。

《告白》,《北洋官报》1909年7月25日。

《告白》,《北洋官报》1910年4月17日。

《各府县增添官报》,《北洋官报》1903年5月14日。

《各工会组织之概况(续)》,《益世报》1929年4月12日。

《各工会组织之概况(续)》,《益世报》1929年4月8日。

《各工会组织之概况(续)》,《益世报》1929年4月9日。

《各属州县添购官报清单》,《北洋官报》1903年5月10日。

《各属州县添购官报清单》,《北洋官报》1903年5月28日。

《各属州县添购官报清单》,《北洋官报》1903年6月1日。

《各属州县添购官报清单》,《北洋官报》1903年9月3日。

《公告》,《北洋公报》1912年3月19日。

《公务员脱离党籍》,《庸报》1937年11月26日。

《公务员支俸暂行细则》,《庸报》1938年1月28日。

《公务员做强盗》,《庸报》1939年10月14日。

《官报附录·实业丛录》,《北洋官报》1907年4月15日。

《官私厕所》,《益世报》1930年12月12日。

《广购官报》,《大公报》1903年3月5日。

郭娟:《战后汉口职业介绍所研究(1946—1949)》,华中师范大学硕士论文,2012年。

《海京工厂又发生工潮》,《益世报》1926年2月4日。

《海京工潮》,《大公报》1929年8月21日。

《函为本署志愿加入第三届官吏再教育班受训人员请查照准予入学由》,《天津特别市公署公报》第22号,1939年8月。

郝廷敬:《两月来之天津职业介绍所》,《社会工作通讯》1946年第3卷第12期。

贺葫亭:《美丰厚行栈的兴衰记》,中国人民政治协商会议天津市委员会文史资料研究委员会编:《天津文史资料选辑》第五十二辑,天津人民出版社1990年版。

胡坤荣:《本局二十四年十月至二十五年四月棉花水分杂质检验结果统计之分析》,《天津棉鉴》(复刊号)1936年第1卷第1期。

《华北日军当局转让面粉十万袋救济京市民食》,《北京晨报》1939年9月19日。

《会计补习学校明晚假二中开学》,《大公报》1946年12月15日。

《火柴公司厂外工人》,《大公报》1933年10月4日。

季宜勤:《天津英商先农公司发家史》,《北国春秋》1960年第3期。

江红英:《国民政府与抗战时期的职业介绍》,《抗日战争研究》2010年第1期。

江世澄:《上海市卫生局办理清道之困难及整理之经过情形》,《卫生月刊》1934年第4卷第3期。

蒋逸霄:《津市的职业妇女生活(卅五续)》,《大公报》1930年4月28日。

《交涉中之美隆工潮》,《大公报》1929年4月6日。

《脚行头子们的罪恶拾零》,《天津日报》1950年7月15日。

《今日开全委会议》,《北京晨报》1939年9月4日。

《津敌伪工厂接受后失业者达廿三万》,《益世报》1945年12月1日。

《津防空演习昨揭幕,官民一致协力参加工作》,《庸报》1940年12月14日。

《津货栈业景况日下,预计多有作改营业计划者》,《庸报》1942年8月10日。

《津记者协会派代表来京申谢新协会》,《北京晨报》1939年10月5日。

《津门琐话·工会统计》,《大公报》1930年2月22日。

《津庆祝汉口陷落》,《庸报》1938年10月31日。

《津市各项税捐调查(一)》,《益世报》1930年3月29日。

《津市几如陆沉,北京市公署捐款五千元》,《北京晨报》1939年8月24日。

《津市贫民福音,社会局筹设贫民借本处》,《益世报》1930年2月10日。

《津市演习防空午夜实行灯火管制》,《新闻报》1940年12月14日。

《津市灾民呈请减低当商利息,市当局刻正洽商办法》,《东亚晨报》1939年10月12日。

《津市治安维持会行政机构已完成》,《庸报》1937年8月10日。

《津市壮丁征集较难》,《益世报》1947年7月22日。

《津司法机关人员,要求发放津贴》,《庸报》1940年4月11日。

《津温市长发告所属人员书》,《庸报》1943年3月16日。

《津新兵入营大会》,《益世报》1947年8月12日。

《津总工会之宣言恢复》,《益世报》1926年1月10日。

《津昨举行兵役会议》,《益世报》1947年7月15日。

金裕钊:《粪业与搕灰》,政协天津市河东区委员会文史资料委员会编:《天津市河东区文史资料》第十一辑,1999年印。

《禁令森严》,《大公报》1902年6月29日。

《禁止粪夫需索》,《益世报》1929年2月7日。

《京津救灾运动》,《新民报》1939年9月2日。

《京津水灾杂耍游艺大会》,《北京晨报》1939年9月23日。

《京平抑粮价无效,即辞会长职》,《新北京》1939年9月6日。

《京商工会设三收容所》,《新北京》1939年8月27日。

《京商工协会在龙泉寺设收容所》,《新北京》1939年8月24日。

《京市调整粮食价格,采用标准价格》,《新北京》1939年9月6日。

《京市救护天津灾民四收容所成立》,《新北京》1939年8月25日。

《京市署救济津灾》,《北京晨报》1939年10月24日。

《京市物价逐日飞涨》,《新民报》1939年8月31日。

《京卫生局救护班赴津》,《北京晨报》1939年9月6日。

《京新闻记者团津沽水灾视察记》,《新民报》1939年8月26日。

《京新闻协会代表天津水灾视察记》,《新北京》1939年8月26日。

《京新协会代表抵津》,《北京晨报》1939年9月18日。

菁如:《北平粪夫的生活》,《大公报》1933年5月17、18日。

《警厅布告领用水车手续》,《大公报》1928年4月1日。

《警厅禁止成衣罢工布告》,《益世报》1919年11月6日。

《警厅设立卫生清洁督察处》,《大公报》1927年9月20日。

《警厅注意公众卫生》,《大公报》1928年3月19日。

《旧社会天津码头工人收入状况》,中国人民政治协商会议天津市和平区委员会文史资料委员会编:《天津和平文史资料》第三辑,1991年印。

《救济天津水灾昨拨二万元》,《新北京》1939年9月15日。

《决议两要案》,《北京晨报》1939年9月19日。

《决战第一,吃饭第一》,《华北新报》1944年8月13日。

《劳资处理会成立》,《大公报》1931年1月29日。

《老妈店的今昔》上,《大公报》1947年1月8日。

《老妈店的今昔》下,《大公报》1947年1月10日。

《黎公宅第之防卫》,《大公报》1917年9月6日。

李根古:《市民与市政》,《益世报》1928年1月1日。

《李茂林新接各报广告》,《北洋官报》1905年9月18日、1908年9月4日。

李明珠:《1917年的大水灾:天津与它的腹地》,《城市史研究》2002年第21辑。

李鹏图:《告诫所属自肃自戒》,《庸报》1941年8月6日。

李绍泌、倪晋均:《天津自来水事业简史》,中国人民政治协商会议天津市委员会文史资料研究委员会编:《天津文史资料选辑》第二十一辑,天津人民出版社1982年版。

李思九:《目睹日本侵略军抓华工的罪行》,《南开春秋》编辑部编:《南开春秋》第七辑,1993年印。

李廷安:《我国重要都市卫生经费之研究》,《中华医学杂志》1935年第21卷第1期。

李兆镁:《几项重要工作》,《冀北役政》1947年第1卷第1期。

李正龙等编著:《就业与培训,政策与实务》,北京大学出版社2008年版。

李卓:《一九三九年夏在天津》(三续),《新知半月刊》1939年第3卷第4期。

李卓:《一九三九年夏在天津》(续六),《新知半月刊》1940年第4卷第1期。

良初:《天津团管区一年来之回顾》,《冀北役政》1947年第1卷第2期。

廖一中整理:《天津和记洋行史料》,天津社会科学院历史研究所编:《天津历史资料》第六期,1980年编印。

廖一中整理:《黎元洪部分房屋土地契约》,《近代史资料》第62号,中国社会科学出版社1986年版。

刘海岩:《20世纪前期天津水供给与城市生活的变迁》,《近代史研究》2008年第1期。

刘缉堂、吴洪:《朱继圣与仁立实业公司》,中国人民政治协商会议天津市委员会文史资料研究委员会编:《天津文史资料选辑》第二十九辑,天津人民出版社1984年版。

刘续亨:《天津货栈业发展沿革概述》,中国人民政治协商会议天津市委员会文史资料研究委员会编:《天津文史资料选辑》第二十辑,天津人民出版社1982年版。

《鲁灾民数百万将饿毙》,《大公报》1928年4月24日。

《录山东官报局广告》,《北洋官报》1905年9月17日。

陆国香:《中国之典当》(二),《银行周报》1936年第20卷3号。

罗炳锦:《清代以来典当业的管制及其衰落》(上),《食货月刊》1977年第7卷第5期。

《码头装卸工人控诉脚行头苑长希等罪行》,《天津日报》1950年7月1日。

马溥荫:《京平津之小本借贷》,《益世报》1937年1月24日增刊(3)。

马育骐:《整理上海市清道状况报告》,《卫生月刊》1934年第4卷第3期。

《煤粮等标准价格》,《北京晨报》1939年9月8日。

《美隆工厂工潮》,《大公报》1929年4月4日。

《美隆工潮仍未解决》,《大公报》1929年4月7日。

《美隆工潮已转圜》,《大公报》1929年4月8日。

《米面杂粮上周涨风益炽》,《新民报》1939年8月25日。

《民食绝无虞》,《北京晨报》1939年9月21日。

《民营厂矿贷款额决定为三十二亿余元》,《益世报》1946年7月18日。

《乃夫适龄壮丁将入伍》,《益世报》1947年5月27日。

《倪克地毯工人昨日罢工》,《大公报》1932年11月18日。

潘贤模:《清初的舆论与钞报——近代中国报史初篇(续)》,载《新闻研究资料》1981年第8辑。

《贫民借本处大陆银行无款拨付,社会局拟另筹办法》,《益世报》1930年4月11日。

《贫民借本处之推行,社会局函大陆银行拨款协助,该行关怀民瘼必深表同情》,《益世报》1930年4月3日。

《平津及河北应征壮丁避免兵役治罪》,《益世报》1946年11月10日。

《泼秽水》,《大公报》1929年7月20日。

《千余搬运工人开大会控诉脚行头子罪行》,《天津日报》1950年6月30日。

《钦差大臣太子少保办理北洋通商事务直隶总督部堂表袁(世凯)》,《北洋官报》1903年1月2日。

《清除秽物》,《益世报》1935年4月15日。

《清洁合作社》,《益世报》1937年1月10日。

《清洁水业工会誓死反对包办粪水》,《大公报》1931年2月21日。

《请问为什么要抓人》,《天声报》1940年5月29日。

《驱逐粪厂》，《益世报》1925年4月5日。

《取缔抗命粮商》，《新北京》1939年9月20日。

《去年下半年社会局施政》，《益世报》1947年1月31日。

《全市旧式公厕共五百处》，《益世报》1935年8月4日。

《染工争议》，《大公报》1929年5月6日。

《人浮于事，求职困难》，《大公报》1948年2月2日。

《仁立地毯》，《大公报》1934年12月2日。

《仁立公司毛呢纺织厂》，《大公报》1934年10月9日。

《日用品囤风仍炽，价格益趋轩昂》，《新民报》1939年9月1日。

《三亩菜园，雇人代兵役》，《益世报》1946年10月17日。

《商会预防鞋业工人罢工》，《益世报》1921年9月1日。

《商民请禁挑水夫任意加价》，《大公报》1927年8月7日。

《社会部天津职业介绍所组织规程》，《社会工作通讯》1946年第3卷第12期。

《社会经济凋敝，贫民数量与年俱增》，《大公报》1933年1月9日。

《社会局调查各工厂工人统计》，《益世报》1929年5月16日。

社论：《贫民小本借贷处之商榷》，《益世报》1934年12月12日。

《谁是汉奸》，《华北新报》1944年6月18日。

《失业者的悲歌》，《益世报》1946年8月18日。

石火、张竹涛：《解放初期的朱继圣与仁立实业公司》，中国人民政治协商会议天津市委员会文史资料研究委员会编：《天津文史资料选辑》第五十一辑，天津人民出版社1990年版。

《实业部长吴鼎昌昨视察沪商品检验局》，《申报》1936年3月31日。

实业部天津商品检验局：《呈实业部公文》，《检验月刊》1933年第12月号。

实业部天津商品检验局：《实业部商品检验局人造肥料检验规程》，《实业部天津商品检验局检验季刊》1931年第2期。

实业部天津商品检验局：《实业部天津商品检验局植物油类检验暂行

细则》,《检验月刊》1932年9、10月合刊号。

《士兵营养太差》,《大公报》1946年11月25日。

《市款黯云笼罩下,废历中秋节形色,警察由今日起始戒备,小本借贷处顿成拥挤》,《益世报》1935年9月11日。

《市民都该负责》,《大公报》1931年1月19日。

《市民纷纷请求缓征召》,《大公报》1948年11月18日。

《市民训会告诫工会罢工为最后之武器》,《大公报》1929年4月12日。

《市区清洁队检阅改期》,《益世报》1935年6月1日。

《市属机关员役,下月起给予津贴》,《庸报》1940年6月25日。

《市自治费即将确定》,《大公报》1931年7月15日。

《事变后之天津》,《大公报》(上海)1937年8月10日。

《手艺工人罢工讯》,《大公报》1926年9月8日。

《署钜鹿知县蔡济清禀请添发〈(北洋)官报〉》,《北洋官报》1903年3月29日。

《水业请愿》,《益世报》1931年2月14日。

宋美云:《试论近代天津企业规模化发展路径》,《历史档案》2004年第4期。

《顺天府尹沈奏请设立度量衡并造纸官局折》,《北洋官报》1904年4月8日。

《顺直邮局》,《北洋官报》1904年12月5日。

《肃正公务员身心》,《庸报》1942年7月12日。

《所有旧机关人员限期报到》,《庸报》1937年8月7日。

《泰隆工潮解决》,《益世报》1930年9月6日。

《泰隆劳资潮》,《大公报》1929年11月22日。

汤鸿庠:《社会部天津职业介绍所》,《职业介绍》1947年第1期。

汤鸿庠:《一年来的天津职业介绍所》,《社会工作通讯月刊》1947年第4卷第12期。

汤鸿庠:《职介工作中的几个启示》,《社会建设》1949年第1卷第9期。

《提花厂减低工资》,《大公报》1929年4月14日。

《体念下级员役,温市长增发津贴饭费》,《庸报》1939年11月3日。

《天津干果业调查》,《工商半月刊》1930年第2卷第11期。

《天津工业之现状(三续)》,《中外经济周刊》1927年第201号。

《天津工业之现状(四续)》,《中外经济周刊》1927年第205号。

《天津工业之现状(续)》,《中外经济周刊》1927年第199号。

《天津工业之现状(再续)》,《中外经济周刊》1927年第200号。

《天津工业之现状》,《中外经济周刊》1927年第198号。

《天津脚行罪恶简介》,《天津日报》1965年12月13日。

《天津来人谈》,《新华日报》1938年1月15日。

《天津栗子调查》,《工商半月刊》1929年第1卷第20期。

《天津棉花市况》,《工商半月刊》1929年第1卷第12期。

实业部天津商品检验局:《天津商品检验局棉花检验处修正检验细则》,《检验月刊》1930年第6、7期合刊。

《天津市典业全体商号公同紧要声明》,《庸报》1938年7月14日。

《天津市脚行简介》,《天津市周刊》1947年第2卷第3期。

《天津市社会局施政报告摘要》,《益世报》1946年6月28日。

天津社会科学院历史研究所编:《天津的脚行》,《天津历史资料》1965年第4期。

《天津市政调查汇志》,《益世报》1929年7月7日—15日。

《天津市总工会成立》,《益世报》1928年8月26日。

《天津水灾酿成奇惨局面》,《新民报》1939年8月23日。

《天津特别市公署机关系统表》,《津津月刊》1942年第1卷第1期。

《天津特别市警察局特务科关于日军天津防卫司令部强征中国妇女充作军妓之情报》,《近代史资料》第94辑,中国社会科学出版社1998年版。

《天津特别市劳动工人概况调查表　二十九年十二月份》,《社会月刊》1941年第1期。

《天津通信》,《市政评论》1935年第3卷第7期。

《天津驼毛贸易概况》,《工商半月刊》1931年第3卷第2期。

《天津之货栈业》,《检验月刊》1932年第11期。

《天津之粮食业及磨房业》,《经济统计季刊》1933年第2卷第4期。

《天马牌仁立床毯》,《大公报》1934年11月25日。

《铁路局递寄官报谕帖》,《北洋官报》1902年12月31日。

汪维进:《论近代宁波民信局的兴衰》,《重庆邮电大学学报》2013年第6期。

王达:《天津之工业》,《实业部月刊》1936年第1卷第1期。

王尔敏:《秘密宗教与秘密会社之生态环境及社会功能》,《"中研院"近代史研究所集刊》1981年第10辑。

王绍文:《天津市卫生建设之我见》,《天津特别市卫生局月刊》1929年第1卷第2期。

王仕华:《天津沦陷后的汉奸组织治安维持会》,中国人民政治协商会议天津市委员会文史资料研究委员会编:《天津文史资料选辑》第二十辑,天津人民出版社1982年版。

王卫平、黄鸿山:《晚清借钱局的出现与演变》,《历史研究》2009年第3期。

王兴周:《近五年天津棉市概况》,《天津棉鉴》(复刊号)1936年第1卷第2期。

王子寿:《天津典当业四十年的回忆》,中国人民政治协商会议全国委员会文史资料研究委员会编:《文史资料选辑》第五十三辑,文史资料出版社1964年版。

《违警罚法》,《大公报》1915年11月13日。

《为呈送本府及所属各机关之名称地址清册请鉴核由》,《天津特别市政府公报》1944年第269号。

《卫生局取缔晒粪厂》,《益世报》1929年4月30日。

《卫生局示》,《大公报》1902年8月22日。

《卫生清洁督察处调查纳捐情形》,《大公报》1927年10月22日。

《卫生三年计划》,《天津市政府公报》1936年第85期。

《为本署公务员及警役等生活费自五月份起酌为增加简任人员酌给事务津贴一案》,《天津特别市公署公报》1943年第226期。

《为各机关公务员二十九年年终加俸仍照上年成案办理长警夫役赏金各发给一个月仰即造册》,《天津特别市公署公报》1941年第95号。

《为了逃兵役,有人男扮女装》,《大公报》1947年4月1日。

《芜湖大米运京》,《北京晨报》1939年9月13日。

吴石城:《天津之市民金融组织》,《银行周报》1935年第19卷46期。

吴同宾、张仲等:《天津英租界概况》,中国人民政治协商会议天津市委员会文史资料研究委员会编:《天津文史资料选辑》第九辑,天津人民出版社1980年版。

《物价腾涨与津民生计之状况》,《大公报》1925年1月11日。

《西头金鱼厂刀光血影,车夫张三性命危险》,《三津报》1937年3月7日。

夏静:《国民党政府兵役制度研究》,山东师范大学硕士学位论文,2009年。

《香店工人罢工》,《益世报》1921年9月21日。

《详定直隶官报局暂行试办章程》,《大公报》1902年9月26日。

肖光淳等:《锦记栈概述》,中国人民政治协商会议天津市委员会文史资料研究委员会编:《天津文史资料选辑》第九十二辑,天津人民出版社2001年版。

《小本借贷处筹增基金,废年关借户骤多,有保着即可借到》,《益世报》1935年12月30日。

《小本借贷处贷出五万元,归还者达万元》,《益世报》1935年7月10日。

《小本借贷处废年后成立,每区设代办处各警所附问讯处》,《益世报》1935年1月13日。

《小本借贷处改组,明日开始无限贷款,并修正理事章程》,《益世报》1937年2月7日。

《小本借贷处户限为穿,借贷者踵相接》,《益世报》1935年1月30日。

《小本借贷处基金仍在接洽中,姬浚昨访银行界》,《益世报》1935年2月28日。

《小本借贷处即将开办,市府先垫四万元,基金筹措无问题》,《益世报》1935年1月8日。

《小本借贷处津银行界允予接济,签订协约即日实行》,《大公报》1935年3月16日。

《小本借贷处决念日开幕》,《益世报》1935年1月16日。

《小本借贷处开幕后,借款者达千户,已准借者百余起》,《益世报》1935年2月1日。

《小本借贷处确立业务基础由理事会负责维持,俾为市办永久机关》,《益世报》1935年2月11日。

《小本借贷处提早组设,二十日前后成立,放款数最多千元》,《益世报》1935年1月15日。

《小本借贷处已实行改组,借款最高额决略行增加,推定宋祝田为该处主任》,《益世报》1936年5月19日。

《小本借贷处增指导所十五处,设于自治事务区分所内备有申请书便民众借款,小本借贷处增办业务,增办抵押放款》,《益世报》1935年2月8日。

《小本借贷处昨日起开始办公,便利小本营业已筹妥四万元,理事会成立后补行开幕礼,贷款人可自行组织贷款合作社》,《大公报》1935年1月29日。

《小本借贷所普遍设立拟共设十处,短期内实现》,《益世报》1935年10月28日。

《小公务员的生活》,《华北新报》1944年7月12日。

《小公务员的生活》,《华北新报》1944年7月13日。

《小公务员的生活》,《华北新报》1944年7月9日。

《小公务员的辛酸生活访问记》,《华北新报》1944年7月26日。

《小统计》,《大公报》1935年2月23日。

《鞋工罢工之续志》,《大公报》1922年3月19日。

《鞋工潮可望平息》,《大公报》1922年3月23日。

《鞋工和解后备案》,《大公报》1922年3月30日。

《鞋工要求增价之结果》,《大公报》1923年4月22日。

《鞋商对待劳工之近讯》,《益世报》1922年3月22日。

《鞋商工人之约章》,《大公报》1922年3月26日。

《辛庄脚行昨晨凶殴,田起明情急持刀行凶》,《天津商报》1936年7月30日。

《新兵割睾丸自杀》,《大公报》1946年11月30日。

《薪薄粮贵难维持生计,一警士投河自杀》,《庸报》1940年2月22日。

《须提高保甲长素质》,《大公报》1946年10月20日。

《徐东海眷属迁移》,《大公报》1917年6月2日。

《巡警条规》,《大公报》1902年8月23日。

《严禁鞋行罢工》,《大公报》1922年3月18日。

阎润芝、李维龙:《天津脚行的始末》,《天津文史丛刊》1985年第4期。

燕生:《日趋没落的典当商》(下),《天津中南报》1946年7月15日。

《耀华中学校长赵君达被狙殒命》,《天声报》1938年6月28日。

杨升祥:《简论天津租界》,《历史教学》2000年第3期。

姚士馨:《河东地道外旧貌》,政协天津市河东区委员会文史资料征集工作委员会编:《河东区文史资料选辑》第二辑,1989年印。

姚士馨:《解放前天津律师业概述》,中国人民政治协商会议天津市委员会文史资料研究委员会编:《天津文史资料选辑》第三十七辑,天津人民出版社1986年版。

叶谦吉:《西河棉花运销问题之探讨》,《大公报》1934年9月2日。

叶谦吉:《西河棉花之生产与运销概况》,《大公报》1934年9月1日。

《夜入民家强抓适龄壮丁》,《益世报》1947年9月14日。

《怡和斗店停业,失业员工脚夫达数千名,另将由新记接办》,《益世报》1936年10月12日。

《役政弊端应速改正》,《益世报》1947年8月29日。

佚名:《北平地毯工业状况》,《工商半月刊》1933年第5卷第18号。

佚名:《我国毛织品之供求现状》,《河北工商月报》1929年第1卷第12期。

《英人保护张勋宅》,《大公报》1917年7月14日。

《又一地毯工厂工潮》,《大公报》1929年5月13日。

《语官二》,《北洋官报》1902年12月31日。

禹平:《水阀》,《益世报》1930年9月26日。

《预防鞋业作集会罢工》,《益世报》1920年8月10日。

《寓津各新阁员之近讯》,《大公报》1922年8月9日。

《运输今昔谈》,《新晚报》1958年11月29日。

《灾民无衣御寒》,《新北京》1939年9月18日。

《在淘汰中的"人力排子车"》,《新晚报》1956年6月25日。

湛之:《外人警察权果可收回耶》,《大公报》1922年5月8日。

《张廷谔治津市规定三年计划已呈行政院审核》,《益世报》1935年1月5日。

张绍祖:《从工商附中到实验中学》,中国人民政治协商会议天津市河西区委员会文史资料委员编:《河西文史资料选辑》第二辑,1997年印。

张寿臣:《回顾我的艺人生涯》,中国人民政治协商会议天津市委员会文史资料研究委员会编:《天津文史资料选辑》第十四辑,天津人民出版社1981年版。

张仲:《天津房地产发展状况》,《天津文史丛刊》1985年第4期。

张子明:《天津市之清道工作(续)》,《市政评论》1936年第4卷第5期。

张子明:《天津市之清道工作》,《市政评论》1936年第4卷第4期。

《照例罚洋》,《大公报》1902年8月26日。

《赈灾义剧成绩显著》,《北京晨报》1939年9月13日。

《征兵》,《益世报》1946年9月25日。

《征兵怪现象》,《益世报》1946年10月17日。

《征兵令下,青年逃亡》,《益世报》1946年9月30日。

《征兵惹起议论》,《大公报》1946年10月24日。

《征兵应恪遵兵役法》,《大公报》1946年10月23日。

《整饬公厕》,《益世报》1935年10月28日。

《整顿驿递官报批词》,《北洋官报》1905年5月11日。

郑道理:《日本军国主义作恶多端——在津秘设军妓院》,中国人民政治协商会议天津市和平区委员会文史资料委员会:《天津和平文史资料选辑》第五辑,1995年印。

郑林:《近年来之物价与日常生活》,《天津杂志》1941年第2卷第2期。

郑天挺:《大学生毕业就业问题》,《益世报》1947年9月7日。

《政府广求人才》,《庸报》1939年5月8日。

《职业介绍所代办招考各项事宜》,《大公报》1947年1月15日。

《职业介绍所将扩展》,《大公报》1947年10月2日。

《职业介绍所主办商业英语会话班》,《大公报》1946年11月21日。

《职业指导,职业介绍所开始举办》,《大公报》1947年2月8日。

仲:《近年来天津市卫生行政概况(二)》,《益世报》1934年7月24日。

《粥厂明毋开始施放,胡梦华局长昨向记者报告》,《大公报》1945年12月26日。

周桂兰:《毛纺名家朱继圣》,中国人民政治协商会议天津市委员会文史资料委员会编:《近代天津十大实业家》,天津人民出版社1999年版。

朱继圣、凌其峻:《四十年来的仁立公司》,中国人民政治协商会议全国委员会文史和学习委员会编:《文史资料选辑》合订本第十三册,中国文史出版社2011年版。

《逐臭》,《大公报》1929年7月3日。

《壮丁逃避兵役》,《益世报》1947年7月24日。

《总工会二届代表大会》,《大公报》1929年4月16日。

《组设"地方清洁所"粪夫具呈反对》,《大公报》1937年2月4日。

《组织平济局抚恤贫民》,《益世报》1921年7月18日。

《昨晚映演津灾电影,观众咸洒同情泪》,《新民报》1939年9月8日。